Cómo usar el libro *Fuente de escritura para Texas*

Tu libro *Fuente de escritura para Texas* contiene mucha información que te servirá para aprender a escribir. Una sección realmente útil se llama "Guía del corrector" y se encuentra al final del libro. Esta sección presenta las reglas de gramática, estructura de las oraciones, uso de las letras mayúsculas, puntuación y ortografía.

El libro también incluye tres unidades principales que cubren los tipos de redacción que quizá puedas encontrar en las pruebas distritales o del estado. Al final de algunas unidades, hay ejemplos y sugerencias para escribir sobre temas de ciencias y estudios sociales, y para desarrollar la escritura práctica.

Tu libro *Fuente de escritura para Texas* te ayudará con otras destrezas de aprendizaje como hablar, escuchar y tomar pruebas. Así, tu libro *Fuente de escritura para Texas* es una valiosa guía de aprendizaje para todas las asignaturas.

Guías para usar *Fuente de escritura para Texas*

Con práctica, podrás usar fácilmente estas guías para buscar información en el libro.

- La tabla de **CONTENIDO** presenta las secciones principales del libro y los capítulos en que están divididas.
- El **ÍNDICE** (que comienza en la página 600) presenta cada uno de los temas del libro, ordenados alfabéticamente.
- El **CÓDIGO DE COLOR** sirve para encontrar fácilmente las secciones de "Gramática básica y redacción", "Las fuentes de un escritor" y "Guía del corrector".
- Los **NÚMEROS DE PÁGINAS** en color verde te dirigen a otras páginas del libro que tienen información adicional.

TEXAS FUENTE DE ESCRITURA

Autores
Dave Kemper, Patrick Sebranek y Verne Meyer

Autora de consulta
Gretchen Bernabei

Ilustrador
Chris Krenzke

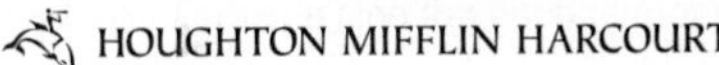

Printed in the U.S.A.

ISBN-13 978-0-547-42247-3

2 3 4 5 6 7 8 9 10 0914 19 18 17 16 15 14 13 12 11

4500305887 B C D E F G

Guía rápida

Contenido

Fuente de escritura para Texas

Las formas de escritura

ESCRITURA DESCRIPTIVA

ESCRITURA NARRATIVA

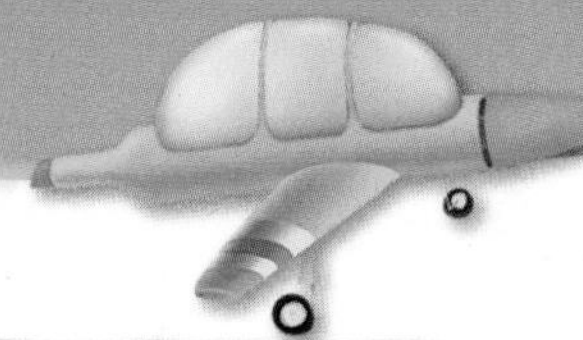

ESCRITURA EXPOSITIVA

ESCRITURA PERSUASIVA

RESPONDER A LOS TEXTOS

ESCRITURA CREATIVA

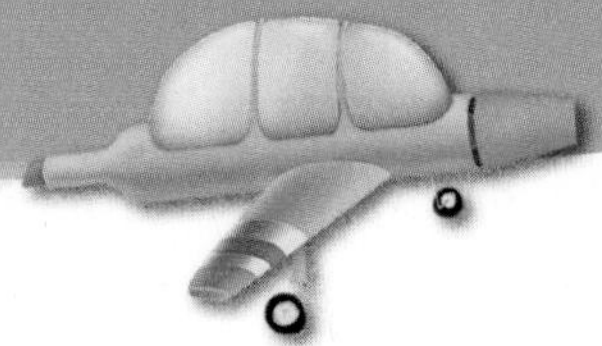

ESCRITURA DE INVESTIGACIÓN

Las herramientas del lenguaje

Gramática básica y redacción

CÓMO TRABAJAR CON LAS PALABRAS

CÓMO ESCRIBIR ORACIONES

CÓMO CONSTRUIR PÁRRAFOS

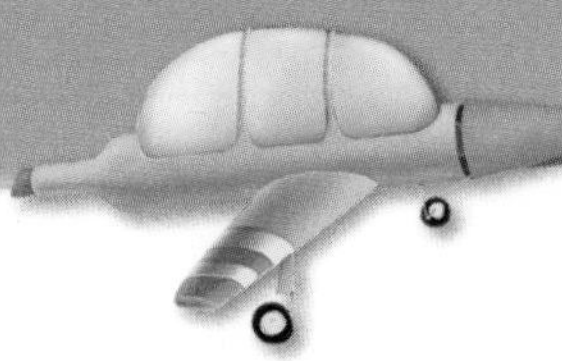

Las fuentes de un escritor

Guía del corrector

¿Por qué escribir?

Cuando escribes, mueves el lápiz, pero también echas a andar la mente. Por eso al escribir puedes hacer muchas cosas.

Al escribir podrás . . .

- **aprender mejor.** Es más fácil recordar algo cuando lo escribes con tus propias palabras.
- **explorar la mente.** La escritura refleja pensamientos y sentimientos que ni siquiera tú imaginabas que tenías.
- **compartir con otras personas.** Las cartas y los mensajes por correo electrónico te permiten compartir tu vida con las personas que son importantes para ti.
- **divertirte.** En los cuentos, poemas y obras de teatro, puedes hacer cosas increíbles, como volar en una nube o hacer un picnic en la luna.

Recuerda . . .

La mejor manera de convertirse en un mejor escritor es escribiendo a diario. Pronto escribir será para ti tan natural como caminar, ¡pero te llevará mucho más lejos!

El proceso de escritura

Enfoque de la escritura

- **Usar el proceso de escritura**
- **Comprender las características de la Escritura de Texas**
- **Evaluar tu escritura**

Aprendizaje del lenguaje

Trabaja con un compañero. Lean los significados y respondan juntos las preguntas.

1. Un **proceso** son los pasos que se realizan para hacer algo.
   Explica el proceso para hacer un sándwich.
2. Cuando das una **respuesta**, dices lo que piensas o demuestras lo que sientes.
   Cuando escuchas una alarma de incendio, ¿cuál es tu respuesta?
3. El **propósito** es la razón para hacer algo.
   ¿Cuál es el propósito de ir a la escuela?
4. Al **omitir** algo, lo dejas fuera.
   Imagina que estás haciendo una ensalada. ¿Qué podrías omitir?

 3.17A

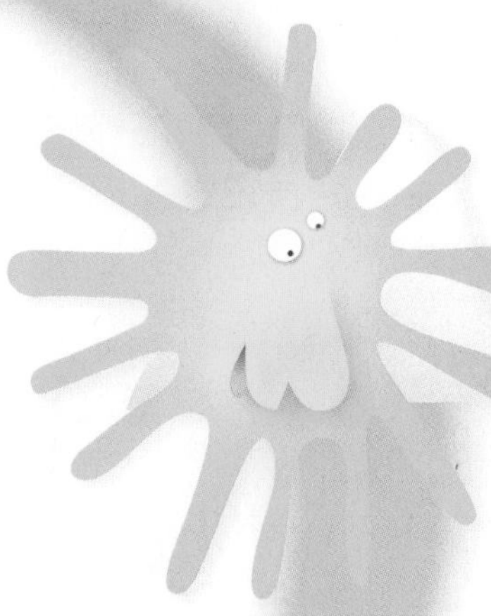

Cassie piensa y sueña mucho con las palabras antes de escribirlas en una hoja. A Gene le gusta hacer una lluvia de ideas para un relato antes de ponerse a escribir. A Arturo le gusta hacer los dibujos antes de añadirles palabras. Todas estas son estrategias que permiten generar ideas para la escritura de un primer borrador.

Los escritores tienen muchas formas diferentes para comenzar a escribir. Sin embargo, todos siguen los mismos pasos durante **el proceso de escritura.**

Los capítulos de esta sección hablan sobre este proceso. Si sigues los pasos del proceso de escritura, podrás mantener el hilo de tu redacción.

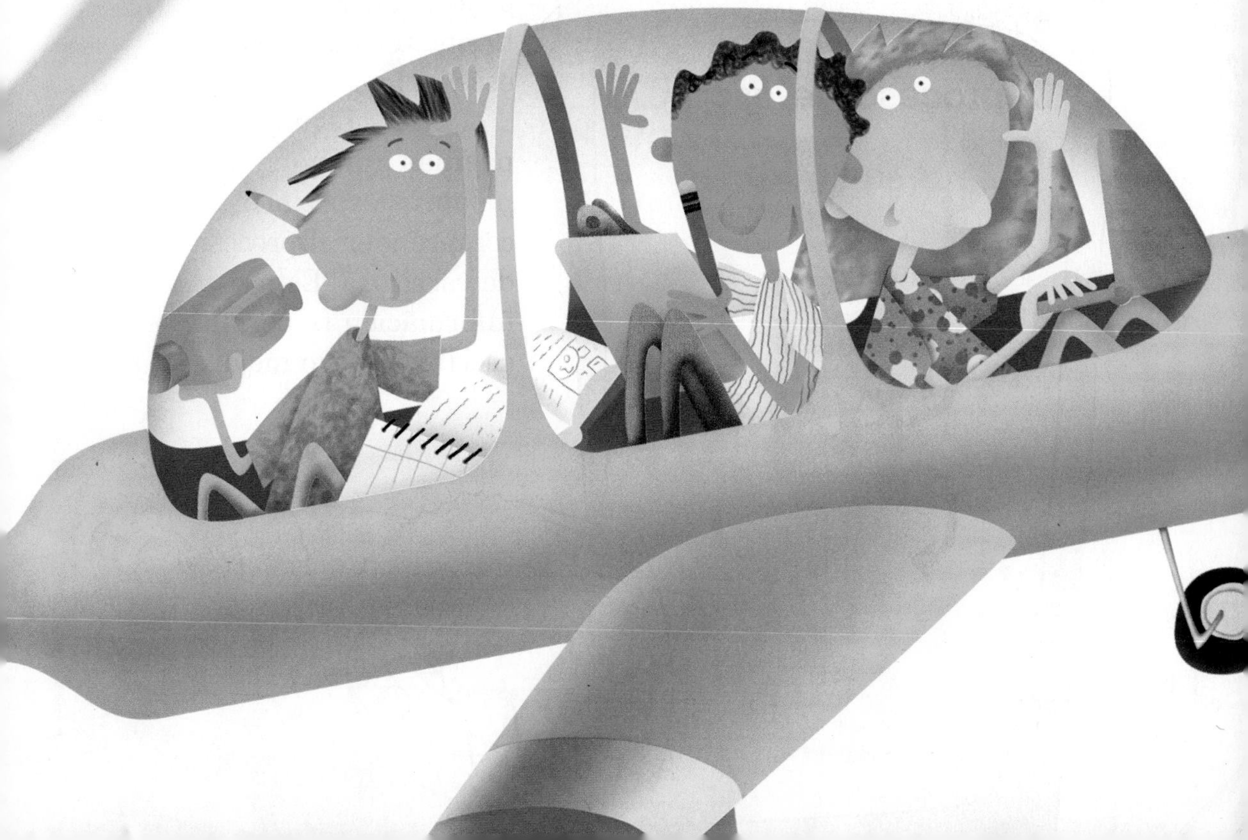

Usar el proceso de escritura

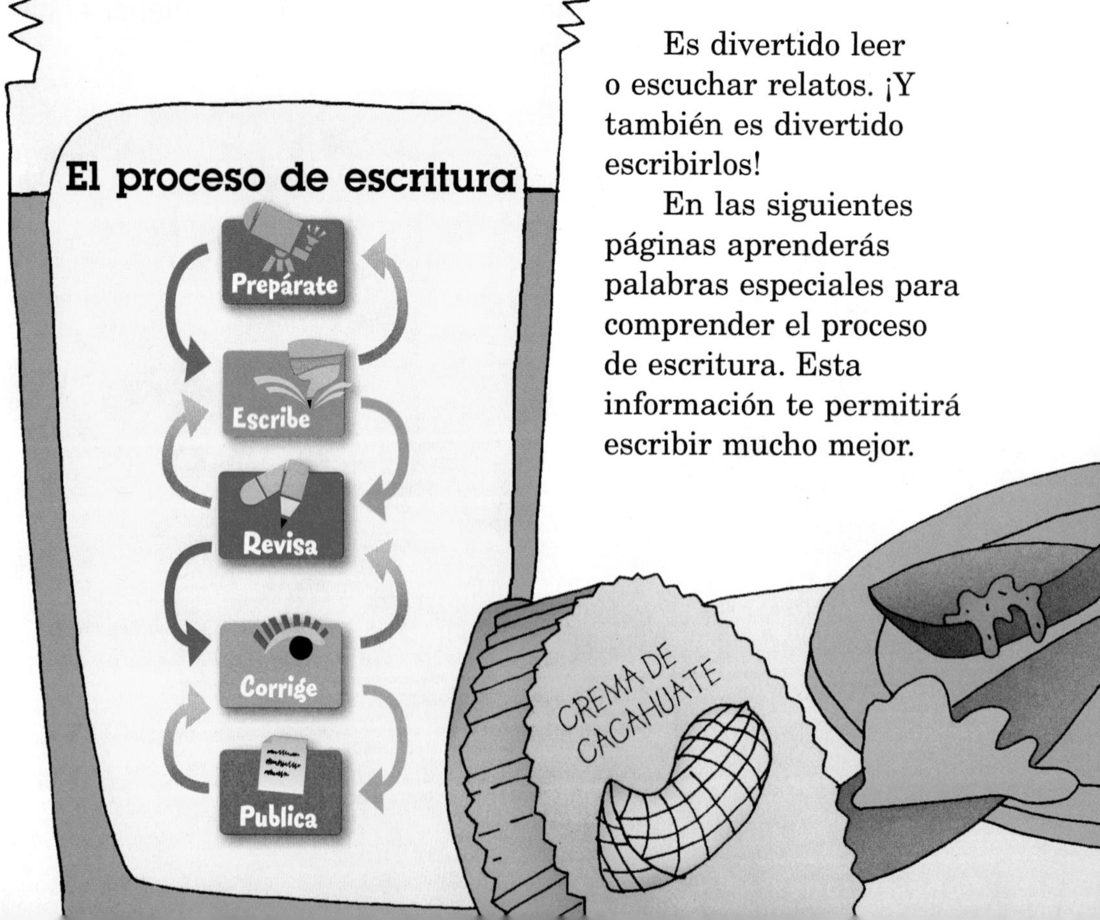

Es divertido leer o escuchar relatos. ¡Y también es divertido escribirlos!

En las siguientes páginas aprenderás palabras especiales para comprender el proceso de escritura. Esta información te permitirá escribir mucho mejor.

Características de la Escritura en Texas

¿Sabes qué puede suceder si escribes demasiado rápido? Podrías omitir ideas importantes o escribir las ideas en forma desordenada. Además, podrías usar palabras inadecuadas. ¡Incluso podrías olvidar escribir el punto al final de las oraciones!

Cuando esto pasa, el proceso de escritura te permite hacer correcciones. También te permite mejorar cada una de las **características de la escritura** y cada una de las partes que escribas.

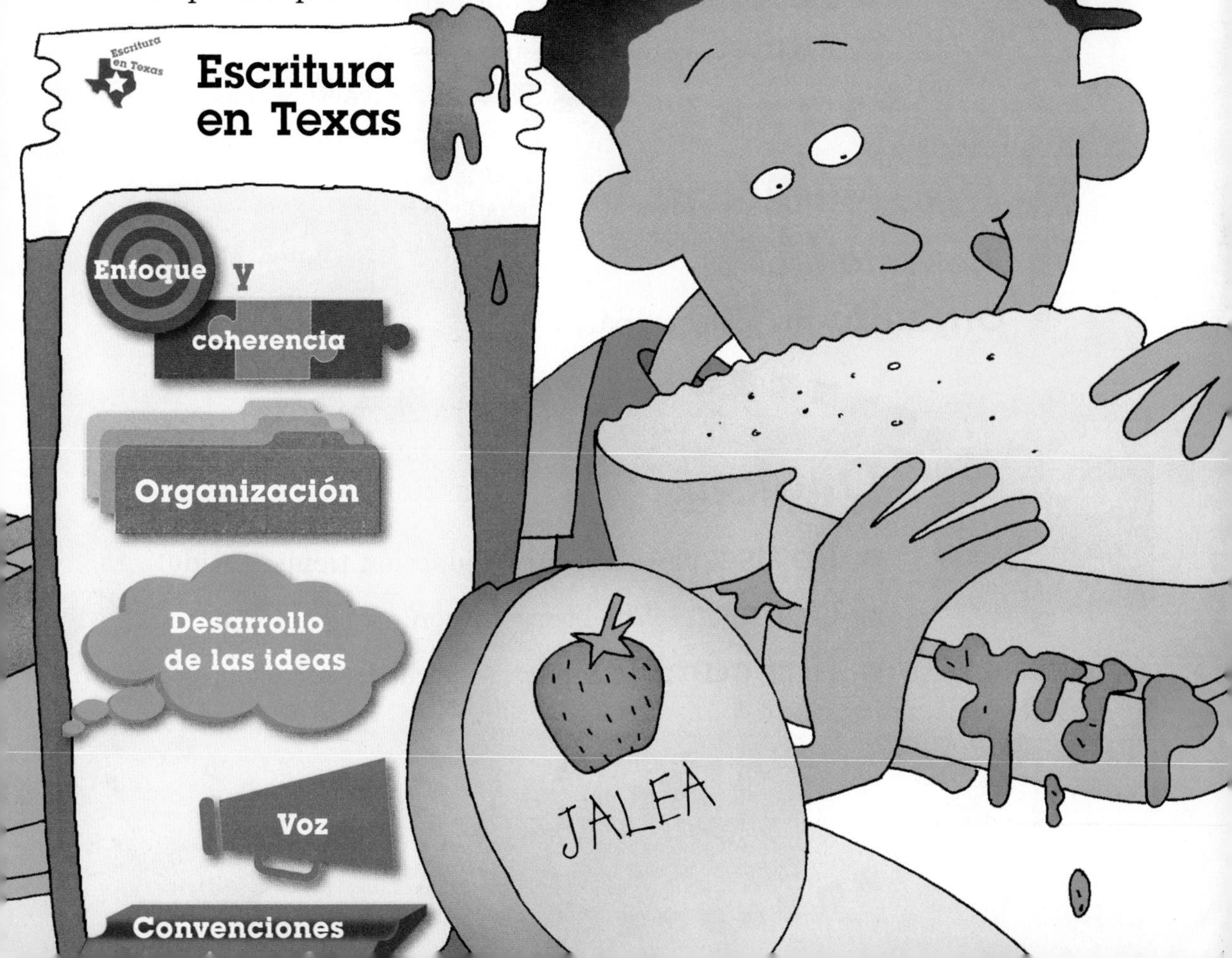

Escritura en Texas

Enfoque y coherencia

Organización

Desarrollo de las ideas

Voz

Convenciones

JALEA

El proceso en acción

Tus autores favoritos siguen los pasos del proceso de escritura. Tú también debes hacerlo.

Prepararse

- **Piensa** en el propósito y el público para que elijas la forma que más te conviene usar.
- **Selecciona** un tema que realmente te interese.
- **Recopila** detalles sobre el tema.
- **Planea** cómo vas a usar los detalles.

Desarrollar un borrador

- **Presenta** tu tema.
- **Organiza** tus ideas en párrafos.

Revisar

- **Revisa** para ver si tu redacción tiene sentido.
- **Comparte** tu borrador con otra persona.
- **Haz cambios** para mejorar tu redacción.

Corregir

- **Corrige** errores gramaticales, ortográficos y errores en la estructura de las oraciones usando rúbricas de calificación.
- **Escribe** en limpio la versión final de tu trabajo.
- **Corrige** por última vez para encontrar errores.

Publicar

- **Comparte** tu redacción.
- **Preséntala** a la clase.
- **Consulta las páginas** 34 a 41 para encontrar más ideas.

Comenta con un compañero.

1. ¿Qué parte del proceso de escritura es más fácil para ti?
2. ¿Cuál es la parte más difícil?
3. ¿Te diviertes escribiendo? Explica.

Convertirse en escritor

¿Sabes? Todos podemos llegar a ser grandes escritores, ¡incluso tú! Estas seis ideas te ayudarán a convertirte en un gran escritor.

Lee mucho.

Lee libros gruesos y delgados, cortos y largos. La lectura te muestra cómo los autores organizan sus mejores relatos. ¡Además, la lectura te puede dar muy buenas ideas para escribir tus propios relatos!

Escribe mucho.

Trata de escribir algo cada día, incluso los fines de semana. Todo lo que practiques te servirá para ser un mejor escritor.

Prueba con diferentes formas.

Los textos escritos vienen en muchas formas y tamaños. Hay cuentos, poemas, obras de teatro, cartas, periódicos e informes. Trata de escribir en todas estas formas diferentes.

Comenta con un compañero.

1. ¿Cuáles son tus dos libros favoritos?
2. ¿Qué es lo que más te gusta de esos libros?
3. ¿Qué te gusta escribir: cuentos, poemas, informes u obras de teatro? ¿Por qué?

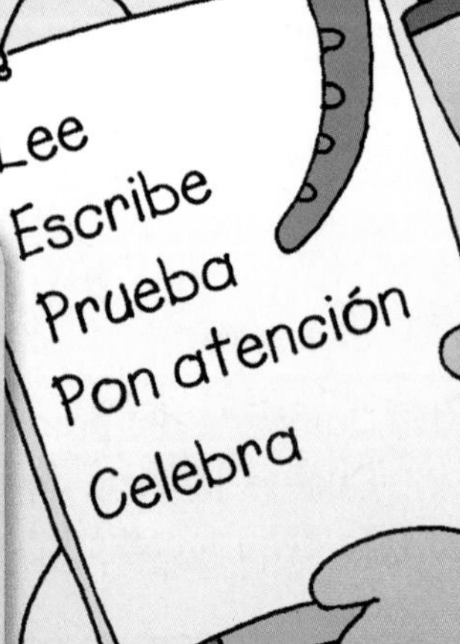

Pon atención para anotar ideas.

Hay ideas para buenos relatos esperando que las descubras: en el autobús, en la cafetería y en cualquier lugar que te encuentres. Muchos de los mejores relatos hablan de lo que ves y escuchas en la vida diaria.

Prueba con diferentes cosas.

Aprende sobre deportes. Visita los museos. Ayuda a tus vecinos. Mientras más cosas experimentes, más cosas tendrás para escribir.

Celebra las palabras.

Colecciona palabras que suenen divertidas, como *alelí* y *carmesí, chillido* y *quiquiriquí.* Escribe tus nuevas palabras en un cuaderno ¡y úsalas cuando escribas!

Práctica

1. **Escribe dos cosas que te sucedieron hoy antes de la escuela.**
2. **Escribe también dos cosas que te gusta hacer los fines de semana.**
3. **¿Qué idea podría servirte para escribir un relato?**

El proceso de un escritor

La clase de Nikki Wilson estudió cuentos y canciones de diferentes culturas alrededor del mundo. Su maestra, la Srta. López, pidió a los estudiantes que escribieran un cuento sobre algo que hayan aprendido.

A Nikki le gusta escribir, así que estaba ansiosa de empezar. Este capítulo te muestra cómo usó ella el proceso de escritura para completar su cuento.

Prepararse Elegir un tema

Nikki y un compañero hicieron una lista con los diferentes temas que la clase había estudiado. Después, Nikki decidió escribir sobre los griots (GRI-os). Los griots son unos narradores especiales.

Recopilar detalles

La Srta. López le prestó a Nikki un interesante libro sobre los griots. Nikki leyó el libro. Cuando lo terminó, enumeró los detalles importantes que había aprendido en una gráfica de las cinco preguntas. La tabla ayudó a Nikki a generar ideas para su redacción.

Gráfica de las cincopreguntas

Gráfica de las cinco preguntas

¿Quién?	narradores llamados griots
¿Qué?	cuentan la historia y las tradiciones de una tribu o un poblado
¿Cuándo?	desde hace más de mil años
¿Dónde?	en África
¿Por qué?	para recordar su historia

Sugerencia

Usa una gráfica de las cinco preguntas la próxima vez que enumeres los detalles importantes sobre un tema.

Desarrollar un borrador Hacer el primer borrador

En su primer borrador, Nikki escribió sus ideas en una hoja. No le importó cometer algunos errores. Los iba a corregir más tarde.

Nikki organizó sus ideas en párrafos.

Narradores especiales de cuentos

Mi abuelo narra cuentos mui buenos. Los cuenta tan bien que podría ser un griot. Un griot es un narrador de cuentos de África.

Un griot conoce la historia y las tradiciones de un pueblo. Su tavajo es narrar cuentos. Eso es importante, porque la historia de estos pueblos no está escrita. Los griots también narran sus cuentos cantando ellos son maestros en la narración.

Le voy a hablar de los griots al abuelo. Después, quizá le pida que me cante un cuento.

Comenta con un compañero.

¿Qué detalles de su gráfica de la página 11 incluyó Nikki en su primer borrador?

Revisar Mejorar la redacción

Nikki leyó su primer borrador en silencio. También se lo leyó a un compañero. Después, revisó su redacción para mejorarla.

Nikki añadió detalles para que el lector pudiera comprender sus ideas.

Ella comenzó un nuevo párrafo para mejorar la organización de su redacción.

Narradores especiales de cuentos

Mi abuelo narra cuentos mui buenos. Los cuenta tan bien que podría ser un griot. Un griot (GRI-o) es un narrador de cuentos de África.

Un griot conoce la historia y las tradiciones de un poblado. Su tavajo es narrar cuentos que sirve para que los demás recuerden los eventos. Eso es importante, porque la historia de estos pueblos no está escrita. ¶ Los griots también narran sus cuentos cantando ellos son maestros en la narración.

Le voy a hablar de los griots al abuelo. Después, quizá le pida que me cante un cuento sobre nuestra familia.

Comenta con un compañero.

1. ¿Qué más podría haber cambiado Nikki?
2. ¿Pensaste en alguna de las ideas del relato de Nikki?

TEKS 3.17D, 3.22A(i), 3.24.A (v), 3.24.B

Corrige

Corregir Comprobar que se respetan las convenciones

Después, Nikki corrigió su redacción usando rúbricas de calificación. Ella corrigió los errores gramaticales y ortográficos, los errores en la estructura de las oraciones, el uso de las mayúsculas y la puntuación.

Nikki usó un diccionario mientras corregía la ortografía. ¿Qué palabras mal escritas corrigió?

Una de las oraciones no sonaba bien. Mientras Nikki corregía los errores, ¿qué tiempo verbal corrigió?

Nikki corrigió la puntuación y el uso de mayúsculas. ¿Dónde añadió estos cambios?

Narradores especiales de cuentos

muy

Mi abuelo narra cuentos mui buenos. Los cuenta tan bien que podría ser un griot. Un griot (GRI-o) es un narrador de cuentos de África.

trabajo sirven

Un griot conoce la historia y las tradiciones de un poblado. Su tavajo es narrar cuentos que sirve para que los demás recuerden los sucesos. Eso es importante, porque la historia de estos pueblos no está escrita.

E

Los griots también narran sus cuentos cantando. ellos son maestros en la narración.

Le voy a hablar de los griots al abuelo. Después, quizá le pida que me cante un cuento sobre nuestra familia.

Publicar compartir tu redacción

Cuando Nikki terminó, estaba ansiosa por compartir su redacción final con sus compañeros. . . y con su abuelo.

Nikki publicó su redacción escribiéndola en limpio para que los demás pudieran leerla sin dificultad.

Narradores especiales de cuentos

Mi abuelo narra cuentos muy buenos. Los cuenta tan bien que podría ser un griot. Un griot (GRI-o) es un narrador de cuentos de África.

Un griot conoce la historia y las tradiciones de un poblado. Su trabajo es narrar cuentos que sirven para que los demás recuerden los sucesos. Eso es importante, porque la historia de estos pueblos no está escrita.

Los griots también narran sus cuentos cantando. Ellos son maestros en la narración.

Le voy a hablar de los griots al abuelo. Después, quizá le pida que me cante un cuento sobre nuestra familia.

Comenta con un compañero.

¿Qué es lo que más te gusta del relato de Nikki?

Trabajar con los compañeros

A Toshi le gusta la hora de escribir en clase. Tiene que trabajar en sus relatos e informes, y también tiene que trabajar con sus compañeros.

Los amigos de Toshi la ayudan a mejorar su redacción. A veces la ayudan a elegir un buen tema de escritura. Otras veces la ayudan a encontrar formas de mejorar el primer borrador. Incluso la ayudan a buscar errores antes de que haga la versión final.

Ayudémonos

Puedes trabajar con compañeros durante todo el proceso de escritura, desde la preparación hasta la etapa de corrección.

Mientras escribes

Tus compañeros pueden ayudarte...

- a pensar en temas para escribir y
- a buscar información sobre tu tema.

Mientras desarrollas el borrador

Tus compañeros pueden decirte...

- lo que les gusta y
- en qué partes tienen dudas.

Revisa tus ideas

Tus compañeros pueden decirte si...

- el principio capta su interés,
- si la parte del desarrollo se ciñe al tema y
- si la conclusión es convincente.

Corrige y mejora

Tus compañeros pueden ayudarte...

- a revisar los errores gramaticales,
- a revisar el uso de mayúsculas y puntuación,
- a revisar la estructura de tus oraciones y
- a revisar tu ortografía.

Aprendizaje del lenguaje

Los **compañeros** son dos personas que se ayudan. ¿Cómo puede ayudarte a escribir un **compañero?** Convérsalo con un **compañero.**

Revisar con los compañeros

Usa las siguientes pautas cuando tengas que revisar un trabajo de escritura con un compañero.

Cuando tú eres el escritor

- **Prepárate para compartir tu redacción.**
  Puedes compartir tu primer borrador y las revisiones que le hiciste.
- **Explica por qué escribiste este trabajo.**
  Di en pocas palabras de qué se trata.
- **Lee tu trabajo en voz alta.**
- **Presta atención a los comentarios de tu compañero.**
  Sus comentarios te ayudarán a mejorar tu redacción.

Cuando tú eres el que escucha

- **Escucha atentamente al escritor.**
- **Toma notas para recordar las ideas.**
- **Dile al autor lo que te gusta de su escritura.**
  "Me gusta la forma...".
- **Pregunta lo que no entiendas. "¿A qué te refieres cuando dices...?".**
- **Sé positivo, simpático y amable.**

Práctica

Comparte el primer borrador con un compañero. Asegúrate de respetar las pautas de esta página mientras comentan tu redacción.

Usar una hoja de respuesta a la redacción

Una hoja de respuesta a la redacción como esta será útil cuando hagas comentarios sobre la redacción de un compañero.

Hoja de respuesta a la redacción

Autor: Antonio Evaluador: Hien

Título: Sábados geniales

Lo que me gusta:

Me gusta la forma como tus detalles me permiten imaginar lo que escribes. Tu forma de describir el juego me hace sentir que yo también estoy allí.

Mis dudas:

¿Cuándo practica tu equipo?

¿Juegas durante todo el año?

Comprender las características de la Escritura en Texas

Para mejorar tu escritura usa estas cinco características como guía. En este capítulo aprenderás todo sobre estas características.

Enfoque y coherencia Elige un tema. Toda tu información debe referirse a esa idea.

Organización Escribe con claridad para que tu escrito sea fácil de leer de comienzo a fin.

Desarrollo de las ideas Explica tus ideas completamente y piensa bien los detalles que vas incluyendo.

Voz Capta la atención del lector y demuestra interés o emoción por tu tema.

Convenciones Respeta las reglas gramaticales y de ortografía, la estructura de las oraciones y el uso de mayúsculas y la puntuación.

Enfoque y coherencia

Juanita elige escribir sobre cómo hacer guacamole. Ella se asegura de que todos sus detalles se refieren a la preparación del guacamole.

El maravilloso guacamole

El guacamole es una deliciosa salsa. Es fácil de hacer. Necesitas dos aguacates maduros, media cebolla picada, un tomate cortado en cubitos, una lima y sal.

Primero, un adulto corta los aguacates. Saca los huesos y vacía la parte comestible. Muele los aguacates en un tazón.

Mezcla la cebolla y el tomate. Exprime jugo de lima y sazona con sal. La lima mantiene verde el guacamole y le da buen sabor. Sirve con totopos ¡y disfrútalo!

Práctica

Vuelve a leer un relato o informe que hayas escrito. Tacha una oración que no se relacione con tu idea principal.

Organización

Ernesto siempre trata de comenzar sus relatos con algo interesante o emocionante. También trata de relacionar las partes del desarrollo y la conclusión con el principio.

Principio

La **primera parte** debe presentar tu tema de forma interesante.

Desarrollo

El **desarrollo** debe dar detalles sobre tu tema.

Conclusión

La **última parte** debe incluir una reflexión final sobre el tema.

Mi compañero especial

Mi tío Héctor es carpintero. Sabe todo sobre construir y remodelar. Algún día también quiero ser carpintero.

El verano pasado, mi tío y yo construimos un fuerte en uno de los árboles del patio trasero de la abuela. Yo medí la madera y clavé unas tablas. Nos demoramos todo el día, ¡pero fue muy divertido!

El tío Héctor tiene todo tipo de herramientas eléctricas. Por ahora no puedo usar ninguna. Pero cuando crezca, mi tío dice que puedo ser su compañero. ¡Entonces podré usar todas las herramientas!

Desarrollo de las ideas

A Raquel le gusta coleccionar ideas para sus relatos e informes. Al incluir muchos detalles buenos, el lector puede entender mejor su historia.

Primero, Raquel selecciona un **tema de escritura**.

Después, recopila muchos **detalles** sobre su tema. Ella usa un **organizador gráfico** para organizar los detalles.

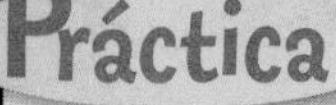

Práctica

1. Piensa en un tema sobre el que te gustaría escribir.
2. Crea un organizador gráfico que agrupe detalles sobre ese tema.
3. Muéstrale tu organizador gráfico a la clase.

Voz

A Tara le gusta escribir sobre sus familiares. Sus relatos suenan como si se las estuviera contando a un amigo: esa es la *voz* de Tara. Tienes una voz si lo que escribes suena como cuando habla el escritor y no otra persona.

Sábados geniales

Tía Amita y yo lo pasamos muy bien los sábados. Para empezar, hacemos panqueques. ¡Riquísimos! Después, vamos a una tienda que vende libros usados. Tía Amita me deja comprar dos libros, pero tengo que prometerle que los voy a leer.

Luego, mi tía siempre me lleva a un lugar distinto. Una vez me llevó a un refugio para animales que está aquí en la ciudad. Yo doné un dólar para alimentar a los animales.

Al final de nuestro día, siempre comemos algo rico, como yogur helado. Tía Amita es tan divertida que no me gusta que nuestros sábados terminen.

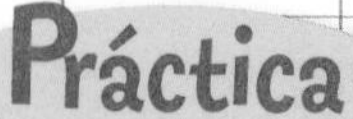

Escribe un relato sobre algo que realmente te guste. Recuerda demostrarle al lector que tu tema te interesa.

Después de revisar su redacción, Ravi usa una rúbrica de calificación para corregir los errores gramaticales y el uso de mayúsculas y puntuación. Él también busca errores en la estructura de sus oraciones. Después, corrige los errores de ortografía en su trabajo.

Convenciones

Mi gramática, estructura de las oraciones, uso de mayúsculas, puntuación y ortografía están perfectamente correctos o casi correctos. Los lectores pueden enfocarse en lo que quiero decir.

Cometo algunos errores menores en gramática, estructura de las oraciones, puntuación, ortografía o uso de mayúsculas.

Varios errores hacen difícil la lectura de mi relato. Tengo que corregirlos.

Tengo que corregir numerosos errores en mi redacción.

Evaluar tu escritura

¿Has visto alguna vez el patinaje artístico en las Olimpiadas? Los jueces se tienen que fijar en una lista de cosas en el desempeño de los patinadores, como la dificultad y la variedad. Así proponen una calificación para el patinador.

La escritura también se puede evaluar con una **rúbrica** (o pauta de calificación). Una rúbrica es una tabla que describe lo que representa cada calificación. En este capítulo aprenderás a usar una rúbrica para evaluar las convenciones de una redacción.

Comprender las rúbricas

En esta página aprenderás más sobre las rúbricas y cómo usarlas para mejorar tu escritura.

¿De qué tratan las rúbricas?

Las rúbricas usadas en este libro tratan sobre las características de las *convenciones* de escritura. Las rúbricas también se pueden usar para cubrir todas las características de la escritura: *enfoque y coherencia, organización, desarrollo de las ideas, voz* y *convenciones.*

¿Cómo puedo usar las rúbricas?

Durante la corrección puedes usar las rúbricas para evaluar las convenciones de tu redacción. Las rúbricas te indican los cambios que debes hacer para mejorar tu redacción.

¿Cómo evalúo con las rúbricas?

Piensa en las convenciones de tu redacción como un trabajo completo cuando lo evalúes. Un **4** es la calificación más alta y un **1** es la calificación más baja. Por ejemplo, si la gramática, la estructura de tus oraciones, la ortografía, el uso de mayúsculas y la puntuación están perfectas o casi perfectas, tu calificación será un **4**. Si cometes sólo algunos errores menores en el uso de las convenciones, tu calificación será un **3**. Si tu redacción tiene varios errores, tu calificación será un **2**. Una redacción que tiene numerosos errores obtiene un **1**.

Preparación

En la sección de corrección de cada unidad de escritura principal, verás rúbricas similares a las de las páginas 30 y 31. Allí se muestran las convenciones que debes incluir en tu redacción.

Lee la columna de la rúbrica para una calificación de 4. Esa columna te ayudará a corregir las convenciones que tu maestro espera encontrar en tu redacción.

Escribe tu primer borrador. Después, revisa tu borrador para mejorar las características de tu escritura y corrige tu borrador usando las rúbricas para mejorar las convenciones en tu redacción.

Revisa la enseñanza sobre las convenciones que hay en la unidad, si necesitas más ayuda. También puedes usar el índice para consultar sobre la enseñanza de destrezas específicas.

María usó unas rúbricas para corregir su redacción. Las rúbricas incluyeron las convenciones de escritura en que su maestro quería que se fijara.

Mi sonoro vestido de fiesta

Hay chicas que tienen lujosos vestidos de fiesta. Yo tengo un vestido muy especial que mi Tía me ayudó a coser. Lo uso en un festival llamado powwow. Mi vestido de cascabeles es mi mejor prenda de vestir.

La parte superior de mi vestido de cascabeles se llama el yugo. Tía Isa y yo lo hicimos de raso rojo. Cosimos cintas rojas y amarillas en forma de V por el frente del yugo. Los cascabeles cuelgan de las cintas. Todos los cascabeles los hicimos doblando lata hasta convertirla en conos largos. Los cascabeles suenan como campanitas cuando bailo al ritmo de los tambores.

En la cintura de mi vestido, me pongo un ancho cinturón de cuero. Cosí diminutas cuentas blancas en el centro. Después, tomé cuentas de color café para hacer las figuras de dos caballos corriendo ⊙

La falda azul de mi vestido ~~tienen~~ tiene cintas y cascabeles. Cosimos en zigzag cintas rojas y amarillas por delante y por detrás. Los cascabeles cuelgan debajo de las cintas en dos filas.

Mi vestido de cascabeles ~~luse~~ luce genial ¡y suena aun mejor! Me hace pensar en mi tribu. Me gustó mucho coserlo con mi tía y me encanta usarlo cuando bailo en los powwows.

Corregir Usar rúbricas

Usa esta rúbrica mientras corriges para mejorar tu redacción. Cuando corrijas, recuerda que debes asegurarte de que seguiste las reglas gramaticales, de estructura de las oraciones, de ortografía, de uso de mayúsculas y de puntuación.

Mi gramática, la estructura de las oraciones, la ortografía, el uso de mayúsculas y la puntuación están casi perfectos.

En mi redacción:

- Usé correctamente los verbos en todas las oraciones.
- Usé los signos de puntuación correctos en todas las oraciones.
- Usé correctamente los guiones largos, o rayas, en todos los diálogos.
- Comencé todas las oraciones con mayúscula inicial.
- Escribí con mayúscula inicial todos los sustantivos propios.
- Escribí correctamente todas las palabras.

Cometo algunos errores menores en gramática, estructura de las oraciones, puntuación, ortografía o uso de mayúsculas.

En mi redacción:

- Usé correctamente los verbos en casi todas las oraciones.
- Usé los signos de puntuación correctos en casi todas las oraciones.
- Usé correctamente los guiones largos, o rayas, en casi todos los diálogos.
- Comencé casi todas las oraciones con mayúscula inicial.
- Escribí con mayúscula inicial casi todos los sustantivos propios.
- Escribí correctamente casi todas las palabras.

Varios errores hacen difícil la lectura de mi redacción. Tengo que corregirlos.

En mi redacción:

- Usé correctamente los verbos en algunas oraciones.
- Usé los signos de puntuación correctos en algunas oraciones.
- Usé correctamente los guiones largos,o rayas, en algunos diálogos.
- Comencé algunas oraciones con mayúscula inicial.
- Escribí con mayúscula inicial algunos sustantivos propios.
- Escribí correctamente algunas palabras.

Tengo que corregir muchos errores en mi redacción.

En mi redacción:

- No usé correctamente los verbos en ninguna oración.
- No usé signos de puntuación en ninguna oración.
- No usé guiones largos, o rayas, en ningún diálogo.
- No comencé ninguna oración con mayúscula inicial.
- No escribí con mayúscula inicial ningún sustantivo propio.
- Escribí incorrectamente muchas palabras.

Evaluar una redacción

En esta redacción, Kerry habla sobre el cuidado de su perro. Mientras lo lees, piensa en las partes que te gustan y en las partes en que tienes dudas. (**Te encontrarás con algunos errores.**)

El cuidado de mi perro

Al principio, era muy entretenido cuidar a mi perro. Después descubrí que también era un trabajo. Hay trabajos importantes que debo hacer. Choco necesita de mi ayuda para mantenerse sano y alejado del peligro.

Lo más importante es llevar a los perros al beterinario. Los perros necesitan inyecciones. Un beterinario le pondrá inyecciones a tu perro y se asegurará de que está sano.

Después, es importante dar alimento y agua a los perros. Un perro necesita un tipo adecuado de alimento para perros. Algunas de nuestras comidas pueden enfermar a los perros. Además, los perros necesitan agua fresca todos los días.

Finalmente, hay que recordar que los perros deben hacer ejercicio. Los perros necesitan ejercitarse mucho, así que debes sacar a pasear a tu perro y jugar con él. Jamás te olvides de ponerle una corea cuando lo saques a pasear. Así no cruzará frente a los carros ni se lastimará.

Los perros pueden darte muchas alegrías. Se ven siempre muy felices. Si cuidas bien a tu perro, tendrás un amigo por muchos años.

Ejemplo de evaluación

Kerry usó las rúbricas de las páginas 30 y 31 para evaluar su redacción. Él evaluó su redacción de acuerdo con el uso que hizo de la gramática, la estructura de las oraciones, la ortografía, el uso de mayúsculas y la puntuación. Kerry también escribió comentarios sobre lo que le gustó de su redacción y sobre lo que debía cambiar.

Pensar en tu redacción

Nombre: Kerry

Título: El cuidado de mi perro

1. La mejor parte de mi redacción es . . .
   Usé varias palabras de transición, como "después" y "finalmente".
2. La parte que aún tengo que mejorar es . . .
   Tengo que corregir algunos errores.
3. Lo más importante que aprendí sobre mi redacción es . . .
   Me gusta escribir sobre algo que realmente me interesa.

Práctica

1. **Evalúa tus convenciones de escritura usando las rúbricas de las páginas 30 y 31.**
2. **Usa el ejemplo de esta página para evaluar uno de tus trabajos de redacción que escribiste este año.**

TEKS 3.17E

Publicaciones y portafolios

Publicar significa compartir uno de tus relatos, poemas o informes con los demás. Este es el último paso en el proceso de escritura. Cuando publiques tu redacción, escribe una versión final. Así otras personas podrán leerla con más facilidad.

Una forma de publicar es leerle tu redacción a otra persona. Otra forma es colocarla en el tablero de anuncios de la clase. De hecho, puedes publicar tu redacción de muchas formas diferentes. Sólo tienes que mirar la página siguiente para tener algunas ideas.

Compartir un relato es como darles un regalo a mis amigos. Yo **desenvuelvo** los regalos de la misma forma como les leo mi relato.

Publicar tu redacción

¡Imprímelo!

Recopila en un libro tus relatos o poemas, o produce un libro con tus compañeros.

¡Envíalo!

Envía un relato sobre tu familia o un poema especial a un familiar que vive lejos.

¡Preséntalo!

Envía uno de tus relatos o poemas al editor de una revista. Espera para saber si lo va a publicar.

¡Represéntalo!

Representa tu relato con tus compañeros.

¡Exhíbelo!

Exhibe tu redacción en el salón de clases en una página web de la clase.

Comenta con un compañero.

1. ¿Has intentado alguna vez usar alguna de estas ideas para publicar algo? Cuéntaselo a la clase.
2. ¿Qué nueva idea para publicar te gustaría intentar?

3.17E, 3.23D

Escribir la versión final en limpio

La versión final en limpio demuestra que te interesa tu escritura. También hace que tu trabajo de escritura sea fácil de leer. Sigue estas pautas cuando escribas a mano la versión final.

Versión manuscrita

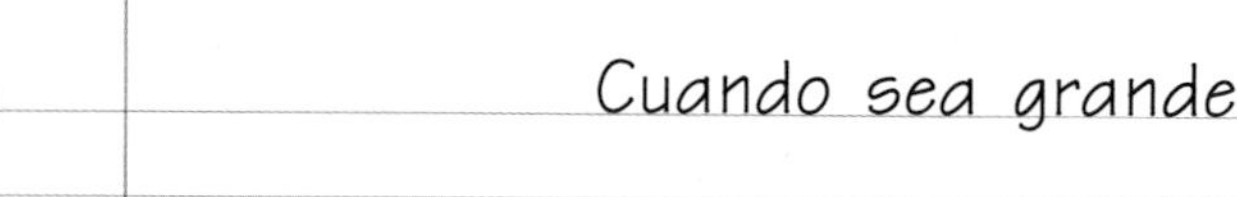

Cuando sea grande

Usa un solo lado de la hoja.

Cuando sea grande, quiero ser doctor. No voy a ser un doctor cualquiera. Quiero ser doctor ambulante.

Primero, viajaré a África. En televisión he visto imágenes de muchas personas que sufren allí. ¡Por eso quiero ser doctor!

Deja sangría en el primer renglón de cada párrafo.

Cuando esté en África, voy a hacer tres cosas. Ayudaré a los niños enfermos. También les enseñaré a mantenerse sanos. Luego, invitaré a otros doctores para que trabajen conmigo.

Después de ir a África, voy a viajar por todo el mundo para ayudar a otros niños enfermos. Iré a lugares como la India, China y Haití.

Escribe con tu mejor letra.

Voy a tener que ir a la escuela durante mucho tiempo para poder ser doctor. ¡Papá dice que tendré 28 años cuando termine la escuela! No importa. Para entonces tendré la suficiente edad para viajar solo.

Usar una computadora

Usa las siguientes pautas cuando uses una computadora para imprimir la versión final.

Versión electrónica

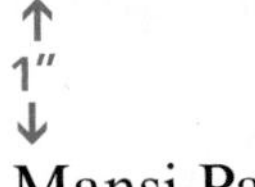

Usa una fuente que sea fácil de leer.

Trata de usar una lista, una tabla o una ilustración.

Deja sangría en el primer renglón de cada párrafo.

↑
1″
↓

Mansi Patel

Cuando sea grande

Cuando sea grande, quiero ser doctor. No voy a ser un doctor cualquiera. Quiero ser doctor viajero.

Primero, viajaré a África. En televisión he visto imágenes de muchas personas que sufren allí. ¡Por eso quiero ser doctor!

Cuando esté en África, voy a hacer tres cosas.

1. Ayudaré a los niños enfermos.
2. También les enseñaré a mantenerse sanos.
3. Luego, invitaré a otros doctores para que trabajen conmigo.

Después de ir a África, voy a viajar por todo el mundo para ayudar a otros niños enfermos. Iré a lugares como la India, China y Haití.

Voy a tener que ir a la escuela durante mucho tiempo para poder ser doctor. ¡Papá dice que tendré 28 años cuando termine la escuela! No importa. Para entonces tendré la suficiente edad para viajar solo.

Práctica

Compara una de tus versiones finales con el ejemplo de esta página o con el de la página 36. ¿En qué se parecen? ¿En qué se diferencian?

Usar un portafolio

A Juan le gusta coleccionar ilustraciones de caballos. Él guarda sus ilustraciones en un álbum especial. Juan colecciona también sus cuentos y poemas. Los coloca en un **portafolio**, un lugar especial para reunir lo que escribe. Cuando usas un portafolio, puedes examinar tu trabajo y disfrutar de todos los tipos de escritura que has realizado.

Hacer un portafolio personal

Un portafolio personal es sólo para ti. Puedes usar una carpeta de tres aros, una carpeta de bolsillos, una caja de regalos o puedes diseñar tu propio portafolio. En tu portafolio puedes guardar de todo, desde ideas de temas hasta cuentos terminados. Aquí tienes una buena forma de planear tu portafolio.

Hacer un portafolio del salón

Tu maestro puede pedirte que hagas un portafolio del salón. Hay dos tipos principales de portafolios del salón de clases: portafolio de exhibición y portafolio acumulativo.

Portafolio de exhibición

En un **portafolio de exhibición** muestras lo mejor que has escrito. Aquí tienes algunas ideas para elegir tu mejor trabajo. Tu maestro te ayudará a decidir qué trabajos de escritura puedes incluir.

- Elige un trabajo de escritura que realmente te guste.
- Elige un trabajo en que te esforzaste mucho.
- Selecciona algo que refleje tus sentimientos.
- Incluye un trabajo escrito del que estés orgulloso.

Portafolio acumulativo

En un **portafolio acumulativo** puedes guardar la escritura que permite que tú y tu maestro vean cómo has madurado como escritor. Puedes guardar algo que escribiste en septiembre, en octubre, en noviembre, y así sucesivamente. ¡Es increíble ver cómo pueden mejorar tus destrezas de escritura al final del año escolar!

Estas son algunas destrezas que tendrás que tener en cuenta.

- Usar detalles específicos
- Organizar tus ideas
- Escribir oraciones claras

Aprendizaje del lenguaje

Un **portafolio** es un tipo especial de carpeta que contiene tu escritura. ¿Qué tipo de **portafolio** te gustaría hacer? Coméntalo con un compañero.

Crear un portafolio

Cuando reúnas un portafolio del salón, usa estas pautas.

Sigue las instrucciones de tu maestro.

- Fíjate cómo debe ser tu portafolio. Aprenderás instrucciones especiales para hacer una carpeta.
- Fíjate en qué tipo de escritura y cuántas redacciones tienes que incluir. ¿Necesitas otra información?

Organízate bien.

- Guarda todos las redacciones que escribas.
- A veces te pedirán que incluyas todas tus notas que preparaste para escribir y las revisiones de un trabajo de escritura.

Siente orgullo por tu trabajo.

- Finaliza a tiempo todas tus asignaciones de escritura.
- Haz tu trabajo lo mejor que puedas. Guarda tu versión final en limpio.

Recuerda: Un portafolio es tu historia como escritor. Asegúrate de estar orgulloso de esa historia.

Ejemplo de introducciones para el portafolio

Tu maestro puede pedirte que escribas una introducción para cada redacción en tu portafolio. Puedes decir por qué te gusta tu redacción o dónde se te ocurrió la idea para escribirla. Estos son algunos ejemplos de introducciones.

Las introducciones de dos autores

"Comencé a escribir *Mi caballo azabache* cuando fui de paseo a la granja de mis abuelos en vacaciones de verano. Aún no cumplía los nueve años, pero ya me encantaba montar en caballo".

—Beatriz Montes

"Papá siempre se perdía en la carretera cuando salíamos de viaje. A veces nos perdíamos por unos minutos, pero también podíamos viajar horas en la dirección equivocada. Pensé en uno de esos viajes cuando escribí *No importa que te pierdas en la ruta*".

—Jonás Villagrán

La introducción de un estudiante

Mi mejor relato es "Mi amigo Paulo". Fue entretenido escribir sobre Paulo. Tenía mucho que decir sobre él.

—Michael

Práctica

1. **Escribe una introducción para algo que escribiste a principios de año.**
2. **Explica por qué te gusta lo que escribiste o dónde se te ocurrió la idea.**

Escritura descriptiva

Enfoque de la escritura

- **Párrafo descriptivo**
- **Ensayo descriptivo**

Aprendizaje del lenguaje

Trabaja con un compañero. Lean los significados y respondan juntos las preguntas.

1. Una oración **descriptiva** cuenta todo sobre algo.
   Di una oración descriptiva sobre el tiempo que hace hoy.
2. Los detalles **sensoriales** describen el aspecto de una cosa, su sonido, su olor, su sabor y qué sientes al tocarla.
   ***Agria* y *verde* son dos detalles sensoriales que describen una lima. ¿Cuál es otro detalle?**
3. Una **adivinanza** es una pregunta que se debe resolver como si fuera un rompecabezas.
   Resuelve esta adivinanza: Vuela sin alas, silba sin boca, pega sin manos, y no se lo toca. (el viento)
4. Algo que está **fuera de lugar** es algo que no pertenece a ese lugar.
   Hablen sobre una vez en que se sintieron fuera de lugar.

En la escritura descriptiva se usan detalles para que el lector imagine claramente una persona, lugar, cosa o idea. Los detalles sensoriales permiten que los demás *vean, escuchen, sientan, huelan* y *perciban el sabor* de lo que estás describiendo. Estos detalles también mantienen al lector interesado en lo que tienes que decir. Cada vez que escribas, recuerda que debes describir las personas, lugares y cosas en orden para que tu redacción sea clara e interesante.

Escribir un párrafo descriptivo

Todos los días les cuentas a tus amigos sobre las cosas que has visto. Y a menudo te dicen: "Cuéntanos más. ¿Qué aspecto tenía? ¿Cómo sonaba?" Quieren saber todos los detalles.

En este capítulo aprenderás a responder estas preguntas. Vas a escribir un párrafo para describir algo que consideras interesante.

Partes de un párrafo

1. Tu **oración temática** le dice al lector lo que vas a describir.
2. Las **oraciones de apoyo** usan detalles sensoriales para que el lector *vea* lo que estás describiendo.
3. La **oración final** le permite al lector saber lo que sientes sobre tu tema.

Párrafo descriptivo

La camioneta lanzallamas

Mi tío Jesse acaba de comprar una camioneta modificada que parece un dragón lanzallamas. Es morada oscura con llamas amarillas y anaranjadas pintadas en los lados. Sus parachoques de cromo son especiales y brillan a la luz del sol. El sonido de su motor me recuerda el rugido de un incendio. Cuando abro la puerta de la camioneta, puedo sentir el olor de los suaves y blancos asientos de cuero. Me siento feliz cada vez que salgo a pasear con mi tío Jesse en su flamante camioneta.

Comenta con un compañero.

- **Desarrollo de las ideas** **(1) Busca dos detalles sensoriales que te ayuden a ver la camioneta en tu mente.**
- **Organización** **(2) Qué orden usa el escritor para describir la camioneta (de arriba abajo, del frente a la parte trasera, de afuera hacia adentro)?**
- **Voz** **(3) ¿Qué palabras de la oración final muestran cómo se siente el escritor sobre la camioneta?**

TEKS 3.17A, 3.17B

Prepararse Elegir un tema

Kiko no sabía qué describir. Él hizo una lista para que se le ocurrieran ideas.

Escribe una lista breve

1. Escribe una lista breve de las cosas interesantes que podrías describir.
2. Elige una idea.

Lista breve

–béisbol
–juego de ajedrez
–nueva camioneta del tío Jesse

Recopilar detalles

Después de elegir la camioneta como tema de escritura, Kiko completó la tabla de abajo con detalles sensoriales sobre la camioneta. La tabla lo ayudó a agrupar las ideas.

Tabla de detalles sensoriales.

1. Escribe las palabras *Ver, Escuchar, Sentir* y *Oler* en la parte superior de tu hoja. Escribe *Sabor* si ese tipo de detalles tienen que ver con tu tema.
2. Debajo de cada encabezado, enumera los detalles sensoriales.

Tabla de detalles sensoriales

Ver	Escuchar	Sentir	Oler
morada oscura	radio potente	asientos suaves	asientos de cuero
llamas amarillas	motor ruge como un incendio	duros parachoques de cromo	tapetes de plástico
parachoques brillantes			

Desarrollar un borrador **Crear tu párrafo**

Todos los párrafos tienen tres partes básicas: una oración temática, oraciones de apoyo y una oración final.

Oración temática

Una oración temática presenta el tema y la idea principal.

Tema + **Idea principal**

La camioneta de tío Jesse parece dragón.

Oraciones de apoyo

Las oraciones de apoyo de tu párrafo incluyen detalles sensoriales que ayudan al lector a *ver, escuchar, sentir, oler* o *saborear* el tema.

Oración final

La oración final dice lo que sientes respecto a tu tema.

Crea tu párrafo.

1. **Escribe una oración temática que describa lo que quieres.**
2. **Escribe oraciones de apoyo usando detalles de tu tabla de detalles sensoriales.**
3. **Escribe una oración final que muestre lo que sientes sobre tu tema.**

La nueva camioneta de tío Jesse parece un dragón. Es morada con llamas amarillas. Tiene parachoques brillantes.

3.17C

Revisar Mejorar el párrafo

Cuando revisas, vuelves a leer lo que escribiste y tratas de mejorarlo. A veces tienes que añadir más detalles sensoriales. Otras veces tienes que quitar un detalle que no corresponde a tu tema. Después de estudiar la siguiente lección, revisa tu propio párrafo.

Revisa tus detalles.

- **Lee tu párrafo detenidamente. Luego, trata de revisar tu párrafo usando una o más de las siguientes ideas:**
  - Añade al menos uno o más detalles sensoriales para ayudar al lector a imaginarse mejor tu tema.
  - Quita un detalle que no corresponda a tu tema.
  - Cambia de lugar los detalles que estén fuera de lugar.

Práctica

Lee el siguiente párrafo. Busca un detalle que no corresponda al tema. Después, escribe otro detalle sensorial que podrías añadir. Explica cómo puede ayudar ese detalle al lector.

Los huevos de granja fritos que cocinamos en los campamentos son riquísimos. Me gusta su aspecto y su olor. Mientras frío uno, puedo ver cómo la clara va pasando de amarilla a blanca. Mi hermano no se los come si no están bien fritos. Los huevos de granja fritos se sienten cremosos y suaves cuando están en su punto. Me gusta comerlos con poca sal o sin nada.

Corrige comprobar que se respetan las convenciones

Cuando corriges tu párrafo para respetar las convenciones, corriges los errores gramaticales, la estructura de las oraciones, convenciones mecánicas (uso de mayúsculas y puntuación) y ortografía. Recuerda que debes dejar sangría en el primer renglón del párrafo. Luego, corrige todos los errores que encuentres.

Corrige tu trabajo. **Usa las siguientes preguntas para revisar y corregir tu párrafo descriptivo.**

1. **¿Escribí cada oración con la puntuación correcta?**
2. **¿Comencé todas las oraciones con mayúscula inicial?**
3. **¿Escribí con mayúscula inicial los nombres de las personas y los lugares?**
4. **¿Verifiqué la ortografía de las palabras?**
5. **¿Dejé sangría en el primer renglón de mi párrafo?**

Práctica

Lee el siguiente párrafo. Después usa la lista de esta página para corregir los errores del párrafo. Corrige los errores y vuelve a escribir el párrafo. Muestra dónde hiciste las correcciones.

La semana pasada, tía mónica y yo fuimos a pescar a puerto aransas. fuimos en una lancha grande con otras 20 personas. Pescamos durante todo el fin de cemana y atrapamos escorpinas, truchas, atunes ¡e incluso un tiburón! Atrapamos tantos peces que tía Mónica dice que vamos a comer pescado por mucho tiempo. Quiero ir de nuevo el proximo verano.

Escribir un ensayo descriptivo

Piensa en algo que sea especial para ti. ¿Tienes un lindo par de zapatos, una colección especial o un libro favorito? Podría ser cualquier cosa.

En este capítulo, vas a describir tu objeto especial a tus compañeros. En vez de hablar simplemente de él, usarás palabras que los ayuden a "ver" lo que estás describiendo.

Comprender el objetivo

En este capítulo, tu objetivo es escribir un ensayo descriptivo. En el ensayo vas a describir un objeto especial para ti. Las siguientes características te ayudarán a mantener ese objetivo.

Escribe sobre un objeto especial. Para ayudar a los lectores a comprenderlo, enfócate solamente en ese objeto. No incluyas detalles sin importancia.

Organización

Crea un principio, un desarrollo y una conclusión adecuados. Describe el objeto de una manera que tenga sentido y que el lector pueda seguir con facilidad.

Desarrollo de las ideas

Incluye detalles sensoriales del objeto. Usa un organizador gráfico para organizar tus ideas.

Convence a tus lectores de que te emociona hablar del objeto que estás describiendo.

Convenciones

Asegúrate de no cometer errores gramaticales. ¿Usaste correctamente los sustantivos y los adjetivos?

Conexión con la literatura **Para un buen ejemplo de un texto descriptivo, lee *Los pájaros de la cosecha*, escrito por Blanca López de Mariscal.**

Ensayo descriptivo

En un ensayo descriptivo debes describir algo en forma muy clara para que el lector pueda imaginárselo. Se puede decir que un ensayo descriptivo pinta un retrato con palabras. Lebron escribió el siguiente ensayo. Fíjate en la idea principal de su ensayo en el primer párrafo.

El ensayo de Lebron

Mis caracoles encajan en mi caja

Mi familia va todos los veranos a la playa. Allí hago hoyos en la arena y busco caracoles de mar. El año pasado, mi hermana me ayudó a pegar mis caracoles en una cajita de recuerdos. Estoy muy orgulloso de mi colección de caracoles.

En la parte de arriba de la caja, puse caracoles comunes. En el lado izquierdo, puse caracolitos anaranjados, plateados y grises. Son del tamaño de las monedas de 5 y 10 centavos. ¡Los caracolitos tintinean igual que el dinero! En la parte de arriba, puse caracoles en forma de pata de oso y los pinté de color morado por dentro y con unas puntitas blancas por fuera.

En la parte de abajo de la caja, puse mis caracoles extraños. En el lado izquierdo están mis ojos de tiburón. Cada uno parece un caracol con un ojo gris en espiral en un lado. Mis taladritos de Florida están a la derecha. Me recuerdan los largos y delgados conos de helado.

En las esquinas de mi caja, pegué ostiones en franjas de percal de colores: cafés, violetas y blancas. Es divertido coleccionar. Al mirar mi caja, me recuerda mis días en la playa.

Partes de un ensayo descriptivo

Un ensayo descriptivo tiene principio, desarrollo y conclusión. Estas tres partes se combinan para que tu ensayo sea claro y le interese al lector.

Comienzo

El **párrafo inicial** capta la atención del lector y presenta el tema. También incluye la idea principal del ensayo.

Desarrollo

Cada **párrafo intermedio** comienza con una oración temática. Los detalles del resto del párrafo explican la oración temática.

Conclusión

En el **párrafo final** se encuentra un pensamiento final sobre el tema.

Comenta con un compañero.

- **Desarrollo de las ideas** (1) ¿Qué objeto describe el escritor?
- **Organización** (2) ¿Cómo organiza el escritor los dos párrafos intermedios? (Piensa en la cajita de recuerdos).
- **Voz** (3) Busca palabras o frases que demuestren que al escritor le interesa su tema.

Prepararse Elegir un tema

Una forma de seleccionar un tema para escribir un ensayo descriptivo es pensar en objetos que sean especiales para ti. Amy hizo una lista de sus objetos especiales. Después eligió el objeto sobre el cual quería escribir.

Escribe una lista de todas tus ideas.

1. **Escribe "Objetos especiales" en la parte superior de tu hoja.**
2. **Escribe una lista de cosas que sean especiales para ti.**
3. **Marca con un (*) el objeto sobre el que te gustaría escribir.**
4. **Escribe una oración que diga cuál es tu objeto especial y lo que sientes por él. Esta es la idea principal de tu ensayo.**

Lista de ideas

Objetos especiales

patines

materiales de ciencia

suéter suave

brazalete elástico

materiales de arte

mi medallón*

Idea principal de mi ensayo:

Mi medallón es muy especial para mí.

Recopilar detalles

Una forma de planear tu primer borrador es recopilar detalles sobre tu objeto, dibujarlo y rotular sus partes. A esto se le llama **diagrama ilustrado**. Usa palabras que indiquen el color, la forma, el tamaño, los detalles especiales e incluso los sonidos de tu objeto.

Prepárate

Haz un diagrama ilustrado.

1. **Dibuja el objeto que quieres describir.**
2. **Rotula tu dibujo con palabras que describen el objeto.**

Diagrama ilustrado

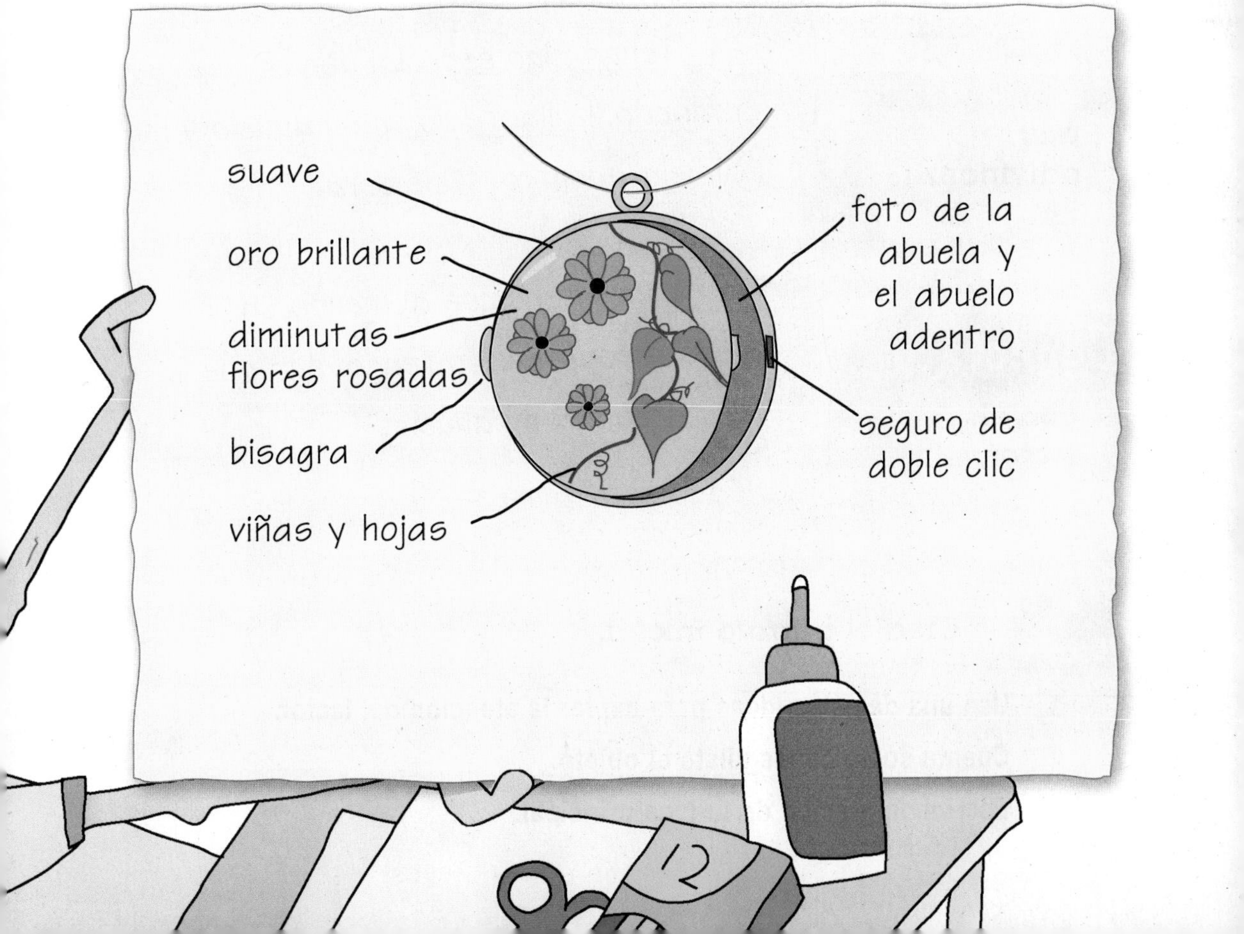

suave
oro brillante
diminutas flores rosadas
bisagra
viñas y hojas
foto de la abuela y el abuelo adentro
seguro de doble clic

Desarrollar un borrador

Comenzar tu ensayo

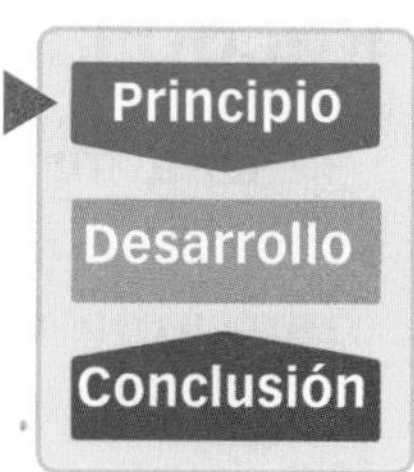

El párrafo inicial de tu ensayo debe captar la atención del lector. Después, puedes contar cómo conseguiste el objeto. Finalmente, la oración de tu idea principal debe decir lo que sientes por el objeto.

Puedes usar uno de los "3 Principios" que se presentan aquí y elegir uno de ellos para captar la atención del lector.

Haz una pregunta.

¿Sabes lo que es un medallón?

O

Crea una adivinanza.

Tengo algo especial que es redondo, brillante y con mi abuelo y mi abuela adentro. ¿Qué será?

O

Conéctate con el lector.

Todos tenemos al menos un tesoro especial. Yo tengo algo que le pertenecía a mi abuela.

Crea el párrafo inicial.

1. **Usa una de estas ideas para captar la atención del lector.**
2. **Cuenta cómo conseguiste el objeto.**
3. **Escribe la oración de tu idea principal.**

El párrafo inicial de Amy

Cuando Amy comenzó a escribir su ensayo descriptivo, no le importó cometer algunos errores. En lugar de eso, trabajó para poner todas sus ideas en papel.

Al comienzo hay una pregunta que capta la atención del lector.

Los detalles cuentan cómo la escritora consiguió este objeto.

La oración de la idea principal expresa los sentimientos de la escritora.

¿Sabes lo que es un medallón? Bueno, es un pequeño estuche que cuelga de un collar. Los medallones se abren y en su interior hay fotos. Yo tengo uno que a estado en nuestra familia durante muchísimo tempo. Mi abuelo se lo regalo a mi abuela antes de casarse. muchos años después, mi abuela se lo regaló a mi mamá y ahora es mío. Mi medallón es muy especial para mí.

Desarrollar un borrador

Elaborar el desarrollo

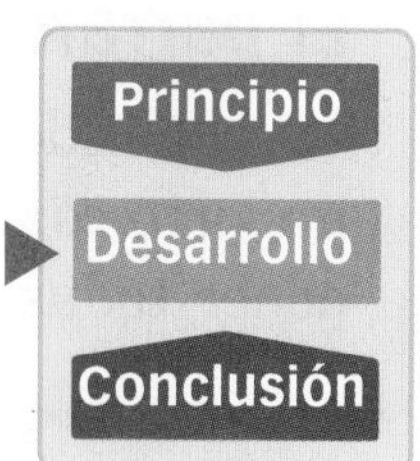

Cada uno de tus párrafos intermedios debe comenzar con una oración temática y debe referirse a cierta parte de tu objeto. Usa el orden de ubicación para describir tu tema en una de estas tres formas.

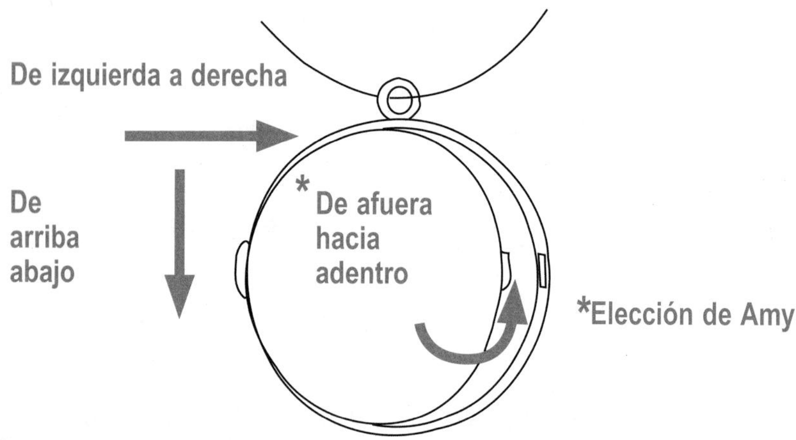

Escribe los párrafos intermedios.

1. **Elige una forma de describir tu objeto** (de izquierda a derecha, de arriba abajo, de afuera hacia adentro).
2. **Vuelve a mirar tu diagrama ilustrado. Ahora escribe dos oraciones temáticas que describan las partes principales de tu objeto (las partes de la izquierda y de la derecha, por ejemplo).**
3. **Escribe dos párrafos intermedios añadiendo más oraciones después de cada oración principal. Incluye detalles de tu diagrama ilustrado para apoyar cada oración temática.**

Los párrafos intermedios de Amy

En cada uno de sus párrafos intermedios, Amy incluyó una oración temática y detalles que describían su medallón. A Amy aún no le preocupa estar cometiendo algunos errores.

medallón es muy especial para mí.

Amy describió su medallón de afuera hacia adentro. Cada párrafo intermedio incluye una oración temática. Este párrafo describe la parte de afuera del medallón.

Muchos medallones tienen forrma de corazón, pero el mío no. Es de oro brillante y cuelga de una larga cadena En la parte de afuera tiene grabadas viñas y flores. Algunas viñas están lisas porque mamá y mi abuela las frotaban con el dedos. Mi hermano no lo usaría ni por un millón de dólares.

¿Qué describe este párrafo?

Dentro de mi medallón hay fotos de mi abuela y mi abuelo de cuando eran jóvenes. la abuela era linda. Ella tenía el pelo rubio y rizado. Él tenía el pelo negro y no usaba Lentes como ahora. Mi abuelo se veía muy diferente.

Desarrollar un borrador

Finalizar tu ensayo

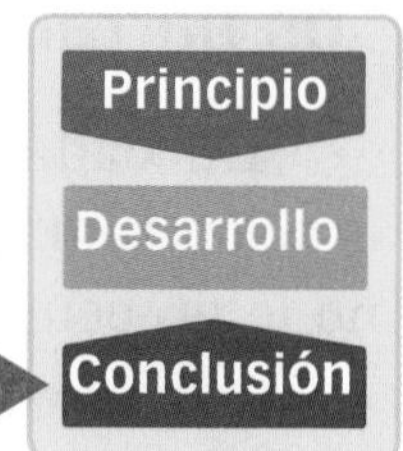

La última oración de tu párrafo final es el enunciado de conclusión. En esta oración debe haber un pensamiento final sobre el objeto. Estas son algunas formas de crear un enunciado de conclusión adecuado.

Recuérdale tu principio al lector.

Muestra lo que sientes por tu tema.

Relaciona el objeto especial con tu vida.

Ahora ya sabes lo que es un medallón. Puede que la próxima vez que veas uno te preguntes por las fotos que hay en él.

O

Estoy muy contenta de tener este medallón. Siempre me siento especial cuando lo llevo puesto.

O

Algún día le regalaré este hermoso medallón a mi hija y ella podrá disfrutarlo tanto como yo.

Crea el párrafo final.

1. Trata de escribir tu enunciado de conclusión usando una de estas ideas.
2. Incluye oraciones sobre la importancia del objeto.

El párrafo final de Amy

En el primer borrador de su final, a Amy no le importó cometer algunos errores. Sólo se preocupó de poner todas sus ideas en papel.

no usaba Lentes como ahora. Mi abuelo se veía muy diferente.

Yo abro y cierro mi medallón una y otra vez. Me gusta sentirlo en la mano y ecuchar cuando hace clic, clic. Mamá dice que no debería avrirlo tanto. Podría hecharlo a perder. Dice que debo cuidarlo mucho. Algún día le regalaré este hermoso medallón a mi hija y ella podrá disfrutarlo tanto como yo.

El párrafo final de Amy tiene detalles sensoriales que describen cómo se siente y cómo suena el medallón. Así el lector se forma una imagen clara de lo que lee.

La escritora conecta el objeto especial con su vida en un enunciado de conclusión.

Revisar Mejorar tu ensayo

Revisar es uno de los pasos más importantes del proceso de escritura. Es la oportunidad de hacerle cambios a tu descripción. Puedes añadir detalles, eliminar detalles o cambiarlos de lugar dependiendo de cómo quieres mejorar tu ensayo.

Revisa los detalles.

1. **Busca lugares donde puedas añadir detalles, eliminar detalles o cambiarlos de lugar.**
2. **¿Por qué añadiste detalles, los eliminaste o los cambiaste de lugar?**

¿Cuándo debo agregar detalles?

Debes **agregar** detalles para que tu descripción sea clara y emocionante. Usa un signo de intercalación ∧ para mostrar dónde quieres colocar un nuevo detalle.

¿Cuándo debo eliminar detalles?

Debes **eliminar** todos los detalles que no se relacionen con tu descripción. Usa un signo de eliminar para mostrar lo que quieres eliminar.

¿Cuándo debo cambiar de lugar los detalles?

Cambia de lugar los detalles fuera de orden. Encierra en un círculo las ideas que quieras cambiar de lugar. Dibuja una flecha → para colocarlas donde quieras.

La revisión de Amy

Estos son los cambios que hizo Amy mientras revisaba sus dos párrafos intermedios. Ella añadió, eliminó y cambió de lugar algunas palabras y oraciones. De esta manera ella mejoró sus ideas y su organización.

Revisar la coherencia

Cuando revises, asegúrate de que las ideas son claras y que están en el orden correcto. Asegúrate de que todas las oraciones se refieren a la idea principal del ensayo. ¿Qué palabras **agregó** o **eliminó** la escritora para que su descripción fuera más clara? ¿Qué **cambió** de lugar la escritora?

medallón es muy espezcial para mí.

es redondo

Muchos medallones tienen forrma de corazón, pero el mío ~~no~~. Es de oro brillante y cuelga de una larga cadena En la parte

hojas de viña y diminutas flores rosadas

de afuera tiene grabadas ~~viñas y flores.~~

mi

Algunas viñas están lisas porque mamá y mi abuela las frotaban con el dedos. ~~Mi hermano no lo usaría ni por un millón de dólares.~~

Dentro de mi medallón hay fotos de mi abuela y mi abuelo de cuando eran jóvenes. la abuela era linda. Ella tenía el pelo rubio y rizado. Él tenía el pelo negro y no usaba Lentes como ahora. Mi abuelo se veía muy diferente.

TEKS 3.17D, 3.22A(i), 3.24A(iii), 3.24A(v) 3.24G

Corregir comprobar que se respetan las convenciones

Este es el momento de corregir tu ensayo. Cuando corriges, debes corregir los errores gramaticales, la estructura de las oraciones, la ortografía, el uso de mayúsculas y la puntuación.

Corrige tu trabajo. Usa las siguientes preguntas para revisar y corregir tu ensayo descriptivo.

1. ¿Usé la puntuación correcta en cada oración?
2. ¿Usé correctamente las contracciones *al* y *del*?
3. ¿Comencé todas mis oraciones con mayúscula inicial?
4. ¿Escribí con mayúscula inicial todos los nombres de personas?
5. ¿Usé correctamente los verbos (*nosotros vemos*, no *nosotros ven*)?
6. ¿Dejé sangría antes de la primera palabra de un párrafo?

Práctica

Busca dos errores en cada una de estas oraciones. Después, escribe las oraciones correctamente.

1. Mi medallón tenes dos lados diferentes
2. Ay un lado para mis abuelo.
3. me gusta el color de el medallón.

Las correcciones de Amy

Cuando corrigió su ensayo, Amy buscó cuidadosamente los errores.

a mi mamá y ahora es mío. Mi medallón es muy especial para mí.

Amy corrigió un error ortográfico.

Ella añadió un signo de puntuación.

Ella corrigió una palabra mal usada.

Ella corrigió dos errores en el uso de mayúsculas.

Muchos medallones tienen forrma (forma) de corazón, pero el mío es redondo. Es de oro brillante y cuelga de una larga cadena. En la parte de afuera tiene grabadas hojas de viña y diminutas flores rosadas. Algunas viñas están lisas porque mi mamá y mi abuela las frotaban con ~~el~~ los dedos.

Dentro de mi medallón hay fotos de mi abuela y mi abuelo de cuando eran jóvenes. la abuela era linda. Ella tenía el pelo rubio y rizado. Mi abuelo se veía muy diferente. Él tenía el pelo negro y no usaba Lentes como ahora.

Publicar compartir tu ensayo

Después de revisar y corregir los errores, crea un borrador final de tu ensayo descriptivo. Muestra tu borrador final a otros compañeros.

Escribe el borrador final.

Sigue las instrucciones de tu maestro y escribe con mucho cuidado el borrador de la versión final.

Mi medallón es una reliquia

¿Sabes lo que es un medallón? Bueno, es un pequeño estuche que cuelga de un collar. Los medallones se abren y en su interior hay fotos. Yo tengo uno que ha estado en nuestra familia durante muchísimo tiempo. Mi abuelo se lo regaló a mi abuela antes de casarse. Muchos años después, mi abuela se lo regaló a mi mamá y ahora es mío. Mi medallón es muy especial para mí.

Muchos medallones tienen forma de corazón, pero el mío es redondo. Es de oro brillante y cuelga de una larga cadena. En la parte de afuera tiene grabadas hojas de viña y diminutas flores rosadas. Algunas viñas están lisas porque mi mamá y mi abuela las frotaban con los dedos.

Dentro de mi medallón hay fotos de mi abuela y mi abuelo de cuando eran jóvenes. La abuela era linda. Ella tenía el pelo rubio y rizado. Mi abuelo se veía muy diferente. Él tenía el pelo negro y no usaba lentes como ahora.

Yo abro y cierro mi medallón una y otra vez. Me gusta sentirlo en la mano y escuchar cuando hace clic, clic. Mamá dice que no debería abrirlo tanto. Podría echarlo a perder. Dice que debo cuidarlo mucho. Algún día le regalaré este hermoso relicario a mi hija y ella podrá disfrutarlo tanto como yo.

Evaluar y analizar tu redacción

¡Felicitaciones! Acabas de finalizar tu ensayo descriptivo. Tómate un momento para pensar en lo que aprendiste. Esto es lo que pensó Amy de su redacción.

Pensar en tu redacción

Nombre: Amy McKekkin

Título: Mi medallón es una reliquia

1. La mejor parte de mi ensayo es . . .

   la parte en la que digo a todos lo especial que es mi medallón para mí.

2. La parte de mi ensayo que aún tengo que mejorar es . . .

   la parte donde describo el collar.

3. Lo más importante que aprendí sobre mi ensayo descriptivo es . . .

   cómo usar un diagrama ilustrado. Eso me ayudó a pensar en todos los detalles.

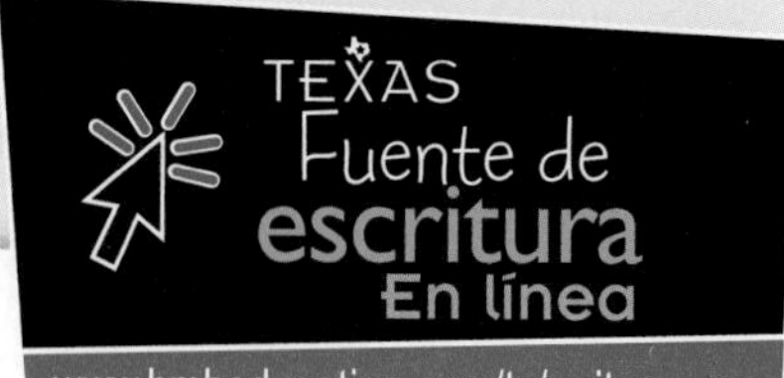

Escritura narrativa

Enfoque de la escritura

- **Párrafo narrativo**
- **Relato personal**

Enfoque gramatical

- **Sujeto completo y predicado completo**
- **Verbos (pasado)**

Aprendizaje del lenguaje

Trabaja con un compañero. Lean los significados y respondan juntos las preguntas.

1. Una **narración** es un relato.
   ¿Qué sucede en tu narración favorita?
2. Una **transición** es el cambio de una idea o lugar a otra idea o lugar.
   Describe la transición entre el término del recreo y el regreso a clases.
3. Al **finalizar** una redacción, la terminas.
   ¿Qué podrías decir para finalizar una conversación?
4. Al **concluir** algo, lo finalizas.
   ¿Cómo sueles concluir tu día escolar?

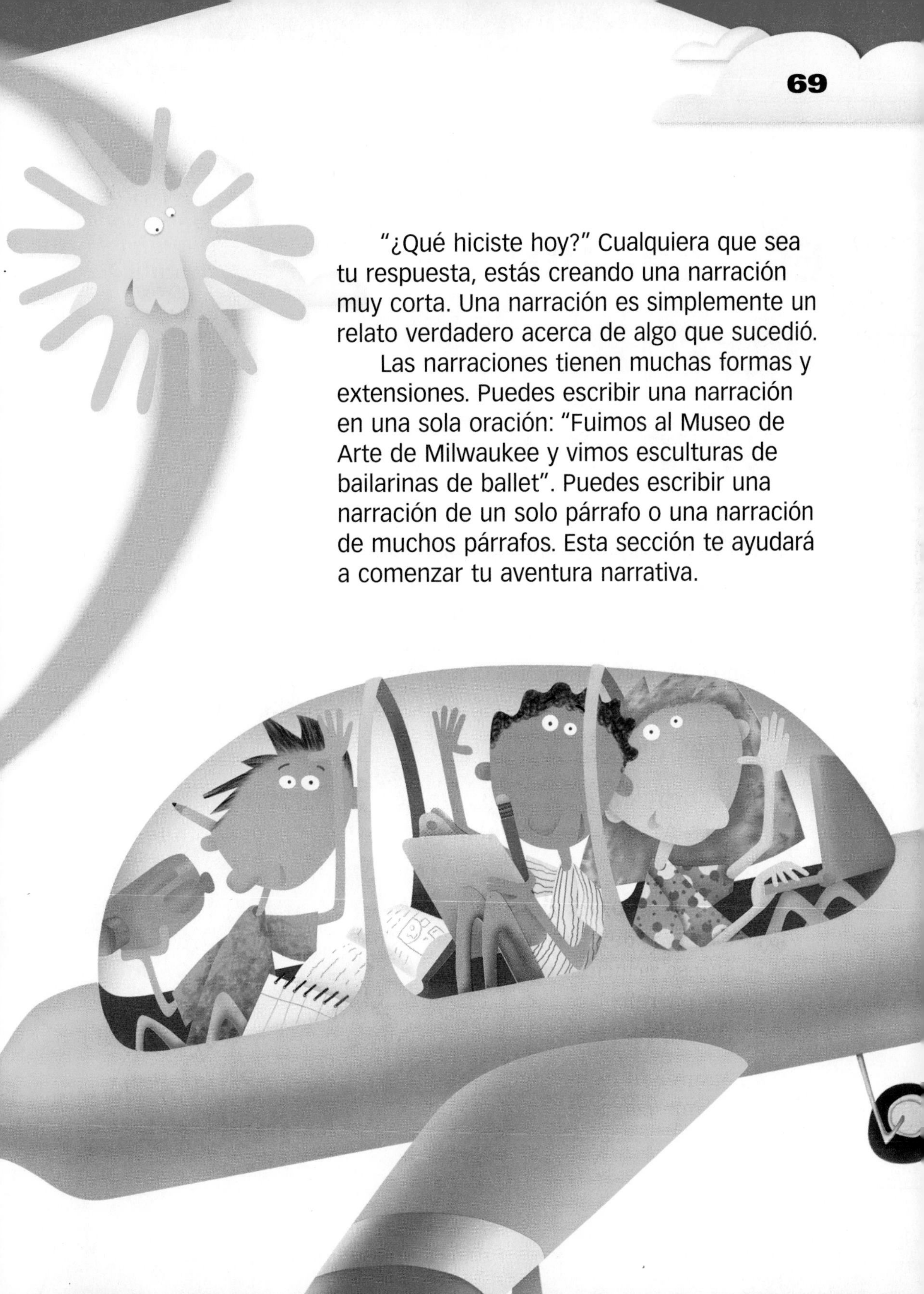

"¿Qué hiciste hoy?" Cualquiera que sea tu respuesta, estás creando una narración muy corta. Una narración es simplemente un relato verdadero acerca de algo que sucedió.

Las narraciones tienen muchas formas y extensiones. Puedes escribir una narración en una sola oración: "Fuimos al Museo de Arte de Milwaukee y vimos esculturas de bailarinas de ballet". Puedes escribir una narración de un solo párrafo o una narración de muchos párrafos. Esta sección te ayudará a comenzar tu aventura narrativa.

Escribir un párrafo narrativo

A Dónica le pidieron que escribiera algo acerca de sí misma. En vez de limitarse a contar datos acerca de ella, ¡escribió un párrafo narrativo! En él, cuenta una experiencia que disfrutó.

En esta unidad, contarás algo acerca de ti mismo en un párrafo narrativo. Tu párrafo tendrá tres partes.

Partes del párrafo

1. La **oración temática** presenta la idea central del párrafo.
2. Las **oraciones de apoyo** dan más detalles acerca del suceso principal o del tema del párrafo.
3. La **oración final** le plantea al lector algo en que pensar.

Un párrafo narrativo

La trepadora de montañas

1 Mi nombre es Dónica y una vez trepé una enorme montaña. 2 El verano pasado, mi familia hizo un viaje a Washington. Viajamos en carro hasta el monte Rainier. Cuando llegamos allá, me puse a correr delante de mi familia por los senderos montañosos. Había ardillas terrestres por todos lados. Mientras trepábamos, yo imaginaba que iba en los hombros de un gigante blanco que nos miraba desde arriba. 3 Algún día quiero trepar hasta la cima del monte Rainier.

Comenta con un compañero.

- **Desarrollo de las ideas** (1) ¿Cuál es la idea o suceso principal de este párrafo?
- **Organización** (2) ¿Qué parte del párrafo dice todo acerca del suceso principal?
- **Voz** (3) ¿Qué palabras y frases (grupos de palabras relacionadas) te gustaron más del párrafo? Explica por qué.

Prepararse Buscar una idea

En este párrafo narrativo, escribirás sobre algo que hiciste alguna vez. Para generar ideas, Dónica hizo una lista rápida de las cosas que le gusta hacer. Puso una estrella (*) junto a lo que eligió.

Lista rápida

- cultivar tomates
- * viaje al monte Rainier
- recital de piano
- un día en el parque acuático

Haz tu propia lista rápida.

Recopilar detalles

Una cronología puede ayudarte a planear. Dónica escribió su suceso principal en la parte superior de una hoja. Después, hizo una lista con las cosas que recordaba en el orden en que sucedieron.

Haz tu propia cronología.

1. **Escribe tu suceso principal en la parte superior de una hoja.**
2. **Añade detalles acerca de lo que ocurrió primero, después, y así sucesivamente. Añade otras cosas que recuerdes.**

Cronología

Trepar una enorme montaña

- viajar en carro hasta Washington
- ir al monte Rainier
- trepar por los senderos con la familia
- ver ardillas
- imaginar que vas en los hombros de un gigante

Desarrollar un borrador Crear tu propio borrador

Cada parte de tu párrafo narrativo tiene una función especial.

- Tu **oración temática** presenta la idea principal de tu párrafo y el suceso del que vas a escribir.
- Las **oraciones de apoyo** incluyen detalles interesantes sobre el suceso.
- Tu **oración final** deja a tus lectores con una reflexión final acerca del suceso.

Crea tu párrafo.

1. **Primero escribe la oración temática. "Mi nombre es __________ y __________ (suceso)".**
2. **Después, escribe al menos tres oraciones de apoyo que cuenten detalles interesantes sobre tu suceso.**
3. **Escribe una oración final que deje al lector una reflexión final acerca del tema.**

Primer borrador

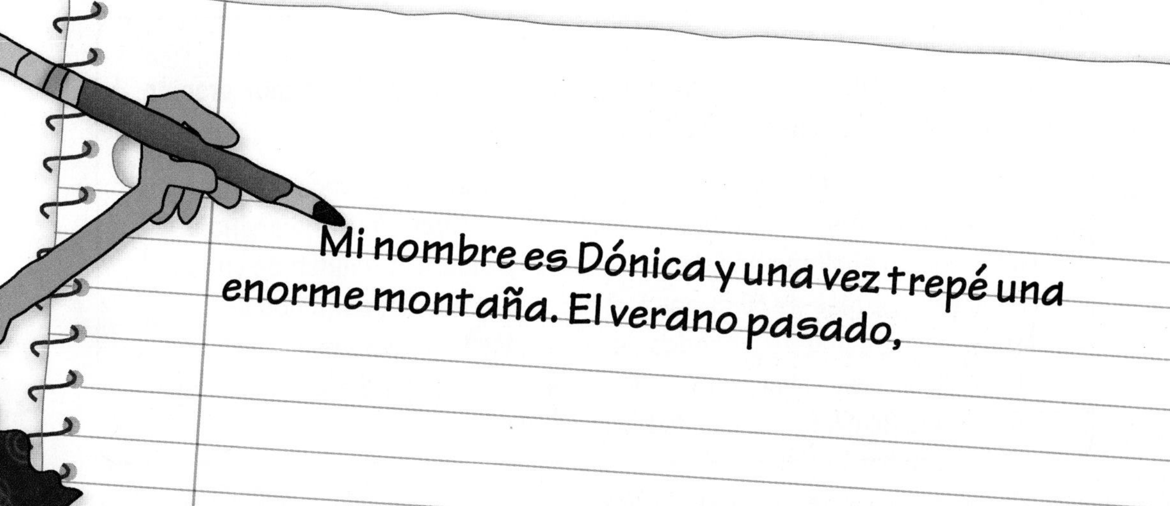

3.17C

Revisar Mejorar el párrafo

Ahora te toca a ti revisar tu párrafo. Recuerda que tu párrafo debe enfocarse en una sola idea principal. Todas tus oraciones de apoyo deben incluir detalles interesantes acerca de tu tema. Si hay oraciones que no se relacionan claramente con tu tema, puedes eliminarlas. Si no tienes suficientes detalles, puedes añadir algunos.

Revisa tus detalles.

Pregúntate lo siguiente acerca de tu párrafo.

1. **¿Incluye cada oración de apoyo un detalle interesante acerca del tema?**
   (Si no es así, agrega detalles).
2. **¿Hay oraciones que no dicen nada respecto del tema?**
   (Si encuentras una oración que no corresponde, elimínala).
3. **¿Están mis oraciones en el orden en que ocurrieron los sucesos?**
   (Si no es así, cambia las oraciones de posición).
4. **¿Tiene mi párrafo al menos tres oraciones de apoyo?**
   (Si no es así, añade detalles en una o dos oraciones).

Práctica

Lee este párrafo de Cody. Escribe las dos primeras palabras de cada oración que no se relaciona con el tema. (Hay dos).

Mi nombre es Cody y me encantan las carreras de carros. El año pasado, mi tío me llevó al Salón de la Fama del Circuito de Indianápolis. Mi tío está en el último año de la escuela secundaria. Caminamos varias millas y vimos más de 50 carros famosos. Al almuerzo, comimos un sándwich extra grande y batidos de leche. Más tarde, vimos una película que hablaba sobre el circuito. Cuando termine la secundaria, quiero ir a una carrera de las 500 Millas de Indianápolis.

Corregir comprobar que se respetan las convenciones

Cuando termines de revisar, estarás listo para corregir. Asegúrate de haber usado las palabras correctas. Por ejemplo, hay muchas letras que tienen el mismo sonido, como *b/v, ll/y, g/j, k/c/q,* y *c/s/z*. La ortografía con estas letras es fácil de confundir, y a veces tendrás que identificar la letra correcta.

Además, en palabras como *casa, caza, ola* y *hola*, un corrector ortográfico de la computadora no destacará una palabra escrita correctamente aunque sea una palabra que no corresponde con tu oración. Por eso es importante verificar la ortografía de palabras.

A Frank le encanta mirar las olas del mar.

¡Hola! ¿Cómo te llamas?

***Olas* significa "movimiento del mar".**

***Hola* decimos cuando saludamos.**

Revisa tu trabajo.

1. **¿Dejé sangría en la primera línea del párrafo?**
2. **¿Comencé cada oración con mayúscula inicial?**
3. **¿Usé la puntuación correcta en cada oración?**
4. **¿Usé las letras correctas en las palabras?**
5. **¿Usé correctamente palabras como *hay,¡ay!*, *ha*, *a*?** (Consulta las páginas 548 a 561).

Práctica de gramática

Corrige la palabra o las palabras mal escritas en cada una de estas oraciones.

1. ¡Hay! Me duele mucho el dedo.
2. Ese poema de los animales es muy veyo.
3. La caza de mi amigo Felipe es enorme.
4. En una ora más, llegaremos a California.
5. Es la primera ves que voy al desierto.

Escribir un relato personal

Todos conocemos a personas que ayudan a otros. Pueden ser familiares, amigos, maestros e incluso gente de la comunidad, como oficiales de policía y bomberos.

Carolina decidió escribir un relato personal sobre la Sra. Ríos, una persona que la ayudó en primer grado. Leerás el ensayo de Carolina y aprenderás a escribir tu propio relato.

3.19

Comprender el objetivo

Tu objetivo en este capítulo es escribir un relato personal acerca de alguien que te haya ayudado. Las características de la escritura enumeradas aquí te ayudarán a lograr tu objetivo. La rúbrica de calificación de las páginas **102 y 103** también te ayudarán. Consúltala a menudo para mejorar tu escritura.

Escribe sobre alguna vez en que alguien te ayudó. Para que los lectores puedan seguirte, incluye solamente detalles de ese suceso. Elimina la información que no sea importante.

Organización

Ordena los sucesos en orden cronológico. Usa palabras de transición para que tus lectores comprendan el orden de los sucesos. Asegúrate de no repetir sucesos ni detalles.

Desarrollo de las ideas

Agrega detalles significativos e interesantes acerca de la persona y cómo te ayudó. Usa un organizador gráfico para enumerar tus ideas y organizarlas.

Capta la atención del lector demostrando que estás interesado en su tema. Deja que tu personalidad se muestre en toda tu redacción.

Convenciones

Asegúrate de que tu gramática esté correcta. Verifica el uso correcto de las mayúsculas, las puntuación y la ortografía.

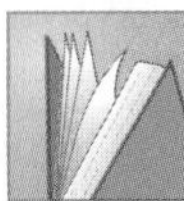

Conexión con la literatura **Para un ejemplo de un relato personal, lee *Me llamo María Isabel,* escrito por Alma Flor Ada.**

Relato personal

Un relato personal narra un relato verdadero acerca de ti y una experiencia o suceso. Este relato cuenta una experiencia importante que vivió Carolina en primer grado de la escuela.

La Sra. Ríos

Cuando estaba en primer grado, conocí a la Sra. Ríos. Ella hablaba español e inglés y me ayudó a aprender inglés.

Mi familia se mudó a Texas cuando tenía 5 años. Antes vivíamos en México. Nadie de mi familia hablaba inglés cuando llegamos a los Estados Unidos.

Cuando comencé a ir a la escuela, conocí a la Sra. Ríos. Ella se sentaba conmigo en la clase y me traducía lo que el maestro estaba diciendo. Me enseñó palabras en inglés simples. Siempre estaba allí para ayudarme.

—Puedes hacerlo, Carolina — me decía la Sra. Ríos.

Pronto pude comunicarme con mis compañeros. Comencé a hablar y también a escribir en inglés. Hoy, sé mucho inglés.

Todos los años, la Sra. Ríos ayuda a los estudiantes de primer grado. Enseña inglés de manera divertida y fácil. Ahora, incluso yo estoy ayudando a que mi familia aprenda inglés. Cuando vi a la Sra. Ríos en el pasillo la semana pasada, le agradecí por toda su ayuda.

Partes de un relato personal

Un ensayo narrativo se organiza en tres partes.

Principio

El **párrafo inicial** menciona tu tema, o enfoque, y capta la atención del lector.

Desarrollo

Los **párrafos intermedios** presentan más información acerca del tema. Ellos incluyen algunos detalles para que el relato suene verdadero.

Conclusión

El **párrafo final** realiza una conclusión de las ideas. Dice cómo te sentiste y qué fue importante para ti.

Comenta con un compañero.

- **Desarrollo de las ideas** (1) ¿Cuál es el tema (o enfoque) de la redacción?
- **Organización** (2) ¿Cómo organiza Carolina su relato para que tenga sentido?
- **Voz** (3) ¿Qué palabras y frases hacen que la Sra. Ríos parezca una persona real para el lector?

Prepararse Elegir un tema

El tema de tu ensayo será una experiencia que tuviste con alguien que te ayudó. Para obtener ideas, Taylor usó una rueda para reunir datos. Hizo una lista de nombres de personas que ayudan a otros.

Haz una rueda para recopilar datos.

1. **En una hoja, dibuja una rueda como la de abajo.**
2. **Escribe las palabras "Personas que ayudan" en el centro de la rueda.**
3. **En los espacios alrededor del centro, escribe los nombres de las personas que te han ayudado.**
4. **Dibuja una estrella (✱) junto a la persona sobre la que quieres escribir.**

Rueda para recopilar datos

Personas que ayudan
- Dr. Green
- Sr. Chua
- Tía Sue
- mi maestro
- mi amigo Brandon ✱
- mi hermana Morgan
- Oficial Cruz

Ordenar los detalles

Las narraciones se organizan cronológicamente. Primero, ocurre un suceso, luego el siguiente, y así sucesivamente. Usar una cronología te puede ayudar para planear el primer borrador. En una cronología, los sucesos se ponen en orden. Puedes ver abajo la cronología que Taylor creó.

Haz una cronología.

1. Traza una flecha hacia abajo en el lado izquierdo de tu hoja.
2. Junto a la flecha, escribe algunas palabras para indicar cada vez que una persona te ayudó.
3. Asegúrate de escribir ordenadamente los sucesos hacia abajo.

Cronología

- Cuando me rompí un brazo, Brandon me ayudó.
- Brandon me llevaba la bandeja del almuerzo en la escuela.
- Él escribía la materia en mi cuaderno en clases.
- Brandon me ayudaba a ponerme el abrigo y las botas.

Organización
Los detalles se deben escribir en orden cronológico.

Desarrollar un borrador Comenzar tu ensayo

El párrafo inicial debe captar la atención del lector y presentar a la persona que elegiste. Estas son tres maneras de comenzar tu ensayo.

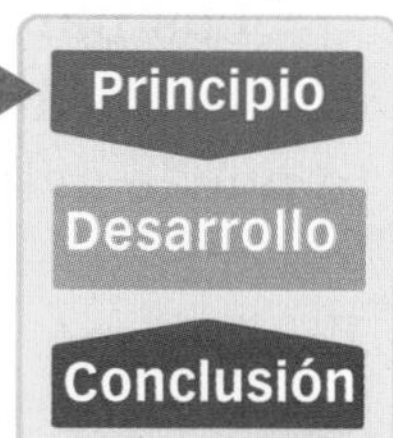

Haz una pregunta.

¿Alguna vez han tenido un día terrible? En mi día terrible me herí un brazo. Brandon estaba conmigo.

O

Comienza con un diálogo.

—No te preocupes. Yo te ayudaré. —Es lo que mi amigo Brandon me dijo cuando llegué a casa con mi brazo enyesado.

O

Conéctate con el lector contándole un breve relato.

Un día me caí de la patineta y me herí un brazo. Mi amigo Brandon estaba ahí para ayudarme.

Crea el párrafo inicial.

1. Usa una de las maneras para presentar tu tema.
2. Termina el primer párrafo con una oración que diga lo que sientes por la persona que te ayudó. Este será tu enunciado de enfoque.

El párrafo inicial de Taylor

Taylor eligió comenzar su ensayo narrativo con una pregunta. En su primer borrador, quería llevar sus ideas al papel. No se preocupó de los errores.

Capta la atención del lector mientras presentas el tema. Termina con tu enunciado de enfoque.

¿Alguna vez han tenido un día terrible? En mi día terrible me herí un brazo. Brandon estaba conmigo. Él vive cerca de mi casa. Brandon es un buen amigo y es una de las personas mas simpaticos que conozco.

Comenta con un compañero.

El enunciado de enfoque de Taylor cuenta lo que siente por su amigo Brandon. ¿Qué detalles incluye Taylor sobre el tipo de persona que es Brandon? Comparte tus ideas con un compañero.

Desarrollar un borrador

Elaborar el desarrollo

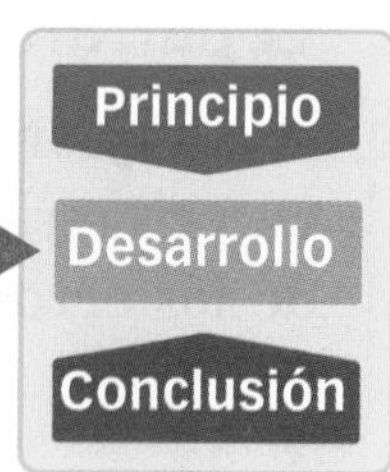

En el desarrollo de tu ensayo, debes dar más información sobre el tema. Incluye detalles que muestren cómo te ayudó esa persona y por qué esa ayuda fue importante. Usa la *cronología* de la página 81 e incluye muchos detalles para que tu ensayo suene real.

Comienza en el desarrollo de la acción.

Brandon fue y trajo a mi mamá.

o

Comparte tus pensamientos y sentimientos.

No podía doblar el codo. Me sentía indefenso.

o

Añade diálogos: lo que las personas dicen.

—No te preocupes —decía Brandon—. Yo te ayudaré.

Escribe los párrafos intermedios.

1. Incluye acciones que muestren cómo te ayudó esa persona.
2. Cuenta por qué la ayuda de esa persona fue importante para ti.
3. Añade pensamientos, sentimientos y diálogos.

Los párrafos intermedios de Taylor

Estos son los párrafos intermedios de Taylor. Él sigue contando su experiencia y usa detalles para mostrar cómo Brandon lo ayudó.

Brandon es un buen amigo y es una de las personas mas simpaticos que conozco.

Incluye los sucesos importantes, que se llaman acciones.

Un sábado, Brandon y yo salí a andar en patineta. me caí y resulté herido. Brandon fue y trajo a mi mamá. Regresé del hospital con una manga de yeso en el brazo derrecho. este es el brazo que más uso. No podía doblar el codo. Me sentía indefenso.

Comparte pensamientos y sentimientos (azul).

—No te preocupes —dijo Brandon—. Yo te ayudaré.

Cuenta lo que dijo alguien (verde).

En la escuela, me llevaba la bandeja del almuerzo. Siempre que había algo que no podía hacer, Brandon estaba allí para ayudarme. Brandon escribía la materia en mi cuaderno. También me ayudaba a ponerme el abrigo.

Desarrollar un borrador

Terminar tu ensayo

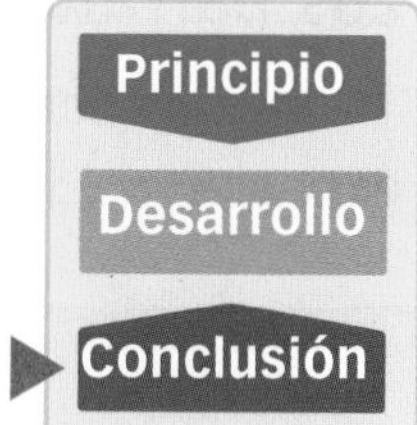

En la conclusión, debes contar por qué la ayuda de esa persona fue importante para ti. Estas son algunas ideas para finalizar tu ensayo.

Repite por qué la ayuda de esa persona fue importante.

Sin la ayuda de Brandon, no sé qué habría hecho.

o

Nunca voy a olvidar lo que Brandon hizo por mí.

o

Comparte lo que sientes por esa persona.

Conversa con tu lector.

¿Alguna vez has necesitado ayuda? Ese momento es cuando sabes lo maravilloso que es tener un amigo que te ayude.

Completa el párrafo final.

1. Usa una o más de las ideas anteriores para escribir un final interesante.
2. Prueba con tus propias ideas. Usa el final que más te guste.

El párrafo final de Taylor

Este es el párrafo final de Taylor. Su párrafo apoya el enunciado de enfoque de su primer párrafo.

me ayudaba a ponerme el abrigo.

Costó mucho para que sanara. Mi brazo está bien. Sin la ayuda de Brandon, no sé qué habría hecho. Nunca olvidaré lo que Brandon hizo por mí.

El escritor combina dos maneras de terminar el ensayo (azul).

Cuando revises el *enfoque y la coherencia*, asegúrate de haber escrito sobre un solo tema. Todos los detalles de tu relato personal deben referirse a esa experiencia en la que alguien te ayudó.

¿Me enfoqué en una sola experiencia?

Asegúrate de que el lector puede identificar el tema (o enfoque). Todas las ideas de tu narración deben referirse a esa sola experiencia. No incluyas ninguna idea que no se relacione con esa experiencia.

Práctica

Lee el párrafo e identifica la experiencia o tema. Después busca la oración o idea que no corresponde.

A papá le gusta fabricar objetos con materiales que se pueden reutilizar. El fin de semana pasado, fabricamos juntos nuestro propio carrito. Mamá fue a trabajar. Usamos ruedas de carros viejos y pedazos de madera.

Revisa tu narración. **Lee completamente el primer borrador de tu relato personal. Asegúrate de que todas tus ideas se relacionen con la experiencia que elegiste como tema.**

La revisión en acción

Estos son algunos cambios que Taylor hizo para mejorar el enfoque y la coherencia de su primer borrador. Agregó una palabra para mostrar cómo se relacionan sus ideas. También eliminó un detalle que no se relacionaba con el tema.

¿Alguna vez han tenido un día terrible?

Afortunadamente

En mi día terrible me herí un brazo. ^ Brandon estaba conmigo. ~~Él vive cerca de mi casa.~~ Brandon es un buen amigo y es una de las personas mas simpaticos que conozco.

Revisa el enfoque y la coherencia.

1. Lee tu ensayo y asegúrate de que todos los detalles se relacionen con la idea o tema principal.
   - **Elimina** cualquier oración que no se enfoque en el tema.
   - **Agrega** los detalles o sucesos importantes que dejaste fuera.
2. Asegúrate de que el párrafo inicial y el párrafo final apoyan tu enunciado de enfoque.

Revisar la organización

En la escritura narrativa, debes revisar que la *organización* incluya palabras de transición para indicar el orden cronológico. Esto le permitirá a tu lector comprender cómo, cuándo y por qué sucedió algo.

¿Cómo puedo ordenar los detalles cronológicamente?

Puedes poner los detalles en **orden cronológico** (en el orden que sucedieron) usando palabras como *primero, luego, después* y *finalmente.*

Primero, me aseguré de que mi tía estaba lista. Luego, llamé a mi mamá. Apenas lo hice, mis primos y yo nos escondimos. Mamá fue a buscar a la abuela, que estaba en el patio. Ya estábamos todos listos para celebrar la fiesta sorpresa de la abuela.

Sugerencias

Las palabras de transición (palabras que se relacionan con el tiempo) conectan sucesos de tu redacción.

primero	pronto	después de
segundo	ahora	antes de
luego	más tarde	mañana
entonces	finalmente	de pronto

Práctica

Agrega una oración más al párrafo sobre la fiesta sorpresa de la abuela. Usa una de las palabras de transición de la lista.

La revisión en acción

Estos son algunos de los cambios que hizo Taylor para mejorar la organización de su primer borrador. Cambia de lugar una idea y agrega una palabra de transición para indicar el orden cronológico. Esto permite que los sucesos se puedan leer más fácilmente.

, pero ya

Costó mucho para que sanara. Mi brazo está bien.

Sin la ayuda de Brandon, no sé que habría hecho.

Nunca voy a olvidar lo que Brandon hizo por mí.

Revisa la organización.

1. Revisa tu ensayo para asegurarte de que todos los sucesos están en el orden que ocurrieron.
   - **Cambia de lugar** las oraciones o detalles que no están en el orden correcto.
2. Asegúrate de que usaste palabras de transición para mostrar el orden cronológico y para mantener la fluidez de la narración.
   - **Agrega** palabras y frases de transición.

El adecuado *desarrollo de las ideas* le permite al lector ver y sentir lo que escribes. También le permitirá conectarse con tu experiencia.

¿Cómo puedo conectarme con el lector?

Puedes conectarte con el lector ayudándolo a ver y sentir lo que tú experimentaste. Usa una tabla de T como esta para reunir este tipo de detalles para tu lector.

Ver . . .	Sentir . . .
personas saludando con la mano	una partida lenta y esforzada
el cabello alborotado por el viento	caídas y vueltas espantosas
la gigantesca montaña rusa	sacudiéndose de lado a lado
carros rojos y amarillos	el viento y la velocidad

Práctica

Haz una tabla de T como la anterior. Complétala con detalles de lo que quieres que el lector vea y sienta cuando lea tu redacción. Comparte tu tabla de T con un compañero y comenten cómo pueden servir los detalles.

La revisión en acción

Estos son algunos de los cambios que Taylor hizo para mejorar las ideas de su primer borrador. Agregó algunos detalles específicos. Estos detalles permitirán que el lector imagine cómo se sintió Taylor cuando se rompió el brazo.

Un sábado, Brandon y yo salimos a andar en patineta. me caí y resulté herido. Brandon fue y buscó a mi mamá. Regresé del hospital con una ^pesada^ manga de yeso en mi brazo derrecho. Este es el brazo que más uso. ^Sentía el brazo caliente y me picaba.^ No podía doblar el codo. Me sentía ^tan^ indefenso ^como un bebé^.

Revisa tus ideas.

1. Lee tu trabajo detenidamente.
2. Busca lugares donde puedes agregar detalles que se conecten con el lector.
   - **Agrega** detalles. Usa un símbolo de intercalación ∧ para mostrar dónde quieres agregar palabras.
3. Elimina los detalles que no se conectan con el lector.
   - **Elimina** los detalles innecesarios. Usa un símbolo de eliminación ℓ para mostrar lo que quieres eliminar.

Tu *voz* de escritor es la forma especial en que expresas tus ideas. En la escritura narrativa, tu voz de escritor debe captar la atención del lector y sonar como si fueras tú. La voz es importante porque así tu redacción suena única y real. Te permite conectarte con el lector, o audiencia, porque hace que suenes como una persona real.

¿Qué hace que mi voz suene como yo?

Usa tus propias palabras para que tu voz de escritor suene como si fueras tú el que cuenta la historia, es decir, de la forma en que se la contarías a un amigo.

El desfile estaba por terminar. De pronto, **la niña** sentada junto a mí en la cuneta salió disparada **hacia la calle. Su** gran globo amarillo saltó lejos **y** su sombrero de vaquero voló por los aires**.**

Práctica

Lee la siguiente lista. Después, usa estos sucesos para "contarle el relato" a un compañero. ¿Cómo expresarías tus ideas de una forma diferente si tu audiencia fuera un reportero de un periódico?

- la niñita corre hacia la calle
- unos caballos se acercan hacia ellos
- el niño grita y corre
- el niño jala de la niña para salvarla
- los padres se lo agradecen

La revisión en acción

Estos son algunos de los cambios que hizo Taylor para mejorar la voz de su primer borrador. Agregó un detalle para que su escritura sonara como si lo dijera él.

En la escuela, me llevaba la bandeja del almuerzo. Siempre que había algo que yo no podía hacer, Brandon estaba allí para ayudarme. Brandon escribía la materia en mi cuaderno. También me ayudaba a ponerme el abrigo. ∧ Incluso me ataba los cordones de los zapatos. ¿Se dan cuenta?

Revisa la voz de tu escritura.

1. Lee tu ensayo e imagina que tu público es un amigo.
2. Revisa para conectar tu escritura con el lector.
   - **Agrega** palabras para que tu redacción suene como si fuera tu voz natural.
   - **Elimina** las palabras que suenen aburridas o poco interesantes.

Revisar Usar una lista

Comprueba tu revisión. Califica tu narración del 1 al 8. Lee cada pregunta y haz una marca junto al número si la respuesta es "sí". Si la respuesta es "no", sigue trabajando en esa parte de tu ensayo.

Enfoque y coherencia

____ **1.** ¿Me enfoqué en una sola experiencia?
____ **2.** ¿Hay algún detalle que no corresponda al tema?
____ **3.** ¿Incluí todos los sucesos importantes?

Organización

____ **4.** ¿Están mis detalles en orden cronológico?
____ **5.** ¿Tengo que agregar algunas palabras de transición?

Desarrollo de las ideas

____ **6.** ¿Incluí detalles específicos e interesantes?
____ **7.** ¿Me conecté con el lector incluyendo detalles que le permitieran ver y sentir la experiencia?

Voz

____ **8.** ¿Mi voz de escritor suena como cuando le hablo a un amigo?

Escribe el texto en limpio. Después de revisar tu narración, escribe la versión en limpio. Pide a un compañero que lea y comente tu relato personal.

Recibir comentarios de un compañero

Esta es la evaluación que un compañero de Taylor hizo de su ensayo. Puedes usar los comentarios de tus compañeros para mejorar lo que has escrito hasta el momento.

Hoja de comentarios

Escritor: Taylor Compañero: Antonio

Título: Emergencia de patineta 9-1-1

Lo que me gusta:

Me alegré cuando Brandon fue a buscar a tu mamá. Ese detalle demuestra cómo Brandon te ayudaba.

Me gustó cuando Brandon dijo: "No te preocupes."

Mis dudas:

¿Cuánto tiempo tuviste que usar el yeso?

¿Todavía te gusta andar en patineta?

Gramática

Cuando corriges la *gramática*, te aseguras de usar correctamente los sustantivos, los verbos y las otras partes de la oración.

¿Cómo formo oraciones completas?

Las dos partes principales de una oración son el **sujeto** y el **predicado.** (Consulta las páginas 562 y 564.)

El sujeto es de qué se habla o de quién se habla en la oración. El **sujeto completo** es el sujeto y todas las palabras que lo describen. El predicado es la parte de la oración que indica lo que el sujeto hace. El **predicado completo** es el predicado y todas las palabras que lo describen. En esta oración, el sujeto completo está subrayado y el predicado completo está en un círculo.

El pequeño perro corría con un hueso en el hocico.

Práctica de gramática

Escribe cada oración. Subraya el sujeto completo y encierra en un círculo el predicado completo. Luego, elige una oración y cambia el sujeto o el predicado. Léele tu nueva oración a un compañero.

1. Un petirrojo vive en el manzano de mi casa.
2. El pajarito hizo su nido en ese árbol.
3. Los polluelos nacerán pronto de unos huevos azules.

Revisa tus oraciones. Cada oración debe tener un sujeto completo y un predicado completo. Si necesitas más ayuda con las oraciones, consulta las páginas 444 y 445.

¿Cuándo uso los verbos en pasado?

Los verbos en pasado indican que una acción ocurrió en el pasado. Estos son los pasados de los verbos regulares *cantar, tejer* y *vivir*. (Consulta la página 576 para más ayuda con los tiempos verbales).

	Pasado de verbos regulares		
	Cantar	**Tejer**	**Vivir**
	Pretérito/Imperfecto	Pretérito/Imperfecto	Pretérito/Imperfecto
yo	canté/cantaba	tejí/tejía	viví/vivía
tú	cantaste/cantabas	tejiste/tejías	viviste/vivías
él/ella/usted	cantó/cantaba	tejió/tejía	vivió/vivía
nosotros	cantamos/cantábamos	tejimos/tejíamos	vivimos/vivíamos
ellos/ellas/ustedes	cantaron/cantaban	tejieron/tejían	vivieron/vivían

Práctica de gramática

Escribe en una hoja los números del 1 al 3. Identifica cada verbo y escríbelo en pasado. Después léele las oraciones en pasado a un compañero.

1. Pablo habla en inglés.
2. Mis padres me abrazan con cariño.
3. Mi amigo me llama por teléfono.

Revisa el uso de los verbos en pretérito. **Asegúrate de haber usado y escrito correctamente los verbos en pasado.**

Aprendizaje del lenguaje

Comenta con un compañero cómo pueden completar las siguientes oraciones.

1. Mi tía y yo.
2. Bueno para comer.

Estructura de las oraciones

Cuando revisas la *estructura de las oraciones*, te fijas dónde puedes combinar oraciones más cortas para formar oraciones más largas usando conjunciones coordinantes, como **y, o** y **pero**.

¿Cómo puedo combinar oraciones usando conjunciones coordinantes?

Una conjunción coordinante une dos oraciones independientes. Usa una coma antes de la conjunción *pero.*

Mari obtuvo una A en su trabajo. Corrió a casa a mostrársela a su mamá.
Mari obtuvo una A en su trabajo y corrió a casa a mostrársela a su mamá.

Estudia para la prueba. No te irá bien mañana.
Estudia para la prueba o no te irá bien mañana.

Rita quiere tener un gato. Los gatos la hacen estornudar.
Rita quiere tener un gato, pero los gatos la hacen estornudar.

Práctica de gramática

Usa *o*, *y* o *pero* para combinar cada par de oraciones. Después forma una oración usando una conjunción coordinante y muéstrasela a un compañero.

1. A Sasha le gusta la ensalada. No le gustan las cebollas.
2. Tengo tres chaquetas. Te daré una.
3. Puedo ir al zoológico. Puedo ir a jugar a los bolos.

Revisa tus oraciones. **Fíjate si hiciste una buena mezcla de oraciones largas y cortas. Trata de combinar oraciones más cortas para formar oraciones más largas usando conjunciones coordinantes.**

La corrección en acción

Estas son las correcciones que Taylor hizo en varios párrafos de su borrador revisado.

Taylor corrigió las palabras mal escritas.

Corrigió su gramática cambiando un verbo.

Una oración necesitaba un sujeto completo y un predicado completo.

Combinó dos oraciones con una conjunción coordinativa.

¿Qué otras correcciones hizo Taylor?

¿Alguna vez han tenido un día terrible? En mi día terrible me rompí un brazo. Afortunadamente, Brandon estaba conmigo. Brandon es un buen amigo y es una de las personas ~~mas simpaticos~~ más simpáticas que conozco.

Un sábado, Brandon y yo ~~salí~~ salimos a andar en patineta. Yo me caí y resulté herido. Brandon fue y trajo a mi mamá. Regresé del hospital con una pesada manga de yeso en mi brazo ~~derrecho~~ derecho. ~~e~~ Este es el brazo que más uso. Sentía el brazo caliente y me picaba y no podía doblar el codo. Me sentía tan indefenso como un bebé.

—No te preocupes —dijo Brandon—. Yo te ayudaré.

Verifica que usaste correctamente las convenciones en tu ensayo.

Usar rúbricas

Usa estas rúbricas de calificación para mejorar tu redacción. Cuando corriges, te aseguras de que has seguido las reglas gramaticales, el uso de mayúsculas, la puntuación, la estructura de las oraciones y la ortografía.

No tengo casi ningún error en la gramática, el uso de mayúsculas, la puntuación, la estructura de las oraciones y la ortografía.

En mi redacción:

- Todas las oraciones tienen un sujeto completo y un predicado completo.
- Usé correctamente los verbos en todas las oraciones.
- Usé correctamente los signos de puntuación en todas las oraciones.
- Comencé todas las oraciones con mayúscula inicial.
- Combiné oraciones cortas todas las veces.
- Escribí correctamente todas las palabras.

Tengo errores pequeños en la gramática, el uso de mayúsculas, la puntuación, la estructura de las oraciones o la ortografía.

En mi redacción:

- Casi todas las oraciones tienen un sujeto completo y un predicado completo.
- Usé correctamente los verbos en casi todas las oraciones.
- Usé correctamente los signos de puntuación en casi todas las oraciones.
- Comencé casi todas las oraciones con mayúscula inicial.
- Combiné oraciones cortas casi siempre.
- Escribí correctamente casi todas las palabras.

2 Varios errores hacen que mi narrativa sea difícil de leer. Debo corregirlos.

En mi redacción:

- Algunas oraciones tienen un sujeto completo y un predicado completo.
- Usé correctamente los verbos en algunas oraciones.
- Usé correctamente los signos de puntuación en algunas oraciones.
- Comencé algunas oraciones con mayúscula inicial.
- Combiné oraciones cortas algunas veces.
- Escribí correctamente algunas palabras.

1 Debo corregir muchos errores en mi redacción.

En mi redacción:

- A casi todas las oraciones les falta un sujeto completo y un predicado completo.
- No usé correctamente los verbos en ninguna oración.
- No usé correctamente los signos de puntuación en ninguna oración.
- No comencé ninguna oración con mayúscula inicial.
- Nunca combiné oraciones cortas.
- Escribí mal muchas palabras.

Publicar compartir tu ensayo

Después de corregir, escribe en limpio la versión final de tu ensayo.

Escribe la versión final.

1. Sigue las instrucciones de tu maestro o usa este modelo. (Para hacer tu trabajo, consulta la página 36). Recuerda que debes escribir de manera legible en letra cursiva utilizando espaciado entre las palabras de la oración.
2. Escribe la versión final en limpio. Incluye todas tus correcciones.

Emergencia de patineta 9-1-1

¿Alguna vez han tenido un día terrible? En mi día terrible me rompí un brazo. Afortunadamente, Brandon estaba conmigo. Brandon es un buen amigo y es una de las personas más simpáticas que conozco.

Un sábado, Brandon y yo salimos a andar en patineta. Yo me caí y resulté herido. Brandon salió corriendo en busca de mi mamá. Regresé del hospital con una pesada manga de yeso en mi brazo derecho. Este es el brazo que más uso. Sentía el brazo caliente, me picaba y no podía doblar el codo. Me sentía tan indefenso como un bebé.

—No te preocupes —dijo Brandon—. Yo te ayudaré.

En la escuela, me llevaba la bandeja del almuerzo. En clases, escribía la materia en mi cuaderno. También me ayudaba a ponerme el abrigo. Incluso me ataba los cordones de los zapatos. ¿Se dan cuenta?

El día en que me rompí el brazo fue terrible, pero tuve un gran ayudante. Costó mucho para que sanara, pero ya mi brazo está bien. Brandon y yo jugamos a la pelota y salimos a andar en patineta igual que antes. Nunca voy a olvidar lo que Brandon hizo por mí cuando necesité una mano amiga.

Evaluar y analizar tu redacción

Llegó el momento de pensar en lo que has aprendido. Esto es lo que pensó sobre su redacción.

Pensar en tu redacción

Nombre: Taylor Matelski

Título: Emergencia de patineta 9-1-1

1. La mejor parte de mi ensayo es . . .

   hablar sobre mi buen amigo todo lo que hizo para ayudarme.

2. La parte de mi ensayo que aún tengo que mejorar es . . .

   el segundo párrafo. Podría haber usado más acción y diálogos.

3. Lo más importante que aprendí sobre mi ensayo narrativo es . . .

   cómo escribir ordenadamente lo que sucedió.

Escritura narrativa

Conexión con otras materias

"¿Qué sucedió?" Una manera de responder esta pregunta es escribir una narración. A veces, la narración cuenta una experiencia de tu propia vida. Otras veces, cuenta una experiencia que le sucedió a otra persona.

En las siguientes páginas, aprenderás a escribir ambos tipos de narraciones. También aprenderás cómo responder a un tema de escritura narrativa en una prueba escrita.

Estudios sociales: Narración biográfica

En los estudios sociales, Tony tuvo que escribir una narración acerca de un inventor. Eligió a una persona cuyo invento se usa en millones de hogares cada día.

Principio

El principio presenta el enunciado de enfoque.

Desarrollo

El desarrollo indica detalles sobre lo que ocurrió.

Conclusión

La conclusión dice cómo el trabajo marcó una diferencia.

Un chocolate en el bolsillo

Un día, Percy L. Spencer estaba trabajando con un tubo electrónico llamado magnetrón. Él trabajaba en una empresa de Massachusetts. De pronto, la barra de chocolate que llevaba en el bolsillo ¡se derritió! Sin embargo, Percy no se enojó. El accidente le dio a Percy una idea para un nuevo tipo de horno.

Percy probó con otros alimentos. Colocó unas palomitas de maíz frente al tubo electrónico. ¡Pum! ¡Pum! ¡Pum! ¡Los granos estallaron y se convirtieron en palomitas de maíz! Las microondas los habían cocinado.

Percy decidió fabricar un horno que funcionara con microondas. Terminó su primer horno de microondas en 1945. Medía 5 pies y medio de altura y pesaba 750 libras.

Actualmente, los hornos de microondas son mucho más pequeños. ¡Y los seguimos usando para hacer palomitas de maíz!

Prepararse Elegir un tema

Tu narración biográfica tratará sobre un inventor. Tony buscó información sobre inventores en algunos sitos Web y en los libros de la biblioteca para obtener ideas. Creó una tabla de temas con las personas e inventos que le interesaron.

Crea una tabla de temas.

1. **Escribe "Inventores" e "Inventos" en la parte de arriba de tu hoja.**
2. **Revisa un libro o un sitio Web y haz una lista de tus ideas.**
3. **Coloca una estrella (*) junto al inventor que elegiste.**

Inventores	Inventos
Thomas Edison	bombilla
George Washington Carver	lejía
Percy L. Spencer*	horno de microond

Recopilar detalles

Las preguntas te permiten recopilar datos. Observa estos apuntes de Tony.

Prepárate

Responde estas preguntas sobre el tema.

¿Quién es el inventor? Percy L. Spencer

¿Cuál fue el invento? El horno de microondas

¿Cómo lo inventó? El chocolate que tenía en el bolsillo se derritió cuando estaba cerca de un tubo electrónico.

¿Cuándo lo inventó? En 1945

Desarrollar un borrador Crear un primer borrador

Usa estas pautas para escribir tu narración biográfica.

Escribe tu narración.

1. **Incluye un enunciado de enfoque en el principio.**
2. **Cuenta la historia del inventor en el desarrollo.**
3. **Comparte una última reflexión en la conclusión.**

Revisar Mejorar la escritura

Las siguientes preguntas pueden ayudarte a revisar tu borrador.

Mejora tu trabajo.

- **¿Incluí detalles suficientes?**
- **¿Escribí los sucesos en el orden en que ocurrieron?**
- **¿Usé en mi redacción una voz que me reflejara?**

Corregir Comprobar que se respetan las convenciones

Revisa la gramática, la estructura de las oraciones, el uso de mayúsculas, la puntuación y la ortografía.

Revisa tu trabajo.

- **¿Usé signos de puntuación adecuados en todas las oraciones?**
- **¿Busqué las palabras difíciles de escribir?**
- **¿Usé las palabras correctas (*tubo/tuvo, hecho/echo*)?**

Arte: Un relato artístico personal

El misterio de los calcos

Un día en la clase de arte, el Sr. Morehead nos pidió que hiciéramos calcos. Colocamos un hoja en blanco sobre un objeto. Después frotamos un crayón de costado sobre ella. La textura del objeto dejó un diseño en la hoja.

No queríamos detenernos. El Sr. Morehead dijo:

—Calquen cosas de la naturaleza y cosas que tengan en casa. Después traigan sus calcos para hacer un juego de adivinanzas.

Vaya, yo quería que mi calco fuera el misterio más grande de todos.

Primero, calqué mi chaqueta de mezclilla. Estuvo aburrido. Las grandes hojas de mi patio formaban diseños asombrosos pero se veían como simples hojas. Mi último calco parecía piel de caimán y se sentía rugoso. La pulsera metálica del reloj de mi papá los confundió a todos.

Sugerencias para la redacción

Antes de escribir . . .

- Piensa en una experiencia artística que puedas compartir.
- Haz una cronología para contar tu historia en el orden en que sucedió.

Mientras haces el borrador . . .

- Capta la atención del lector en el comienzo de tu relato.
- Después escribe un párrafo sobre cada parte del relato.
- Escribe como si le contaras el relato a un amigo.

Después de escribir el primer borrador . . .

- Lee tu relato y fíjate si falta algún detalle importante.
- Crea un título interesante para tu relato.
- Revisa la gramática, la estructura de las oraciones, el uso de mayúsculas, la puntuación y la ortografía.

Escritura práctica: Carta amistosa

Una carta narrativa te permite compartir tu vida con personas que viven lejos. Kerri le escribió esta carta a una amiga que se fue a otra ciudad.

El **principio** presenta un solo suceso, el tema.

El **desarrollo** comparte detalles sobre una parte específica del suceso.

La **conclusión** termina la narración.

23 de abril de 2010

Querida Damitria:

¡Un circo vino a nuestra escuela esta semana! Vinieron dos verdaderos artistas circenses y le enseñaron a cada clase un truco de circo. Mi clase aprendió a hacer animales con globos.

Yo hice un divertido perrito azul. La primera vez que lo intenté, mi globo se reventó. La siguiente vez, hice la cabecita y las patas perfectamente. Le puse Dami a mi perrito, porque te echo de menos.

El viernes, toda la escuela montó un circo en el gimnasio. La Sra. Mancini tocó el piano. Algunos niños se disfrazaron de payasos, otros hicieron malabarismo y otros les pintaron la cara a los demás. Hasta tuvimos palomitas de maíz. ¡Ojalá hubieras estado aquí!

Tu amiga,

Kerri

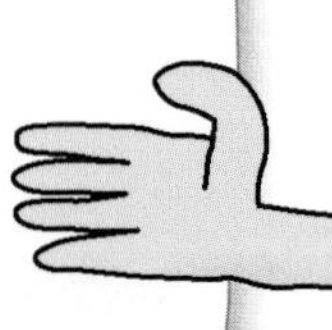

Sugerencias para la redacción

Antes de escribir . . .

- Piensa en una experiencia reciente que puedas compartir.
- Haz una lista de cosas que recuerdas que viste, escuchaste, oliste, probaste y tocaste (detalles sensoriales).

Mientras haces el borrador . . .

- Presenta el tema en el primer párrafo de tu carta.
- Escribe sobre los sucesos en el orden en que ocurrieron.
- Comparte tus pensamientos y sentimientos.

Después de escribir el primer borrador . . .

- Vuelve a leer tu carta y añade los detalles que faltan.
- Asegúrate de que usaste las partes correctas de una carta amistosa. Usa la carta de Kerri como guía.
- Corrige tu trabajo y escribe la carta en limpio.

Escritura narrativa

Escribir para la evaluación de Texas

En las pruebas estatales de Texas, muchas veces tienes que escribir una narración. El tema de escritura te indica sobre qué tienes que escribir y te da algunos datos que debes recordar. Lee el siguiente tema de escritura.

Tema de escritura

> Escribe sobre una experiencia inolvidable.

Usa la siguiente información como ayuda para escribir tu composición.

RECUERDA QUE DEBES . . .

- ☐ escribir sobre una experiencia que nunca vas a olvidar.
- ☐ asegurarte de que cada oración le sirva al lector para entender tu ensayo.
- ☐ escribir tus ideas en detalle para que el lector comprenda tu narración y la disfrute.
- ☐ respetar las normas de gramática, estructura de las oraciones, uso de mayúsculas, puntuación y ortografía.

Prepararse **Elegir una forma**

Antes de comenzar a escribir, decide qué forma de escritura (género literario) comunicará mejor el significado de tu redacción a tu audiencia. Piensa en lo que vas a hacer en tu narración.

¿Vas a...

- describir a una persona o un lugar?
- proponer una solución a un problema?
- explicar cómo funciona un objeto?
- contar una experiencia personal?
- dar información?
- persuadir a alguien de que haga algo?

Responder estas preguntas te ayudará a elegir una forma. (Consulta también la página 492).

Devin decidió usar una narración para escribir sobre una experiencia inolvidable, porque sabe que las narraciones son una buena manera de expresar lo que sentimos sobre una experiencia personal.

Elegir un tema

Devin usó una rueda para recopilar datos para hacer una lista de sus experiencias inolvidables. Decidió escribir sobre la excursión que hizo su clase a un festival africano.

Rueda para recopilar datos

3.17B, 3.19

Organizar un borrador

Las mejores narraciones están organizadas de un modo que tiene sentido para el lector. Los buenos escritores planean sus borradores organizando los detalles antes de escribir.

La narración de Davin es acerca de una excursión, así que escogió una cronología para organizar los sucesos y detalles de su narración.

Cronología

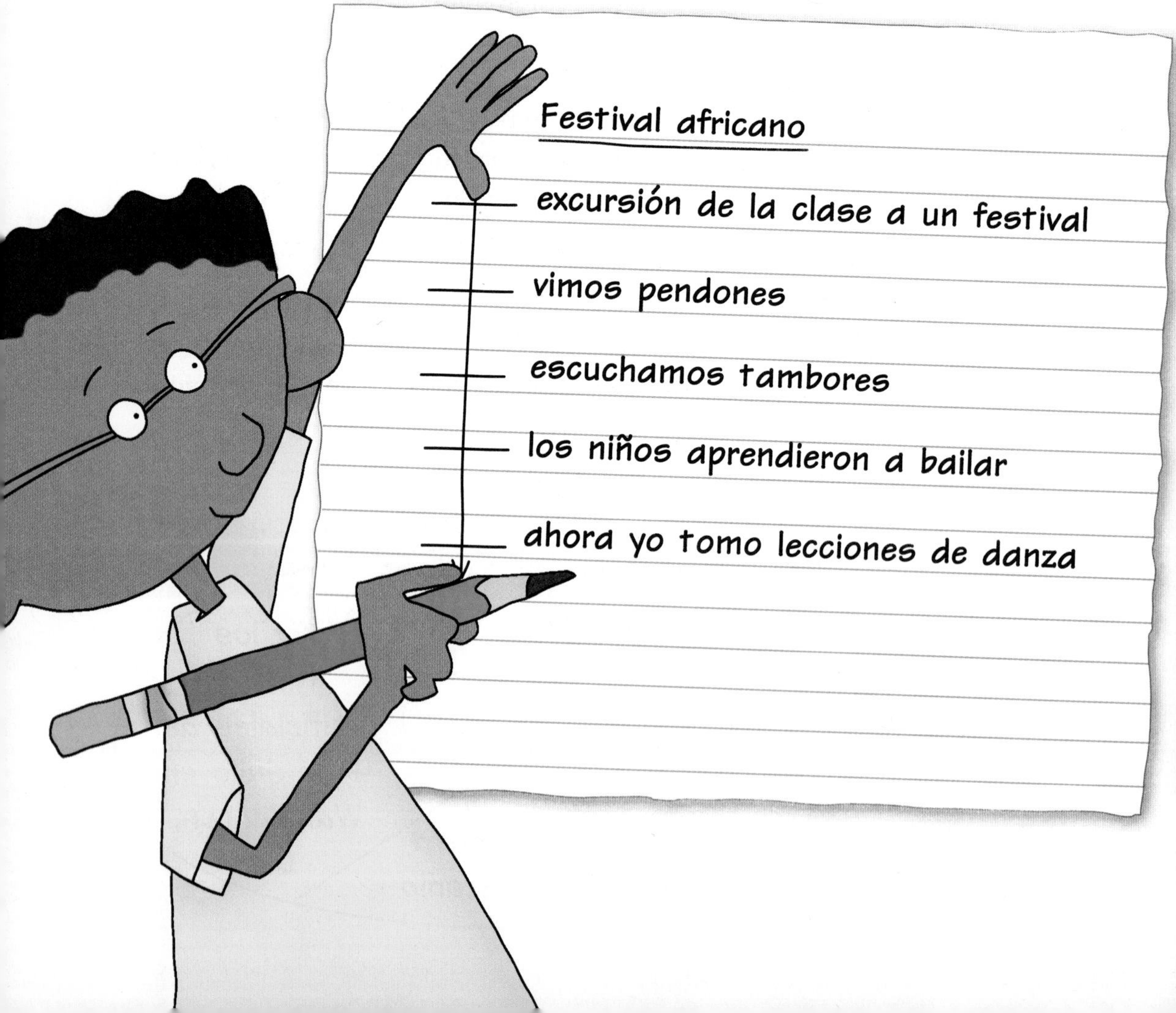

Festival africano

- excursión de la clase a un festival
- vimos pendones
- escuchamos tambores
- los niños aprendieron a bailar
- ahora yo tomo lecciones de danza

Al ritmo de los tambores

El **principio** presenta el enunciado de enfoque.

Mi clase hizo una excursión a un festival africano. Estaba emocionado porque mis ancestros vivieron en África. Nunca olvidaré ese día porque fue cuando aprendí la danza africana.

El **desarrollo** presenta detalles sobre la experiencia.

Al principio, todos nos sentamos en el piso de madera y observamos los pendones brillantes colgados en las paredes. En un rincón había unos tambores altos.

Después, un maestro de tambor llamado Kaleem llevó a la mitad de la clase hacia los tambores. Les enseñó cómo marcar el ritmo. Yo podía sentir los golpes del tambor en mi pecho.

Luego, una maestra de baile se acercó al resto de nosotros. Se llamaba Dakima. Nos mostró algunos movimientos de baile y nos pidió que nos sacáramos los zapatos y los calcetines. ¡Bailamos descalzos mientras el otro grupo golpeaba los tambores!

La **conclusión** añade una reflexión sobre lo que sucedió.

Me encantó bailar. Ahora tomo lecciones de baile todas las semanas. Siempre recordaré la primera vez que bailé al ritmo de los tambores.

Comenta con un compañero.

- **Organización** (1) ¿Cómo organizó Devin su experiencia?
- **Voz** (2) ¿Qué palabras muestran que Devin se emocionó?

Sugerencias para la redacción

Antes de escribir...

- Lee el tema de escritura y subraya las palabras clave, como *una experiencia, inolvidable* y *ensayo*.
- Decide qué forma usarás para escribir.
- Planea y organiza tu borrador.

Mientras haces el borrador...

- Escribe un enunciado de enfoque sobre tu tema.
- Escribe los sucesos en orden cronológico.
- Añade detalles importantes.
- Asegúrate de responder todas las preguntas del tema de escritura.

Después de escribir el primer borrador...

- Asegúrate de tener un enfoque claro y detalles suficientes.
- Revisa la gramática, las normas, la estructura de las oraciones y la ortografía.

Planea y escribe una respuesta. Escribe una respuesta al tema de escritura de la página 114 en el tiempo que indique tu maestro. Recuerda elegir una forma y usar las sugerencias que están arriba.

Conexión con la literatura: El cuento *El amigo nuevo*, escrito por María Puncel, es un buen ejemplo de un relato personal.

Repaso de la escritura narrativa

En la escritura narrativa, relatas un hecho que te sucedió a ti o a otra persona.

Elige un tema que le interese a tu lector. (Consulta la página 80.)

Recopila detalles importantes sobre las personas y los sucesos de tu narración. Usa un organizador gráfico. (Consulta la página 81.)

En el principio, entrega información del contexto y presenta tu tema. (Consulta las páginas 82 y 83.)

En el desarrollo, cuenta sobre los sucesos y las personas, usando diálogos y detalles específicos. (Consulta las páginas 84 y 85.)

En la conclusión, explica por qué la experiencia fue importante. (Consulta las páginas 86 y 87.)

Primero, **revisa el enfoque y la coherencia, la organización** y el **desarrollo de las ideas.** Después, revisa la **voz.** (Consulta las páginas 88 a 96.)

Comprueba que respetaste las convenciones. Revisa tu gramática, la estructura de tus oraciones, el uso de mayúsculas, los signos de puntuación y la ortografía. Pide a un compañero que busque en tu narración errores que se te hayan pasado. (Consulta las páginas 98 a 103.)

Escribe la versión final y publícala. (Consulta la página 104.)

Escritura expositiva

Enfoque de la escritura

- **Párrafo expositivo**
- **Ensayo expositivo**

Enfoque gramatical

- **Sustantivos singulares y plurales**
- **Preposiciones y frases preposicionales**

Aprendizaje del lenguaje

Trabaja con un compañero. Lean los significados y respondan juntos las preguntas.

1. Cuando tienes que **explicar** algo, hablas sobre eso para que otra persona lo entienda.
   Explica a un compañero cómo te preparas para la escuela todos los días.
2. Un **hecho** es una información que puede probarse como verdadera.
   ¿Cuál es un hecho sobre el lugar donde vives?
3. Cuando te **aseguras** de hacer algo, te preocupas de recordar que debes hacerlo.
   ¿De qué te aseguras antes de comer?

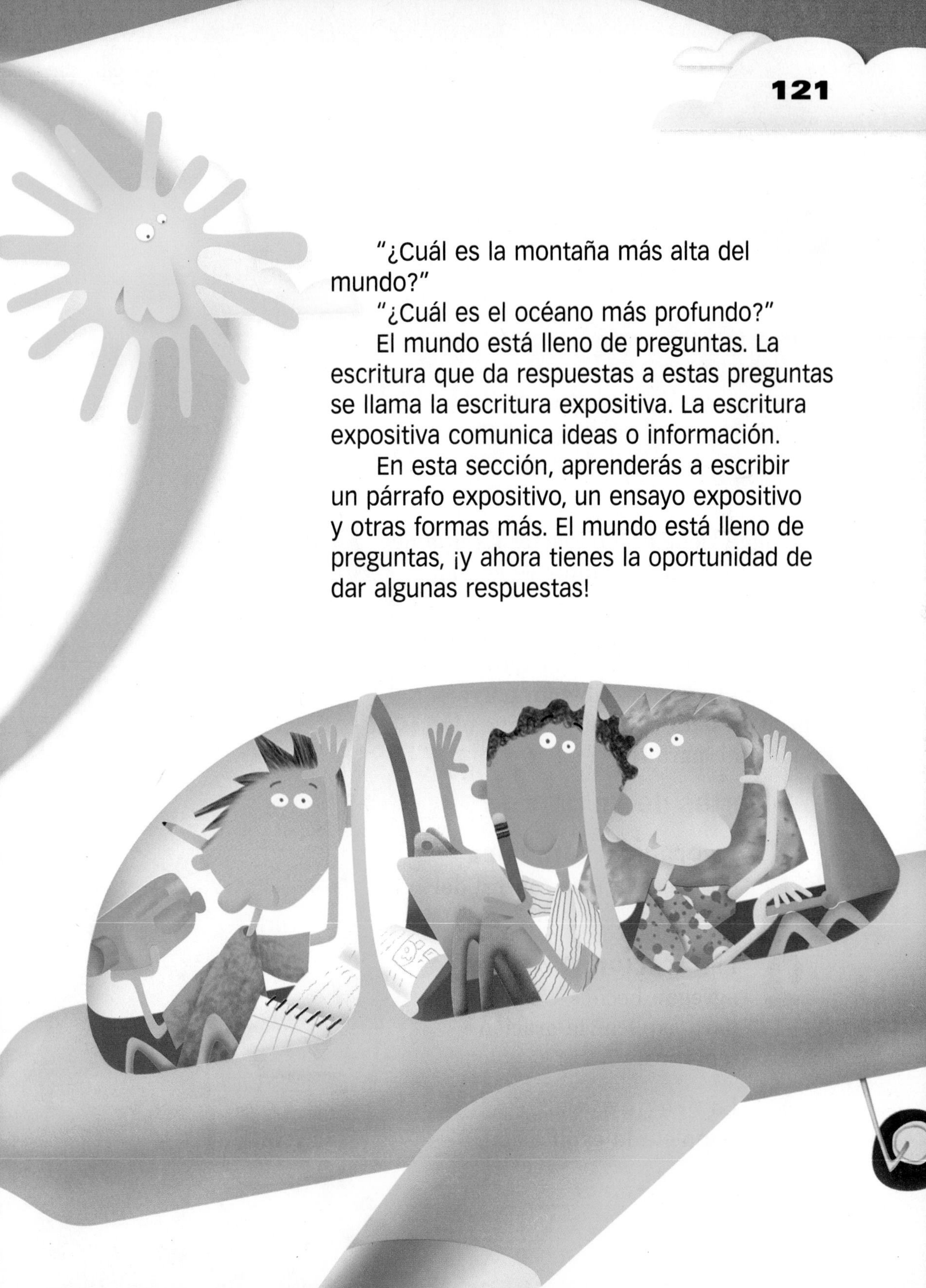

"¿Cuál es la montaña más alta del mundo?"

"¿Cuál es el océano más profundo?"

El mundo está lleno de preguntas. La escritura que da respuestas a estas preguntas se llama la escritura expositiva. La escritura expositiva comunica ideas o información.

En esta sección, aprenderás a escribir un párrafo expositivo, un ensayo expositivo y otras formas más. El mundo está lleno de preguntas, ¡y ahora tienes la oportunidad de dar algunas respuestas!

TEKS 3.20A(i), 3.20A(ii), 3.20A(iii)

Escribir un párrafo expositivo

Elijah tiene una bicicleta. Es una de las cosas más importantes de su vida. ¿Cómo podría explicar a sus familiares y amigos por qué su bicicleta es genial? Elijah escribió un párrafo expositivo.

Pronto vas a escribir un párrafo expositivo para explicar por qué algo es importante para ti.

Partes de un párrafo

1. La **oración temática** establece la idea central del párrafo.
2. Las **oraciones de apoyo** agregan hechos y detalles para explicar la oración temática.
3. La **oración de conclusión** completa la explicación.

Un párrafo expositivo

Lo mejor de mi bicicleta

1 Lo mejor de mi bicicleta es que es rápida. Para mí eso es importante, porque me
2 encanta ir rápido. Mi bicicleta tiene seis velocidades, pero es más rápida que la mayoría de las bicicletas de seis velocidades. Esto se debe a que mi bicicleta tiene ruedas más grandes. En la sexta marcha, puedo ir incluso más rápido que mi vecino de quinto grado en su bicicleta.
3 Así que si me preguntan qué es lo mejor de mi bicicleta, esta es mi respuesta: "¡Les reto a una carrera!".

Comenta con un compañero.

- **Desarrollo de las ideas** (1) ¿Qué detalles permiten explicar el tema?
- **Organización** (2) Identifica las tres partes de este párrafo.
- **Voz** (3) ¿Cuáles son tres palabras o frases que demuestran la emoción del escritor al hablar del tema?

Prepararse Elegir un tema

Un diagrama de ideas puede ayudarte a pensar en las cosas importantes de tu vida. Elijah hizo el diagrama de abajo y se enfocó en los objetos sobre los que podría escribir un párrafo.

Crea un diagrama de ideas.

1. **Escribe "Cosas importantes" en el centro de tu hoja.**
2. **Alrededor de eso, escribe los nombres de los objetos importantes que te gustan.**
3. **Coloca una estrella (*) junto a la idea que elijas para tu tema.**

Un diagrama de ideas

Cosas importantes
cochinito de monedas
bicicleta*
tarjetas de béisbol
mis libros de arte
piano
juego de video

Desarrollar un borrador Hacer el primer borrador

Mientras escribes tu párrafo, recuerda que cada parte cumple una función especial.

- Tu **oración temática** identifica el tema y dice qué es lo importante sobre él.
- Cada **oración de apoyo** explica tu oración temática con hechos y detalles que responden la pregunta *¿por qué?* o *¿cómo?*
- Tu **oración de conclusión** completa tu explicación.

Desarrolla tu párrafo.

1. **Escribe tu oración temática usando esta forma: "Lo mejor de__________ es___________"**.
2. **Escribe oraciones que respondan la pregunta *¿por qué?* o *¿cómo*? de la oración temática.**
3. **Escribe una oración de conclusión que complete tu explicación.**

El primer borrador

Lo mejor de

Revisar Mejorar el párrafo

Cuando revises tu párrafo, asegúrate de que tus oraciones de apoyo incluyan hechos y detalles que expliquen tu oración temática.

Revisa tus oraciones de apoyo.

1. Subraya la oración temática.
2. Verifica cada oración de apoyo para asegurarte de que contiene hechos y detalles que respondan la pregunta *¿por qué?* o *¿cómo*? de tu oración temática.
3. Quita las oraciones que no explican el tema.
4. De ser necesario, agrega una o dos oraciones para apoyar, o explicar, mejor tu tema.

Práctica

Lee el siguiente párrafo. ¿Qué oración de apoyo no contiene detalles que respondan la pregunta *¿por qué?* o *¿cómo*? de la oración temática? Reemplaza esa oración por una que responda la pregunta *¿por qué?* o *¿cómo*? del tema.

Me gusta ir a la piscina de la ciudad cuando hace calor. No quiero perder tiempo metiéndome en el agua. Prefiero saltar a la parte profunda de la piscina. El agua fría me da escalofríos. A algunos de mis amigos les gusta pescar. ¡Me encanta el tobogán alto porque puede darme un gran chapuzón!

Corregir Corregir para respetar las convenciones

Cuando corriges tu párrafo, asegúrate de incluir la puntuación correcta en cada oración.

- La mayoría de las oraciones terminan en un punto.
- Las preguntas se escriben entre signos de interrogación.
- Las oraciones que expresan emoción se escriben entre signos de exclamación.

Revisa tu trabajo.

1. **¿Dejé sangría en el primer renglón de mi párrafo?**
2. **¿Comencé cada oración con letra mayúscula?**
3. **¿Usé los signos de puntuación correctamente?**
4. **¿Verifiqué la ortografía?**
5. **¿Usé las palabras correctas, como *qué, que, cómo* o *como*?**

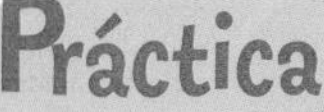

Di qué signo o signos de puntuación deben ir en cada oración.

1. ____Cuánto dinero crees que tengo en mi cochinito____
2. ____Cómo me gustaría tener un millón de dólares____
3. ____Conté mi dinero anoche cuando llegué a casa ____

Escribir un ensayo expositivo

¿Qué es importante para ti? Todos tenemos una respuesta diferente. Para una estudiante llamada Gabrielle, tener amigas que pasaran con ella la noche de su cumpleaños era muy importante.

En este capítulo, escribirás sobre algo que es importante para ti. Primero, tendrás que mostrar lo que es importante para ti y luego le dirás al lector por qué y cómo es importante.

Comprender el objetivo

En este capítulo, tu objetivo es escribir un ensayo que explique algo que es importante para ti. Las siguientes características te ayudarán a alcanzar ese objetivo. La rúbrica de calificación de las páginas 154 y 155 también te será útil. Consúltala a menudo para mejorar tu redacción.

Enfoque y coherencia

Elige un tema que sea importante para ti. Incluye información que demuestre cómo y por qué es importante tu tema. No incluyas detalles sin importancia.

Organización

Comienza con una oración temática clara. Incluye hechos, detalles y explicaciones sobre tu tema en los párrafos intermedios. Termina con una oración de conclusión clara.

Desarrollo de las ideas

"Muestra", en lugar de "decir", a los lectores lo que quieres decir incluyendo detalles específicos e interesantes. Sorprende a los lectores con información que quizás ellos no conozcan.

Voz

Capta la atención de tu público demostrando interés y entusiasmo por tu tema.

Convenciones

Verifica el correcto uso de la gramática, las convenciones mecánicas, la estructura de las oraciones y la ortografía.

Conexión con la literatura **Para un buen ejemplo de un texto expositivo, lee *Mi familia*, escrito por George Ancona.**

Ensayo expositivo

Un ensayo expositivo presenta información basada en hechos. El ensayo de Aidan explica por qué su mochila es importante para él.

Mi mochila es mi hogar

A algunos chicos no les gusta usar su mochila. La mochila los hace pensar en libros y tareas. Mi mochila es diferente. Para mí es importante, porque en ella puedo echar todo lo que necesito.

Me encantan los libros, y gracias a mi mochila los puedo llevar conmigo. No me refiero sólo a los libros escolares. Me refiero también a mis propios libros de lectura. En este momento estoy leyendo los libros de Beverly Cleary.

Otra razón por la que mi mochila es importante es que en ella llevo la caja de mi almuerzo. Papá siempre me envía un buen almuerzo, con un bocadillo. A veces incluso me deja una nota dentro. De esa forma, ¡papá puede acompañarme en pleno día! Eso es posible gracias a mi mochila.

A veces mi mochila va muy pesada, pero no me molesta. En ella llevo todo lo que necesito. Es como una casa que llevo en la espalda.

Partes de un ensayo expositivo

Un ensayo expositivo tiene tres partes.

Principio

El **párrafo inicial** proporciona la idea central, o enfoque, en una oración temática.

Desarrollo

Cada **párrafo intermedio** comienza con una oración que indica la idea principal y explica el "cómo" o el "porqué" de tu oración temática.

Conclusión

El **párrafo final** contiene una oración de conclusión que dice lo que siente el escritor sobre el tema.

Comenta con un compañero.

- **Desarrollo de las ideas** (1)¿Qué hace pensar al escritor que su mochila es importante?
- **Voz** (2) ¿Qué palabras o frases le permiten al escritor demostrar lo que siente por su mochila?

Prepararse Elegir un tema

Tu ensayo debe ser sobre algo interesante que sea importante para ti. Gabrielle usó una gráfica de T para pensar en las cosas que eran importantes para ella.

Haz una gráfica de T.

1. Escribe “Cosas importantes” en la parte superior de tu hoja.
2. Escribe debajo “En casa” y “En la escuela”.
3. Enumera las cosas importantes debajo de cada encabezado.
4. Coloca una estrella (*) junto al tema sobre el que elegiste escribir.

Gráfica de T

Cosas importantes

En casa	En la escuela
familia	amigos
mi dormitorio	recreo
estadía nocturna*	clase de arte
mi reproductor de CD	

Pensar en el tema

(1) *¿Qué es lo más importante sobre tu tema?*
(2) *¿Por qué eso es importante?*
(3) *¿Qué tiene de importante?*

Gabrielle respondió estas preguntas sobre su tema. Su primera respuesta es su **oración temática.** Esta oración establece una idea central que dice de *qué* se tratará su ensayo. Las otras dos respuestas son las **ideas principales** de los párrafos intermedios. Ellos explican con hechos y detalles el *porqué* y el *cómo* de su tema.

Escribe y responde tres preguntas.

1. Escribe "¿Qué es lo más importante?". Responde esta pregunta escribiendo tu oración temática.
2. Escribe "¿Por qué?". Responde esta pregunta escribiendo la oración de tu primera idea principal.
3. Escribe "¿Cómo?". Responde esta pregunta escribiendo la oración de tu segunda idea principal.

Preguntas temáticas

1. ¿Qué es lo más importante?
Una estadía nocturna es un tipo especial de fiesta.
2. ¿Por qué es especial?
Las amigas están juntas toda la noche.
3. ¿De qué manera es especial?
En una estadía nocturna se hacen muchas actividades divertidas.

Desarrollar un borrador

Comenzar el ensayo

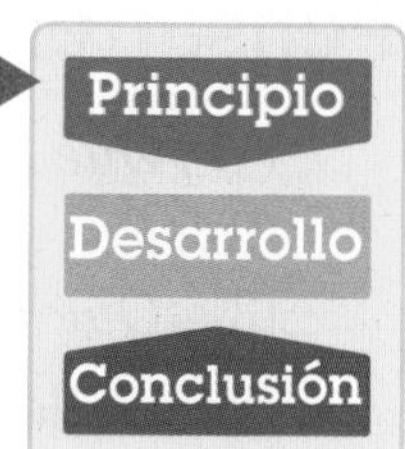

Tu párrafo inicial presenta el tema y debe captar el interés del lector. Estas son tres maneras posibles de presentar tu tema de una forma interesante.

Haz una pregunta.

¿Qué podría ser mejor que una estadía nocturna con las amigas?

o

Crea una historia breve.

A medianoche, algo golpeteó la ventana y yo . . .

o

Conéctate con los lectores.

Mi hermana organizó una estadía nocturna. Yo escuché a través de la pared sus historias sobre . . .

Crea tu párrafo inicial.

1. Usa una de las tres maneras anteriores para presentar tu tema.
2. Incluye tu oración temática.(Consulta la página 133.)

El párrafo inicial de Gabrielle

El párrafo inicial de Gabrielle tenía grandes ideas y algunos errores. Eso está bien para un primer borrador.

En el comienzo, se enuncia la oración temática.

Luego, el tema se presenta a través de una conexión con el lector.

Una estadía nocturna es un tipo especial de fiesta. Mi hermana organizó una estadía nocturna. Yo escuché a través de la pared sus historias sobre voses, sonidos y sombras. Dormí en mi nuevo saco de dormir rojo. Al día sigiente mamá me preguntó si me gustaría tener mi propia estadía nocturna.

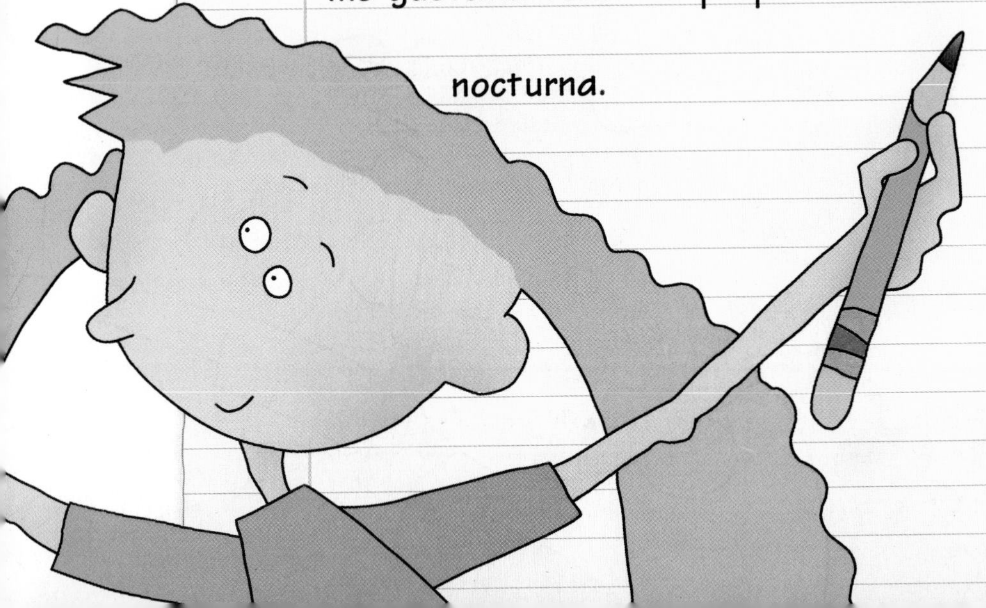

Desarrollar un borrador

Elaborar el desarrollo

Principio
Desarrollo
Conclusión

El desarrollo de tu ensayo explica la oración temática con hechos, detalles y explicaciones. El desarrollo tiene dos o más párrafos.

- **Un párrafo responde el porqué de tu oración temática.**
- **Otro párrafo responde el cómo de tu oración temática.**

Cada párrafo intermedio comienza con la **oración de una idea principal.** Después siguen más oraciones. Esas oraciones contienen **hechos y detalles** que explican la oración de la idea principal.

Escribe dos párrafos intermedios.

1. Comienza con una oración para tu primera idea principal. Agrega oraciones con hechos y detalles sobre ella.
2. Escribe una oración para tu segunda idea principal. Agrega oraciones con hechos y detalles sobre ella.

Desarrollo de las ideas
Recopila detalles que "muestren".

Los párrafos intermedios de Gabrielle

Gabrielle explicó el *porqué* y el *cómo* de su oración temática en los párrafos intermedios. Su redacción tiene algunos errores, como todo primer borrador.

propia estadía nocturna.

El primer párrafo comienza con la oración de una idea principal que dice *por qué*.

Las amigas están juntas toda la noche en una estadía nocturna. **Eso es mejor que simplemente verce en la escuela. Es genial quedarse despierta junto a las buenas amigas.**

Se agregan detalles.

El segundo párrafo comienza con la oración de una idea principal que dice *cómo*.

Otra cosa genial de una estadía nocturna es que está llena de actividades divertidas. **La noche es perfecta para contar historias espeluznantes qué podría ser mejor que una maratón de películas jugar juegos de tablero y dormir en el piso?**

Se agregan detalles.

Desarrollar un borrador

Finalizar el ensayo

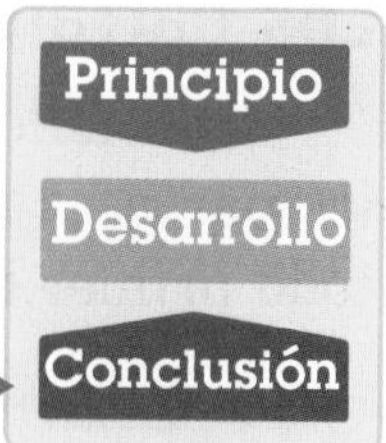

El párrafo final completa tu explicación. Ese párrafo contiene tu oración de conclusión. Estas son tres maneras posibles de finalizar tu ensayo.

Vuelve a tu idea inicial.

Ahora será Celia la que tendrá que escuchar mis historias espeluznantes, porque mi primera estadía nocturna será el próximo fin de semana.

O

Cuenta algo divertido.

Estoy muy entusiasmada con mi estadía nocturna. No puedo dormir.

O

Conversa con el lector.

Si eres como yo, vas a soñar con tener tu propia estadía nocturna.

Crea tu final.

1. Usa una de estas tres maneras para escribir un final para tu ensayo.
2. Asegúrate de incluir una oración de conclusión.

El párrafo final de Gabrielle

Gabrielle eligió crear un final consistente volviendo al comienzo de su ensayo. Fíjate en su oración de conclusión. El borrador de su final contiene algunos errores.

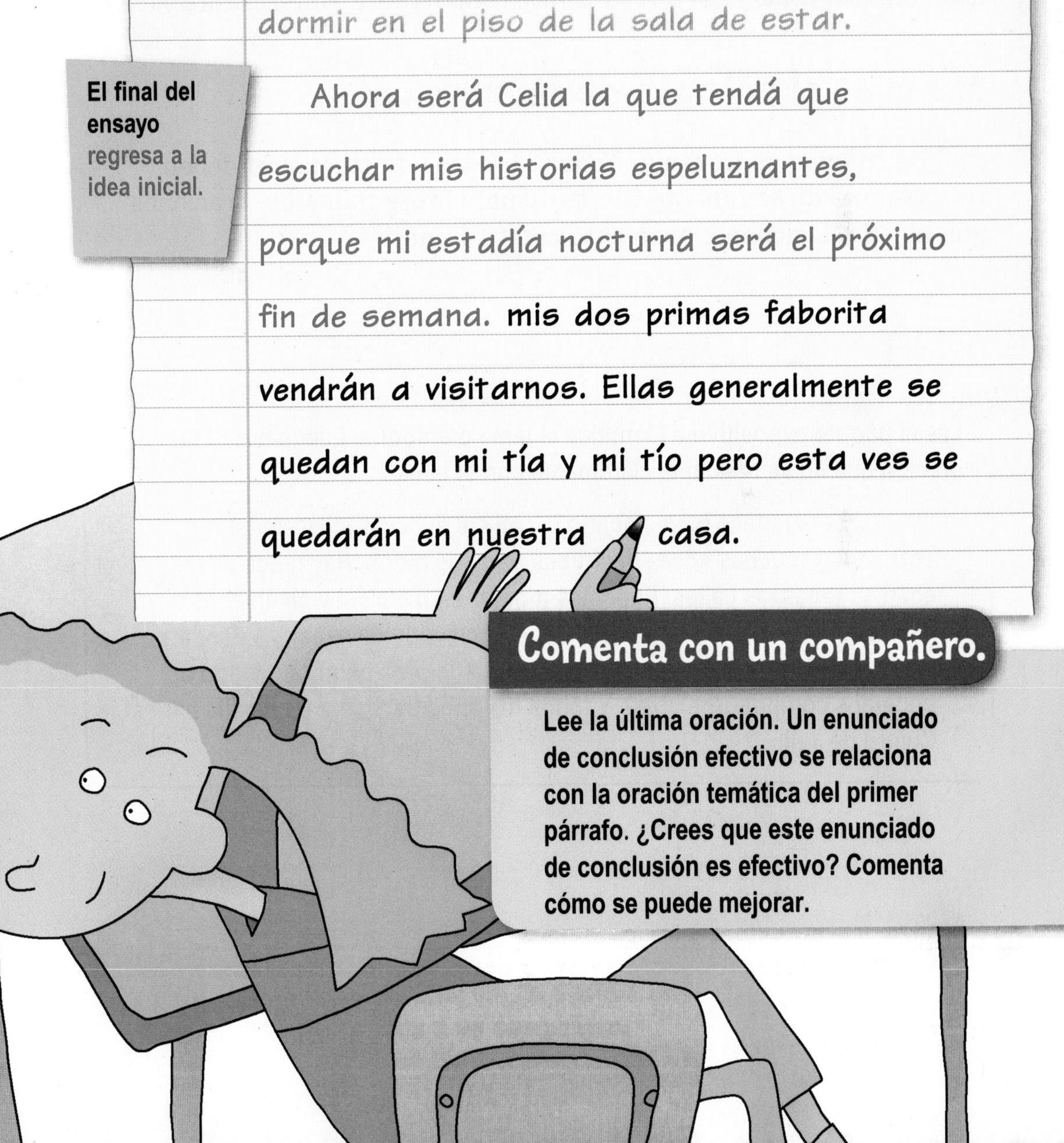

Comenta con un compañero.

Lee la última oración. Un enunciado de conclusión efectivo se relaciona con la oración temática del primer párrafo. ¿Crees que este enunciado de conclusión es efectivo? Comenta cómo se puede mejorar.

Revisar el  y la 

Cuando revises *el enfoque y la coherencia,* asegúrate de que todas tus oraciones se refieren al tema que elegiste. Toda la información de tu ensayo debe explicar cómo y por qué tu tema es importante o interesante para ti.

¿Cuál es el enfoque de mi ensayo?

Tu enfoque es tu tema. Todas las ideas de tu ensayo deben relacionarse directamente con tu tema. Omite todas las oraciones que no se relacionen claramente con tu tema.

Práctica

Lee el párrafo expositivo e identifica el tema o enfoque. Luego busca la oración que no se relaciona claramente con el tema.

¿Qué te parece tu vecindario? A mí me encanta mi vecindario, porque hay muchas cosas divertidas para los niños. Hay niños de mi edad en todas las calles. Podemos montar en bicicleta y caminar por la orilla del riachuelo. Yo puedo hacer un clavado de espaldas desde el trampolín. Podemos ir caminando al mercado para comprar helado o podemos comprar una pizza. Y todos los años hacemos un desfile para el Cuatro de Julio.

La revisión en acción

Esta es la forma como Gabrielle mejoró el enfoque y la coherencia de su primer párrafo. Ella agregó algunos detalles importantes. También quitó una oración que no se relacionaba con el tema.

Una estadía nocturna es un tipo especial de fiesta. Mi hermana Celia organizó una estadía nocturna en casa. Yo escuché a través de la pared sus historias sobre voses, sonidos y sombras. ~~Dormí en mi nuevo saco de dormir rojo.~~ Al día siguiente mamá me preguntó si me gustaría tener mi propia estadía nocturna.

Revisa el enfoque y la coherencia.

1. Lee tu ensayo y asegúrate de que todos los detalles se relacionen con la idea principal o tema.
   - **Quita** oraciones que no se enfoquen en el tema.
   - **Agrega** los detalles o eventos importantes que dejaste fuera.
2. Asegúrate de que el párrafo inicial y el párrafo final apoyan tu idea principal o tema.

3.17C, 3.20A(i), 3.23D

Revisar la organización

Tu redacción tiene una buena *organización* si tiene todas las partes que necesita y cada parte está en el lugar correcto.

¿Cómo puedo revisar mi organización?

Puedes revisar la organización de tu ensayo haciendo el siguiente juego de búsqueda.

Búsqueda de errores de organización

1. Agrega un ¶ al lado de la sangría de cada párrafo.
2. Haz una * junto a la oración temática de tu párrafo inicial.
3. Dibuja una ☺ junto a la oración de tu idea principal de cada párrafo intermedio.
4. Haz una * junto a la oración de conclusión de tu párrafo final.

Práctica

¿Dónde colocarías los símbolos anteriores en este pasaje?

Tengo una casita en un roble en el campo. En un día caluroso, una brisa fluye desde el valle. Una casa en un árbol es un lugar genial para jugar, leer o para estar a solas. Mi casita tiene dos pisos. Las tablas clavadas en el árbol forman una escalera hasta el primer piso y una trampilla conduce al segundo nivel. Papá usó abrazaderas de madera para que las tablas y barandas quedaran firmes. Hasta techo tiene la casita en el árbol. Es divertido subirse a un árbol. Yo imagino que estoy en un barco en el mar o que estoy en una nave mirando desde el espacio. Tengo muchas aventuras en mi casa del árbol.

La revisión en acción

Gabrielle revisó la organización de su primer borrador. Marcó las sangrías de sus párrafos y agregó una oración de conclusión atractiva para su párrafo final.

¶ Ahora será Celia la que tendá que

escuchar mis historias espeluznantes,

porque mi estadía nocturna será el próximo

fin de semana. mis dos primas faborita

vendrán a visitarnos. Ellas generalmente se

quedan con mi tía y mi tío pero esta ves se

* Nuestra estadía nocturna especial hará que esta sea... ¡la mejor visita familiar!

quedarán en nuestra casa.^

Revisa tu organización.

Marca tu propio ensayo para hacer la búsqueda de la página 142. Esto te ayudará a organizar tu ensayo. Quizás tengas que agregar una oración temática a tu principio y una oración de conclusión al final.

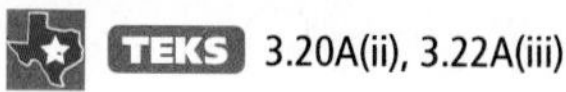

Revisar el Desarrollo de las ideas

El adecuado *desarrollo de las ideas* les "muestra" a los lectores lo que quieres decir en lugar de simplemente "decirlo".

¿Cómo puedo "mostrar" en lugar de "decir"?

Estas son tres maneras para *mostrar* en lugar de *decir*.

1 **Usa detalles sensoriales:** Usa adjetivos descriptivos para que los lectores puedan imaginar el aspecto real de las cosas, cómo suenan, se sienten, huelen y qué sabor tienen.

Decir La cena de Acción de Gracias es buena.

Mostrar La cena de Acción de Gracias significa pavo asado y panecillos calientes.

2 **Usa detalles específicos:** Presenta información exacta.

Decir Me encanta ir a los partidos de béisbol.

Mostrar Me encanta sentarme en las gradas, aplaudir a mi equipo y comer perritos calientes.

3 **Usa diálogos:** Deja que las personas hablen.

Decir Mamá dijo que estaba orgullosa de mí.

Mostrar Mamá dijo: —¡Eres un hija fabulosa!

Práctica

Revisa la siguiente oración para mostrar en lugar de decir. Usa una de las tres estrategias anteriores. Comparte y comenta tus revisiones con un compañero. Señala los adjetivos descriptivos que usaste.

Mi mascota es importante para mí.

La revisión en acción

Estos son algunos de los cambios que Gabrielle hizo para mejorar las ideas de su párrafo inicial. Agregó algunos adjetivos descriptivos y cambió una oración que "decía" por un diálogo.

Una estadía nocturna es un tipo especial de fiesta ∧ que dura toda la noche. Mi hermana ∧ Celia organizó una estadía nocturna ∧ en casa. Yo escuché a través de la pared sus historias sobre ∧ roncas voses, ∧ chirriantes sonidos y ∧ tenebrosas sombras. ~~Dormí en mi nuevo saco de dormir rojo.~~ Al día sigiente mamá me preguntó ~~si~~ ∧ —¿Te gustaría tener tu propia estadía nocturna? ~~me gustaría tener mi propia estadía nocturna~~

Revisa tus ideas.

Busca al menos un lugar en tu redacción para "mostrar" en vez de "decir" usando detalles o diálogos. Lee tu revisión en voz alta a un compañero.

- **Agrega** detalles sensoriales y adjetivos descriptivos. Usa una marca editorial de insertar ∧ para mostrar dónde quieres agregar palabras.
- **Agrega** diálogos si con ellos añades información.
- **Quita** las palabras que dicen en lugar de mostrar. Usa una marca editorial de quitar ℓ para mostrar lo que quieres eliminar.

Revisar la Voz

Tu *voz* del escritor es la forma especial en que te expresas ante tu público. Para escribir un ensayo expositivo, imagina que tu público es alguien que no conoces. Tu voz debe sonar interesada y creíble.

¿Cómo puedo escribir con una voz interesada?

Tu voz sonará interesada y creíble si tus oraciones no son ilógicas ni aburridas. Usa las siguientes ideas para asegurarte de que tu voz es la adecuada para tu público.

Ilógica (Modérala). .... Me gustaría saltar por encima de la luna.

Interesada .... Puedo ver los cráteres de la luna cuando la miro a través del telescopio.

Aburrida (Intensifícala). .... Me gusta mirar la luna de noche.

Práctica

Vuelve a escribir la siguiente oración de manera que se note que estás interesado en el tema. Lee tus revisiones a un compañero y coméntenlas.

Tengo una bicicleta roja.

La revisión en acción

Así revisó Gabrielle uno de sus párrafos intermedios para adecuarse mejor a su público. Agregó palabras interesantes a una oración aburrida. También agregó una oración para demostrar emoción.

Las amigas están juntas toda la noche en una estadía nocturna. Eso es ~~mejor~~ mucho más divertido que simplemente verce en la escuela. Es ~~genial~~ una aventura quedarse despierta y reír junto a las buenas amigas. ¡Pasan cosas muy simpáticas!

Otra cosa genial de una estadía nocturna es que está llena de actividades divertidas. La noche es perfecta

Revisa la voz de tu escritura.

1. Piensa en tu público mientras lees tu ensayo. Subraya las oraciones que te parezcan ilógicas o aburridas.
2. Revisa las oraciones subrayadas de manera que suenes más interesado y creíble.
   - **Quita** las palabras u oraciones que suenan ilógicas o aburridas.
   - **Agrega** palabras que hagan que tu redacción sea más interesante.

Revisar Cómo usar una lista de control

Comprueba tu revisión. Numera tu trabajo del 1 al 7. Lee cada pregunta y haz una marca junto al número si la respuesta es "sí". Si la respuesta es "no", sigue trabajando en esa parte de tu ensayo.

Enfoque y coherencia

____ **1.** ¿Se relacionan las oraciones directamente con mi tema?

____ **2.** ¿Expliqué cómo y por qué mi tema es importante o interesante?

Organización

____ **3.** ¿Incluí una oración temática en el párrafo inicial?

____ **4.** ¿Contiene el último párrafo mi oración de conclusión?

Desarrollo de las ideas

____ **5.** ¿Incluí adjetivos descriptivos?

____ **6.** ¿Incluye diálogos mi redacción?

Voz

____ **7.** ¿Suena interesada y creíble mi voz de escritor?

Escribe el texto en limpio. Después de revisar tu ensayo, escribe la versión en limpio. Pide a un compañero que lea y comente tu ensayo expositivo.

Recibir el comentario de un compañero

Éste es el comentario que un compañero de Gabrielle hizo de su ensayo revisado. Puedes usar los comentarios de tus compañeros para mejorar lo que has escrito hasta el momento.

Hoja de comentarios

Escritor: Gabrielle Evaluador: Darío

Título: ¡Qué rico, una estadía nocturna!

Lo que me gusta:

Me gustan las palabras descriptivas que usas para referirte a las historias espeluznantes.

Me gusta la forma como haces que una estadía nocturna parezca divertida.

Mis dudas:

¿Cuántas personas fueron a tu estadía nocturna? ¿Dónde viven tus primas?

Corregir para respetar las convenciones

Gramática

Cuando corriges la *gramática,* debes asegurarte de usar correctamente los sustantivos, los verbos y los demás elementos gramaticales.

¿Cómo puedo usar correctamente los sustantivos?

Un sustantivo que nombra una persona, lugar, cosa o idea se llama **sustantivo singular**.

niño ciudad caballo pensamiento

Un sustantivo que nombra más de una persona, lugar, cosa o idea se llama **sustantivo plural.**

amigos países señales sueños

Práctica de gramática

Lee estas oraciones, identifica los sustantivos singulares y plurales y díselos a un compañero.

1. Los mapaches bebé viven debajo de nuestro porche.
2. A García le gusta el olor de los panecillos en la mañana.
3. Una gaviota se posa en el muelle y busca peces que comer.
4. El viento elevó las cometas muy alto en el cielo.

Revisa tus oraciones. **Asegúrate de que usaste correctamente los sustantivos singulares y plurales en tu redacción. Si necesitas más ayuda con los sustantivos, consulta las páginas** 568 y 569.

¿Cómo debo usar las preposiciones?

Usa una **preposición** para mostrar la posición o el lugar de los sustantivos. Las preposiciones también pueden mostrar otras relaciones entre los sustantivos.

Entre las preposiciones más comunes están: *a, ante, bajo, con, contra, de, desde, durante, hacia, hasta, para, por, según, sin, sobre* y *tras*.

Una **frase preposicional** es una preposición seguida de un sustantivo. En estas oraciones, la preposición está en rojo y la frase preposicional está subrayada.

Mercedes corre por el vecindario.
Caminamos durante dos horas hacia el norte.

Práctica de gramática

Lee en voz alta estas oraciones con un compañero. Túrnense para identificar las frases preposicionales. Luego vuelvan a escribir las oraciones y subrayen las frases preposicionales.

1. En el cine me senté entre Pablo y Selena.
2. La lagartija saltó desde una roca hasta una rama.
3. Le encargamos a Isabel los boletos para el cine.
4. El gato brincó desde la ventana hacia el jardín.
5. Mi vecino deja sus llaves sobre la mesa por las noches.

Revisa el uso de las preposiciones. **Usa frases preposicionales para agregar información a tu redacción.** **Consulta las páginas 586 y 587.**

Aprendizaje del lenguaje: **Elige algo de tu salón y pide a un compañero que haga preguntas con frases preposicionales para adivinar qué es, como "¿Está sobre el pupitre?" o "¿Sirve para escribir?". Luego intercambien roles.**

Convenciones mecánicas: Puntuación

Cuando revisas las *convenciones mecánicas*, te aseguras de usar correctamente las letras mayúsculas y la puntuación.

¿Cómo puedo usar comas en una serie?

Cuando escribas una serie (una lista) de tres o más cosas, coloca una coma después de cada cosa, menos ante la conjunción *y*.

> En mi pueblo hay una piscina, un río, un lago y un parque.

Práctica

Vuelve a escribir estas oraciones. Agrega comas entre las tres o más cosas de una serie.

1. Me encanta nadar pescar y andar en bote.
2. Mi pueblo es divertido en primavera verano invierno y otoño.
3. También monto en bicicleta saco a pasear a mi perro y juego al fútbol.
4. Vivo con mi mamá un hermano una hermana y un hámster.
5. A mi familia le gusta trabajar en el jardín ir al parque y jugar juegos de tablero.

Revisa las convenciones mecánicas. Asegúrate de haber usado las comas correctamente en tu redacción. Si necesitas más ayuda con las comas, consulta las páginas 510 a 515.

La corrección en acción

Estas son algunas correcciones que Gabrielle hizo en los últimos dos párrafos de su ensayo. Ella agregó frases preposicionales y corrigió la puntuación y las palabras mal escritas.

Gabrielle corrigió la puntuación y las letras mayúsculas.

Ella usó comas en una serie.

Corrigió una palabra mal escrita, un error ortográfico y un sustantivo plural.

¿Dónde usó frases preposicionales?

Otra cosa genial de una estadía nocturna es que está llena de actividades divertidas. La noche es perfecta para contar historias espeluznantes. ¿Qué podría ser mejor que una maratón de películas, jugar juegos de tablero y dormir en el piso de la sala de estar?

Ahora será Celia la que tendrá que escuchar mis historias espeluznantes, porque mi primera estadía nocturna será el próximo fin de semanas. Mis dos primas favoritas vendrán a visitarnos desde Canadá. Ellas generalmente se quedan con mi tía y mi tío, pero esta vez se quedarán en mi casa. Nuestra estadía nocturna especial hará que esta sea... ¡la mejor visita familiar!

Comprueba que usaste correctamente las convenciones en tu ensayo.

Corregir Cómo usar una rúbrica

Usa esta rúbrica para mejorar tu redacción. Cuando corriges, te aseguras de que has seguido las reglas gramaticales, las convenciones mecánicas, la estructura de las oraciones y la ortografía.

No tengo ningún error en la gramática, las convenciones mecánicas, la estructura de las oraciones ni de ortografía.

En mi redacción:

- Usé correctamente los sustantivos singulares y plurales en todas las oraciones.
- Usé correctamente los signos de puntuación en todas las oraciones.
- Usé correctamente las comas en una serie en todas las oraciones.
- Comencé todas las oraciones con letra mayúscula.
- Usé correctamente las frases preposicionales siempre.
- Escribí correctamente todas las palabras.

Tengo errores pequeños en la gramática, las convenciones mecánicas, la estructura de las oraciones o la ortografía.

En mi redacción:

- Usé correctamente los sustantivos singulares y plurales en casi todas las oraciones.
- Usé correctamente los signos de puntuación en casi todas las oraciones.
- Usé correctamente las comas en una serie en casi todas las oraciones.
- Comencé casi todas las oraciones con letra mayúscula.
- Usé correctamente las frases preposicionales casi siempre.
- Escribí correctamente casi todas las palabras.

¡Usar una rúbrica te ayuda a mejorar tu redacción!

Mi ensayo es difícil de leer debido a varios errores. Debo corregirlos.

En mi redacción:

- Usé correctamente los sustantivos singulares y plurales en algunas oraciones.
- Usé correctamente los signos de puntuación en algunas oraciones.
- Usé correctamente las comas en una serie en algunas oraciones.
- Comencé algunas oraciones con letra mayúscula.
- Usé correctamente las frases preposicionales a veces.
- Escribí correctamente algunas palabras.

Debo corregir muchos errores en mi redacción.

En mi redacción:

- No usé correctamente los sustantivos singulares y plurales en ninguna oración.
- No usé correctamente los signos de puntuación en ninguna oración.
- No usé correctamente las comas en una serie.
- No comencé ninguna oración con letra mayúscula.
- No usé correctamente las frases preposicionales.
- Escribí mal muchas palabras.

Publicar Compartir tu ensayo

Finalmente, escribe en limpio la versión final de tu ensayo para que tus compañeros la lean. Asegúrate de incluir todas tus correcciones.

¡Qué rico, una estadía nocturna!

Una estadía nocturna es un tipo especial de fiesta que dura toda la noche. Cuando mi hermana Celia organizó una estadía nocturna en casa, yo escuché a través de la pared sus espeluznantes historias sobre voces roncas, sonidos chirriantes y sombras tenebrosas. Al día siguiente mamá me preguntó: —¿Te gustaría tener tu propia estadía nocturna? —¡Qué emoción!

Las amigas están juntas toda la noche en una estadía nocturna. Es una aventura quedarse despierta y reír junto a las buenas amigas. ¡Pasan cosas muy simpáticas!

Otra cosa genial de una estadía nocturna es que está llena de actividades divertidas. La noche es perfecta para contar historias espeluznantes. ¿Qué podría ser mejor que una maratón de películas, jugar juegos de tablero y dormir en el piso de la sala de estar?

Ahora será Celia la que tendrá que escuchar mis historias espeluznantes, porque mi estadía nocturna será el próximo fin de semana. Mis dos primas favoritas vendrán a visitarnos desde Canadá. Ellas generalmente se quedan con mi tía y mi tío, pero esta vez se quedarán en nuestra casa. Nuestra estadía nocturna especial hará que esta sea... ¡la mejor visita familiar!

Publica

Escribe la versión final de tu ensayo.

Evaluar y analizar tu redacción

Llegó el momento de pensar en lo que has aprendido. Esto es lo que pensó Gabrielle sobre su ensayo.

Pensar en tu redacción

Nombre: Gabrielle McGraff

Título: ¡Qué rico, una estadía nocturna!

1. La mejor parte de mi ensayo es...

   mi tema. ¡Qué ganas de tener mi primera estadía nocturna!

2. La parte de mi ensayo que aún tengo que mejorar es...

   el desarrollo. Necesito más detalles que digan cómo y por qué.

3. Lo más importante que aprendí sobre mi escritura expositiva es...

   cómo explicar las cosas con mis propias palabras.

Escritura expositiva

Conexión con otras materias

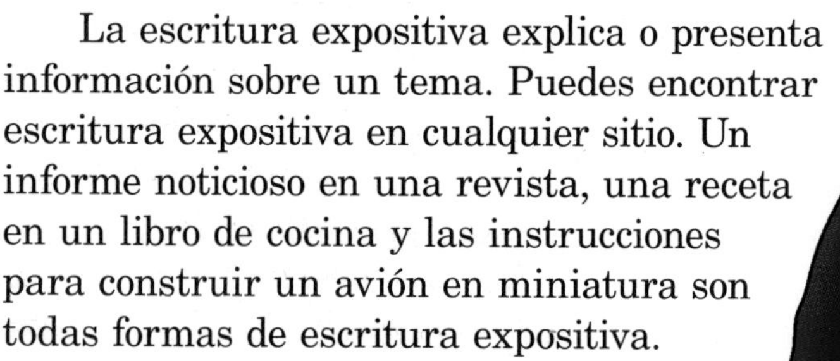

La escritura expositiva explica o presenta información sobre un tema. Puedes encontrar escritura expositiva en cualquier sitio. Un informe noticioso en una revista, una receta en un libro de cocina y las instrucciones para construir un avión en miniatura son todas formas de escritura expositiva.

Hay escritura expositiva en todas las materias de la escuela. Si estás estudiando ciencias, estudios sociales o matemáticas, ¡la escritura expositiva puede ayudarte a explicar casi cualquier cosa!

Estudios sociales: Informe noticioso

Los informes noticiosos dan a los lectores información sobre un evento. Jeremy entrevistó a su vecino, el Sr. Goff, sobre su reciente visita a China. Jeremy escribió el siguiente informe de la entrevista para el periódico de su escuela.

Principio
La idea central se presenta en una oración temática.

Desarrollo
Estas oraciones entregan detalles importantes sobre la oración temática.

Conclusión
El final entrega una reflexión final y una oración de conclusión.

Los niños de China

El jueves 4 de octubre entrevisté a mi vecino, el Sr. Goff, sobre China. El Sr. Goff acaba de regresar de un viaje de negocios a China. Tiene muchas fotos de ciudades populosas y montañas hermosas. El Sr. Goff me describió cómo es la vida en China.

Aprendí que los niños de China van a la escuela ¡seis días a la semana! Ellos escriben con 2,000 caracteres en lugar de nuestras 26 letras. Cada carácter es una palabra completa. Después de la escuela, los niños juegan al básquetbol y voleibol, y también montan en bicicleta. Los niños chinos hacen lo mismo que nosotros.

El Sr. Goff me dijo que un empresario chino lo visitaría pronto. Me dijo que a él también podía entrevistarlo. Ha sido grandioso aprender sobre China, y tengo muchas ganas de saber más.

3.17A, 3.26A(i), 3.26A(ii)

Prepararse Elegir un tema

Las noticias se refieren a los eventos recientes. Para encontrar un tema para su informe noticioso, Jeremy encuestó a su clase para crear una lista de eventos recientes.

Encuesta para encontrar temas.

1. Encuesta a tu clase para hacer una lista de eventos importantes ocurridos en las últimas dos semanas.
2. Coloca una estrella (*) junto al evento sobre el que deseas escribir.

Lista de ideas

Eventos

Nos pusieron una nueva trepadora en el patio de juegos.

El Sr. Goff visitó China.*

A nuestra clase le regalaron un hámster llamado Ziggy.

Recopilar detalles

Después, Jeremy usó las cinco preguntas básicas para planificar su entrevista.

Entrevista a un experto para recopilar detalles.

1. Elige a un experto para entrevistarlo sobre el evento. Puede ser alguien que participó en el evento.
2. Durante la entrevista, usa la gráfica de las cinco preguntas para anotar los detalles.

¿Quién?	¿Qué?	¿Cuándo?	¿Dónde?	¿Por qué?

Desarrollar un borrador Crear un primer borrador

¡Llegó la hora de escribir tu informe noticioso! Sigue estos pasos.

Escribe tu informe.

1. En el párrafo inicial, responde las 5 preguntas (página 160) e incluye tu oración temática.
2. En el párrafo intermedio, incluye hechos y detalles.
3. En el párrafo final, incluye una oración de conclusión.

Revisar Mejorar la redacción

Lee tu informe en voz alta a un compañero. Las siguientes preguntas pueden ayudarte a revisar tu borrador.

Mejora tu informe noticioso.

- ¿Están todas mis ideas enfocadas claramente en el tema?
- ¿Incluí adjetivos descriptivos?
- ¿Doy la sensación de estar entusiasmado por el tema?

Corregir Comprobar que se respetan las convenciones

Revisa la gramática, la estructura de las oraciones, las convenciones mecánicas (uso de mayúsculas y puntuación) y la ortografía.

Revisa tu trabajo.

- ¿Dejé sangría en el primer renglón de cada párrafo?
- ¿Usé correctamente las mayúsculas y la puntuación?

Música: Un informe

El lenguaje musical de nuestro cuerpo

En 1994, Craig Ramsell estaba cortando un tubo de cartón para envolver regalos. Se golpeó una pierna con el tubo y le gustó el sonido que escuchó. Un trozo más corto hizo un sonido diferente. Eso le dio la idea para crear los *Boomwhackers*.

Rojo, anaranjado, amarillo, cada tubo plástico de color brillante produce el sonido de una nota en la escala musical cuando se usa para golpear una mano, una pierna o cualquier cosa dura. En las escuelas, los estudiantes usan los juegos de *Boomwhackers* como instrumentos rítmicos y para hacer música. Unos cancioneros con códigos de distintos colores hacen que producir música sea fácil.

Para el año 2007, Whacky Music S.A. había vendido 5 millones de juegos de tubos tonales de percusión alrededor del mundo. Para muchos niños, ¡los *Boomwhackers* son los primeros instrumentos que aprenden a tocar!

Sugerencias para la redacción

Antes de escribir . . .

- Piensa en cosas de la música que conozcas y que te interesen.
- Usa un diagrama para recopilar detalles sobre tu tema.

Mientras haces el borrador . . .

- Capta la atención de los lectores en el párrafo inicial de tu informe a medida que estableces un tema central.
- Explica los hechos y detalles interesantes en los párrafos del desarrollo.
- En una oración de conclusión, entrégales a los lectores algo en qué pensar en el párrafo final.

Después de escribir el primer borrador . . .

- Lee tu informe y verifica que todas tus ideas se enfocan claramente en tu tema. ¿Faltan detalles importantes?
- Revisa la gramática, las convenciones mecánicas, la estructura de las oraciones y la ortografía.
- Pon un título interesante a tu informe.

TEKS 3.20A(i), 3.20A(iii), 3.22A(ix)

Escritura práctica: Ensayo de instrucciones

La escritura expositiva puede explicar cómo hacer algo. Las palabras de transición que indican orden temporal son útiles para explicar un proceso. Hillary escribió sobre cómo trasplantar una planta.

El **principio** presenta el tema y establece una idea central en una oración temática.

En el **desarrollo** hay palabras de transición que ayudan a los lectores a seguir los pasos.

La **conclusión** incluye una reflexión final y una oración de conclusión.

Crecer, crecer, ¡cambiar de maceta!

Cuando la ropa me queda chica, le pido ropa a mi hermana mayor. Cuando a mis plantas les quedan chicas sus macetas, les compro macetas nuevas. Es fácil trasplantar una planta.

Para comenzar, tienes que instalar un lugar para trabajar. Una mesa vieja en el patio es un buen lugar. Extiende hojas de periódico para proteger la mesa. Luego, consigue una maceta más grande, algunas piedras, tierra para macetas y la planta.

Primero, cubre de piedras el fondo de la maceta nueva y esparce tierra sobre ellas. Después, da vuelta la planta y sácala suavemente de su maceta vieja. Coloca la planta en la maceta nueva y sostenla derecha. Luego echa más tierra y apriétala con unas palmaditas. Finalmente, riega la planta y agrega más tierra si hay espacio.

Es agradable tener plantas a tu alrededor. Si les das suficiente espacio a las raíces, tendrás plantas hermosas durante mucho tiempo.

Sugerencias para la redacción

Antes de escribir . . .

- Elige algo que disfrutas hacer o construir.
- Haz una lista con los ingredientes o materiales que necesitas.
- Escribe en orden los pasos para completar el proyecto o para realizar la actividad.

Mientras haces el borrador . . .

- Establece tu idea central, o tema.
- Escribe un párrafo sobre los ingredientes o materiales.
- Escribe otro párrafo incluyendo palabras de transición que indiquen orden temporal para detallar el orden de los pasos.
- Termina con una reflexión final que contenga tu oración de conclusión.

Después de escribir el primer borrador . . .

- Asegúrate de que los pasos están en orden y completos.
- Corrige tu trabajo y escribe una versión en limpio.

TEKS 3.20A(iii), 3.20B, 3.23B(i)

Escritura práctica: Una carta

El propósito de una carta expositiva es compartir información con otras personas. Jeremy le escribió a un amigo sobre su vida en Texas.

El propósito de esta carta es informar sobre la vida del escritor. Los nombres y lugares geográficos comienzan con letra mayúscula.

El lenguaje de la carta se adapta al público de la carta (un amigo por correspondencia).

La conclusión incluye una oración de conclusión, y también la despedida y la firma.

22 de marzo de 2011

Querido Keiji:

¡Gracias por tu carta! Me encantó saber cómo es tu vida cerca del monte Fuji en Japón. Yo te voy a contar cómo es mi vida en Texas.

Cuando voy a la escuela, me despierto a las 7:00 de la mañana. Me visto y desayuno un tazón de avena. Salgo de casa a las 7:45 para tomar el autobús de la escuela.

En la escuela, mis materias favoritas son Escritura y Estudios Sociales. Generalmente compro el almuerzo en la cafetería de la escuela y me siento con mis amigos Paul y Alvin.

Después de la escuela, juego al béisbol, ¡igual que tú! Nuestro equipo practica durante una hora. Luego me voy a casa para cenar. Después de la cena hago mis tareas, y sin darme cuenta, ¡ya tengo que irme a dormir!

Espero que te haya gustado saber cómo es mi vida en Texas.

Tu amigo,

Jeremy

Sugerencias para la redacción

Antes de escribir . . .

- Determina el propósito y el público de tu carta. Luego decide tu tema.
- Recopila detalles sobre tu tema.

Mientras haces el borrador . . .

- Sin olvidar tu propósito, explica tu tema con hechos y detalles interesantes en los párrafos del desarrollo.
- Termina tu carta con una oración de conclusión atractiva dirigida a tu público.

Después de escribir el primer borrador . . .

- Lee tu carta para asegurarte de que tu lenguaje y tu voz son adecuados para tu público.
- Asegúrate de que incluiste todas las partes de una carta. (Consulta la página 489).
- Verifica que todos los nombres y lugares geográficos comienzan con letra mayúscula.
- Revisa la gramática, las convenciones mecánicas, la estructura de las oraciones y la ortografía.

Escribe una carta expositiva sobre el lugar donde vives. Sigue las sugerencias anteriores. Comparte tu trabajo con un compañero.

Escritura expositiva

Escribir para la evaluación de Texas

En las pruebas estatales de Texas, muchas veces tienes que escribir un texto expositivo. El tema de escritura te indica sobre qué tienes que escribir y te da algunos datos que debes recordar. Lee el siguiente tema de escritura.

Tema de escritura

> Escribe sobre tu materia favorita de la escuela.

Usa la siguiente información como ayuda para escribir tu composición.

RECUERDA QUE DEBES...

- [ ] escribir sobre una materia de la escuela.
- [ ] dar detalles que expliquen por qué esa es tu materia favorita.
- [ ] incluir una oración temática y una oración de conclusión.
- [ ] respetar las convenciones de gramática, estructura de las oraciones, uso de las mayúsculas, puntuación y ortografía.

Prepararse Elegir una forma

Antes de comenzar a escribir, decide qué forma de escritura (género) comunicará mejor el significado de tu ensayo a tu público.

¿Vas a . . .

- describir a una persona o un lugar?
- proponer una solución a un problema?
- explicar cómo funciona un objeto?
- contar una experiencia personal?
- dar información?
- persuadir?

Responder estas preguntas te ayudará a elegir una forma. (Consulta también la página **492**.)

Anthony estaba escribiendo sobre su materia favorita de la escuela, así que decidió escribir un ensayo expositivo. Él sabe que un ensayo expositivo es una buena manera de explicar las cosas claramente.

Elegir un tema

Anthony hizo una lista con las materias de la escuela y dibujó una estrella junto a las que le gustaban más. Después de pensar un poco, encerró en un círculo su materia favorita.

Materias de la escuela

lectura
artes del lenguaje *
matemáticas
ciencias *
estudios sociales
arte *
música
educación física *

Organizar un borrador

Los ensayos expositivos deben organizarse en párrafos que expliquen la idea principal o tema. También deben incluir una introducción clara y una conclusión atractiva.

Anthony usó una red de detalles para organizar los ejemplos específicos que explican por qué y cómo la ciencia es su materia favorita de la escuela.

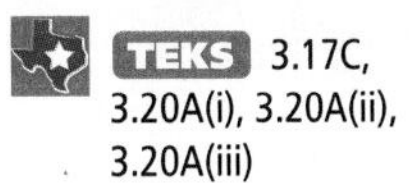

TEKS 3.17C, 3.20A(i), 3.20A(ii), 3.20A(iii)

El **principio** capta la atención del lector y presenta la oración temática.

El **desarrollo** explica el enfoque, u oración temática.

La **conclusión** tiene la oración de conclusión.

Aprender haciendo y viajando

Algunos niños dicen que su materia favorita de la escuela es el recreo. Mi materia favorita es ciencias. Me gustan las ciencias porque me encantan los proyectos y las excursiones.

En las ciencias hacemos muchos proyectos emocionantes. Una vez hicimos cristales en una jarra usando sal en agua. En otra ocasión vimos a unos pollitos rompiendo el cascarón. Al principio estaban babosos, pero después las plumas se secaron y tuvimos suaves y esponjosos pollitos amarillos.

También hacemos emocionantes excursiones científicas. Fuimos a un museo y vimos dinosaurios enormes y mariposas diminutas. En el Día del Árbol fuimos a un bosque y recogimos hojas. Un guía nos habló sobre todos los tipos de árboles.

El recreo es divertido, pero prefiero hacer experimentos y salir de excursión. Por eso las ciencias son mis materias favoritas.

Comenta con un compañero.

- **Enfoque y coherencia (1)** ¿Qué partes favoritas de las ciencias mencionó el escritor en la oración temática?
- **Desarrollo de las ideas (2)** ¿Cómo "mostró" el escritor en lugar de "decir" al lector cuál era su materia favorita? Busca una oración de ejemplo y léela a un compañero.

Sugerencias para la redacción

Antes de escribir . . .

- Lee atentamente el tema de escritura.
- Observa las palabras como *define, explica* y *compara.* Ellas indican lo que debes hacer en tu redacción.
- Piensa en las preguntas que se hacen en el tema de escritura.
- Usa una lista o un organizador gráfico para poner tus ideas en orden.

Mientras haces el borrador . . .

- Usa las palabras principales del tema de escritura.
- Asegúrate de que todas tus ideas son importantes y que se relacionan con el tema.
- Deja tiempo para revisar tu trabajo al final.

Después de escribir el primer borrador . . .

- Revisa tu oración temática y tu oración de conclusión.
- Lee tu redacción y corrige para respetar las convenciones.

Planea y escribe una respuesta. **Escribe una respuesta al tema de escritura de la página 168 en el tiempo que indique tu maestro. Recuerda elegir una forma y usar las sugerencias que están arriba.**

Conexión con la literatura: **Puedes encontrar un ejemplo de texto expositivo en *Encima y debajo*, escrito por Cristiano Bertolucci.**

Repaso de la escritura expositiva

En la escritura expositiva, compartes información con el lector. También puedes explicar cómo hacer algo. Estas pautas pueden ayudarte.

Elige un tema interesante. (Consulta la página 132).

Piensa en tu tema. Responde "¿Qué?", "¿Por qué?" y "¿Cómo?". (Consulta la página 133).

En el principio, presenta tu tema de una manera interesante e incluye la oración temática. (Consulta las páginas 134 y 135).

En el desarrollo, explica el "¿Cómo?" y el "¿Por qué?" del tema. (Consulta las páginas 136 y 137).

En la conclusión, escribe una oración de conclusión. (Consulta las páginas 138 y 139).

Revisa el enfoque y la coherencia, la organización, el desarrollo de las ideas y la voz de tu redacción. (Consulta las páginas 140 a 149).

Comprueba si se siguen las normas en tu redacción. Revisa tu gramática, la estructura de tus oraciones, las convenciones mecánicas y la ortografía. (Consulta las páginas 150 a 155).

Escribe la versión final y publícala. (Consulta la página 156).

Escritura persuasiva

Enfoque de la escritura

- **Párrafo persuasivo**
- **Carta persuasiva**

Enfoque gramatical

- **Pronombres posesivos**
- **Sustantivos comunes y sustantivos propios**

Aprendizaje del lenguaje

Trabaja con un compañero. Lean los significados y respondan juntos las preguntas.

1. Cuando tienes que **persuadir** a alguien, tratas de que la persona crea o actúe de cierta manera.
   Persuade a un compañero para que lea tu libro favorito.
2. Una **postura** es una opinión sobre algo.
   ¿Cuál es tu postura sobre las alternativas de almuerzo saludable en la escuela?
3. Cuando tienes que **exagerar** algo, dices que algo es más grande o más extremo de lo que realmente es.
   ¿Por qué no le creerías algo a un amigo que siempre exagera?
4. Cuando **logras tu objetivo**, consigues lo que querías hacer.
   Cuenta sobre una vez que lograste tu objetivo.

"Ya hice mi cama. ¿Puedo llamar a Molly ahora?" "Es un hermoso día. ¡Vamos de picnic al parque!" Todos los días tratas de convencer a los demás de que piensen o actúen de una determinada manera. La escritura que trata de convencer se llama escritura persuasiva.

En esta sección, aprenderás diferentes formas de escritura persuasiva. Tu objetivo es convencer al lector para que concuerde con tu postura, e incluso que pase a la acción. Si eres lo suficientemente persuasivo, ¡hasta podrías tener ese picnic en el parque!

Escribir un párrafo persuasivo

¿Qué necesita tu clase? ¿Más computadoras? ¿Qué te parecería una mascota para la clase o padres ayudantes?

Sarah tuvo una idea sobre lo que su clase necesitaba. Escribió un párrafo persuasivo para convencer a los demás de que estuvieran de acuerdo con ella. Tú también puedes escribir para persuadir a los demás.

Partes de un párrafo

1 La **oración temática** establece una postura. También es la oración de la postura.

2 Las **oraciones de apoyo** entregan detalles para apoyar la postura, u opinión.

3 La **oración final** explica por qué el lector debe estar de acuerdo.

Un párrafo persuasivo

¿Quién tiene que hablar?

1 Nuestra clase necesita una tarjeta
que diga "Habla". Justo ahora, los niños
están interrumpiendo las conversaciones
de la clase. Ellos olvidan levantar la mano
2 para turnarse. Si la Srta. Lazzaro tuviera
una tarjeta que diga "Habla", podría
darle la palabra a una persona a la vez.
Entonces únicamente esa persona podría
hablar. Todos los demás tendríamos que
3 escuchar. Una tarjeta que diga "Habla"
permitiría que las conversaciones de la
clase fueran más agradables.

Comenta con un compañero.

- **Desarrollo de las ideas (1)** ¿Cuál es la postura de Sarah?
- **Organización (2)** Identifica las tres partes del párrafo.
- **Voz (3)** En la última oración, Sarah dice *permitiría*. ¿Es *permitiría* una palabra mejor que las palabras *podría permitir* en un párrafo persuasivo? ¿Qué es más convincente?

Prepararse Encontrar una idea

Antes de seleccionar un tema y establecer tu postura, tienes que pensar en las cosas que tu clase necesita. Una gráfica de ideas puede ayudarte a organizar tus pensamientos y a categorizar tus ideas. Sarah creó la gráfica de abajo mientras se le ocurrían ideas. Piensa en lo que es importante para tu público mientras se te ocurren las ideas.

Crea una gráfica de ideas.

1. Escribe "Materiales", "Normas" y "Cosas divertidas" en tu hoja.
2. Debajo de cada encabezado, enumera tres cosas que tu clase necesita.
3. Coloca una estrella (*) junto a la idea que elijas para escribir.

Gráfico de ideas

Materiales	Normas	Cosas divertidas
buenas tijeras	dejar de comer chicle	día del sombrero
video de experimentos científicos	no colarse en la fila	viaje al zoológico
nuevos libros de lectura	una tarjeta que diga "Habla"	recreos más largos

Desarrollar un borrador Hacer el primer borrador

Mientras escribes tu párrafo, recuerda que cada parte cumple una función especial.

- La **oración temática** también puede llamarse oración de opinión. Ella expresa tu opinión sobre lo que tu clase necesita.
- Las **oraciones de apoyo** explican tu postura. Ellas dan dos o tres detalles para apoyar tu opinión.
- La **oración final** vuelve a plantear tu postura y explica por qué el lector debe estar de acuerdo.

Crea tu párrafo

1. **Escribe tu oración de opinión: "Nuestra clase necesita ___."**
2. **Da dos o tres detalles para apoyar tu opinión.**
3. **Escribe una oración final que repita tu postura. Usa la palabra *debe* para ser más convincente.**

TEKS 3.21

Revisar Mejorar el párrafo

Cuando revises tu párrafo, asegúrate de que todos los detalles se basen en hechos. Un hecho es diferente de una opinión.

Una **opinión** es algo que crees, piensas o sientes.

Nuestra clase necesita que los asientos cambien.

Un **hecho** es algo que se puede probar.

Algunos estudiantes hablan mientras trabajamos.
Otros estudiantes no avanzan en su trabajo.
No puedo ver el pizarrón.

Revisa tus hechos.

1. Lee tu párrafo.
2. Revisa cada detalle para asegurarte que apoya tu postura. Si no es así, elimina la oración.
3. Asegúrate de que tus detalles se basen en hechos.

Práctica

Lee el siguiente párrafo. Enumera al menos dos detalles que apoyen la postura del escritor (subrayada).

Nuestra clase necesita una lista de bocadillos. Hay comidas que no puedo comer porque tengo una dieta especial. Otros estudiantes también tienen dietas especiales. Podríamos escribir los bocadillos que podemos comer. Así los padres sabrían qué enviar a la escuela en ocasiones especiales. Una lista de bocadillos significaría que todos podríamos darnos un gusto.

Corregir Comprobar que se respetan las convenciones

Cuando corriges tu párrafo, tienes que verificar que usaste apropiadamente la gramática, las convenciones mecánicas (mayúsculas y puntuación), la estructura de las oraciones y la ortografía.

Revisa tu trabajo.

1. **¿Dejé sangría en el primer renglón de mi párrafo?**
2. **¿Comencé cada oración con letra mayúscula?**
3. **¿Escribí cada oración con el o los signos de puntuación correctos?**
4. **¿Usé las palabras correctamente? (Consulta las páginas 548 a 561.)**

Práctica de gramática

Aprende a usar correctamente este grupo de palabras.

más (cantidad)	mas (significa *pero*)
mí (pronombre)	mi (posesivo)
sí (afirmación)	si (indica condición)

Elige la palabra correcta del paréntesis para completar cada oración.

1. En *(mí, mi)* clase necesitamos casilleros para dejar nuestras cosas.
2. A *(mí, mi)* a veces se me pierde la mochila.
3. *(Sí, Si)* tenemos casilleros, tendremos nuestras cosas ordenadas.
4. Yo trato de ser ordenada, *(más, mas)* me cuesta mucho.
5. Con los casilleros, nuestro salón también se vería *(más, mas)* ordenado.

Escribir una carta persuasiva

Una manera de lograr un cambio positivo es escribir una carta persuasiva. Una carta persuasiva puede influir en las actitudes o acciones de una persona.

En este capítulo, Brenda le escribe una carta persuasiva al director Greer sobre los juegos que necesita su clase de tercer grado. Después, Roku le escribe al bibliotecario de la escuela sobre una nueva regla que necesita la biblioteca de la escuela para sacar libros.

Comprender el objetivo

En este capítulo, tu objetivo es escribir una carta persuasiva para influir en las actitudes y acciones de los demás. La carta debe establecer tu postura sobre algo que necesita tu escuela o tu comunidad. Las siguientes características te ayudarán a alcanzar ese objetivo. La rúbrica de calificación de las páginas 204 y 205 también te será útil. Consúltala a menudo para mejorar tu redacción.

Persuade a alguien para que ayude a tu escuela o comunidad a conseguir algo que necesita. Enfócate sólo en ese único asunto. No incluyas información o detalles que no son importantes.

Organización

Comienza por establecer tu postura, u opinión. Luego acompaña tu oración de opinión con detalles que apoyen tu postura. Concluye pidiéndole a tu lector que haga algo o que esté de acuerdo con tu postura.

Desarrollo de las ideas

Apoya tu postura con detalles que expliquen por qué se debe hacer algo.

Usa un lenguaje amable y convincente para que el lector se decida a hacer algo. No exageres.

Convenciones

Verifica que incluiste correctamente las partes de una carta y que usaste correctamente la gramática, las mayúsculas, la puntuación y la ortografía.

Conexión con la literatura **Para un ejemplo de texto persuasivo, lee *Cómo comportarse en vacaciones*, escrito por Nuria Roca.**

Carta persuasiva

El propósito de una carta persuasiva es establecer tu opinión. Piensa siempre en el público, o lector, y usa un lenguaje que sea convincente. Si tu público es alguien que está en una empresa o en una organización, debes usar la forma de una carta comercial.

Camino Mertens 1592
Renton, WA 98050
23 de enero de 2011

Sr. Greer, Director
Escuela Elemental Eastside
Camino Jackson 239
Renton, WA 98050

Estimado director Greer:

Soy estudiante de tercer grado aquí en Eastside. Creo que nuestra escuela necesita nuevos juegos para cuando tenemos recreos bajo techo. Podríamos usar juegos de mesa, rompecabezas y programas computacionales.

Muchos de nuestros rompecabezas están viejos y algunas piezas se perdieron. Además, no hay suficientes juegos, así que los estudiantes tienen que turnarse para jugar. Los nuevos juegos serían útiles para los estudiantes y los maestros en días de lluvia.

Le ruego que piense en comprar más juegos para jugar bajo techo. Gracias por leer mi carta.

Sinceramente,

Brenda Davidson

Partes de una carta comercial

Encabezado y fecha

El **encabezado** incluye tu dirección y la **fecha**.

Dirección del destinatario

La **dirección del destinatario** incluye el nombre y la dirección de la persona a quien le escribes.

Saludo

El **saludo** es una manera amable de decir hola. Va seguido de dos puntos (:).

Cuerpo

El **cuerpo** es la parte principal de la carta. Aquí es donde estableces tu postura y entregas detalles que la apoyan.

Despedida

La **despedida** es una manera amable de decir adiós.

Firma

La **firma** es tu nombre al final de la carta. Cuando escribes la carta a máquina o en una computadora, debes firmar y teclear tu nombre.

Comenta con un compañero.

- **Desarrollo de las ideas** (1) ¿Cuál es la opinión de la escritora?
- **Organización** (2) ¿Qué párrafo incluye las razones que explican la opinión de Brenda? ¿Qué puntuación tiene la fecha?
- **Voz** (3) ¿Qué palabras hacen que la carta suene amable?

Prepararse Elegir un tema

Puedes usar organizadores gráficos, como la gráfica de T, como ayuda para pensar en ideas para tu tema. Roku usó una gráfica de T para hacer una lista de ideas.

Haz una lista de ideas en una gráfica de T.

1. Escribe "Necesidades de la escuela" y "Necesidades de la comunidad" en tu hoja.
2. Escribe una lista de tres o cuatro ideas debajo de cada encabezado.
3. Coloca una estrella (*) junto a la idea sobre la cual quieres escribir. Este es tu tema.
4. Decide quién debe recibir tu carta. Este es tu público.

Una gráfica de T

Necesidades de la escuela	Necesidades de la comunidad
comedor más grande	un parque para pasear a los perros
más cuerdas para saltar	más aceras
nueva regla para sacar libros desde la biblioteca de la escuela *	una pizzería

TEKS 3.17A

Crear una oración de opinión

Piensa en lo que opinas sobre la idea que elegiste.

Escribe tu oración de opinión.

- **Usa la siguiente forma para escribir tu oración de opinión:**
  Creo que nuestro ____(lugar)____ necesita ____(lo que necesita)____.

Una oración de opinión

Creo que nuestra biblioteca de la escuela necesita una nueva regla para sacar libros

Recopilar razones

Apoya tu oración de opinión con razones sólidas que se basen en hechos.

Recopila razones para tu opinión.

- **Escribe al menos dos o tres razones que respondan esta pregunta: ¿Por qué mi opinión es una buena idea?**

Una lista de razones

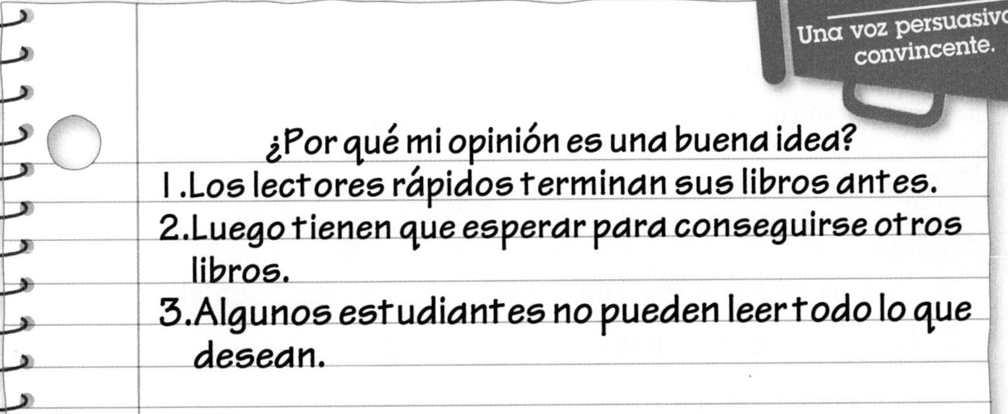

¿Por qué mi opinión es una buena idea?

1. Los lectores rápidos terminan sus libros antes.
2. Luego tienen que esperar para conseguirse otros libros.
3. Algunos estudiantes no pueden leer todo lo que desean.

Desarrollar un borrador comenzar la carta persuasiva

El párrafo inicial

Este párrafo le dice al lector quién eres y cuál es tu postura. Usa el mejor lenguaje para comunicarte con tu público.

Escribe tu párrafo inicial.

- **Recuerda incluir tu oración de opinión de la página 187.**
- **También debes escribir una oración que diga algo más sobre ti y tu idea. Esta oración te permite establecer tu postura.**

El párrafo intermedio

El párrafo intermedio lleva una oración que explica tu postura. Usa un lenguaje que convenza al lector.

Crea tu párrafo intermedio.

- **Usa un lenguaje convincente para persuadir y detalles que expliquen tu postura. Usa la lista de razones que escribiste en la página 187.**

El párrafo final

El párrafo final debe pedirle al lector que sienta de una determinada manera o que realice una acción.

Crea tu párrafo final.

- **Escribe una oración que le pida al lector que haga algo.**
- **Luego agradece amablemente al lector.**

El primer borrador de Roku

Este es el primer borrador de Roku, incluyendo los errores. Su propósito es persuadir, así que usó un lenguaje convincente.

Principio Dile a tu público quién eres y establece tu postura u opinión.

Estimada Sra. Lincoln:

Soy un estudiante a quien le encanta leer. Le escribo a usted porque creo que la biblioteca de nuestra escuela necesita una nueva regla para sacar libros.

Desarrollo Usa detalles para explicar tu postura.

los estudiantes deben tener la posibilidad de sacar mas libros. Los estudiantes pueden sacar solo unos pocos libros. Eso significa que los lectores rápidos tiene que esperar eternamente hasta que la biblioteca vuelva a avrir. Mi libro favorito es Houdini: El hombre de los misterios más grandes del mundo.

Conclusión Roku pensó en su público y usó un lenguaje amable como "muchas gracias".

Otros estudiantes como yo quieren devorar todos los libros que puedan. Piense en una nueva regla para sacar libros. Muchas gracias.

Atentamente, Roku Hitsuki

Revisar el *enfoque* y la *coherencia* significa asegurarse de que solo incluiste información que apoya tu postura.

¿Cuál es mi enfoque?

Tu enfoque es tu postura. Toda la información de tu carta debe explicar por qué la tuya es una buena postura. Escribe usando un lenguaje que persuada a tu público. Asegúrate de no incluir información que no apoye a tu postura.

Práctica

Imagina que escribes una carta para persuadir a los estudiantes para que vayan a la escuela en bicicleta. ¿Cuáles de las siguientes oraciones deberías incluir en tu carta?

1. **Montar en bicicleta te permite hacer ejercicio.**
2. **Algunas bicicletas son azules.**
3. **Las bicicletas no contaminan el aire.**
4. **Al montar en bicicleta ahorras dinero en gasolina.**
5. **Es importante que guardes tu bicicleta en un lugar seguro.**

La revisión en acción

Roku pensó en cuál era su propósito para persuadir. Él quitó una oración que no apoyaba directamente su postura.

los estudiantes deben tener la posibilidad de sacar mas libros. Los estudiantes pueden sacar solo unos pocos libros. Eso significa que los lectores rápidos tiene que esperar eternamente hasta que la biblioteca vuelva a avrir. A todos nos gusta el día que abre la biblioteca. ~~Mi libro favorito es Houdini: El hombre de los misterios más grandes del mundo.~~

Otros estudiantes como yo quieren devorar todos los libros que puedan. Piense en una nueva regla para sacar libros. Muchas gracias.

Atentamente, Roku Hitsuki

Revisa el enfoque y la coherencia.

Lee tu carta. **Quita** los detalles que no son importantes. **Agrega** detalles que sirvan a tu propósito de persuadir.

Revisar la organización

En la *organización* de un texto persuasivo, el principio, el desarrollo y la conclusión trabajan juntos.

¿Cómo puedo revisar mi organización?

La siguiente lista puede ayudarte a revisar la organización de tu texto persuasivo.

Organización

Principio

1. Escribí una oración de opinión clara.
2. Incluí oraciones que me permiten establecer mi postura.

Desarrollo

3. Incluí detalles importantes que apoyan mi postura.

Conclusión

4. Le pedí amablemente al lector que hiciera algo.

Práctica

¿Qué oraciones finales suenan corteses? Escribe una oración final amable para un ensayo en apoyo de una recaudación de fondos para comprar un árbol nuevo para el terreno de tu escuela.

1. **Ayude por favor a esta valiosa causa.**
2. **Le ruego que vote "sí".**
3. **Haga algo ahora o lo lamentará.**

La revisión en acción

Roku movió su oración de opinión al final del párrafo inicial. También agregó una palabra amable.

Soy un estudiante a quien le encanta leer. Le escribo a usted porque creo que la biblioteca de nuestra escuela necesita una nueva regla para sacar libros.

los estudiantes deben tener la posibilidad de sacar mas libros. Los estudiantes pueden sacar solo unos pocos libros.

Otros estudiantes como yo quieren devorar todos los libros que puedan. Por fabor piense en una nueva regla para sacar libros. Muchas gracias.

Atentamente, Roku Hitsuki

Revisa **Mejora la organización.**

Usa la lista de control de la página 192 como guía. Mueve la información que sea necesaria.

Revisar el desarrollo de las ideas

A través del *desarrollo de las ideas* tu redacción influirá en las actitudes y acciones de tu público. Revisa que tu postura esté apoyada en buenas razones.

¿Cómo sé si mis razones son buenas?

Tus razones son los detalles que apoyan tu postura. Son buenas si responden la pregunta *por qué*.

Postura: Nuestra clase debe viajar al Museo Field de Chicago.

¿Por qué? El museo tiene el esqueleto del tiranosaurio más grande jamás encontrado.

¿Por qué? El museo tiene además otros dinosaurios.

Práctica

Lee la postura anterior. ¿Cuál de las siguientes razones es un detalle que puede apoyar bien la postura?

1. Estamos estudiando los dinosaurios.
2. El fundador del museo poseía una tienda por departamentos.
3. El Acuario Shedd es otro lugar genial.
4. Es divertido ver lo que leemos en los libros.
5. Chicago posee algunos de los edificios más altos del mundo.

La revisión en acción

Roku agregó una explicación para que su razón respondiera la pregunta de *por qué*. También eliminó un detalle que no apoyaba su postura.

una nueva regla para sacar libros.

los estudiantes deben tener la posibilidad de sacar mas libros. Los estudiantes pueden sacar solo unos pocos libros. Eso significa que los lectores rápidos finalisan sus libros y tiene que esperar eternamente hasta que la biblioteca vuelva a avrir. ~~A todos nos gusta el día que abre la biblioteca.~~ ~~Mi libro favorito es Houdini: El hombre de los misterios más grandes del mundo.~~

Otros estudiantes como yo quieren devorar todos los libros que puedan. Por fabor piense en una nueva regla para sacar libros o más días de biblioteca. Muchas gracias.

Atentamente, Roku Hitsuki

Revisa Revisa tus ideas.

Lee tu carta. **Agrega** detalles para establecer tu postura. Tus razones deben responder *por qué*. **Quita** detalles que no apoyan tu postura.

Tu *voz* del escritor es tu forma especial de expresarte ante un público específico. Para escribir un texto persuasivo, tu voz debe sonar convincente.

¿Cómo puedo hacer que mi voz sea convincente?

Puedes hacer que tu voz sea convincente si eres preciso. Si exageras, es posible que tu lector no te crea.

Convincente: Los estudiantes tienen que formarse afuera incluso si está realmente helado.

Exagerado: Los estudiantes tienen que formarse afuera ¡incluso si hace 50 grados bajo cero!

Práctica

Vuelve a escribir cada exageración para que suene más convincente.

1. **Se suspenden las clases por nieve solo si hay 70 pies de nieve.**
2. **Los niños tienen que jugar afuera incluso durante un huracán.**
3. **Los salones de la escuela de verano tienen 300 grados.**
4. **Esta es una situación desesperada.**
5. **Cuando llueve, el patio de juegos se convierte en un océano.**

La revisión en acción

Roku mejoró la voz de su carta agregando palabras para hacer que su información fuera más precisa. También quitó una exageración.

Estimada Sra. Lincoln:

Soy un estudiante a quien le encanta leer. Le escribo a usted porque creo que la biblioteca de nuestra escuela necesita una nueva regla para sacar libros.

los estudiantes deben tener la posibilidad de sacar mas libros. ¶ Los estudiantes pueden sacar solo ~~unos pocos libros~~ la cantidad indicada para su grado. Eso significa que los lectores rápidos finalisan sus libros y tiene que esperar ~~eternamente~~ hasta que la biblioteca vuelva a avrir. ~~A todos nos gusta el día que abre la biblioteca. Mi libro favorito es Houdini: El hombre de los misterios más grandes del mundo.~~

Revisa la voz de tu escritura.

Lee tu carta, **agrega** palabras convincentes y **quita** las exageraciones.

Revisar Cómo usar una lista de control

Comprueba tu revisión. Numera tu trabajo del 1 al 9. Lee cada pregunta y haz una marca junto al número si la respuesta es "sí". Si la respuesta es "no", sigue trabajando en esa parte de tu carta.

Enfoque y coherencia

____ **1.** ¿Tengo una postura clara?
____ **2.** ¿Incluí solo detalles que apoyan mi postura?
____ **3.** ¿Debo eliminar algunos detalles?

Organización

____ **4.** ¿Establecí mi postura al comienzo de mi carta?
____ **5.** ¿Incluí detalles que apoyan mi postura en el párrafo intermedio?
____ **6.** ¿Le pido en el final al lector que sienta de una determinada manera o que haga algo?

Desarrollo de las ideas

____ **7.** ¿Explican mis detalles por qué mi lector debería apoyar mi postura?

Voz

____ **8.** ¿Usé una voz convincente?
____ **9.** ¿Fui amable con mi lector?

Escribe el texto en limpio. Después de revisar tu carta, escribe la versión en limpio. Pídele a un compañero que lea y comente tu carta persuasiva.

Recibir el comentario de un compañero

Un compañero puede ayudarte a encontrar maneras de mejorar tu redacción. Este es el comentario que hizo una compañera de la carta revisada de Roku.

Hoja de comentarios

Escritor: Roku Evaluador: Linda

Título: Carta a la Sra. Lincoln

Lo que me gusta:

Me gusta tu idea sobre sacar más libros.

Me alegra que escribas sobre los estudiantes que leen más.

Mis dudas:

¿Cuántos libros pueden sacar los estudiantes?

¿Podría haber más días de biblioteca?

Corregir para respetar las convenciones

Gramática

Cuando corriges la *gramática,* debes asegurarte de usar correctamente los elementos gramaticales, como los pronombres.

¿Cuándo uso los pronombres posesivos?

Usa un **pronombre posesivo** para mostrar que algo le pertenece a alguien o a algo.

La mochila es mía. **Ese sombrero es** suyo.

Un pronombre posesivo puede ir al final de la oración o antes de un sustantivo. Concuerda con el sustantivo en género y número.

El marcador es tuyo. **Este es** tu **marcador.**

Estos pronombres posesivos están en masculino singular.

mi, mío, tu, tuyo, su, suyo, nuestro

Estos pronombres posesivos están en masculino plural.

mis, míos, tus, tuyos, sus, suyos, nuestros

Práctica de gramática

Completa cada oración con el pronombre posesivo correcto del paréntesis. Luego practica diciendo oraciones con un compañero.

1. La bufanda es de Julie. Los guantes también son *(suyas, suyos).*
2. Rompí una taza. Era *(mi, mis)* taza preferida.
3. Papá y mamá comieron en *(su, sus)* restaurante favorito.
4. Mario y yo ordenamos *(nuestro, nuestra)* cuarto.

Revisa los pronombres posesivos. **Asegúrate de que usaste correctamente los pronombres posesivos en tu carta. Si necesitas más ayuda, consulta las páginas 570 y 571.**

¿Cuáles son algunos tipos de sustantivos?

Un sustantivo que nombra cualquier persona, lugar, cosa o idea se llama **sustantivo común.**

niño	**feriado**	**país**
pájaro	**escuela**	**bebé**

Un sustantivo que nombra una determinada persona, lugar, cosa o idea se llama **sustantivo propio.** Todos los sustantivos propios se escriben con mayúscula inicial.

Bruce	**Cuatro de Julio**	**Texas**
Anita	**Atlántico**	**Estados Unidos**

Práctica de gramática

Lee cada oración y decide si el sustantivo subrayado es común o propio. Luego vuelve a escribir cada oración sustituyendo un sustantivo común por uno propio o uno propio por uno común. Lee la nueva oración en voz alta.

1. Manchas les ladra a los carros cuando pasan.
2. A Quan le gusta nadar en el lago.
3. El Gran Cañón se ve hermoso en verano.
4. Los Peterson compraron un carro nuevo y lujoso.

Revisa los sustantivos comunes y propios. **Asegúrate de que los sustantivos comunes están con minúscula y que los sustantivos propios están con mayúscula inicial. Para más ayuda, consulta las páginas 566 y 567.**

Aprendizaje del lenguaje **Cambien las palabras subrayadas por pronombres posesivos que vayan antes del sustantivo. Lean el nuevo párrafo en voz alta. Comenten por qué puede ser útil usar pronombres posesivos cuando escriben.**

A Jason le gustan los perros, pero al gato de Jason no. El gato de Jason piensa que el perro de Jason es espantoso. El gato de Jason y el perro de Jason viven peleando.

Estructura de las oraciones

Cuando corriges la *estructura de las oraciones,* te aseguras de que tus oraciones están completas, y que el sujeto y el verbo concuerdan correctamente.

¿Cómo puedo escribir una oración simple?

Una **oración simple** tiene un sujeto, un verbo y un pensamiento completo.

El sujeto y el verbo deben concordar en número. Si el sujeto está en singular (por ejemplo, *él*), el verbo debe estar en singular (por ejemplo, *salta*). Si el sujeto está en plural (por ejemplo, *ellos*), el verbo debe estar en plural (por ejemplo, *saltan*). A esto se le llama concordancia entre sujeto y verbo.

Incorrecto: **Los granjeros cosecha las manzanas maduras.**
Correcto: **Los granjeros cosechan las manzanas maduras.**

Práctica

Con un compañero, elijan el sustantivo o el verbo correcto para cada oración simple. Luego vuelvan a escribir las oraciones en una hoja. Lean las oraciones finales en voz alta.

1. (Los loros, El loro) me hablan en la tienda de mascotas.
2. Dave y tú (ayuda, ayudan) en el hospital.
3. La casa (cruje, crujen) y (rechina, rechinan) por la noche.
4. Mi hermano y yo (canto, cantamos) en el coro.

Revisa la concordancia del sujeto y el verbo. **Asegúrate de que tus oraciones están completas, y que los sujetos y los verbos concuerdan.**

La corrección en acción

Estas son las correcciones que Roku le hizo a su carta.

Roku hizo varias correcciones de ortografía, uso de mayúsculas y puntuación.

Roku corrigió la concordancia del sujeto y el verbo en una oración. ¿Puedes encontrar esta corrección?

Roku reemplazó una palabra mal escrita.

Estimada Sra. Lincoln:

Soy un estudiante a quien le encanta leer. Le escribo a usted porque creo que la biblioteca de nuestra escuela necesita una nueva regla para sacar libros. ~~los~~ Los estudiantes deben tener la posibilidad de sacar ~~mas~~ más libros.

Los estudiantes pueden sacar solo la cantidad indicada para su grado. Eso significa que los lectores rápidos ~~finalisan~~ finalizan sus libros y ~~tiene~~ tienen que esperar hasta que la biblioteca vuelva a ~~avrir~~ abrir.

Otros estudiantes como yo quieren devorar todos los libros que puedan. Por ~~fabor~~ favor piense en una nueva regla para sacar libros o más días de biblioteca. Muchas gracias.

Atentamente,

Roku Hitsuki

Corrige

Comprueba que usaste correctamente las convenciones en tu carta.

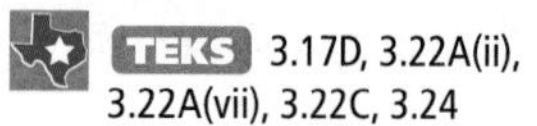

TEKS 3.17D, 3.22A(ii), 3.22A(vii), 3.22C, 3.24

Corregir Cómo usar una rúbrica

Usa esta rúbrica para mejorar tu redacción. Cuando corriges, te aseguras de que has seguido las reglas gramaticales, las convenciones mecánicas, la estructura de las oraciones y la ortografía.

No tengo ningún error en la gramática, las convenciones mecánicas, la estructura de las oraciones y la ortografía.

En mi redacción:

- Usé correctamente los pronombres posesivos en todas las oraciones.
- Usé correctamente la concordancia del sujeto y el verbo en todas las oraciones.
- Usé correctamente los signos de puntuación en todas las oraciones.
- Comencé todas las oraciones con letra mayúscula.
- Escribí con mayúscula inicial todos los sustantivos propios.
- Escribí correctamente todas las palabras.

Tengo errores pequeños en la gramática, las convenciones mecánicas, la estructura de las oraciones o la ortografía.

En mi redacción:

- Usé correctamente los pronombres posesivos en casi todas las oraciones.
- Usé correctamente la concordancia del sujeto y el verbo en casi todas las oraciones.
- Usé correctamente las signos de puntuación en casi todas las oraciones.
- Comencé casi todas las oraciones con letra mayúscula.
- Escribí con mayúscula inicial casi todos los sustantivos propios.
- Escribí correctamente casi todas las palabras.

3.17D, 3.22A(ii), 3.22A(vii), 3.22C, 3.24

Mi carta es difícil de leer debido a varios errores. Debo corregirlos.

En mi redacción:

- Usé correctamente los pronombres posesivos en algunas oraciones.
- Usé correctamente la concordancia del sujeto y el verbo en algunas oraciones.
- Usé correctamente los signos de puntuación en algunas oraciones.
- Comencé algunas oraciones con letra mayúscula.
- Escribí con mayúscula inicial algunos sustantivos propios.
- Escribí correctamente algunas palabras.

Debo corregir muchos errores en mi redacción.

En mi redacción:

- No usé correctamente los pronombres posesivos.
- No usé correctamente la concordancia del sujeto y el verbo en ninguna oración.
- No usé signos de puntuación en ninguna oración.
- No comencé ninguna oración con letra mayúscula.
- No escribí con mayúscula ningún sustantivo propio.
- Escribí mal muchas palabras.

Publicar Compartir la carta

Estas dos páginas muestran las convenciones que se usaron para escribir tu carta en el formato correcto de carta comercial.

Encabezado y fecha

1. Escribe la dirección de tu calle.
2. Escribe tu ciudad, estado y código postal
3. Escribe la fecha. (Deja espacio para tres líneas.)

Dirección del destinatario

4. Escribe el nombre y el título de la persona a quien le escribes. Asegúrate de saber su título oficial, como Bibliotecario, y cómo escribirlo correctamente.
5. Escribe el nombre de la escuela o de la empresa.
6. Escribe la dirección: calle, número, ciudad, estado y código postal. (Deja espacio para una línea.)

Saludo

7. Escribe "Estimado(a)", el nombre de la persona y dos puntos. (Deja espacio para una línea.)

Cuerpo

8. No dejes sangrías en los párrafos de una carta comercial. (Deja espacio para una línea entre los párrafos.)

Despedida

9. Escribe "Atentamente" o "Sinceramente" y una coma. (Deja espacio para cuatro líneas.)

Firma

10. Teclea tu nombre. Luego firma con tu nombre sobre tu nombre tecleado.

Publica Escribe la versión final.

Asegúrate de que seguiste y usaste las convenciones apropiadas.

La carta de Roku

Calle Ancha 207
Griffith, IN 46300
10 de febrero, 2011

Sra. Lincoln, Bibliotecaria
Escuela Elemental Franklin
Calle Principal 504
Griffith, IN 46300

.... [doblar] ....

Estimada Sra. Lincoln:

Soy un estudiante a quien le encanta leer. Le escribo a usted porque creo que la biblioteca de nuestra escuela necesita una nueva regla para sacar libros. Los estudiantes deben tener la posibilidad de sacar más libros.

Los estudiantes pueden sacar solo la cantidad de libros indicada para su grado. Eso significa que los lectores rápidos finalizan sus libros y tienen que esperar hasta que la biblioteca vuelva a abrir.

.... [doblar] ....

Otros estudiantes como yo quieren devorar todos los libros que puedan. Por favor piense en una nueva regla para sacar libros o más días de biblioteca. Muchas gracias.

Atentamente,

Roku Hitsuki

Roku Hitsuki

Publicar Escribir la dirección en un sobre

En los sobres del Servicio Postal de los Estados Unidos se escribe todo con mayúscula y sin puntuación.

Publica **Escribe la dirección en tu sobre.**

1. **Escribe tu nombre y dirección en la esquina superior izquierda.**
2. **Escribe en el centro el nombre y la dirección de la otra persona.**
3. **Pega la estampilla apropiada en la esquina superior derecha.**

Evaluar y analizar tu redacción

Piensa en la carta persuasiva que escribiste y lo que aprendiste sobre ella. Esto es lo que pensó Roku sobre su carta.

Pensar en tu redacción

Nombre: Roku Hitsuki

Título: Carta persuasiva

1. La mejor parte de mi carta es . . .

   mi idea sobre una nueva regla para sacar libros y los detalles sólidos que di para apoyar mi postura.

2. La parte que aún tengo que mejorar es . . .

   el último párrafo. Debí decir cuántos libros deseamos sacar.

3. Lo más importante que aprendí sobre mi escritura persuasiva es . . .

   cómo usar detalles y razones para hacer que una idea sea convincente.

CORRE

EE.

Escritura persuasiva

Conexión con otras materias

La escritura persuasiva se encuentra en todos lados. Los anuncios se escriben para persuadir a las personas de comprar cosas. Los candidatos políticos escriben discursos para persuadir a las personas de que voten por ellos. Es importante ser capaz de reconocer la escritura persuasiva. Así puedes estar más consciente de las opciones que tomas.

En esta sección, usarás tus destrezas de escritura para crear un letrero persuasivo, un mensaje electrónico y una respuesta a un tema de escritura persuasiva. ¡Aprender a persuadir es una herramienta poderosa!

Ciencias:
Letrero persuasivo

Un letrero presenta información sobre una actividad o una idea. El maestro de Miko les pidió a los estudiantes que crearan un letrero para convencer a las personas de venir a una actividad de la escuela. Miko hizo un letrero para la feria científica. Él usó una escritura persuasiva en su letrero para influir en las acciones de los demás.

La escritura persuasiva establece una postura clara. ¿Incluyó Miko una oración de opinión? ¿Cuál es? Apoya tu respuesta con evidencia.

Los letreros de actividades incluyen la hora y el lugar de la actividad. La fecha se escribe también. Si va el año, escribe "de" antes de él. ¿Escribió Miko correctamente la fecha? Apoya tu respuesta con evidencia.

Ven a la
Feria científica

DIVIÉRTETE

APRENDE

VIERNES 22 DE ABRIL
9:00-3:00
en la Escuela
Elemental
Jefferson

Prepararse Elegir un tema

Una estrategia para pensar en ideas para un letrero es hacer una lista. Miko escribió una lista con las próximas actividades de la escuela.

Lista de ideas

Actividades de la escuela

Día de atletismo

Feria científica*

obra de teatro estudiantil

concierto de primavera

Escribe una lista de ideas.

1. Escribe "Actividades de la escuela" en la parte superior de una hoja.
2. Escribe la lista de actividades que se van a realizar.
3. Marca con una estrella (*) la actividad sobre la que te gustaría hacer un letrero.

Recopilar detalles

Un letrero persuasivo debe dar información importante sobre la actividad. Por ejemplo, las personas necesitan saber *cuándo* y *dónde* se celebrará la actividad.

Prepárate **Responde estas preguntas sobre la actividad.**

1. ¿Cuál es mi actividad?
2. ¿Cuándo se realiza?
3. ¿Dónde es?
4. ¿Quiénes deben asistir?
5. ¿Por qué las personas deberían venir?

Desarrollar un borrador Crear el letrero

Sigue estas pautas para crear un letrero persuasivo.

Crea el primer borrador.

- Escribe una oración de opinión sólida seguida de detalles clave.
- Haz un diseño rápido de tu idea del letrero. Incluye la ubicación de los detalles de la actividad. (Usa las preguntas de la página 212).
- Incluye ilustraciones para captar la atención del lector.

Revisar Mejorar el letrero

Un letrero debe ser preciso y fácil de leer.

Comprueba que tu letrero sea atractivo.

- ¿Dicen mis detalles qué, cuándo, dónde y por qué?
- ¿Son lo bastante grandes las palabras? ¿Es fácil de leer?
- ¿Se convencerán los lectores de hacer lo que dice el letrero?

Corrige Comprobar que se respetan las convenciones

Antes de hacer la versión final de tu letrero, comprueba que no haya errores.

Revisa tu letrero.

- ¿Escribí correctamente los sustantivos propios?
- ¿Escribí correctamente las fechas y las direcciones?
- ¿Verifiqué mi ortografía?

Salud:
Un tema importante

¡Ojo con tus ojos!

¿Qué tan importantes son tus ojos? Apuesto a que son muy importantes para ti. Como no puedes ver venir el peligro, debes seguir algunos consejos de seguridad para mantener tus ojos fuera de peligro.

Los objetos filosos y puntiagudos pueden herir tus ojos. Debes llevar los lápices y tijeras con la punta hacia abajo. Quédate siempre detrás de las personas que arrojan dardos o disparan flechas. Nunca acerques la cara a animales con garras.

Las máquinas pueden dañar tus ojos. Debes permanecer alejado de las cortadoras de pasto y de otras máquinas que puedan lanzar piedras, trozos de metal o incluso chispas.

Los deportes son divertidos, pero pueden lastimar tus ojos. Recuerda usar casco o gafas de seguridad si tu deporte los necesita. Sigue estos consejos para que puedas decir: —Adiós, nos VEMOS más tarde.

Sugerencias para la redacción

Antes de escribir . . .

- Piensa en los temas importantes de salud que conoces y que te interesan.
- Escribe una lista con tantos detalles como puedas para tu tema.

Mientras desarrollas el borrador . . .

- Capta la atención del lector y establece tu postura en el comienzo de tu ensayo persuasivo.
- Da tus razones en el párrafo intermedio.
- Finaliza con un llamado a la acción para que tus lectores sigan tu consejo.

Después de escribir el primer borrador . . .

- Lee tu ensayo y fíjate si falta algún detalle importante.
- Escribe un título interesante para tu ensayo.
- Revisa la gramática, la estructura de las oraciones, las convenciones mecánicas (uso de letras mayúsculas y puntuación) y la ortografía.

Escritura práctica: Mensaje electrónico

Un mensaje electrónico te permite enviar rápidamente una nota amistosa. María escribió un mensaje electrónico a su abuelo. Escribe un saludo y una despedida tal como lo haces en una carta.

El encabezado muestra la dirección electrónica del destinatario. El asunto, o tema, indica de qué se trata el mensaje.

Nuevo mensaje

Para: grampsmacfarland@newarknet.usa

Cc:

Asunto: Hora del cuento en la biblioteca

Querido abuelo:

Gracias por el gran libro sobre los insectos. Justo ahora los estamos estudiando en la escuela. La Sra. Owens nos llevó una caja llena de orugas. ¡Dice que se convertirán en mariposas! Me muero de ganas por verlas.

En la biblioteca vamos a tener una hora del cuento sobre los insectos. Un señor del zoológico llevará escarabajos gigantes. Nosotros podemos hacer mariposas de papel. Creo que sería divertido ir. ¿Puedes llevarme? Es el sábado a la 1:00 p.m.

Te quiero mucho,
María

Un mensaje electrónico persuasivo incluye una **oración de opinión** y detalles que la apoyan. ¿Incluye el escritor estos elementos clave? Apoya tu respuesta con evidencia.

Sugerencias para la redacción

Antes de escribir . . .

- Asegúrate de que la dirección electrónica está correcta.
- Piensa en un asunto que describa tu mensaje.

Mientras haces el borrador . . .

- Escribe *Estimado* o *Estimada* y después el nombre de la persona seguido de dos puntos.
- Usa palabras que persuadan al lector.
- Escribe oraciones que apoyen tu postura.
- Escribe una despedida (palabras como *Sinceramente* o *Te quiere*), una coma y tu nombre.

Después de escribir un mensaje electrónico . . .

- Lee tu mensaje detenidamente.
- Revisa la gramática, las convenciones mecánicas, la estructura de las oraciones y la ortografía.
- Asegúrate de que tu mensaje electrónico está completo y correctamente escrito antes de pulsar "enviar".

Imagina que se aproxima una actividad especial. Escribe un mensaje electrónico para invitar a alguien a esa actividad. Usa una computadora de tu escuela.

Escritura persuasiva

Escribir para la evaluación de Texas

En las pruebas estatales de Texas, muchas veces tienes que escribir un texto persuasivo. El tema de escritura te indica sobre qué tienes que escribir y te da algunos datos que debes recordar. Lee el siguiente tema de escritura.

Tema de escritura

Escribe una composición sobre un cambio que te gustaría que ocurriera en tu escuela.

Usa la siguiente lista de control como ayuda.

RECUERDA QUE DEBES...

- [ ] escribir sobre un cambio que te gustaría que ocurriera en tu escuela.
- [ ] dar detalles que expliquen por qué debe ocurrir ese cambio.
- [ ] convencer al lector para que piense de una determinada manera o que haga algo.
- [ ] respetar las convenciones de gramática, estructura de las oraciones, uso de las mayúsculas, puntuación y ortografía.

Prepararse Elegir una forma

Antes de comenzar a escribir, decide qué forma de escritura (género literario) comunicará mejor el significado de tu ensayo a tu público. Piensa en lo que vas a hacer en tu redacción:

¿Vas a...

- describir a una persona o un lugar?
- proponer una solución a un problema?
- explicar cómo funciona un objeto?
- contar una experiencia personal?
- dar información?
- persuadir?

Responder estas preguntas te ayudará a elegir una forma. (Consulta también la página 492.)

Pedro decidió que un ensayo persuasivo era la mejor forma para escribir sobre un cambio que quiere que ocurra en su escuela. Él sabe que un ensayo persuasivo es una buena manera de explicar por qué los demás deberían apoyar su idea.

Elegir un tema

Pedro hizo una lista de ideas para pensar en un número de cambios que le gustaría que ocurrieran en su escuela. Decidió escribir un ensayo persuasivo sobre no acortar los recreos.

Lista de ideas

Cambios que necesitamos en la escuela

Más excursiones

El recreo no debe ser más corto*

Más computadoras en el taller de computación

Organizar un borrador

La mejor manera de organizar un ensayo persuasivo es comenzar por establecer tu postura. Acompaña tu postura con varios detalles que la apoyen.

Pedro usó un diagrama de mesa para organizar sus ideas. Escribió su postura en la parte superior del diagrama y luego anotó los detalles que la "apoyaban", tal como las patas apoyan la mesa.

Diagrama de mesa

El recreo no debe ser más corto

los estudiantes hacen ejercicio

los estudiantes aprenden a trabajar en equipo

los estudiantes mejoran su lectura

Salvemos nuestro recreo

El **principio** plantea la postura del escritor y contiene la oración de opinión

Algunos dicen que el recreo debe ser más corto para que los estudiantes puedan trabajar más. No estoy de acuerdo. Los estudiantes necesitan tiempo para jugar. Creo que el recreo no debe ser más corto.

El párrafo **intermedio** da las razones que apoyan la postura

El recreo es útil para los estudiantes. Nuestro maestro de gimnasia dice que los niños pasan mucho tiempo sentados, pero el recreo nos permite hacer mucho ejercicio. Por ejemplo, a mi clase le gustan los juegos como el fútbol. Los juegos también nos enseñan a trabajar en equipo. El recreo nos ayuda a prestar atención. La Srta. Dawson dice que después del recreo mejoramos en lectura porque ya "bajamos las revoluciones".

La **conclusión** le pide al lector que haga algo.

El recreo es una parte importante de la jornada escolar. No debe ser más corto, porque los estudiantes pasarían más tiempo sentados y les costaría mucho poner atención.¡Por favor díganle a la directora que mantenga el recreo tal como está!

Comenta con un compañero.

- Desarrollo de las ideas **(1)¿Cuál es la postura de Pedro?**
- Organización **(2) ¿Qué oración del párrafo final repite la opinión del párrafo inicial?**
- Voz **(3) ¿Usa Pedro palabras especiales para convencer al lector? Explica.**

Sugerencias para la redacción

Antes de escribir...

- Lee atentamente el tema de escritura.
- Usa un organizador gráfico para planificar tu redacción.
- Usa el tiempo bien.

Mientras haces el borrador...

- Usa las palabras principales del tema de escritura para establecer tu postura.
- En el párrafo intermedio, da las razones que apoyan tu postura.
- Repite tu postura en el párrafo final.

Después de escribir el primer borrador...

- Revisa la gramática, las convenciones mecánicas, la estructura de las oraciones y la ortografía.
- Sé ordenado al hacer los cambios.

Planea y escribe una respuesta. **Escribe una respuesta al tema de escritura de la página 218 en el tiempo que indique tu maestro. Recuerda elegir una forma y usar las sugerencias que están arriba.**

Conexión con la literatura: **Puedes encontrar ejemplos de acciones persuasivas en *Yo voto por mí*, escrito por Martin Baltscheit.**

Repaso de la escritura persuasiva

En la escritura persuasiva, tratas de convencer a tu lector para que haga algo o para que esté de acuerdo contigo.

Elige un tema que te interese mucho. (Consulta la página 186).

Escribe una oración de opinión sobre el tema. (Consulta la página 187).

Recopila las razones y organízalas para apoyar tu opinión. (Consulta la página 187).

En el principio, presenta tu postura al público. (Consulta las páginas 188 y 189).

En el desarrollo, da las razones que explican tu postura. (Consulta las páginas 188 y 189).

En la conclusión, repite tu postura y pide al lector que haga algo. (Consulta las páginas 188 y 189).

Primero, revisa el enfoque y la coherencia, la organización y el desarrollo de las ideas. Luego, revisa **la voz**. Pide a un compañero que busque en tu redacción errores que no hayas visto. (Consulta las páginas 190 a 198).

Comprueba si se siguen las convenciones. Revisa tu gramática, la estructura de tus oraciones, las convenciones mecánicas y la ortografía. (Consulta las páginas 200 a 205).

Escribe la versión final y preséntala. (Consulta las páginas 206 a 208).

Responder a los textos

Enfoque de la escritura

- **Párrafo de respuesta**
- **Reseña de un libro de ficción**
- **Reseña de un libro de no ficción**
- **Comparar un libro de ficción con un libro de no ficción**
- **Responder a un poema**

Aprendizaje del lenguaje

Trabaja con un compañero. Lean los significados y respondan juntos las preguntas.

1. Una **respuesta** dice lo que piensas sobre algo.
   Cuenta sobre una ocasión en que diste una respuesta.
2. Algo **lógico** es algo que tiene sentido.
   Si tienes hambre, ¿qué es lo lógico que debes hacer?
3. El **tema** es la idea principal o mensaje de un cuento.
   ¿Cuál es el tema del cuento "Los tres cerditos"?
4. Cuando **rellenas** algo, lo completas con información.
   ¿Cómo rellenas el espacio en blanco? Me gusta__________.

¿Has leído buenos libros últimamente? Los buenos libros te hacen pensar. Cuando lees textos de ficción, o literarios, piensas en personajes inventados y en sus aventuras. Cuando lees textos de no ficción, o expositivos, piensas en personas, lugares y cosas reales.

Compartir tus pensamientos y sentimientos sobre los libros se conoce como responder lo que lees. En esta sección, responderás a textos de ficción y no ficción en muchas maneras diferentes.

Escribir un párrafo de respuesta

Alexis escribió un párrafo para responder a un libro de ficción que había leído. Ella explicó cómo el relato la hizo pensar en su propia vida. Escribir sobre eso ayudó a Alexis a aprender más sobre el libro y sobre sí misma.

En esta unidad escribirás un párrafo de respuesta sobre un libro de ficción que hayas leído. Contarás cómo una parte del relato se parece a algo que te ocurrió. Recuerda que un párrafo tiene tres partes principales.

1. La **oración temática** dice de qué se trata el párrafo.
2. Las **oraciones de apoyo** presentan detalles que explican la oración temática.
3. La **oración final** deja al lector con una última idea sobre el tema.

El párrafo de respuesta de Alexis

¿Seguiremos siendo amigos?

1 En ¿Seguiremos siendo amigos?, escrito por Paula Danziger, el mejor amigo de Ámbar se cambia de casa.

2 Ámbar y Justo se ayudan a hacer las tareas, se defienden uno al otro y planifican juntos los proyectos de la escuela. Todo esto cambia cuando la familia de Justo tiene que mudarse lejos. Yo me sentí como Ámbar cuando mi amiga Toni me dijo que se mudaba. Toni y yo éramos las mejores amigas. Hablábamos de todo, pero yo no quería conversar con ella acerca de la mudanza.

3 Finalmente, encontramos una manera de poder seguir siendo amigas, igual que Ámbar y Justo.

Comenta con un compañero.

- Desarrollo de las ideas **(1) ¿En qué se parece la escritora de este párrafo a Ámbar, el personaje principal del libro?**
- Organización **(2) ¿Qué parte del párrafo entrega muchos detalles sobre el tema?**
- Voz **(3) ¿Qué palabras o frases te gustan mucho? Nombra dos o tres.**

Prepararse Recopilar detalles

Alexis decidió escribir sobre el último libro de ficción que leyó. Para recopilar ideas del libro, respondió cuatro preguntas importantes.

Responde cuatro preguntas clave.

1. ¿Cuál es el título del libro?
2. ¿Quién es el autor?
3. ¿Cuál es la idea principal del libro?
4. ¿En qué se parece el cuento a mi vida?

Desarrollo de las ideas

La preparación de Alexis

1. ¿Cuál es el título del libro?
   ¿Seguiremos siendo amigos?

2. ¿Quién es el autor o autora?
   Paula Danziger

3. ¿Cuál es la idea principal del libro?
   El mejor amigo de Ámbar se muda lejos.

4. ¿En qué se parece el cuento a mi vida?
   Mi mejor amiga también se mudó lejos.

Desarrollar un borrador Hacer el primer borrador

Mientras escribes tu párrafo, recuerda que debe incluir tres partes: una oración temática, oraciones de apoyo y una oración final.

Escribe tu párrafo de respuesta.

Comienza con una oración temática que (1) diga el título y el autor del libro, y que (2) indique la idea principal del libro.

Escribe oraciones de apoyo que entreguen detalles acerca de las semejanzas entre el cuento y algo que te ocurrió.

Termina con una oración final que exprese un pensamiento final sobre el tema.

Primer borrador

En _¿Seguiremos siendo amigos?_, escrito por Paula Danziger, el mejor amigo de Ámbar se muda lejos. Ámbar y Justo se ayudan...

3.17C

Revisar Mejorar el párrafo

Cuando revisas, te aseguras de que las ideas de tu párrafo sean claras, lógicas e interesantes para el lector. Alexis escribió cinco oraciones de apoyo para que su idea fuera clara. Pero ¿qué habría pasado si hubiera escrito sólo tres oraciones simples como estas?

Mi mejor amiga se mudó. Yo estaba triste. Me sirvió para hablar sobre eso.

Estas tres oraciones simples no serían muy interesantes ni entretenidas de leer.

Revisa tus ideas.

Piensa en las siguientes preguntas. Luego, revisa tu párrafo.

1. **¿Expliqué en qué se parece mi vida a una parte del cuento?**
2. **¿Escribí oraciones claras, lógicas e interesantes para el lector?**
3. **¿Incluí oraciones que no se relacionan con mi tema y que debo eliminar?**

Práctica

¿Qué grupo de oraciones es más claro y más entretenido de leer? ¿Por qué?

1. Ralph es un ratón. Vive en un hotel. Él encuentra un juguete.
2. Ralph es un ratón joven que vive en un hotel. Un día su vida cambia. Encuentra una motocicleta y aprende a montarla. Esa moto lleva a Ralph a vivir aventuras y hasta le permite ayudar a un niño enfermo.

Corregir Comprobar que se respetan las convenciones

Cuando corriges tu párrafo, buscas errores que puedan confundir al lector. Por ejemplo, asegúrate de que cada oración tenga un **sujeto completo** y un **predicado completo.** El sujeto completo es sobre quién (o sobre qué) habla la oración. El predicado completo dice algo sobre el sujeto. (Consulta las páginas 562 a 565 para entender mejor las partes de la oración).

Los tres cerditos construyeron sus casas.
(sujeto completo) (predicado completo)

Una de las casas era de ladrillo.
(sujeto completo) (predicado completo)

Corrige tu trabajo.

1. ¿Dejé sangría en el primer renglón de mi párrafo?
2. ¿Comencé todas las oraciones con mayúscula inicial?
3. ¿Escribí las oraciones con sujetos y predicados completos?
4. ¿Verifiqué la ortografía?

Práctica de gramática

Escribe estas oraciones. Traza una línea entre el sujeto completo y el predicado completo.

1. La tía Diana canta una canción larga.
2. Ella canta muy bien.
3. Michael es el sobrino de la tía Diana.
4. Él y la tía Diana practican más canciones.

Escribir una reseña de un libro de ficción

Escribir una reseña de un libro es una manera de responder a lo que lees y compartir un gran libro con tus amigos. Eso es lo que hizo Ryan. Su reseña de un libro de ficción, o literario, cuenta de qué se trata el libro sin revelar el cuento completo.

Cuando escribes la reseña de un libro para responder a lo que leíste, tu objetivo es hacer que el libro parezca interesante. Tu reseña de un libro tendrá tres partes principales y cada parte responderá una pregunta diferente.

Principio	**¿De qué se trata el libro?**
Desarrollo	**¿Cuál es mi parte favorita?**
Conclusión	**¿Qué idea principal comunica el autor?**

La reseña de Ryan sobre un libro de ficción

Principio
Comienza hablando del libro.

Desarrollo
Escribe sobre tu parte favorita.

Conclusión
Informa al lector sobre la idea principal del autor.

Jugo de pecas

Jugo de pecas, escrito por Judy Blume, es un cuento divertido sobre un niño llamado Andrew. A él le gustaría mucho tener pecas. Entonces una niña traviesa de su clase le vende una receta para hacer jugo de pecas.

Mi parte favorita del cuento es la receta del jugo de pecas. El jugo de pecas se hace con jugo de uvas, vinagre, mostaza, mayonesa, el jugo de un limón, pimienta, sal, salsa de tomate, aceite de oliva y una pizca de cebolla. La niña dice que si se toma el jugo rápidamente, las pecas saldrán rápidamente. Y Andrew se lo tomó.

La idea principal de *Jugo de pecas* es ser tú mismo. Andrew quería tener pecas porque le gustaba cómo se veían en una niña de su clase. ¿Conseguirá Andrew sus pecas? ¡Tienes que leer el libro para descubrirlo!

Comenta con un compañero.

- Desarrollo de las ideas **(1) ¿De qué se trata *Jugo de pecas?***
- Organización **(2) ¿En qué parte de la reseña está la idea principal que la autora desea comunicar?**
- Voz **(3) ¿Qué oraciones hacen que el libro parezca interesante?**

Prepararse Elegir un libro

Kayla pensó en dos libros de ficción que le gustaban. Después, escribió comienzos de oraciones para decidir sobre qué libro escribir. Más abajo puedes leer sus oraciones finales.

Piensa en libros que puedes reseñar.

1. **Escribe los títulos y los autores de dos libros de ficción que hayas leído. Asegúrate de subrayar cada título.**
2. **Completa estos dos comienzos de oraciones acerca de cada libro. El cuento trata sobre... Me gusta este cuento porque...**
3. **Marca con una estrella (*) junto al libro sobre el que deseas escribir.**

Comienzos de oraciones

*Libro 1: Sopa de piedras, un cuento de la tradición oral. El cuento es sobre . . .

tres hombres que hacen una "sopa de piedras" con la colaboración de los aldeanos.

Me gusta este cuento porque . . . todos ayudan a hacer la sopa.

Libro 2: El chivo en la huerta, un cuento de la tradición oral. El cuento es sobre . . .

un pequeño chivo que no quiere salir del huerto de pimientos.

Me gusta este cuento porque . . .

es divertido y repetitivo.

Recopilar detalles importantes

Luego, Kayla usó un mapa del cuento para recopilar detalles importantes sobre el libro. No escribió la conclusión, porque quería que sus compañeros leyeran el libro. Abajo está su mapa del cuento.

Haz un mapa del cuento.

1. **Lee este mapa del cuento.**
2. **Después, rellena tu propio mapa del cuento para el libro sobre el que estás escribiendo.**

Un mapa del cuento

Personajes principales:

Tres hombres, aldeanos y niños.

Escenario:

Una aldea

Problema:

Los tres hombres tienen hambre, y quieren comer y dormir cómodamente.

Los aldeanos no quieren ayudarlos.

Eventos más importantes:

- Los hombres piden ayuda y los aldeanos no quieren ayudarlos.
- Los hombres anuncian que van a preparar una sopa de piedras.

Desarrollar un borrador

Comenzar la reseña

El primer párrafo de la reseña de tu libro debe indicar el título del libro y su autor. También debe comunicar de qué se trata el libro.

Crea tu párrafo inicial.

- **Responde las siguientes preguntas en tu primer párrafo.**
- **¿Cuál es el título del libro? ¿Quién es el autor?**
- **¿Cuáles son los personajes principales?**
- **¿De qué se trata el libro?**

El párrafo inicial de Kayla

Sopa de piedras es un cuento tradicional. En el cuento, tres hombres están hambrientos y cansados. Llegan a una aldea y piden ayuda a los aldeanos. Los aldeanos tienen muy poca comida y no quieren compartirla, así que la esconden. Entonces, los hombres dicen que van a preparar una sopa de piedras.

Incluir detalles

En la reseña de tu libro, presenta sólo los detalles suficientes para que el lector quiera leer el cuento. No incluyas detalles sin importancia, ni reveles las sorpresas, ¡especialmente la conclusión!

Práctica

Este es un párrafo inicial diferente para la reseña de *Sopa de piedras*. Escribe el número de cada detalle que no es importante.

(1) Sopa de piedras es un cuento tradicional muy entretenido. (2) Tres hombres están cansados y tienen hambre. (3) Estar cansado y hambriento no ayuda a nadie. (4) Los hombres llegan a una aldea donde piden ayuda. (5) La aldea tiene una calle principal. (6) Los aldeanos no quieren ayudar a los soldados. (7) Los hombres deciden preparar una sopa de piedras. (8) La ropa de los hombres está sucia.

Usar lenguaje informal

Escribe para tu público de la manera en que le hablas a un amigo o a un compañero. Usa un lenguaje informal y amistoso. Una manera es usar palabras sencillas, como *decir* en lugar de *anunciar*.

Práctica

Escribe una palabra más sencilla que puedas usar en lugar de estas palabras.

regresar solicitar alimentos ocultar apetito

Desarrollar un borrador

Elaborar el desarrollo

El párrafo intermedio de tu respuesta debe tratar sobre tu parte favorita del libro.

Elabora el párrafo intermedio.

- **Responde las siguientes preguntas en tu párrafo intermedio.**
- **¿Cuál es tu parte favorita? ¿Por qué?**
- **¿Qué eventos importantes ocurren en esta parte?**

El párrafo intermedio de Kayla

Mi parte favorita es la preparación de la sopa de piedras porque es muy divertida. Al comienzo, los aldeanos sienten curiosidad porque no conocen la sopa de piedras. Después, todos ayudan con algún ingrediente. Todos quieren saber cuál será el resultado.

Finalizar la reseña de un libro

En el último párrafo debes hablar sobre la idea principal del autor o tema del cuento. Una manera de buscar un tema es pensar en el gran problema que enfrenta el personaje principal. También puedes preguntar qué aprende el personaje en el cuento.

Crea tu párrafo final.

- **Responde las siguientes preguntas mientras escribes el párrafo final de tu reseña.**
- **¿Cuál es el gran problema del cuento?**
- **¿Qué aprenden los personajes?**

El párrafo final de Kayla

Sopa de piedras muestra que tenemos que ser generosos. Los aldeanos no quieren ayudar a los hombres. Pero los hombres les enseñan que cuando son generosos, todos ganan. Aprenden que cuando todos colaboran, el resultado es mucho mejor.

Revisar Mejorar la reseña del libro

Kayla leyó atentamente su primer borrador. Quería que cada parte de su reseña de un libro de ficción respondiera las siguientes preguntas.

Principio ¿De qué se trata el libro?

Desarrollo ¿Por qué me gusta este libro?

Conclusión ¿Cuál es la idea principal (tema) del libro?

Revisa el primer borrador.

- **Responde las siguientes preguntas. Después, haz los cambios en tu redacción.**
- **¿Responde mi reseña las preguntas de arriba en el orden correcto?**
- **¿Escribí los eventos del cuento en el orden temporal correcto?**

Práctica

Estos eventos son del cuento de hadas "Cenicienta", pero no están en el orden cronológico correcto. Escribe los números de estos eventos en el orden adecuado.

1. Cenicienta baila con el príncipe.
2. El príncipe anuncia un gran baile.
3. El hada madrina de Cenicienta le regala unos zapatitos de cristal.
4. El príncipe encuentra el zapatito perdido y busca a su dueña.
5. El reloj da la medianoche y Cenicienta sale corriendo.

Corregir comprobar que se respetan las convenciones

Entonces, Kayla corrigió la reseña del libro. Revisó la gramática, las convenciones mecánicas (uso de mayúsculas y puntuación), la estructura de las oraciones y la ortografía de su redacción.

Corrige y mejora tu trabajo. Usa las siguientes preguntas para revisar y corregir la reseña de tu libro de ficción.

1. ¿Usé adjetivos que concuerdan con los sustantivos que describen?
2. ¿Incluí en cada oración un verbo que concuerda con el sujeto (*los hombres están*, no *los hombres está*)?
3. ¿Subrayé el título del libro?
4. ¿Escribí con mayúscula correctamente?
5. ¿Comencé todas las oraciones con mayúscula inicial?
6. ¿Escribí cada oración con la puntuación correcta?
7. ¿Verifiqué la ortografía?

Práctica

Busca dos errores en cada oración y vuelve a escribir las oraciones correctamente.

1. El cuento sopa de piedras es entretenidos.
2. Los soldados tienen ambre
3. no quieren ayudar los aldeanos?

3.17E, 3.20C

Publicar Presentar la reseña de un libro

Esta es la reseña que escribió Kayla sobre un texto de ficción.

El borrador final de Kayla

Principio
Cuéntale al lector de qué se trata el libro.

Sopa de piedras

Sopa de piedras es un cuento tradicional. En el cuento, tres hombres están hambrientos y cansados. Llegan a una aldea y piden ayuda a los aldeanos. Los aldeanos tienen muy poca comida y no quieren compartirla, así que la esconden. Entonces, los hombres dicen que van a preparar una sopa de piedras.

Desarrollo
Describe tu parte favorita.

Mi parte favorita es la preparación de la sopa de piedras porque es muy divertida. Al comienzo, los aldeanos sienten curiosidad porque no conocen la sopa de piedras. Después, todos ayudan con algún ingrediente. Todos quieren saber cuál será el resultado.

Conclusión
Presenta el tema del libro.

Sopa de piedras muestra que tenemos que ser generosos. Los aldeanos no quieren ayudar a los hombres. Pero los hombres les enseñan que cuando son generosos, todos ganan. Aprenden que cuando todos colaboran, el resultado es mucho mejor.

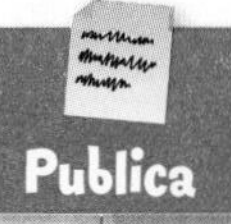

Publica

Escribe la versión final y compártela con un compañero.

Evaluar y analizar tu redacción

Pensar en tu redacción puede ayudarte a mejorar como escritor. Piensa en tu respuesta a un texto literario mientras completas las siguientes oraciones.

Planificar la redacción

Nombre: Kayla Martins

Título: Sopa de piedras

1. La mejor parte de mi reseña del libro es...

   la manera en que terminé mi informe. No revelé la conclusión del libro.

2. Lo más importante que aprendí sobre escribir una reseña de un libro es...

   que necesito elegir sólo los detalles suficientes para captar la atención del lector.

3. En mi próxima reseña de un libro, me gustaría...

   escribir sobre un libro de ciencia ficción.

Escribir una reseña de un libro de no ficción

Pueden pedirte que leas un libro de no ficción y que hagas una reseña sobre él. Un libro de no ficción es un texto expositivo. Contiene información sobre personas, lugares y cosas reales. Las biografías y los libros científicos son ejemplos de libros de no ficción. Una reseña de un libro de no ficción, al igual que otras reseñas, tiene un comienzo, un desarrollo y un final. Un plan 3-2-1, como este, funciona bien para una reseña de un libro de no ficción.

Principio — **3** **¿Cuáles son tres hechos importantes que aprendiste?**

Desarrollo — **2** **¿Cuáles son dos detalles sorprendentes que descubriste?**

Conclusión — **1** **¿Cuál es una de las cosas sobre las que aún tienes dudas?**

La reseña de Alison sobre un libro de no ficción

Principio
Nombra tres hechos importantes con tus propias palabras.

Desarrollo
Describe dos detalles sorprendentes.

Conclusión
Comparte una cosa sobre la que aún tengas dudas.

Volar

To Fly, The Story of the Wright Brothers (Volar, la historia de los hermanos Wright), un libro en inglés escrito por Wendie Old, es un libro maravilloso. Aprendí que cuando Orville Wright tenía mi edad, hacía cometas y modelos de máquinas voladoras. Cuando él y su hermano crecieron, construyeron planeadores gigantes y se subieron en ellos. Un día hicieron un avión que funcionaba de verdad.

Fue tan emocionante cuando el avión se mantuvo en el aire por 59 segundos ¡y se elevó 853 pies! Pronto, los hermanos fabricaron aviones que podían descender en picada y girar.

El primer avión de los hermanos Wright está en el Instituto Smithsoniano en Washington, D.C. Me pregunto si lo podré ver algún día.

Comenta con un compañero.

- **Enfoque y coherencia** (1) ¿Sobre qué libro es esta reseña? ¿Quién es el autor?
- **Organización** (2) ¿Cuáles son los tres hechos importantes que aparecen en el comienzo? ¿Cuáles son los dos detalles sorprendentes que aparecen en el desarrollo? ¿Qué se pregunta el escritor en el final?
- **Desarrollo de las ideas** (3) ¿Cómo sabes que el autor de la reseña entendió el libro?

Prepararse Elegir un libro

Jared usó los siguientes pasos como plan para elegir un libro de no ficción, o expositivo, para hacer una reseña. (Consulta su plan abajo).

1. Haz una lista de tres libros de no ficción que hayas leído.
2. Escribe el nombre de cada autor.
3. Escribe una oración sobre la idea principal de cada libro.
4. Marca con una estrella (*) junto al libro que quieres reseñar.

Elige un libro para hacer una reseña.

1. **Repasa el siguiente plan de Jared. (Su plan contiene tres libros en inglés, pero tú puedes escoger libros en español).**
2. **Después, sigue los pasos anteriores para hacer tu propio plan y elige un libro sobre el cual escribir.**

El plan de Jared

Libro 1: Snakes (Las serpientes)*
Autor: Seymour Simon
Idea principal: Las serpientes son animales asombrosos.
Libro 2: Bridges Are to Cross (Los puentes son para cruzarlos)
Autora: Philemon Sturges
Idea principal: Los puentes se construyen de diferentes maneras.
Libro 3: Lou Gehrig: The Luckiest Man (Lou Gehrig: El hombre más afortunado)
Autor: David A. Adler
Idea principal: Lou Gehrig fue un gran beisbolista y un hombre muy valiente.

Recopilar detalles importantes

Jared recopiló información para su reseña de un libro de no ficción en una gráfica 3-2-1. Primero, se hizo tres preguntas acerca del libro. Después, escaneó el libro para encontrar las respuestas. Esta estrategia también le permitió a Jared organizar sus ideas por párrafos.

Prepárate **Haz una gráfica 3-2-1.**

1. **Haz estas preguntas acerca de tu libro de no ficción.**
2. **Escanea tu libro para encontrar las respuestas. Usa las características del texto como encabezados y palabras clave como ayuda.**

La gráfica 3-2-1 de Jared

¿Cuáles son los tres hechos importantes que aprendí?

1. Las serpientes son muy fuertes.
2. Todas las serpientes comen animales.
3. Si las serpientes no existieran, el mundo estaría lleno de ratas y ratones.

¿Cuáles son los dos detalles sorprendentes que descubrí?

1. Las serpientes huelen con la lengua.
2. Algunas serpientes son más largas que un elefante.

¿Cuál es una idea sobre la que aún tengo dudas?

Si yo viera una serpiente, ¿podría saber si es peligrosa?

3.17B, 3.17C, 3.20C

Desarrollar un borrador **Crear la reseña**

Ahora debes escribir tu primer borrador. Crearás un principio, un desarrollo y una conclusión. Esto es lo que hizo Jared en cada parte de su reseña.

Principio

En el **principio**, Jared escribió el título del libro y su autor. También explicó *tres* hechos importantes del libro.

Desarrollo

En el **desarrollo**, Jared mencionó *dos* detalles sorprendentes del libro.

Conclusión

En la **conclusión**, Jared mencionó *una* idea sobre la que aún tiene dudas.

Haz el primer borrador.

- **Usa la gráfica 3-2-1 de la página 247 mientras escribes tu primer borrador.**

Revisar **Mejorar la redacción**

Cuando tu primer borrador está terminado, estás listo para revisar tu trabajo. Asegúrate de que tu reseña esté enfocada, que tus ideas sean claras y que tu redacción esté bien organizada. Escribe a tu público con una voz informal y amistosa.

Corregir **Comprobar que se respetan las convenciones**

Revisa la gramática, las convenciones mecánicas (uso de mayúsculas y puntuación), la estructura de las oraciones y la ortografía de tu reseña.

Publicar Presentar la reseña de un libro

Esta es la reseña completa que escribió Jared sobre un libro de no ficción.

El borrador final de Jared

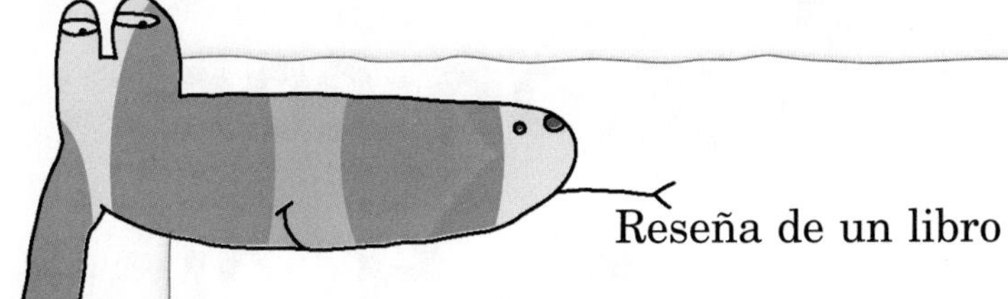

Reseña de un libro

Principio
Usa un lenguaje informal para presentar tres detalles que aprendiste.

Snakes (Las serpientes), un libro en inglés escrito por Seymour Simon, es el mejor libro que he leído sobre serpientes. Está lleno de datos interesantes. ¿Sabían que algunas serpientes grandes son tan fuertes que pueden matar a un cerdo o a una cabra? Todas las serpientes comen animales. Sin las serpientes, probablemente el mundo estaría repleto de ratas y ratones.

Desarrollo
Usa letra cursiva o en negrita para enfatizar los hechos sorprendentes.

También aprendí algunos hechos sorprendentes. Seguramente no sabían que las serpientes huelen con la nariz *y* con la lengua. ¡Algunas serpientes son más largas que un elefante o una jirafa!

Conclusión
Cuenta a tu público una idea sobre la que aún tienes dudas.

Este libro me hizo pensar mucho en las serpientes. La mayoría de las serpientes no dañan a las personas, pero algunas son muy peligrosas. Me pregunto si reconocería a una serpiente peligrosa si la viera.

Escribe en cursiva el título de tu libro.

Comparar un libro de ficción con un libro de no ficción

Un libro de **ficción** no se basa necesariamente en hechos. Sin embargo, algunas formas de ficción, como la ficción histórica y la ficción realista, tienen elementos realistas. Por ejemplo, puedes leer un libro de ficción realista sobre una familia que vive en la ciudad de New York. Los datos del libro sobre la ciudad de New York pueden ser verdaderos, pero la historia no ocurrió en realidad.

Un libro de **no ficción** se basa en hechos y temas de la vida real. Por ejemplo, en un libro de no ficción sobre la ciudad de New York, los hechos son verdaderos y la historia TAMBIÉN es verdadera.

Puedes escribir una reseña que compare elementos de un libro de ficción con elementos de un libro de no ficción. Este tipo de reseña se organiza en tres partes y cada parte responde diferentes preguntas.

Principio — **¿Cuáles son los dos libros que estás comparando? ¿Quiénes son los autores?**

Desarrollo — **¿En qué se parecen los libros? ¿En qué se diferencian los libros?**

Conclusión — **¿Qué libro te gusta más? ¿Por qué?**

La comparación de ficción y no ficción de Alison

Principio Capta la atención del lector contando por qué leíste los dos libros.

Desarrollo Muestra en qué se parecen los libros. Después, muestra en qué se diferencian.

Conclusión Comparte tus propios pensamientos acerca de los libros.

Los hermanos Wright

Me gustan los aviones, por eso leí dos libros en inglés sobre los hermanos Wright. El libro de ficción es *Wee and the Wright Brothers* (Wee y los hermanos Wright), escrito por Timothy R. Gaffney. El libro de no ficción es *To Fly, the Story of the Wright Brothers* (Volar, la historia de los hermanos Wright), escrito por Wendie Old.

Estos libros se parecen en algunas cosas. Suceden en el mismo lugar y ambos contienen muchos hechos. Por ejemplo, el famoso vuelo tuvo lugar el 17 de diciembre, un día muy helado. Cuando voló, Orville Wright iba acostado sobre el ala del avión.

La mayor diferencia es que el libro de ficción es sobre un ratón inventado que se llama Wee. ¡Incluso es escritor! El libro dice que en una pequeña imprenta que había sobre la tienda, ellos publicaban un periódico del ratón. Para conseguir sus noticias, Wee se esconde en el avión y participa en el famoso vuelo. Por supuesto, nada de eso es verdad.

Ambos libros tienen muchos datos iguales, pero me gustó más el libro de ficción. El ratón hizo que la lectura fuera más entretenida. ¡Podía imaginar que era el ratón en el primer vuelo en avión!

Comenta con un compañero.

- **Enfoque y coherencia (1) ¿Sobre qué tratan todas las ideas de la reseña?**
- **Organización (2) ¿Qué párrafo muestra las semejanzas? ¿Qué párrafo muestra las diferencias?**
- **Desarrollo de las ideas (3) ¿En qué se parecen las ideas de los dos libros? ¿En qué se diferencian?**

Prepararse Elegir un tema

¿Qué temas te gustan mucho? Jared piensa que las serpientes son asombrosas. Él examinó varios libros en inglés sobre serpientes. Después, eligió un libro de ficción y un libro de no ficción.

Elige dos libros.

1. **Examina varios libros sobre un tema. Usa las características del texto, como el texto en negrita o las leyendas como ayuda.**
2. **Elige un libro de ficción y un libro de no ficción.**

Recopilar detalles

Jared recopiló detalles sobre cada libro en una gráfica de T. Esta es una buena estrategia para generar ideas.

Crea una gráfica de T.

1. **Escribe el título de tus libros en la parte de arriba de tu gráfica de T.**
2. **Escribe debajo una lista de detalles interesantes de cada libro.**

La gráfica de T de Jared

Verdi (ficción)	*Las serpientes* (no ficción)
Verdi es una pitón verde.	Las serpientes mudan de piel.
A Verdi le gusta su color.	Las serpientes grandes comen cerdos.
Ella muda de piel.	Las serpientes no ven bien los colores.
Ella habla y se ríe.	En la portada se ve una pitón.
Umbles se come un cerdo.	

Organizar los detalles

Ahora que recopilaste tus detalles, debes organizarlos. Tienes que decidir qué detalles son semejantes y cuáles son diferentes. Un diagrama de Venn puede ser útil. Organizar tus ideas te ayudará cuando desarrolles tu primer borrador.

Prepárate **Crea un diagrama de Venn.**

1. **Dibuja dos círculos que se superpongan.**
2. **Escribe el nombre de cada libro en los dos círculos exteriores.**
3. **En el centro, enumera las semejanzas (en qué se parecen).**
4. **En los dos lados, enumera las diferencias (en qué se diferencian).**

El diagrama de Venn de Jared

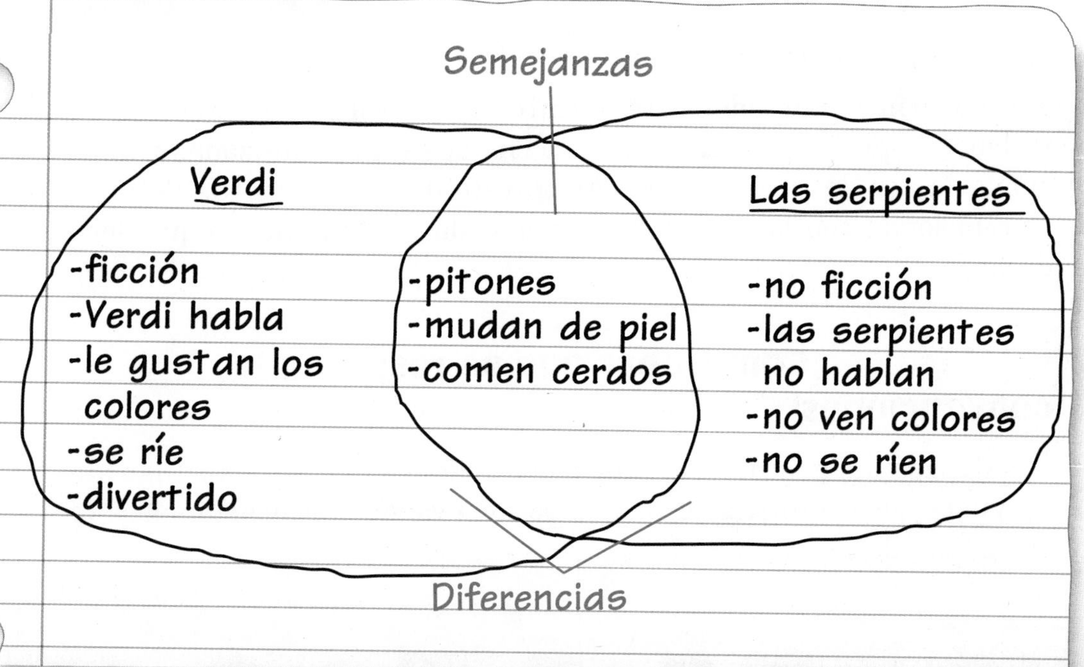

3.17B, 3.17C, 3.20A(ii), 3.20C

Desarrollar un borrador Crear la reseña

Ahora estás listo para escribir tu primer borrador. Crearás un principio, un desarrollo y una conclusión. Así es como Jared organizó sus ideas en párrafos.

Principio

En el párrafo inicial, Jared nombró los libros y a sus autores.

Desarrollo

En los párrafos intermedios, Jared usó su diagrama de Venn para explicar en qué se parecían los libros y en qué se diferenciaban.

En el párrafo final, Jared contó qué libro le gustó más y por qué.

Hacer el primer borrador.

- **Sigue el plan de principio, desarrollo y conclusión que aparece más arriba.**

Revisar Mejorar la redacción

Tu primer borrador está terminado y ahora debes revisar tu trabajo. Examina tus ideas, la forma en que están organizadas y cómo suena la voz de tu redacción. Asegúrate de que todos tus detalles se relacionan con los dos libros y que cada párrafo dice lo que debe decir.

Corregir Comprobar que se respetan las convenciones

Revisa la gramática, las convenciones mecánicas (uso de mayúsculas y puntuación), la estructura de las oraciones y la ortografía de tu redacción.

Publicar Presentar la reseña de un libro

Jared pasó su reseña en limpio para compartirla con sus compañeros.

El borrador final de Jared

Principio Capta la atención del lector y presenta los dos libros.

Desarrollo Explica en qué se parecen los libros y en qué se diferencian.

Conclusión Di cuál es tu libro favorito y por qué.

¿Las serpientes o Verdi?

Me encantan las serpientes, por eso leí Verdi (Verdi), un libro en inglés escrito por Janell Cannon, y Snakes (Las serpientes) otro libro en inglés escrito por Seymour Simon. Verdi es ficción y Las serpientes es no ficción.

Algunas cosas de estos libros se parecen. Verdi tiene la misma apariencia que la pitón de la portada de Las serpientes. Verdi muda de piel, igual que las serpientes de verdad. En Las serpientes, las serpientes grandes pueden comer animales grandes, como cerdos, ovejas y cabras. En Verdi, una serpiente grande se come un cerdo.

Estos dos libros también son diferentes. Verdi tiene personajes inventados y Las serpientes es sobre serpientes verdaderas. Verdi habla, ríe y sonríe. Por ejemplo, Verdi habla de su color y cómo se porta. A Verdi le gusta mirar su piel verde, pero el libro Las serpientes dice que las verdaderas serpientes no ven muy bien los colores.

Mi libro favorito es Las serpientes. Verdi es divertido, pero aprendí más datos interesantes sobre las serpientes leyendo Las serpientes.

Responder a un poema

El dragón malhumorado

Había una vez un enorme dragón sin alas
que no echaba fuego ni hacía nada.
Pero se creía el mejor de todos,
aunque siempre andaba con los monos.
Sí, era un dragón sin carcajadas.

La poesía es una forma de escritura que describe una idea o sentimiento a través del significado, el sonido y el ritmo. Vuelve a leer el poema y ten esto presente. Una respuesta a un poema tiene tres partes.

Principio — **¿Cuál es el título? ¿Quién es el poeta? ¿Qué tipo de poema es? (Consulta las páginas 279 a 289).**

Desarrollo — **¿Cuáles son tus partes favoritas del poema? ¿Por qué?**

Conclusión — **¿Por qué crees que el poeta escribió el poema?**

La respuesta de Alan a un poema

Principio
Habla sobre el poema. Escribe el título entre comillas.

Desarrollo
¿Qué partes te gustan? Escribe las palabras entre comillas.

Conclusión
Explica por qué crees que el poeta escribió el poema.

Un dragón muy especial

"El dragón malhumorado" es un *limerick* o poema humorístico de 5 versos. Los *limericks* son poemas divertidos. Tienen cinco versos y riman según un patrón especial.

Mis palabras favoritas en este poema son las palabras que riman "alas", "nada" y "carcajadas". Dicen algo especial acerca del dragón. También me gusta el último verso: "Sí, era un dragón sin carcajadas". ¡Es un dragón muy enojado!

Creo que el poeta escribió este *limerick* porque le gustan los dragones. Este dragón es malhumorado, pero también es divertido. ¡Quizás el mismo dragón escribió el poema! Así ya habría hecho algo bueno.

Comenta con un compañero.

- **Enfoque y coherencia** (1) ¿Sobre qué tratan todos los detalles del párrafo intermedio?
- **Organización** (2) ¿Qué preguntas responde cada parte?
- **Desarrollo de las ideas** (3) ¿Cuál es tu idea favorita en esta respuesta? ¿Qué detalles o explicaciones la apoyan?

Prepararse Elegir un poema

Primero, debes buscar un poema. Revisa libros de poesía y revistas para niños hasta que encuentres uno que te guste. También puedes elegir uno de estos poemas.

Poemas haiku

El clima
Lluvia en otoño
y nieves en enero.
Verano quiero.

La rana
En el pantano,
sobre una verde hoja,
la verde rana.

Poemas de las cinco preguntas

El lobo
Mira el cielo
sobre una roca
en la noche
para buscar la luna.

La abuela
Cocina el pavo
en la cocina
para la cena de Acción de Gracias
porque le queda delicioso.

Elige un poema y coméntalo.

- **Asegúrate de investigar qué tipo de poema elegiste. (Consulta las páginas 279 a 289 para obtener información sobre diferentes tipos de poemas. Tu maestro también puede ayudarte a reconocer qué tipo de poema elegiste).**

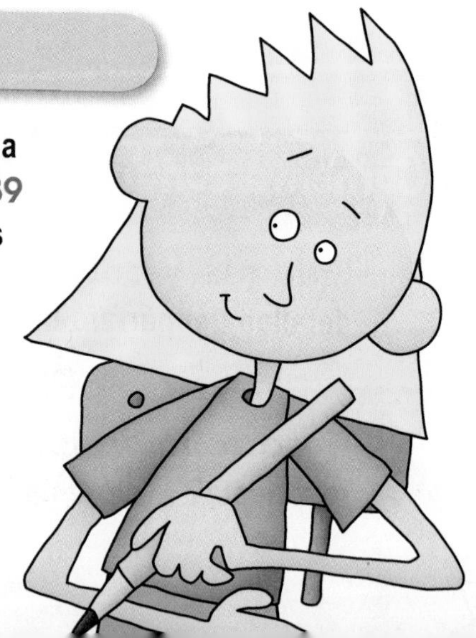

Recopilar detalles

Ahora debes recopilar información. Responder preguntas puede ayudarte a generar ideas y a organizarlas en párrafos. Charise eligió un poema en lista. Abajo puedes leer sus respuestas a las preguntas.

Qué haré este fin de semana

Visitar a la abuela. Pintar con acuarela.

Jugar con mi perro. Caminar por el cerro.

Oír cantar a un conejo. Conversar con un azulejo.

Volar por el cielo. ¡Vaya qué vuelo!

Tengo un dilema. ¿Podré escribir otro poema?

Responde preguntas acerca de tu poema.

1. **En una hoja aparte, escribe el nombre de tu poema y del poeta.**
2. **Después, escribe las siguientes preguntas y respóndelas.**

Preguntas sobre los detalles

"Qué haré este fin de semana" ¿Qué tipo de poema es? Es un poema en lista.

¿Cuáles son mis palabras o versos favoritos? "Perseguir un conejo. Mirar los azulejos". También me gusta "Volar por el cielo. ¡Vaya qué vuelo!"

¿Por qué creo que el poeta escribió este poema? Le gusta imaginar aventuras.

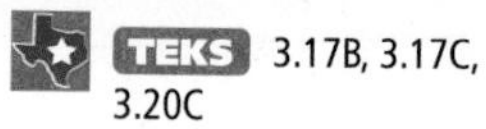

3.17B, 3.17C, 3.20C

Desarrollar un borrador

Crear la respuesta

Ya estás listo para escribir una respuesta a tu poema. Así es cómo Charise organizó su respuesta.

En el párrafo inicial, Charise escribió el título del poema y su autor. También explicó qué tipo de poema eligió.

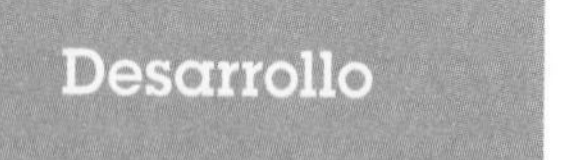

En el párrafo intermedio, Charise habló de sus palabras y versos favoritos del poema.

En el párrafo final, Charise contó por qué piensa que el poeta escribió el poema.

Hacer el primer borrador.

- **Sigue este plan para escribir tu respuesta.**

Revisar **Mejorar la redacción**

Cuando tu primer borrador esté terminado, revisa tu redacción. Considera tus ideas, la forma en qué están organizadas y cómo suena tu voz. Asegúrate de que todas tus ideas se relacionen con el tema.

Corregir **Comprobar que se respetan las convenciones**

Revisa la gramática, las convenciones mecánicas (uso de mayúsculas y puntuación), la estructura de las oraciones y la ortografía de tu respuesta.

Publicar Presentar el ensayo de tu respuesta

Este es el borrador final de Charise sobre su respuesta al poema.

El borrador final de Charise

Principio
Escribe el título entre comillas.

Desarrollo
Escribe también entre comillas las palabras del poema.

Conclusión
¡Usa tu imaginación!

Una gran aventura

"Qué haré este fin de semana" es un poema en lista. Este poema rima y es divertido.

Mi parte favorita es el desarrollo. El comienzo es acerca de cosas normales, como visitar a la abuela y jugar con un perro. Después, el desarrollo es sobre cosas locas, como oír cantar a un conejo o conversar con un azulejo. ¡Parece que este fin de semana será realmente entretenido! También me gusta lo que sigue. "Volar por el cielo. ¡Vaya qué vuelo!" Me hace sentir como un personaje de un cuento fantástico.

Creo que el poeta escribió este poema porque a veces tiene problemas. Entonces imagina locas aventuras y se alegra escribiéndolas. Es como dice al final: "Tengo un dilema. ¿Podré escribir otro poema?".

Presenta tu respuesta a un poema.

Escritura creativa

Enfoque de la escritura

- **Cuentos imaginativos**
- **Una obra de teatro**
- **Poemas**

Aprendizaje del lenguaje

Trabaja con un compañero. Lean los significados y respondan juntos las preguntas.

1. Si alguien es **imaginativo**, demuestra creatividad.
   Cuenta sobre una ocasión en que fuiste imaginativo.
2. Cuando los personajes de un cuento o una obra de teatro hablan entre ellos, las palabras que dicen son un **diálogo**.
   Inventa un diálogo entre dos personajes de tu cuento favorito.
3. Cuando las palabras **riman**, tienen los mismos sonidos finales.
   Da algunos ejemplos de palabras que riman.
4. Cuando **afinas** algo, lo cambias un poco para mejorarlo.
   ¿Qué podrías afinar?

Una vez, el senador Robert F. Kennedy dijo: "Algunas personas ven las cosas como son y se preguntan por qué. Yo sueño cosas que nunca han existido y me pregunto por qué no". La escritura creativa es una manera de soñar cosas que no existen y hacerlas realidad.

En esta sección, aprenderás cómo escribir cuentos y obras de teatro imaginativas, y cómo crear hermosos poemas. ¡Pon tu mente a soñar y tu mano a escribir!

Escribir cuentos imaginativos

"¡Te voy a contar un cuento!" Desde la prehistoria, las personas han narrado cuentos de ficción, o literarios. Héroes que enfrentan monstruos, exploradores que descubren nuevos mundos y aventureros que viajan por el tiempo y el espacio. Un cuento de ficción nace en la imaginación del cuentista.

En este capítulo, tendrás oportunidad de escribir tu propio cuento imaginativo de ficción. También verás cómo una estudiante, Rosa, escribió su cuento. Antes de comenzar, pensó en cómo se crean los cuentos.

Comprender los cuentos

Toda escritura de ficción tiene tres ingredientes básicos:

Los **personajes** son las personas o animales del cuento.

El **escenario** es el tiempo en que ocurre el cuento y el lugar donde sucede. El escenario puede cambiar durante el cuento.

El **argumento** es lo que ocurre en el cuento. El argumento generalmente incluye un conflicto o problema que enfrentan los personajes. La acción se desarrolla hasta llegar a un clímax antes de que el problema se resuelva. (Consulta la página **277** para obtener más información.)

Lee el comienzo de "Juanito y los frijoles mágicos". Busca los personajes, el escenario y lo primero que sucede en el argumento.

Hace mucho tiempo, en una tierra muy lejana, vivía una pobre viuda con su hijo Juanito. No tenían nada para vivir más que la leche de su vaca. Un día estaban tan desesperados que la viuda mandó a Juanito a vender la vaca en el mercado...

Cuento imaginativo

Éste es el cuento de ficción que escribió Rosa. Narra una historia imaginativa sobre su aventura en un barco de papel. Incluye muchas acciones y conversaciones (diálogos).

Principio El principio cuenta detalles sobre los personajes y el escenario. Pone en marcha el argumento.

Acción ascendente La acción ascendente es la parte del argumento que narra todos los conflictos o problemas que Rosa enfrenta. La acción ascendente hace que el cuento cobre emoción.

Navegar en un sueño de papel

Un lluvioso sábado me senté a mirar por la ventana. Nunca me había sentido tan aburrida o sola en mi vida. Le dije a mamá: —En serio, ojalá que Shelly nunca se hubiera ido a Rockport.

—La visitarás pronto, Rosa —dijo mamá.

Eso me dio una idea. Hice un dibujo de mí misma con cabello castaño, gafas y un chaleco salvavidas. Después hice un barco de papel y puse el dibujo adentro.

—Voy a salir un rato —le dije a mamá. Saqué mis botas de lluvia y corrí bajo la lluvia. Detrás de mi casa hay un arroyo pequeño. Puse mi barco en el agua y se fue navegando.

Entonces sucedió algo asombroso. De pronto, ¡mi verdadero yo iba en el barco de papel! Navegué por el arroyo, pasé por un túnel ¡y por una enorme cascada!

—¡Ay, no! —grité y me afirmé con fuerza.

Mi barco cayó en el Golfo de México fuertemente. El agua debajo se volvió dura y gris. ¡Iba en el lomo de un delfín!

—¿Qué haces en mi espalda? —preguntó el delfín.

Clímax
El clímax es la parte más emocionante del argumento.

—Voy a Rockport —le dije.

El delfín se volvió hacia el sur y sopló con fuerza. El barco salió volando rumbo a México.

De pronto, una gaviota bajó, agarró el barco y me hizo caer fuera. Se fue volando con mi barco de sombrero. Yo me quedé en el agua, a la deriva, flotando con mi chaleco salvavidas.

Entonces sentí una mano sobre el hombro. Alguien me sacó del agua y me puso en otro barco de papel.

Conclusión
La conclusión cuenta cómo resultó todo.

—Shelly —grité cuando miré hacia arriba—. ¿Qué haces aquí?

Mi amiga sonrió y me contestó:

—Estaba aburrida, así que hice un barco y ¡salí a navegar para ir a verte!

¡Responde estas preguntas sobre mi cuento!

Comenta con un compañero.

- **Desarrollo de las ideas** (1) ¿Qué detalles del personaje y del escenario incluyó Rosa en su cuento?
- **Organización** (2) ¿Qué problema enfrenta Rosa y cómo lo soluciona?
- **Voz** (3) ¿Qué palabras atractivas hacen que el cuento de Rosa sea emocionante?

TEKS 3.17A, 3.18A

Prepararse Elegir un escenario

Tú serás el personaje principal de tu cuento. Ahora debes elegir un escenario. Para obtener ideas, Rosa hizo una lista de lugares y tiempos. Pensó en los detalles interesantes que podía agregar. Después trazó una línea desde un tiempo hasta un lugar para crear el escenario. (Recuerda, el escenario puede cambiar dentro del cuento.)

Haz una lista de lugares y tiempos.

1. Haz una lista de lugares en una columna y de tiempos en otra columna.
2. Busca detalles interesantes acerca del escenario que puedes agregar.
3. Une con una línea un lugar con un tiempo.

Pensar en el argumento

El argumento es lo que ocurre en un cuento. Rosa pensó en un argumento que tuviera una acción ascendente interesante. Se imaginó en un barco en un sábado lluvioso (su escenario). Después respondió las siguientes preguntas sobre el argumento.

Responde estas preguntas sobre el argumento.

1. ¿Qué conflicto o problema grande enfrento?
2. ¿Qué cosa sorprendente hago para resolver el problema?
3. ¿Qué más ocurre en la acción ascendente?
4. ¿Qué es lo malo que sucede en el clímax?

Desarrollo de las ideas

Preguntas sobre el argumento

1. ¿Qué conflicto o problema grande enfrento? Estoy aburrida. Echo de menos a mi amiga Shelly.

2. ¿Qué cosa sorprendente hago para resolver el problema? Hago un barco de papel y salgo a navegar en él.

3. ¿Qué más ocurre en la acción ascendente? ¡Un delfín me sopla hacia el sur!

4. ¿Qué es lo malo que sucede en el clímax? Una gaviota se lleva el barco.

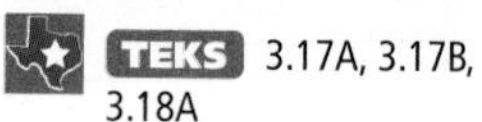

Prepararse Elaborar un personaje

El personaje principal de un cuento de ficción es el personaje del cual habla el cuento. En este cuento, ¡el personaje principal eres tú! ¿Qué detalles le contarás al lector sobre ti? Para buscar ideas se puede hacer una lista de cómo es el personaje físicamente, cómo actúa y cómo se siente. Rosa escribió palabras en cada categoría para hablar sobre sí misma.

Haz una gráfica del personaje.

1. **Escribe las palabras Cómo es físicamente, Cómo actúa y Cómo se siente en la parte superior de tu hoja.**
2. **Debajo de estas palabras, escribe palabras que describan a tu personaje.**

Una gráfica del personaje

Cómo es físicamente	Cómo actúa	Cómo se siente
cabello castaño	mira por la ventana	aburrida y sola
gafas	hace un barco de papel	creativa
lleva botas de lluvia y un chaleco salvavidas	se va en el barco	sorprendida y entusiasmada

Elaborar el escenario

Los detalles del escenario ayudan a darle vida al cuento. Para obtener ideas sobre los tiempos y lugares de su cuento, Rosa imaginó que estaba en cada uno de los escenarios que eligió. Después escribió detalles sobre cada tiempo y lugar.

Recopila detalles del escenario.

1. **Anota cada tiempo y lugar de tu cuento.**
2. **Imagínate a ti mismo en cada tiempo y lugar. ¿Qué ves, escuchas o sientes?**
3. **Escribe detalles acerca de cada escenario.**

Los detalles del escenario

Sábado lluvioso: Afuera está oscuro y gris. Escucho el estruendo de un trueno.

Mi casa: Estoy sentada a la mesa junto a la ventana. El aire está frío. La lluvia resbala por la ventana. Hay algunas hojas y marcadores sobre la mesa.

Un barco: Navego por un arroyo y paso por un túnel y una cascada. Caigo al Golfo de México con gran fuerza. El lomo del delfín es duro y gris.

Desarrollar un borrador Poner el cuento por escrito

Ahora tienes un personaje principal (¡tú!) y un escenario. También conoces el argumento, así que estás listo para escribir.

Escribe tu primer borrador.

1. **Usa estas sugerencias para escribir cada párrafo de tu cuento.**
2. **Cuando termines, crea un título para tu cuento.**

Estas son dos maneras de empezar.

Empezar con una acción

Un rayo destelló y la lluvia retumbó en el techo.

o

Comenzar con alguien que dice algo.

—¿Por qué Shelly tenía que mudarse lejos? —me pregunté.

Estas son dos maneras de continuar.

Presentar un problema nuevo.

De pronto, una gaviota bajó, agarró el barco y...

o

Agregar un nuevo giro.

Alguien me sacó del agua...

Revisar Mejorar la redacción

Cuando revisas, te aseguras de que tu cuento sea claro y emocionante, y que pueda leerse con fluidez. Las siguientes preguntas pueden ayudarte.

Responde estas preguntas.

1. **¿Incluí detalles interesantes del personaje y del escenario?**
2. **¿Tiene sentido mi cuento? ¿Está ordenado correctamente?**
3. **¿Pensará mi público que mi argumento es emocionante?**

Corregir Corregir para respetar las convenciones

Cuando corriges, te aseguras de que tu redacción sea correcta.

Corrige tu redacción.

1. **¿Escribí las oraciones con la puntuación correcta?**
2. **¿Comencé las oraciones con mayúscula inicial?**
3. **¿Usé guiones largos (o rayas) en las partes habladas (diálogos)?**
4. **¿Verifiqué la ortografía?**

Crear una obra de teatro

Puedes presentar tu cuento a un público más numeroso y convertirlo en una obra de teatro. En una obra de teatro, se usan diálogos para contar la historia. Las acciones de los personajes van entre paréntesis. Este es el comienzo de la obra de teatro de Rosa.

Haz una lista de los personajes.

Describe el escenario.

Navegar en un sueño de papel

Personajes: Rosa, mamá, Shelly, delfín, gaviota

Escenario: Rosa mira por la ventana de la cocina. Su mamá está cocinando.

Escena I

Escribe los diálogos (lo que dice cada personaje).

Rosa: Estoy aburrida. En serio, ojalá que Shelly nunca se hubiera mudado a Rockport.

Mamá: La visitarás pronto, Rosa.

Rosa: Eso me da una idea. ¡Voy a jugar a que salgo a navegar para ir a verla! (Rosa toma unas hojas de papel).

Mamá: Qué bonito, mi niña. (Mamá está ocupada cocinando).

Cuenta lo que hacen los personajes (entre paréntesis).

Rosa: (Rosa se dibuja a sí misma y hace un barco de papel. Se pone las botas y sale corriendo de la cocina). Voy a salir un rato. ¡Adiós!

Crea una escena nueva cada vez que el escenario cambie.

Escena 2

Escenario: Rosa pone el barco en el arroyo. De pronto ella va a bordo.

Rosa: ¡Excelente! ¡Soy la capitana Rosa! (Pasa navegando por un túnel).

¡Ay, no! ¡Una cascada! ¡Ay, no! (Rosa grita mientras el barco va cayendo).

Eso está mejor. ¡Un momento! ¡Esta agua se siente dura! ¡Es gris! (El barco comienza a elevarse sobre el lomo de un delfín).

¿Un delfín?

Delfín: ¿Quién dijo eso?
Rosa: Fui yo, la capitana Rosa.
Delfín: ¿Qué haces en mi espalda?
Rosa: Quiero llegar a Rockport.
Delfín: Ah, yo sé dónde queda. ¡Agárrate! (El delfín sopla. Rosa y el barco salen volando).

Convierte tu cuento en una obra de teatro.

1. Escribe la lista de personajes y describe el escenario.
2. Usa diálogos y mucha acción para contar tu relato.

Aprender elementos de ficción

Los escritores usan las siguientes palabras e ideas cuando escriben sobre cuentos de ficción.

La **acción** es lo que ocurre en el cuento.

Un **personaje** es una persona o un animal del cuento.

El **conflicto** es un problema o desafío para los personajes.

El **diálogo** es lo que conversan los personajes.

Un **evento** es un suceso específico.

Un texto de **ficción** es un cuento imaginativo o inventado.

El **narrador** es la persona o personaje que relata el cuento.

El **argumento** es lo que ocurre, la serie de eventos. (Consulta el curso del argumento en la página 277.)

El **escenario** es el tiempo y el lugar del cuento.

Práctica

Crea un personaje nuevo. Usa la gráfica del personaje de la página 270 para crear un personaje para tu próximo cuento. Incluye detalles interesantes que describan cómo es físicamente ese personaje, cómo actúa y cómo se siente.

Comprender el curso del argumento

Recuerda, el argumento es un ingrediente importante de la ficción. La mayoría de los cuentos siguen un **curso del argumento** que avanza hasta llegar al clímax, o momento más emocionante. El curso del argumento tiene cuatro partes.

- El **principio** presenta los personajes, el escenario y el conflicto.
- La **acción ascendente** cuenta los problemas que surgen. Conduce a la parte más emocionante del cuento.
- El **clímax** es la parte más emocionante del cuento.
- La **conclusión** cuenta cómo termina el cuento.

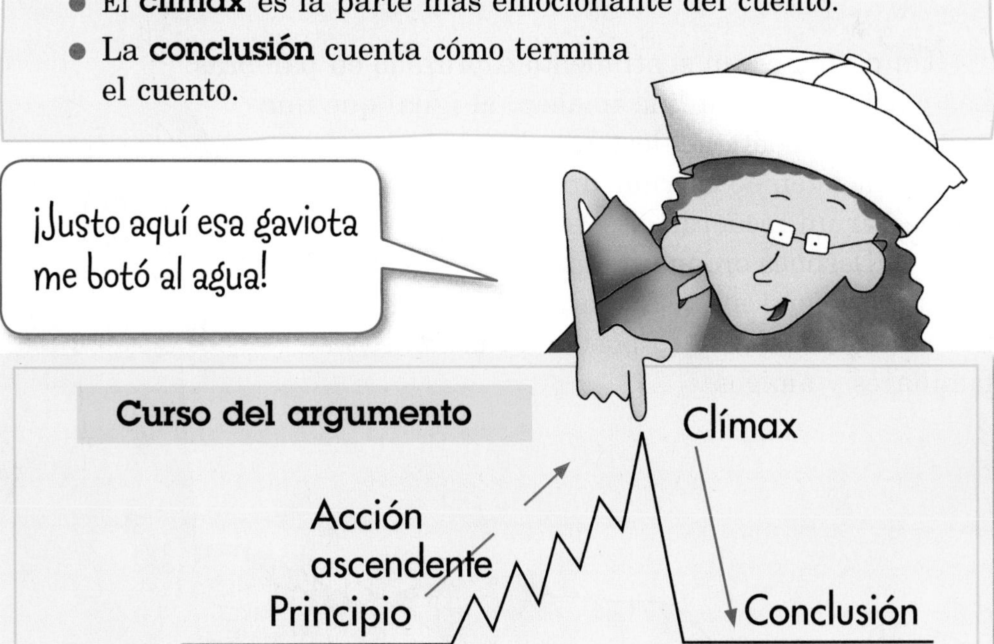

Práctica

Haz un curso del argumento. Rotúlalo con los eventos de tu cuento. Revisa tu cuento si es necesario.

TEKS 3.18B

Escritura creativa

Escribir poemas

Un poema es un sentimiento capturado en palabras. Las palabras forman una imagen, al igual que una postal, en la mente del lector.

Es entretenido escribir un poema. Comienza por anotar un recuerdo o un sentimiento acerca de algo. Después ordena tus palabras y reordénalas hasta que expresen mejor tus sentimientos. Cuando termines, lee tu poema a tus familiares y amigos.

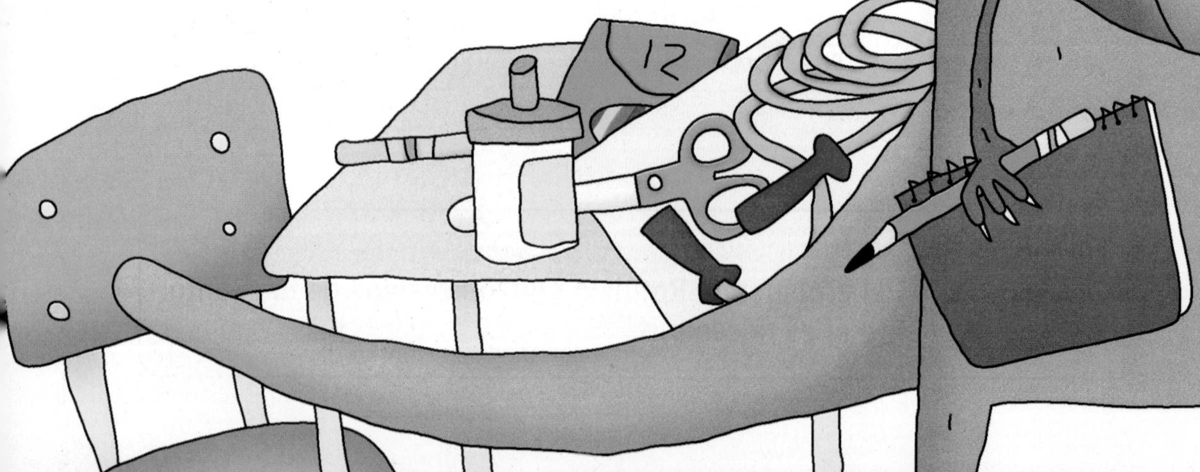

Poema rimado

En algunos poemas hay pares de palabras que riman. Es divertido leer rimas y es fácil recordarlas. Marta escribió este poema en rima para describir lo que siente cuando salta la cuerda.

¡Salta a la cuerda!

Cuando la cuerda comienza a girar,
una sonrisa no puedo evitar.
Me gusta escuchar de la cuerda el zumbido
que para mí es tan conocido.
Cuando la cuerda golpea la calle,
mis pies saltan sin perder detalle.
Salto y salto hasta jadear,
entonces mi canto debe acabar.

Comenta con un compañero.

- **Desarrollo de las ideas** (1) ¿Qué te permite ver y escuchar el poema?
- **Organización** (2) ¿Cuáles son los pares de palabras que riman en este poema?
- **Voz** (3) ¿Qué siente Marta cuando salta a la cuerda?

Prepararse Elegir un tema

Puedes escribir un poema sobre cualquier cosa: una mascota, un amigo, una aventura, unas vacaciones, la noche. Elige algo que te evoque un sentimiento alegre o triste. Para buscar un tema, puedes enumerar ideas en una gráfica de T.

Busca un tema.

1. **Haz una gráfica de T como la de abajo. Haz una lista de al menos tres cosas que te hagan sentir alegre y tres cosas que te hagan sentir triste.**
2. **Después elige una de esas cosas alegres o tristes como tema para tu poema.**

Una gráfica de T

Organización

Sentimientos alegres	Sentimientos tristes
• un gatito nuevo	• los días fríos y lluviosos
• saltar a la cuerda	• cuando murió mi pez de colores
• cena de Acción de Gracias	• cuando Sandra se mudó lejos
• un baño de burbujas	
• hacer una casa de muñecas	

Recopilar detalles

En un poema se usan palabras que expresan detalles sensoriales o se relacionan con ellos. Una vez que elijas tu tema, puedes hacer una gráfica de los sentidos para recopilar detalles.

Prepárate **Recopila detalles para expresar detalles sensoriales.**

1. **Haz una gráfica de los sentidos.**
2. **En cada columna, enumera detalles que ayuden al lector a ver y sentir tu tema.**

Una gráfica de los sentidos

Tema: saltar a la cuerda

Ver	Oír	Oler	Saborear	Tocar
cuerda girando	zumbido de la cuerda	aire fresco	sudor salado en mis labios	cuerda suave
borrosa	la cuerda golpea la calle			acera áspera
los que la hacen girar	todos cantan			cabello en mi cara
fila de saltadores	el canto acaba			

Prepararse Usar sonidos agradables

¡Los poetas usan diferentes maneras para hacer que su redacción cante!

Rima: La rima es una manera de hacer que los sonidos sean agradables. Los poetas y los compositores a menudo usan palabras que riman al final de los versos.

Salí con mi perro,
subimos al cerro.

Salta la ardilla,
sobre la silla.

Palabras sonoras: Los poetas usan palabras como *cataplum* y *clic* que imitan el sonido que nombran. Esto se llama *onomatopeya*.

—Guau, guau —ladró mi perro.

Sonidos consonánticos: A veces, los poetas usan palabras que comienzan o terminan con el mismo sonido consonántico. Esto se llama *aliteración*.

El viento susurra suave entre los sauces.

Ritmo: El ritmo es el patrón de compases en un poema. El compás hace que los versos de la poesía fluyan de una idea a la siguiente.

Salí con mi perro,
subimos al cerro.

Salta la ardilla
sobre la silla.

Usa los sonidos agradables de la poesía.

1. Elige algunas palabras de tu gráfica de los sentidos.
2. Haz una lista de palabras que rimen con las de la gráfica.
3. Después usa esa lista mientras escribes tu poema.

La preparación de Marta

Marta eligió algunas palabras de su gráfica de los sentidos. Después escribió palabras que rimaban con cada una de ellas. Puedes usar un diccionario de rimas como ayuda para buscar y escribir las palabras que riman.

Una lista de palabras que riman

borrosa	calle	girar	zumbido
amistosa	detalle	cantar	conocido
calurosa	ensaye	evitar	dormido
lujosa	talle	saltar	vestido
graciosa	valle		

A veces los poetas inventan palabras para que rimen o las hacen rimar de maneras divertidas.

Soy el canguralto
siempre salto alto.

Desarrollar un borrador Hacer el primer borrador

Ya has pensado bastante en las palabras que usarás en tu poema. Ahora es el momento de agregar tus sentimientos. ¡Diviértete escribiendo todo lo que suene y se sienta bien! Después puedes hacer cambios.

Empezar

Si tienes problemas para empezar, intenta con una de estas ideas.

- **Cierra los ojos** e imagina el tema sobre el que vas a escribir. Anota las palabras que se te ocurran.
- **Empieza con tu detalle favorito**. Después escribe sobre tu segundo detalle favorito, y así sucesivamente.
- **Usa una frase de inicio,** como “Cuando veo...” o “Me gusta...” y continúa.

Haz el primer borrador de tu poema.

1. **Usa todas las notas para escribir tu propio poema sobre un tiempo triste o alegre. Incluye detalles de tu gráfica de los sentidos.**
2. **Deja de escribir cuando creas que el poema está terminado.**

Revisar Mejorar el poema

Cuando termines tu poema, léelo en voz alta para ver cómo suena. Después, haz los cambios que mejoren aún más tu poema.

- **Agrega** versos o detalles sensoriales para que tus ideas queden más claras.
- **Quita** las partes que no se relacionan mucho con el resto del poema.
- **Reemplaza** algunas palabras para mejorar el ritmo y la rima de tu poema.

Haz cambios a tu poema.

- **Agrega, quita y reemplaza algunas palabras para mejorar tu poema. Revisa tu poema hasta que sientas que todas las palabras están bien.**

Corregir Afinar el poema

Cuando corriges, haces que tu redacción sea correcta ¡y fácil de leer!

Corrige tu poema.

- **Revisa la gramática, las convenciones mecánicas, la estructura de las oraciones y la ortografía de tu poema. (En español, se escribe con mayúscula inicial la primera palabra del poema y después de los signos de puntuación.)**

Crear el título

Todo poema necesita un título. Estas son algunas ideas.

- Usa el primer verso o el último: **La cuerda comienza a girar**
- Usa palabras del poema: **El zumbido de la cuerda**
- Describe el poema: **Canción para saltar a la cuerda**

Escribir un *limerick*

Un *limerick* es un poema humorístico rimado de cinco versos. Riman los versos 1, 2 y 5; riman los versos 3 y 4. Los *limerick* también tienen un ritmo especial, como en el ejemplo siguiente.

Javier, el gato gordo

Había una vez un gato llamado Javier,
que nunca dejaba de comer.
Él pronto se puso tan gordo
que no pudo subir a bordo,
y el barco no pudo conocer.

Es posible que los versos que riman no estén uno junto al otro. Fíjate que **comer** y **conocer** están separadas en este *limerick*.

Sugerencias para la redacción

Elige un tema.

- Piensa en algo ilógico que un animal o una persona pueda hacer.

Recopila detalles.

- Haz una lista de tus ideas. Después encierra en un círculo algunas palabras divertidas y busca rimas para ellas.

Sigue el patrón.

- Escribe tu poema usando el patrón del *limerick*.

Había una vez...
que...
Ella o Él...
que...

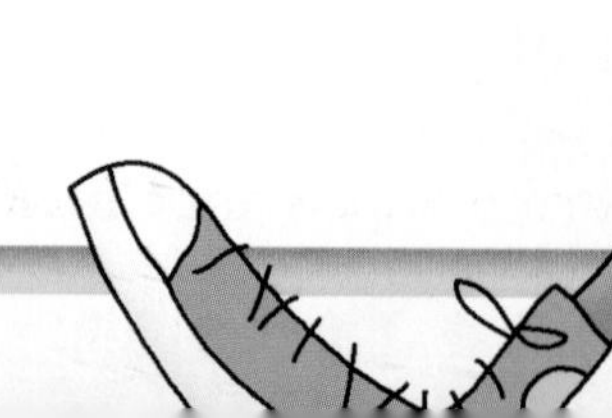

Escribir un *clerihew*

Un *clerihew*, o poema humorístico de cuatro versos, es otro poema divertido con rima. Describe a una persona (o una mascota). Un *clerihew* sigue este patrón:

- El primer verso nombra a la persona.
- El segundo verso cuenta un detalle sobre la persona y termina con una palabra que rima con el nombre de la persona.
- Los dos últimos versos cuentan más detalles acerca de la persona y terminan con palabras que riman.

La Sra. Dolores
La señora Dolores,
sabe mucho de motores!
Si tu auto está dañado,
lo repara con agrado.

La rima de algunas palabras es exacta y otras son aproximadas. ¡Las dos están bien!

Mi gato Filipo
A mi gato Filipo
le gusta el pescado frito.
Y es cosa muy extraña
verlo comer lasaña.

Sugerencias para la redacción

Elige un tema.

- Piensa en una persona o una mascota sobre la que quieras escribir.

Recopila detalles.

- Haz una lista de detalles sobre la persona (o la mascota).

Sigue el patrón.

- Escribe tu *clerihew* usando el patrón de arriba.

Escribir un poema de las cinco preguntas

Un poema de las cinco preguntas es un poema de cinco versos. Cada verso responde una de las cinco preguntas (*¿quién?, ¿qué?, ¿cuándo?, ¿dónde?* y *¿por qué?*). Generalmente, los versos de los poemas de cinco preguntas no riman.

¿Quién? Mi conejo Simón
¿Qué? salta muy, muy alto
¿Cuándo? cuando sale de su jaula
¿Dónde? en el patio de mi casa
¿Por qué? ¡porque es libre!

Sugerencias para la redacción

Elige un tema.

- Haz una lista de ideas serias y divertidas para "¿quién?". Elige una idea como tema para tu poema.

Recopila detalles.

- Haz una gráfica de las cinco preguntas para hacer una lista de ideas para tu poema.

¿quién?	¿qué?	¿cuándo?	¿dónde?	¿por qué?

Sigue el patrón.

- Escribe un poema que responda en cualquier orden las cinco preguntas usando los detalles de tu gráfica.
- Agrega, quita y cambia palabras hasta que sientas que tu poema está bien.

Escribir un poema en lista

Algunos de los mejores poemas son poemas en lista. Un poema en lista es uno de los tipos de poemas más fáciles de escribir. Si puedes hacer una lista, entonces puedes escribir un poema en lista. Los poemas en lista pueden tener cualquier longitud. No es necesario que rimen.

En el bolsillo

Hay un botón.
Hay una piedra.
Hay dos monedas.
Hay unos guantes.
¿Qué más habrá?

El juego

El cielo está limpio.
El equipo llega.
El público aplaude.
La banda toca.
¡Qué emocionante!

Sugerencias para la redacción

Elige un tema.

- Elige un objeto o un evento como tema de tu poema.

Recopila detalles.

- Haz una lluvia de ideas para hacer una lista de detalles sobre el tema. Usa adjetivos para crear imágenes sensoriales.

Sigue el patrón.

- Identifica tu tema. Ese es el título.
- Escribe cada objeto de la lista con una estructura similar de oración o con un patrón repetitivo.
- Repasa tu lista para escuchar cómo suenan tus palabras. Agrega, quita y cambia algunas palabras hasta que sientas que están bien.

Escritura de investigación

Enfoque de la escritura

- **Informe de investigación**
- **Discurso**
- **Presentación multimedia**

Enfoque gramatical

- **Adverbios**
- **Palabras de transición**

Aprendizaje del lenguaje

Trabaja con un compañero. Lean los significados y respondan juntos las preguntas.

1. Cuando **citas** algo, lo enumeras como una fuente de información.
   ¿Por qué citas un artículo en un informe?
2. Los **datos** son información acerca de algo.
   ¿Qué tipo de datos has recopilado?
3. Si **llevas el registro** de algo, sabes qué sucede o dónde está.
   ¿Qué sucedería si olvidaras llevar el registro de tu tarea?

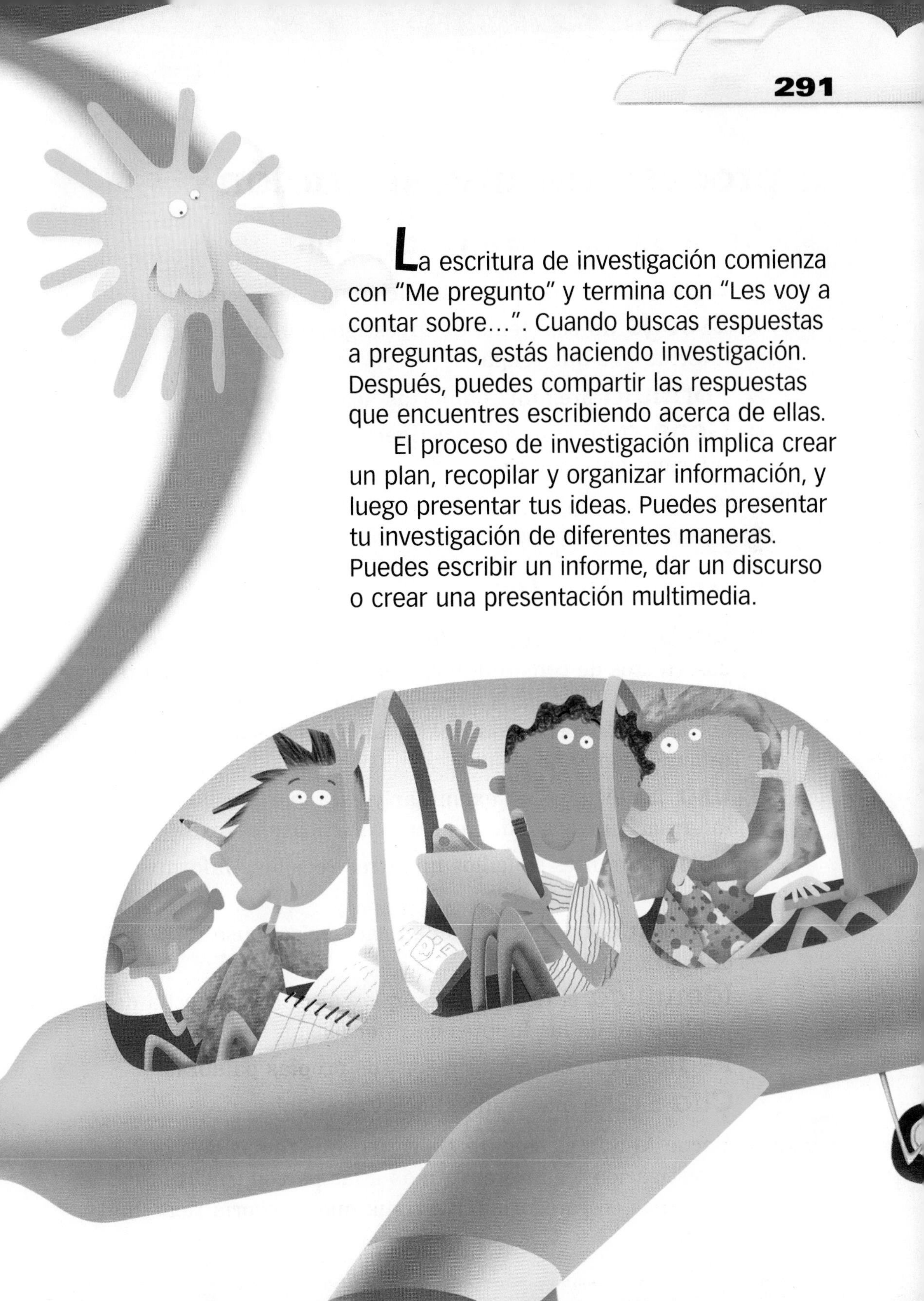

La escritura de investigación comienza con "Me pregunto" y termina con "Les voy a contar sobre...". Cuando buscas respuestas a preguntas, estás haciendo investigación. Después, puedes compartir las respuestas que encuentres escribiendo acerca de ellas.

El proceso de investigación implica crear un plan, recopilar y organizar información, y luego presentar tus ideas. Puedes presentar tu investigación de diferentes maneras. Puedes escribir un informe, dar un discurso o crear una presentación multimedia.

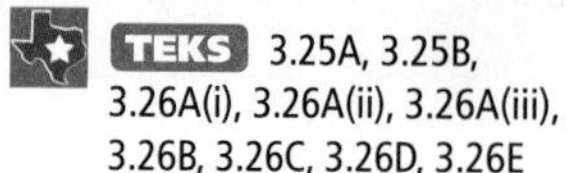

El proceso de investigación

Crear un plan de investigación

- **Genera** temas de investigación que te interesen.
- **Escoge** un solo tema de investigación entre las alternativas que tengas.
- **Formula** preguntas abiertas acerca del tema.
- **Genera** un plan de investigación para recopilar información.

Genera con un compañero una lista de temas que les interesen.

Recopilar fuentes

- **Recopila** información de diversas fuentes. Puedes usar textos de consulta, búsquedas en Internet y fuentes visuales de información, como mapas y gráficas. Las encuestas, inspecciones, entrevistas y datos de expertos también son buenas fuentes.
- **Usa** las técnicas de examinar y escanear para encontrar información revisando las características del texto.
- **Toma** apuntes sencillos mientras recopilas información o evidencia.
- **Clasifica** la información en categorías o usa un organizador.
- **Identifica** el título, el autor, la editorial y la fecha de publicación de las fuentes de información.
- **Registra** la información con tus propias palabras.
- **Cita** fuentes que sean válidas y confiables.

Inténtalo Encuesta a la clase para averiguar qué temas de investigación les interesan más a las personas. Clasifica los temas en categorías. Averigua qué categoría tiene más temas.

Sintetizar la información

- **Revisa** tu investigación después de consultar con un experto local acerca del tema. Asegúrate de que la información que recopilaste te permite responder las preguntas de investigación.
- **Mejora** el enfoque de tu investigación.

Comenta con un compañero cómo podrías mejorar el enfoque de los temas que te interesa investigar.

Organizar y presentar tus ideas

- **Piensa en** tu público y en el propósito de tu investigación.
- **Escribe** explicaciones breves que saquen conclusiones que te sirvan para las preguntas de investigación.
- **Crea** una página de obras citadas que incluya información de las fuentes que usas en tu informe.

Elige con un compañero una fuente que podrías usar para tu investigación. Registra la información que necesitarías incluir en una página de obras citadas (autor, título, editorial y fecha de publicación).

TEKS 3.26A(i), 3.26A(ii) 3.26A(iii)

Recopilar fuentes

Una biblioteca es la puerta de entrada a todo un mundo de información. Puedes encontrar fuentes de consulta como libros, revistas, periódicos, enciclopedias e incluso grabaciones de audio y video. La mayoría de las bibliotecas tienen un bibliotecario que puede ayudarte a encontrar lo que buscas. También puedes recopilar información de otros tipos de fuentes. Puedes hacer búsquedas en Internet, hacer entrevistas y encuestas, recopilar datos de expertos y consultar fuentes visuales de información, como mapas, gráficas y líneas cronológicas.

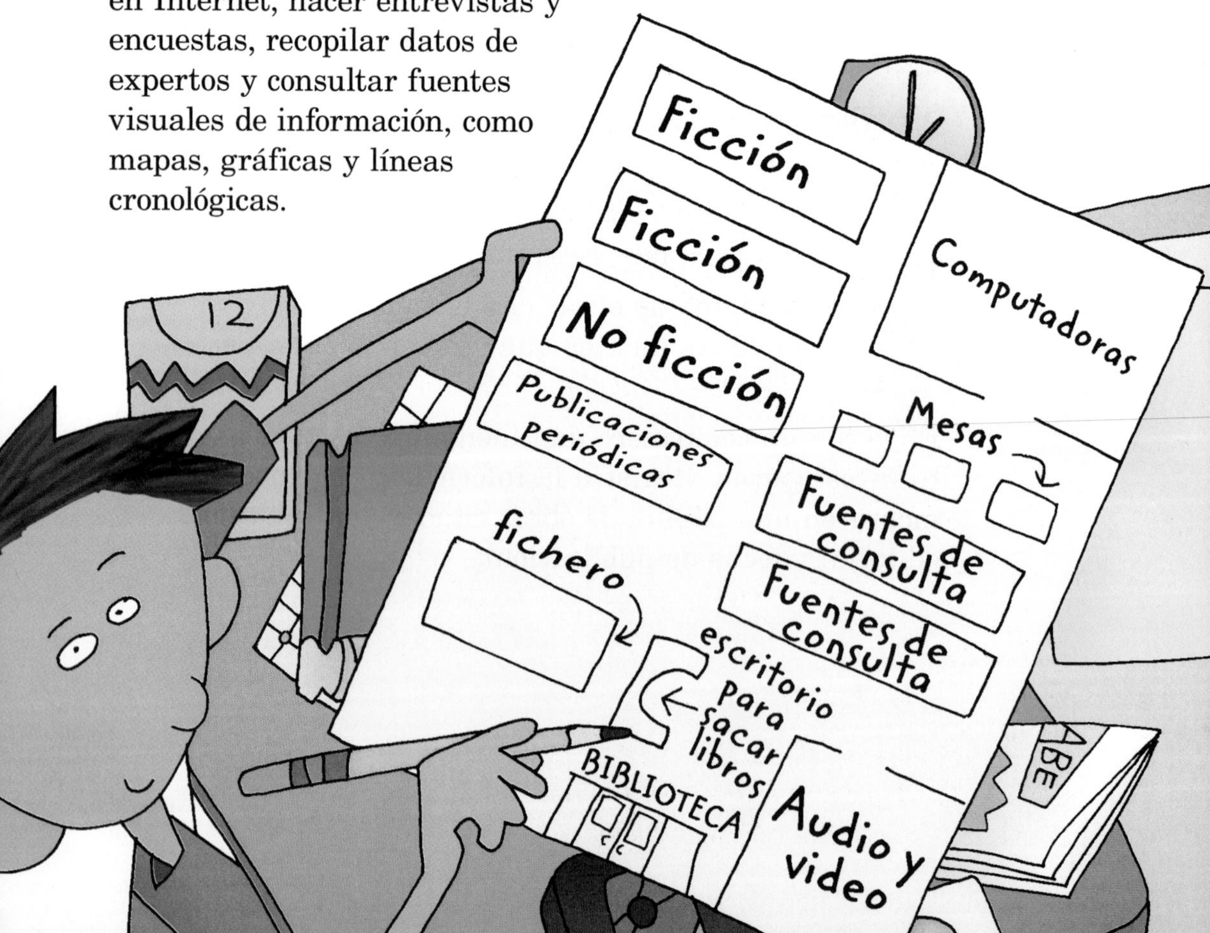

Encontrar información

Una biblioteca está organizada para ayudarte a encontrar información. Generalmente, cada tipo de libros tienen su propio lugar. Busca en la biblioteca señales que muestren donde se localizan sus diferentes secciones.

Los **libros** de una biblioteca se dividen en tres secciones principales.

1. Los libros de **ficción** incluyen cuentos y novelas. Estos libros se organizan en orden alfabético por los apellidos de los autores.
2. Los libros de **no ficción** se organizan por números de referencia, según el sistema decimal Dewey.

> Un libro con el número **386** está antes que uno con el número **714.** Un libro rotulado **973A** está antes que uno rotulado **973B.** Algunos números de clasificación tienen decimales, como **973.19** ó **973.22.** El bibliotecario puede ayudarte a encontrar estos libros.

3. Los textos de **consulta** como enciclopedias, atlas y diccionarios se guardan en una sección especial.

Además, el bibliotecario puede incluir las siguientes características:

El área de **publicaciones periódicas** tiene revistas y periódicos.

El área de **computadoras** tiene computadoras disponibles para que las usen. Algunas pueden estar conectadas a Internet.

El área de **audio y video** tiene DVD, casetes, CD, videocintas y programas de computadora.

Al hacer investigación, necesitas información que se base en hechos basados en fuentes *válidas y confiables.* Es importante citar las fuentes que usas en tu trabajo.

Usar un catálogo electrónico

Muchas bibliotecas mantienen su catálogo de libros en formato electrónico. Esto facilita aún más la búsqueda de fuentes de información en la biblioteca.

- Lee siempre las instrucciones en pantalla.
- Busca por autor o título, si conoces el libro que deseas.
- Busca por tema para encontrar todos los libros acerca de ese tema.
- Usa **palabras clave** en tu búsqueda. Por ejemplo, escribe *astronomía* para encontrar libros acerca de ese tema o libros con esa palabra en el título.

Inténtalo Localiza y escribe la siguiente información de la fuente que se muestra: título, autor, editorial y fecha de publicación.

Autor:	Davis, Kenneth C.
Título:	*Qué sé yo del universo*
Titulo de serie:	Qué sé yo
Publicado:	Rayo, 2006, 400 págs., ilustrado.
Notas:	Libro de no ficción que presenta información acerca del universo, incluido nuestro sistema solar. Incluye información sobre varios descubrimientos del universo y de las maravillas de los cosmos.
Referencia adicional:	Libros en español.
Temas:	Astronomía, viajes espaciales
Número de referencia:	Q 520 DAV
Estado:	En préstamo
Ubicación:	Infantiles

Usar una enciclopedia

Una enciclopedia es un conjunto de libros que contiene artículos acerca de muchos temas. Cada libro es un volumen que se rotula para mostrar qué parte del alfabeto contiene. Generalmente, el último volumen es el índice de los artículos de todo el conjunto.

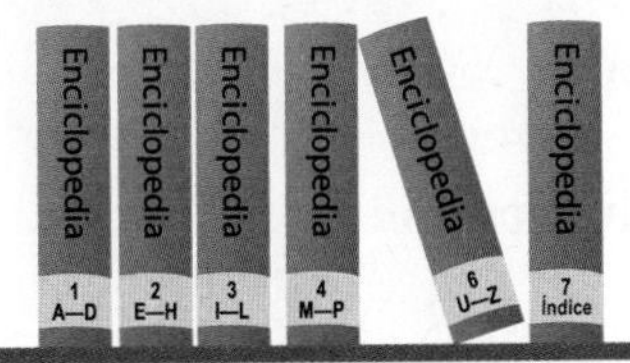

Explorar enciclopedias electrónicas

Algunas enciclopedias se publican en CD o en Internet. Para buscar un tema en una enciclopedia electrónica, usa palabras clave o las palabras subrayadas en el artículo.

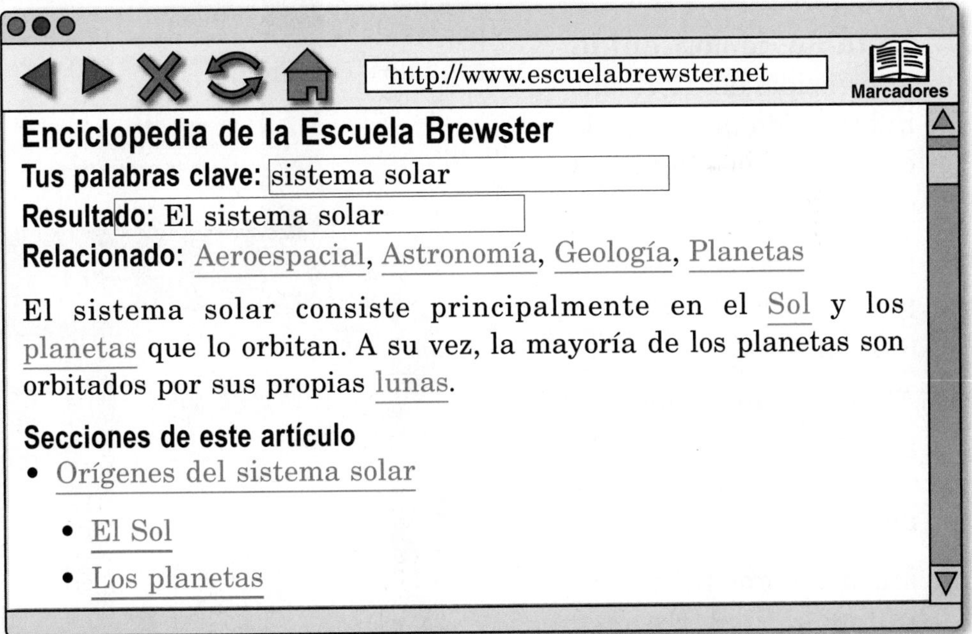

Inténtalo ¿Qué sección del artículo de la enciclopedia podría ser el más útil para investigar el planeta Mercurio? Explica tu respuesta a un compañero.

TEKS 3.26A(ii), 3.26B

Entender las partes de una fuente

Puedes examinar y escanear algunas partes de un texto de consulta para encontrar información.

- La **página de título** indica el título, el autor y la editorial del libro. Puede indicar también el ilustrador del libro.
- La página de **derechos de propiedad** indica el año en que se publicó el libro. (Un libro nuevo puede ser más exacto que uno antiguo.)
- La **tabla de contenido** al principio del libro da información acerca de los capítulos y las páginas en que están.
- Las fotografías en un libro pueden tener **leyendas** que las explican.
- Algunos libros tienen un **glosario** cerca del final donde se definen las palabras nuevas.
- Muchos libros tienen un **índice** al final. Esta lista alfabética de temas tiene los números de página donde puedes encontrar información acerca de cada tema indicado.

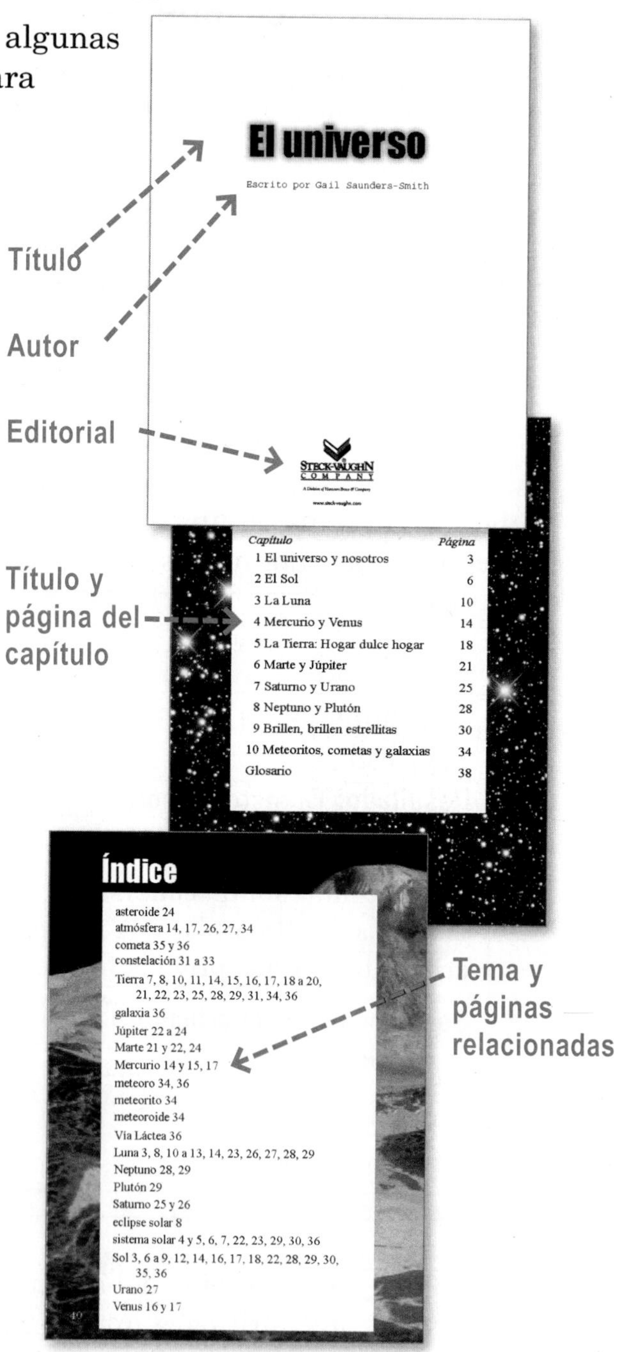

El universo

Escrito por Gail Saunders-Smith

STECK-VAUGHN COMPANY

Índice

40

Usar publicaciones periódicas

Las publicaciones periódicas incluyen revistas y periódicos. Estas publicaciones pueden tener información más actualizada que los libros. Mira la tabla de contenidos para encontrar información acerca de tu tema.

Hojea los encabezados, las leyendas, las palabras en negrita, las palabras en cursiva y las fuentes visuales, como mapas y gráficas, para encontrar la idea principal de un artículo. **Hojear** significa leer rápidamente para buscar las ideas principales. Hojear te ayudará a decidir si puedes usar la fuente para tu informe de investigación.

Recopila siempre la información que necesitas para citar una publicación periódica como fuente: el título y la fecha de su publicación, y el título, el autor y las páginas del artículo.

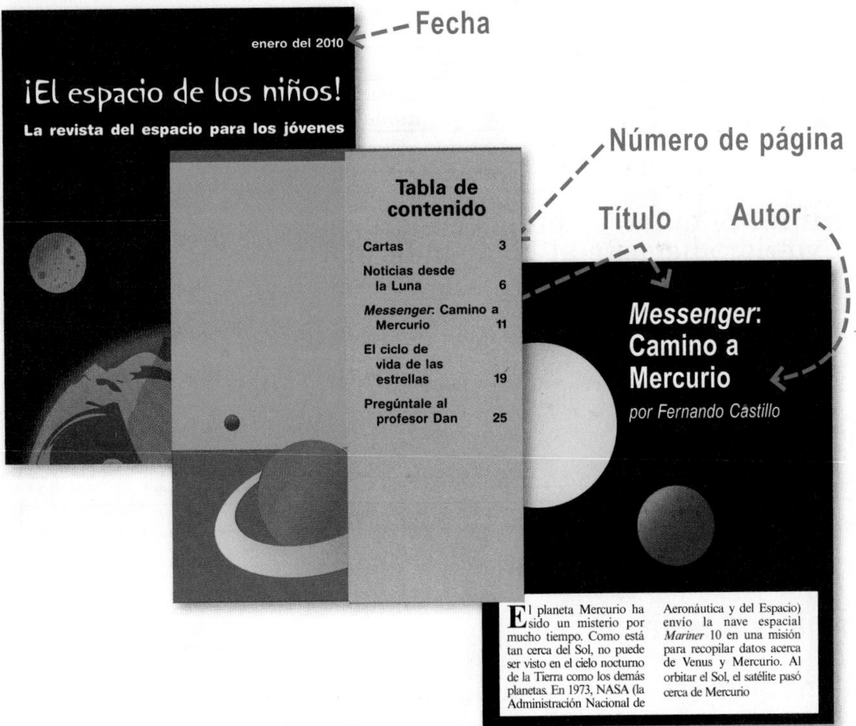

Inténtalo Usa un artículo de una revista del salón de clases y examina los encabezados, las leyendas, las palabras en negrita y las palabras en cursiva. Escribe la información que puedas recopilar.

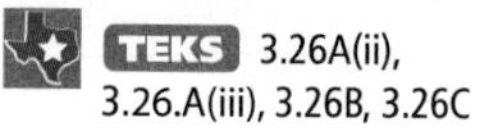

Cómo usar el Internet

El Internet es otro recurso para tu investigación. Hay muchas páginas válidas y confiables que pueden dar información. Por ejemplo, la NASA tiene su propia página web con muchas fotos e información sobre la exploración del espacio. Puedes examinar un página para ver si es una buena fuente para tu tema. Algunas páginas tienen cronologías, mapas y gráficas que también pueden ser buenas fuentes de información.

Aprende a navegar

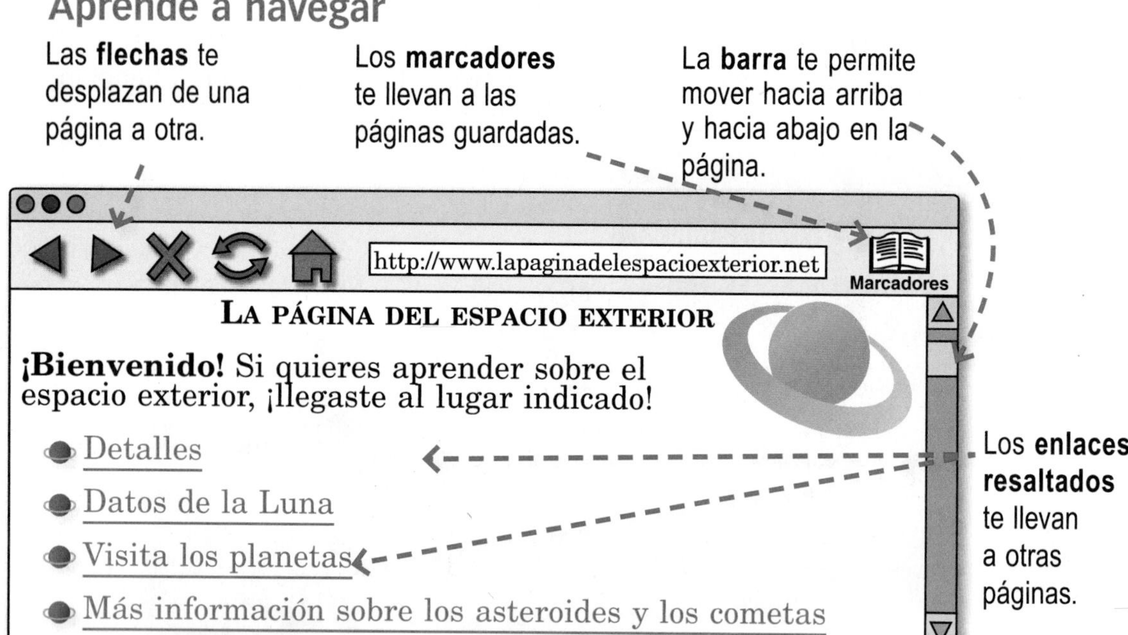

Imprimir y resaltar

Si una página web es una buena fuente para tu informe, puedes imprimir las páginas de Internet y resaltar las partes importantes. Luego toma apuntes sencillos con tus propias palabras.

Hacer una lista de las fuentes

Mientras investigas, es importante llevar el registro de tus fuentes. Crearás una página de obras citadas que incluya la siguiente información.

Libros

Autor (apellido, nombre). **Título** (subrayado, si está escrito a mano; en cursiva, si está escrito en computadora). **Ciudad** en donde se publicó el libro: **editorial, fecha de derechos de propiedad. Tipo** de fuente.

Bredeson, Carmen, L. El sistema solar. Danbury, CT: Children's Press, 2005. Impreso.

Revistas

Autor (apellido, nombre). **Título del artículo** (entre comillas). **Título de la revista** (subrayado, si está escrito a mano; en cursiva, si está escrito en computadora). **Fecha** (día, mes, año). **Número de páginas** del artículo. **Tipo** de fuente.

"Misión a Mercurio". Noticias del espacio. 4 de oct. 2004: 2. Impreso.

Internet

Autor (apellido, nombre). **Título de la página** (entre comillas). **Título del sitio** (subrayado, si está escrito a mano; en cursiva, si está escrito en computadora). **Nombre de la institución patrocinadora, fecha de publicación. Tipo de fuente. Fecha de visita** (día, mes, año).

Egan, Hill. "Mercurio (planeta)". MSN Encarta Enciclopedia en Internet 2009. Microsoft Corporation, 1997-2009. Web. 25 de mar. 2011.

Elige diversas fuentes válidas y confiables, incluidos un libro, un artículo de revista y una página de Internet. Escribe los detalles que se muestran en los formatos que están arriba.

Recopilar información

Cuando identifiques una fuente válida y confiable, escanea la información del texto que te ayude con tu investigación. **Escanear** significa buscar información específica, como palabras clave o frases que se relacionan con un tema. Escanear es útil cuando ya sabes lo que estás buscando.

Si escaneas la palabra clave *Mercurio* en el texto que está abajo, encontrarás que aparece varias veces. Este artículo puede presentar información útil para un informe acerca de Mercurio. Puedes también escanear palabras clave y frases en mapas, cronologías y gráficas.

Texto de referencia

El planeta más cercano al Sol

Mercurio es el planeta más cercano al Sol. En una noche clara, Mercurio es uno de los planetas que podemos ver desde la Tierra sin un telescopio.

Mercurio orbita el Sol mucho más rápido que la Tierra. Tarda solo 88 días en dar la vuelta al Sol. Como ya sabes, la Tierra orbita el Sol en 365 días. A estos 365 días los llamamos año. Entonces, un año en Mercurio tiene solo 88 días.

La órbita de Mercurio es extraña. Se aproxima por un lado al Sol y se aleja dos veces esa distancia por el otro lado. El lado de Mercurio cercano al Sol es muy caliente, unos 810 grados Fahrenheit. El otro lado es muy frío.

La superficie de Mercurio está formada por roca oscura y abrupta. Se parece mucho a la superficie de nuestra luna. Son muy pocos los gases que rodean a Mercurio, por lo tanto decimos que tiene poca atmósfera.

Mercurio rota, o gira, mucho más lento que la Tierra. Aquí llamamos día a un giro completo de la Tierra sobre sí misma. Entonces, por su lentitud, un día en Mercurio dura ¡176 días terrestres!

Inténtalo Examina con un compañero una página de un libro de estudios sociales o de ciencias. Luego menciona dos temas de la página. Elige un tema y escanea esa sección de la página. Escribe un detalle importante del texto.

Tomar apuntes

Toma apuntes mientras investigas para que recuerdes la información. Cuando tomes apuntes, **parafrasea** lo que lees o escuchas. Parafrasear significa escribir algo con tus propias palabras. Parafrasea solamente la información importante. Cuando parafraseas las ideas más importantes, creas un resumen. Abajo se muestra cómo un escritor parafraseó la información del tercer párrafo de “El planeta más cercano al Sol” de la página 302.

Parafrasear la información

Mercurio tiene una órbita extraña alrededor del Sol. Durante su órbita, un lado del planeta mira hacia el Sol y se vuelve muy caliente, mientras que el otro lado está sumamente frío.

Copiar información al pie de la letra desde una fuente impresa o de audio y presentarla como propia se llama **plagio**. Tu informe siempre debe ser escrito con tus propias palabras. Nunca plagies lo que escribieron otras personas.

Elige un artículo o un libro. Parafrasea la información de un párrafo escribiéndola con tus propias palabras.

TEKS 3.26A(i), 3.26C, 3.28

Usar una encuesta iniciada por el estudiante

Una encuesta es un grupo de preguntas que se usan para recopilar información de un grupo de personas. Puedes crear una encuesta para descubrir qué saben los demás acerca de un determinado tema. La información de una encuesta puede convertirse en parte de un informe de investigación o puede ayudarte a corregir el enfoque de tu tema.

Cuando crees tu encuesta...

- **Escribe preguntas que te ayuden a obtener respuestas útiles.**
- **Piensa en quiénes serán encuestados y pídeles cortésmente que respondan a tu encuesta.**
- **Haz la encuesta por escrito o en persona.**
- **Toma apuntes para registrar los resultados de tu encuesta.**
- **Piensa en las respuestas de la encuesta para sacar conclusiones acerca del tema.**

Encuesta y conclusión del estudiante

Pregunta de la encuesta: ¿Qué es lo que más quieres aprender de Mercurio?

12 cómo es físicamente   3 dónde está

2 cómo lo descubrimos   5 si podemos viajar allí

Conclusiones: La mayoría de mis compañeros quiere saber cómo es Mercurio físicamente.

Haz una encuesta a tu clase acerca de un tema que tú elijas. Registra tus hallazgos y compártelos con un compañero.

Usar una inspección

Puedes visitar un lugar que tiene información acerca de tu tema. Puedes inspeccionar las herramientas y los objetos en exposición directamente.

Durante una inspección...

- **Permanece en compañía de un adulto.**
- **Manipula los objetos con cuidado, si está permitido.**
- **Toma apuntes para recordar lo que veas y aprendas.**
- **Registra tus conclusiones acerca de lo que aprendas.**

Apuntes de una visita al planetario

Vi	Aprendí
telescopios	los telescopios ayudan a las personas a observar el espacio
	hay telescopios de muchas formas y tamaños
fotografías de Mercurio	Mercurio es rocoso
	Mercurio tiene cráteres

Mis conclusiones: Las personas usan telescopios para observar Mercurio. Mercurio se parece mucho a nuestra luna.

Inténtalo ¿Qué lugares podrías visitar para aprender acerca de estos temas: las mascotas, la cocina, el fútbol americano y los carros? Comparte tus ideas con un compañero.

Usar datos de expertos

Un **experto** es una persona que sabe mucho sobre un determinado tema. Un agricultor es un experto en agricultura. Un astronauta es un experto en el espacio. Una entrevista con un experto puede ser una valiosa fuente de información. Haz preguntas abiertas. Por lo general, las preguntas abiertas piden ejemplos o explicaciones.

Encuentra un experto.

- **Pregunta a tus amigos y familiares si conocen un experto en el tema.**
- **Ponte en contacto con el experto y pídele cortésmente realizar una entrevista.**
- **Desarrolla una lista de preguntas para la entrevista. Asegúrate de incluir preguntas abiertas.**
- **Toma apuntes durante la entrevista para registrar la información.**

Inténtalo ¿En qué temas serían expertos un doctor, un bombero, un veterinario y un piloto? Comparte tus respuestas con un compañero.

Tomar apuntes con una cuadrícula de recopilación

Usa una cuadrícula de recopilación mientras recopilas información acerca del tema. Luego estudia la información de la cuadrícula para elegir el enfoque, o tema, de tu investigación.

Cuadrícula de recopilación

Preguntas

Fuentes

Tema Mercurio	Libro: El universo por Gail Saunders-Smith	Enciclopedia: Microsoft Encarta en Internet
1. ¿Dónde está Mercurio?	el planeta más cercano al Sol	planeta interior 47 a 70 millones de millas del Sol
2. ¿Cómo es el planeta?	la superficie es rocosa poca atmósfera	menos de la mitad del tamaño de la Tierra

Respuestas

Inténtalo Completa una cuadrícula de recopilación acerca de un tema que te gustaría investigar. Luego usa tu cuadrícula para elegir el enfoque, o tema, de tu investigación.

TEKS 3.25A

Escribir un informe de investigación

Escribir un informe de investigación puede ser muy divertido. Cuando haces una investigación, buscas información acerca de un tema que te interesa. Luego, cuando escribes el informe, ¡cuentas lo que descubriste! En este capítulo, aprenderás a escribir un informe de investigación.

Un informe de investigación

1

La exploración de Mercurio
por Ugo Garret

Si vivieras en Mercurio, ¡celebrarías tu cumpleaños cada tres meses! Esto es porque un año en Mercurio solamente dura unos tres meses de la Tierra. Los científicos han descubierto datos sorprendentes sobre Mercurio.

Mercurio es el planeta más cercano al Sol. Es uno de los planetas interiores de nuestro sistema solar. Se desplaza en una órbita ovalada alrededor del Sol. Su distancia más cercana al Sol es de 47 millones de millas. Su distancia más lejana es de 70 millones de millas.

Mercurio se parece a la Tierra en algunos aspectos, pero es diferente en otros. Es sólido como la Tierra, pero solo tiene la mitad de su tamaño. A diferencia de la Tierra, Mercurio no tiene luna. Además, no tiene una atmósfera que lo proteja. Los meteoros y los cometas siempre están chocando contra su superficie. Estos impactos forman muchos cráteres. En Mercurio no hay estaciones porque no se encuentra inclinado sobre su eje. Durante el día es más caluroso que el horno más caliente. De noche puede ser más frío que el congelador más frío. La temperatura de Mercurio puede subir hasta los 800 grados Fahrenheit. Y en la noche puede alcanzar ¡los 300 grados bajo cero!

Los científicos han estudiado detenidamente Mercurio desde antes de que comenzara la Era Espacial. En la década de 1970, los científicos enviaron una sonda espacial llamada *Mariner 10* para que orbitara Mercurio. Las cámaras que llevaba la sonda enviaron mucha información. En el año 2004, fue lanzada otra sonda llamada *Messenger,* la que enviará información a través de una computadora.

Hoy, los científicos desean resolver uno de los misterios de Mercurio. Las antiguas imágenes de radar muestran algo brillante en los cráteres de los polos norte y sur. Los científicos creen que la parte brillante puede ser hielo ¡en el planeta más cercano al Sol! Después de 2011, es posible que *Messenger* envíe más datos sorprendentes sobre Mercurio. En conclusión, sabemos mucho sobre Mercurio, ¡pero todavía falta mucho por aprender!

3

Obras citadas

Egan, Jill. "Mercurio (el planeta)". *Enciclopedia MSN Encarta en línea 2009.* Microsoft Corporation, 1997–2009. Web. 25 mar. 2011.

Bredeson, Carmen, L. *El sistema solar.* Danbury, CT: Children's Press, 2005. Impreso.

McIntyre, Lloyd. Entrevista. 12 de abril de 2011.

"Misión a Mercurio". *Noticias del espacio,* 4 de oct. 2004: 2. Impreso.

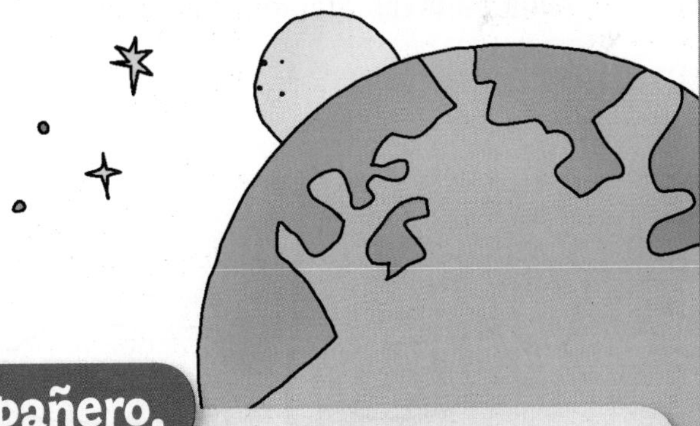

Comenta con un compañero.

- **Organización** (1) ¿Cuántos párrafos tiene el informe?
- **Desarrollo de las ideas** (2) ¿De qué manera captó Ugo la atención del lector en el primer párrafo?
- **Voz** (3) ¿Cómo puedes saber que a Ugo le entusiasma su tema?

Prepararse Elegir un tema

El primer paso para escribir tu informe es hacer una lluvia de ideas para elegir un tema que te interese. La clase de Ugo usó un diagrama a fin de hacer una lluvia de ideas para elegir ideas temáticas acerca del espacio exterior.

El siguiente paso para escribir un informe es limitar tu enfoque a un solo tema. Ugo revisó todos los temas anotados en el diagrama y decidió que Mercurio fuera el tema para su informe.

Haz una lluvia de ideas para elegir un tema.

1. **En el centro de una hoja de papel, escribe y encierra en un círculo un tema que te interese.**
2. **Con otros compañeros, hagan una lluvia de ideas y escriban palabras relacionadas alrededor del tema.**
3. **Revisa todas las ideas que hayan escrito y limítate a un solo tema de investigación que te interese.**

Un diagrama

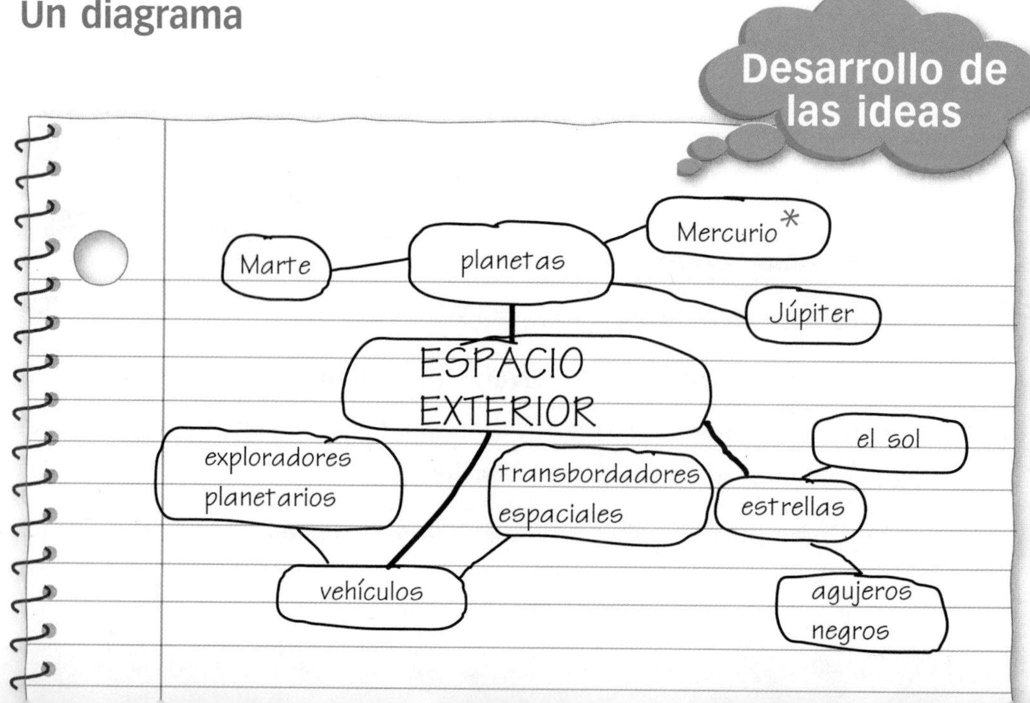

Formular las preguntas de investigación

Después de elegir tu tema, es momento de desarrollar preguntas abiertas acerca del tema de investigación. Las buenas preguntas de investigación conducen a información interesante acerca del tema.

- Una pregunta abierta debe tener más de una sola respuesta correcta.
- Las preguntas abiertas suelen preguntar por ejemplos, información o explicaciones que apoyen la respuesta.

Una lista de preguntas

Mis preguntas de investigación

¿Dónde está Mercurio?

¿Cómo es el planeta?

¿De qué manera los científicos aprenden sobre Mercurio?

Escribe tus preguntas de investigación.

1. Piensa en las preguntas que tienes acerca de tu tema.
2. Escribe tus preguntas en una hoja.
3. Revisa tus preguntas para asegurarte de que pensaste en preguntas abiertas. Ellas no se pueden responder con una sola palabra y no pueden tener una sola respuesta correcta.

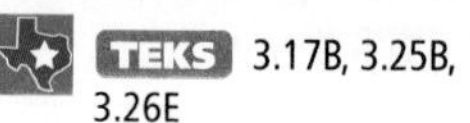

Prepararse Generar un plan de investigación

Ahora debes planificar cómo recopilar información para tu informe. Ugo hizo una gráfica para mostrar su plan. Es importante que pienses en fuentes válidas y confiables desde el comienzo de tu investigación.

Crea un plan de investigación.

1. Haz una gráfica y escribe tus preguntas en la primera columna.
2. En la segunda columna, escribe los datos que ya sabes.
3. En la tercera columna, enumera las fuentes posibles. Recuerda considerar las fuentes de consulta, investigaciones en línea, entrevistas a expertos y elementos visuales como mapas y gráficas.

Gráfica del plan de investigación de Ugo

Mis preguntas	Lo que sé	Fuentes posibles
¿Dónde está Mercurio?	Mercurio es el planeta más cercano al Sol.	enciclopedia en línea
¿Cómo es el planeta?	Es más pequeño que la Tierra.	libro sobre el sistema solar
¿De qué manera los científicos aprenden sobre Mercurio?		revista de ciencias entrevista

¿Qué fuentes piensa usar Ugo?

Examinar y escanear materiales de consulta

Las técnicas de examinar y escanear pueden ayudarte a decidir rápidamente si ciertas consultas serán buenas fuentes. Cuando examinas un texto de consulta para ver si se relaciona con tu tema, lo lees rápidamente para obtener las ideas principales. Leer la primera y la última oración de cada párrafo es una manera de examinar un artículo. Para encontrar información específica, puedes escanear un texto. Leer los títulos de capítulos, los encabezados y las palabras resaltadas puede ayudarte a escanear.

Envían el *Messenger* a Mercurio

El planeta Mercurio ha sido un misterio durante mucho tiempo. Por lo general se encuentra ubicado en el resplandor brillante del Sol, por eso a los científicos les cuesta estudiarlo. En 1973, la NASA (Administración Nacional de Aeronáutica y el Espacio) envió el *Mariner 10* a una misión para recopilar datos sobre Venus y Mercurio. A medida que el satélite orbitaba el Sol, sobrevoló Mercurio tres veces entre 1974 y 1975. La información que envió se basaba en la visualización de solo la mitad de la superficie del planeta.

Ahora la NASA envió un nuevo satélite para que orbite Mercurio. Es posible que responda los misterios de cómo se formó el planeta y cómo puede parecerse a la Luna si tiene un núcleo como el de la Tierra. También verá si existe hielo en los cráteres de los polos norte y sur de Mercurio.

El nuevo satélite, llamado *Messenger* (misión **ME**rcury **S**urface, **S**pace **EN**vironment, **GE**ochemistry and **R**anging, por sus siglas en inglés), fue lanzado el 14 de agosto de 2004. El *Messenger* comenzará a orbitar Mercurio en marzo de 2011. Enviará señales de radio durante todo un año. Después dejará de funcionar y chocará contra Mercurio.

Ugo examinó una revista y encontró que el artículo anterior se relaciona con su tema. Escaneó el artículo para encontrar detalles que respondan sus preguntas.

Examina y escanea un texto de consulta.

Escanea un texto de consulta para obtener alguna respuesta a una de tus preguntas de investigación. Toma apuntes en otra hoja.

Prepararse Examinar y escanear recursos en línea

Busca las ideas principales cuando examines un recurso en línea. Esto te permitirá decidir si el recurso será útil. Los enlaces resaltados y las palabras en negrita te ayudan a escanear para encontrar la información específica que necesitas.

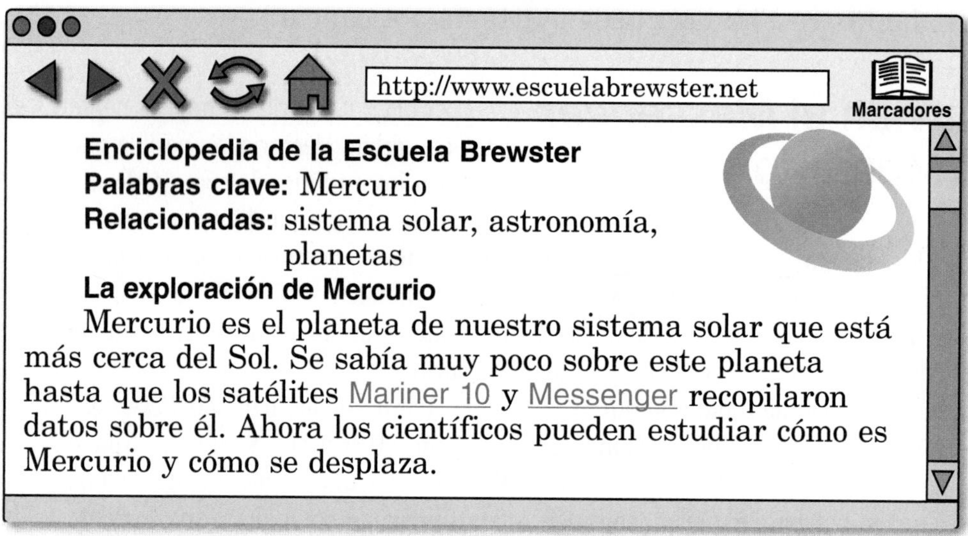

Ugo estaba buscando datos sobre el *Mariner 10.* Examinó este artículo en línea y vio que había un enlace para obtener más información sobre el satélite. Luego, antes de hacer clic en el enlace, escaneó para ver si había alguna otra información sobre el *Mariner 10* en esta página.

Examina y escanea recursos en línea.

Examina para buscar un recurso en línea para tu investigación. Luego escanea la página para buscar palabras en negrita o enlaces que se relacionen con tu tema. Lee con mayor atención la información relacionada. Anota la información de las fuentes y toma apuntes en otra hoja.

Recopilar información de fuentes visuales

Las fuentes visuales como los mapas, las cronologías, las gráficas y los diagramas también pueden ser fuentes valiosas de información para tu investigación. Examina un texto de consulta para ver si contiene elementos visuales que sean fuentes útiles de información.

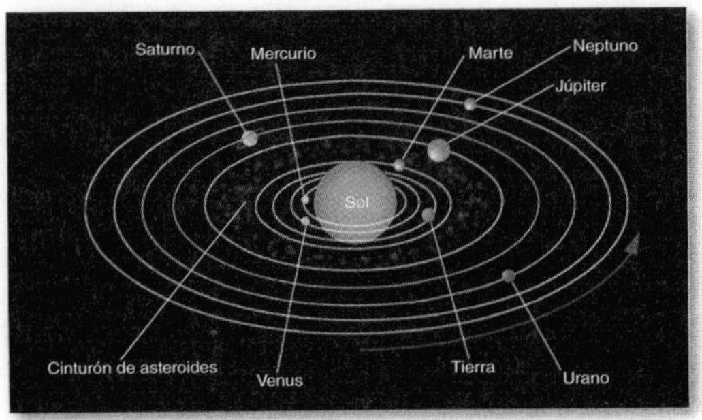

Ugo encontró un diagrama del sistema solar en una revista de ciencias. Este elemento visual le dio información importante acerca de la ubicación del planeta Mercurio.

Usa fuentes visuales.

Localiza una fuente visual acerca de tu tema de investigación, como un mapa, un diagrama, una gráfica o una cronología. Toma apuntes para anotar cualquier información clave proporcionada en el elemento visual acerca de tu tema junto con la información de las fuentes.

TEKS 3.25A, 3.26A(i), 3.26A(ii)

Prepararse Hacer una entrevista

También conviene que le preguntes a un experto acerca de tu tema. Hacer una serie de preguntas a alguien se conoce como *entrevistar*. Puedes entrevistar a un experto en persona, por teléfono o incluso por correo electrónico. Si la entrevista es en persona en algún sitio especial, como un museo, también puedes realizar una inspección del lugar a fin de recopilar más datos para tu informe.

Antes de la entrevista...

- Pide a tu maestro o a uno de tus padres que te ayude a ubicar a un experto y a crear la entrevista.
- Anota una lista de preguntas abiertas que necesiten más que una respuesta de "sí" o "no".
- Deja espacio para escribir las respuestas de la persona.
- Averigua si puedes realizar una inspección del lugar.

Durante la entrevista...

- Dile a la persona que vas a tomar apuntes.
- Escribe con claridad, para que después puedas leer tus apuntes.
- Repite la respuesta a la pregunta en voz alta. Así el hablante sabrá que entendiste lo que se dijo.
- Pide a la persona que explique cualquier cosa que sea confusa.

Después de la entrevista...

- Agradece a la persona por dar la entrevista.
- Si es posible, haz una inspección del lugar para recopilar más información que puedas incluir en tu informe.

Los apuntes de la entrevista de Ugo

Entrevistador: Ugo Garrett
Fecha: 12 de abril de 2011

Ugo anotó detalles antes de la entrevista (azul).

Experto: Lloyd McIntyre, Astrónomo
Planetario Carlyle

Pregunta 1: ¿Cómo es el planeta?
— rocoso
— muy caliente
— "Se parece mucho a la Tierra, pero es más pequeño y está más cerca del Sol".

Los apuntes incluyen una cita directa (verde). Es importante poner las citas directas entre comillas.

Pregunta 2: ¿Podrían vivir personas allí? ¿Por qué?
— no sin un traje espacial especial
— chocan meteoros contra él
— no hay aire

Prepárate **Planifica una entrevista con un experto.**

1. **Busca a un experto en tu tema para entrevistarlo.**
2. **Anota tus preguntas en una hoja.**
3. **Si te sirve para averiguar más información, pregunta si puedes realizar una inspección del lugar en el sitio de la entrevista.**

Prepararse Recopilar información

Un informe de investigación generalmente contiene información de dos o más fuentes relevantes y confiables. Ugo encontró información en una enciclopedia, un libro, una revista y en una entrevista con un experto en el tema. Mientras encontraba respuestas a sus preguntas, las escribió en una cuadrícula de recopilación.

Una cuadrícula de recopilación te permite llevar un registro de las fuentes que presentaron información para tu investigación. Es importante llevar un registro de dónde encontraste toda la información. En tu informe final, debes ser capaz de citar o consultar todas las fuentes que usaste para recopilar tu investigación.

Haz una cuadrícula de recopilación.

1. **Consigue una hoja grande de papel para que tengas espacio para escribir tus respuestas.**
2. **Escribe tus preguntas de investigación en la primera columna de la cuadrícula de recopilación.**
3. **Luego indica las fuentes que usaste en la parte superior.**
4. **A medida que encuentres información, toma apuntes sencillos que respondan tus preguntas.**

En la siguiente página aparece una parte de la cuadrícula de recopilación de Ugo. Fíjate de qué manera escribió apuntes sencillos para responder sus preguntas de investigación. Ugo usará los apuntes de la cuadrícula de recopilación para escribir detalles en su informe.

La cuadrícula de recopilación de Ugo

Preguntas

Fuentes

Tema Mercurio	Enciclopedia: Microsoft Encarta en línea	Entrevista: Lloyd McIntyre, astrónomo	Revista: "Misión a Mercurio" Noticias del espacio
1. ¿Dónde está Mercurio?	planeta interior 47-70 millones de millas desde el Sol		el más cercano al Sol
2. ¿Cómo es el planeta?	Un año allí equivale a tres meses de la Tierra. Tiene menos de la mitad del tamaño de la Tierra.	rocoso, muy caliente, más pequeño que la Tierra, no hay aire, meteoros	días de 800 °F noches de -300 °F se parece a nuestra luna
3. ¿Cómo los científicos aprendieron sobre Mercurio?	Mariner 10 visitó Mercurio. Satélites han explorado el planeta.		MESSENGER orbitará Mercurio.

Respuestas

3.27

Prepararse Mejorar el enfoque del informe

Cuando te decidas por un tema, asegúrate de poder encontrar suficientes fuentes con información sobre ese tema. Luego elige en qué partes del tema deseas enfocarte. No puedes comentar todo lo relacionado con el tema. De lo contrario, ¡tu informe se convertiría en un libro!

Ugo compartió su cuadrícula de recopilación con el bibliotecario de la escuela. El bibliotecario le sugirió que revisara la pregunta "¿Cómo es el planeta?". El bibliotecario le explicó que hay muchas maneras de describir cómo es Mercurio. Ugo podría explorar cómo se ve el planeta desde el espacio o cómo sería vivir allí.

Ugo cambió su pregunta a "¿En qué se parece Mercurio a la Tierra y en qué se diferencia?". Esta pregunta revisada lo ayudó a saber en qué información concentrarse mientras continuaba su investigación.

Mejora tu enfoque.

Comenta tu cuadrícula de recopilación con un experto; por ejemplo, un bibliotecario, un maestro o alguien que sepa mucho sobre el tema. Trabaja con esa persona para mejorar el enfoque de tu informe.

Sacar conclusiones de la investigación

Cuando sacas conclusiones, usas lo que ya sabes y lo que leíste para hacer inferencias y expresar opiniones acerca de un tema.

A partir de su investigación, Ugo aprendió que la temperatura en Mercurio puede subir hasta los 800 °F durante el día y bajar hasta los –300 °F en la noche. Escribió la siguiente conclusión basándose en esos datos y en lo que ya sabía sobre las temperaturas calurosas y frías.

La conclusión de Ugo

En Mercurio puede hacer mucho, mucho calor y también mucho, mucho frío. Puedo concluir que para los seres humanos sería muy difícil viajar a Mercurio. Los astronautas tendrían que llevar trajes espaciales especiales para protegerse de las temperaturas extremas.

Saca conclusiones.

Usa los datos de la investigación y lo que ya sabes para sacar conclusiones acerca de tu tema. Anota tus conclusiones en una hoja.

TEKS 3.28

Prepararse Organizar la información

Un esquema es como un mapa de carreteras para escribir tu informe. Es posible que no sigas el mapa con exactitud, pero puede guiarte por el camino.

1. **Ponle un título a tu esquema.**
   Ugo escribió "El planeta Mercurio" como título para su esquema.
2. **Escribe las oraciones de la idea principal.**
   Cada oración de la idea principal debe responder una de tus preguntas de investigación de tu cuadrícula de recopilación. Para escribir una oración de la idea principal, saca una conclusión que se base en tu investigación y responde la pregunta con una afirmación. Esta afirmación, o conclusión, es una oración de la idea principal.

   ¿En qué se parece Mercurio a la Tierra y en qué se diferencia?

   Mercurio se parece a la Tierra en algunos aspectos, pero es diferente en otros.
3. **Agrega la evidencia.**
   Debajo de cada oración de la idea principal, enumera detalles de la cuadrícula que proporcionen evidencia para tu conclusión.

Prepárate **Crea tu esquema.**

1. Repasa el esquema de Ugo en la página siguiente.
2. Luego sigue las instrucciones para escribir tu propio esquema.
3. Usa la información de la cuadrícula de recopilación que aparece en la página 321.

Esquema de Ugo

Organización

El planeta Mercurio

I. ¿Dónde está Mercurio?

I. Mercurio es el planeta más cercano al Sol.

- Mercurio es uno de los planetas interiores.
- Se encuentra entre 47 y 70 millones de millas del Sol.
- Se desplaza en una trayectoria ovalada.
- Desde Mercurio, el Sol se ve tres veces más grande.

II. ¿En qué se parece Mercurio a la Tierra y en qué se diferencia?

II. Mercurio se parece a la Tierra en algunos aspectos, pero es diferente en otros.

- Mercurio es sólido, como la Tierra.
- Mercurio tiene menos de la mitad del tamaño de la Tierra.
- Mercurio tiene días más largos y años más cortos.
- Mercurio no tiene lunas ni estaciones.
- Mercurio puede tener desde 800 °F hasta 300 °F bajo cero.
- Mercurio no tiene una atmósfera que proteja el planeta.

III. ¿Cómo los científicos aprenden sobre Mercurio?

III. Los científicos están estudiando Mercurio.

- El Mariner 10 ha explorado el planeta.
- El Messenger va a orbitar el planeta.

Desarrollar un borrador

Comenzar el informe

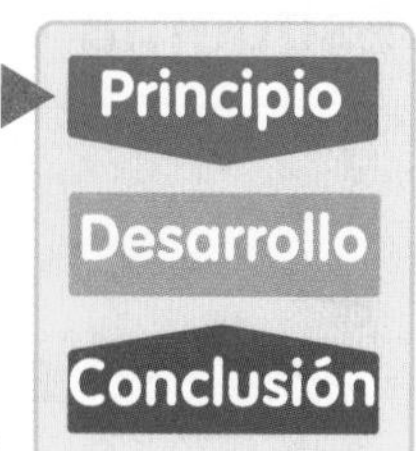

El párrafo inicial

El primer párrafo de tu informe debe captar la atención del lector y contar de qué trata el informe. Para comenzar puedes usar una de las maneras que se indican a continuación.

Haz una pregunta.

¿Sabes qué planeta está más cerca del Sol?

O

Haz una comparación ingeniosa.

Ser el primero de la fila no siempre es lo mejor. Pregúntale a Mercurio, ¡el planeta más cercano al Sol!

O

Conéctate con el lector.

Si vivieras en Mercurio, ¡celebrarías tu cumpleaños cada tres meses!

Escribe el principio.

1. Escribe un párrafo inicial que capte la atención del lector y que cuente de qué trata tu informe.
2. Para comenzar, prueba una de las tres maneras anteriores.

El párrafo inicial de Ugo

Este es el párrafo inicial de Ugo. Fíjate que escribió de manera legible y dejó espacio para los cambios.

Ugo hizo una conexión personal (subrayado) para captar la atención del lector.

El planeta Mercurio

Si vivieras en Mercurio, ¡celebrarías tu cumpleaños cada tres meses! Este informe te contará más datos interesantes acerca del planeta Mercurio. Los científicos han descubierto muchos datos sobre Mercurio.

TEKS 3.17B, 3.26E, 3.28

Desarrollar un borrador

Desarrollar los párrafos intermedios

Principio
Desarrollo
Conclusión

Los párrafos intermedios

En los párrafos intermedios se sacan conclusiones de la investigación. Comienzan con una oración de la idea principal que responde una de las preguntas de investigación. También incluyen oraciones que dan detalles para apoyar tus conclusiones.

Desarrolla los párrafos intermedios.

1. Usa el esquema de las páginas 324 y 325 como guía.
2. Comienza cada párrafo con una oración de la idea principal que responda una de las preguntas de investigación.
3. Luego agrega oraciones con detalles que den evidencias que apoyen tu conclusión.
4. Asegúrate de no plagiar el contenido de tus fuentes. Parafrasea la información escribiéndola con tus propias palabras.

Dos de los párrafos intermedios de Ugo

Cada párrafo comienza con una oración de la idea principal (subrayada). Se agregan detalles de apoyo (líneas punteadas).

Mercurio es el planeta más cercano al Sol. Es uno de los planetas interiores de nuestro sistema solar. Se desplaza en una órbita ovalada alrededor del Sol. Su distancia más cercana al Sol es de 47 millones de millas. Su distancia más lejana es de 70 millones de millas.

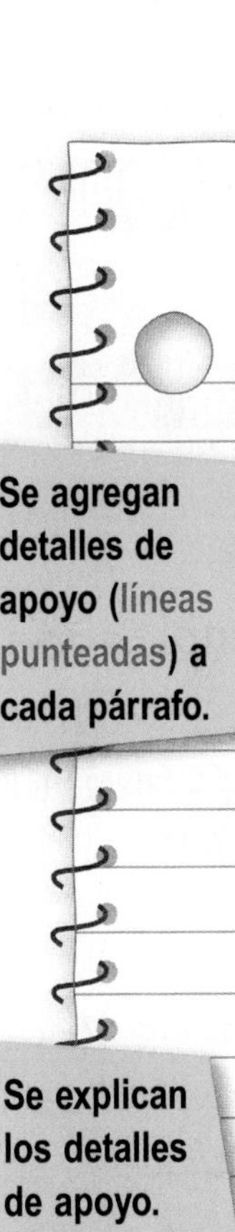

Mercurio se parece a la Tierra en algunos aspectos, pero es diferente en otros. Es el planeta más cercano al Sol. Solo tiene la mitad del tamaño de la Tierra. Mercurio no tiene luna. Además, no tiene una atmósfera que lo proteja. Los meteoros y los cometas siempre están chocando contra su superficie. Mercurio no tiene anillos como Saturno. Estos impactos forman muchos agujeros. En Mercurio no hay estaciones porque no se encuentra inclinado sobre su eje. Durante el día es muy caluroso y de noche es muy frío. La temperatura de Mercurio puede subir hasta los 800 grados Fahrenheit. Y en la noche puede alcanzar los 300 grados bajo cero. Los científicos deben usar un tipo especial de termómetro.

Desarrollar un borrador

Terminar el informe

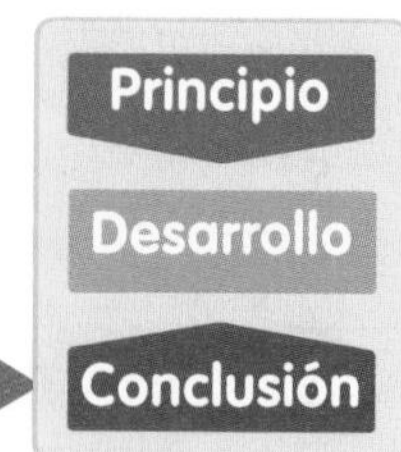

El párrafo final

La conclusión de tu informe debe dejarle al lector algo en qué pensar.

Conéctate con el principio de tu informe.

Sería genial tener mi cumpleaños más a menudo, pero no me gustarían los días calurosos ni las noches frías de Mercurio.

O

Comparte un pensamiento final.

Después de 2011, es posible que el Messenger envíe más datos sorprendentes sobre Mercurio.

O

Reformula la idea principal del informe.

Hay mucho que aprender sobre Mercurio. Por eso los científicos están enviando más satélites a ese planeta.

Crea el párrafo final.

1. Termina tu informe de investigación de manera consistente.
2. Usa una de las tres ideas anteriores para dejarle al lector algo en qué pensar.

El párrafo final de Ugo

Este es el párrafo final de Ugo. (Ugo escribió de manera legible y dejó espaciado entre las palabras). Decidió compartir un pensamiento final.

Las épocas históricas siempre deben escribirse con mayúscula inicial. ¿Qué época histórica menciona Ugo en su informe? ¿Usó correctamente las letras mayúsculas?

Los científicos han estudiado Mercurio desde antes de que comenzara la Era Espacial. Hoy, los científicos desean resolver uno de los misterios de Mercurio. Las antiguas imágenes de radar muestran algo brillante en los cráteres de los polos norte y sur. Los científicos creen que la parte brillante puede ser hielo ¡en el planeta más cercano al Sol! <u>Después de 2011, es posible que Messenger envíe más datos sorprendentes sobre Mercurio.</u>

Ugo comparte un pensamiento final (subrayado).

Práctica

Con un compañero, hagan una lluvia de ideas para buscar otras dos épocas históricas y escríbanlas en una hoja aparte, mostrando el uso correcto de las letras mayúsculas.

TEKS 3.23A, 3.23D, 3.26D, 3.28

Desarrollar un borrador

Crear una página de obras citadas

Crea una página de obras citadas con la información detallada que recopilaste sobre tus fuentes mientras hacías la investigación. Este es el lugar de tu informe donde enumeras todas las fuentes válidas y confiables que usaste para desarrollar el borrador. A una página de obras citadas a veces se le llama bibliografía.

1. El título de la página debe ser "Obras citadas".
2. Enumera cada fuente en orden alfabético (consulta la página 301 para ver formatos específicos).
3. Deja sangría en la segunda línea de cada entrada. Escribe de manera legible utilizando espaciado entre las palabras.
4. Asegúrate de enumerar todas las fuentes: textos de consulta, fuentes en línea y entrevistas.

La página de obras citadas de Ugo

Obras citadas

Bredeson, Carmen, L. El sistema solar. Danbury, CT: Children's Press, 2005. Impreso.

"Egan, Jill. Mercurio (el planeta)". Enciclopedia MSN Encarta en línea 2009. Microsoft Corporation, 1997-2009. Web. 25 de mar. 2011.

McIntyre, Lloyd. Entrevista personal. 12 de abril de 2011.

"Misión a Mercurio". Noticias del espacio. 4 de oct. 2004: 2. Impreso.

Deja sangría en la segunda línea de cada entrada.

Sugerencia

Si no tienes toda la información de las fuentes, escribe la que tengas.

Revisar el enfoque y la coherencia

Revisa el enfoque y la coherencia para asegurarte de que la información que incluiste en el informe de investigación responde las preguntas de tu investigación.

¿En qué debo enfocarme en mi informe de investigación?

Enfócate en dar la información que responda las preguntas que hiciste en la cuadrícula de recopilación. Sólo incluye detalles, evidencia y conclusiones que respondan tus preguntas de investigación.

Práctica

Lee las siguientes oraciones y selecciona la que sería el mejor detalle de apoyo en un párrafo que comience con esta oración de idea principal: "El agua es importante por muchas razones".

1. El agua puede encontrarse en estado sólido, líquido o gaseoso.
2. El agua puede usarse para generar electricidad.
3. Los seres vivos necesitan agua para sobrevivir.
4. Una sequía se produce cuando hay muy poca agua.

La revisión en acción

Estos son algunos cambios que hizo Ugo para mejorar el enfoque y la coherencia de su primer borrador. Quitó un detalle que no se relacionaba con la idea principal del párrafo. También agregó una transición para mostrar cómo se relacionan sus ideas.

Mercurio se parece a la Tierra en algunos aspectos, pero es diferente en otros. ~~Es el planeta más cercano al Sol.~~ Afortunadamente, solo tiene la mitad del tamaño de la Tierra. Mercurio no tiene luna. Además, no tiene una atmósfera que lo proteja. Los meteoros y los cometas siempre están chocando contra su superficie. Mercurio no tiene anillos como

Revisa el enfoque y la coherencia.

Lee tu informe y asegúrate de que todos los detalles se relacionen con la idea principal o con las preguntas de investigación.

Revisar la organización

Un informe organizado tiene un comienzo, desarrollo y conclusión claros. Cada párrafo intermedio se organiza de manera que el lector entienda las conclusiones que sacaste acerca de tu tema de investigación.

¿Cómo puedo revisar la organización de mi informe de investigación?

Revisa que hayas presentado el tema al comienzo del informe y que redactaste un párrafo de conclusión al final. Luego asegúrate de que cada párrafo intermedio comience con una oración de la idea principal que responda una de tus preguntas de investigación. Después de escribir tu oración de la idea principal, debes incluir detalles de apoyo o la evidencia objetiva que recopilaste durante la investigación.

Práctica

Identifica la oración de la idea principal del siguiente párrafo. Luego vuelve a escribir el párrafo para mejorar la organización moviendo la oración de la idea principal al lugar correcto.

El *didgeridoo* se parece a un tubo largo. Se fabrica con una rama larga de un árbol. A veces estos instrumentos se fabrican con metal o plástico. El *didgeridoo* es un instrumento que proviene de Australia.

La revisión en acción

Estos son algunos cambios que hizo Ugo para mejorar la organización de su primer borrador. Movió una oración de la idea principal al comienzo del párrafo que contenía evidencia para esa idea principal.

En la década de 1970, los científicos enviaron una sonda espacial llamada Mariner 10 para que orbitara Mercurio. Las cámaras que llevaba la sonda enviaron mucha información. En el año 2004, fue lanzada otra sonda llamada Messenger y ella enviará información a través de una computadora.

Los científicos han estudiado Mercurio desde antes de que comenzara la Era Espacial. Hoy, los científicos desean resolver uno de los misterios de Mercurio. Las antiguas imágenes de radar muestran

Revisa la organización.

1. Revisa tu informe para estar seguro de que cada párrafo intermedio responde una de las preguntas de investigación.
2. **Mueve** los detalles o las oraciones que no estén en el mejor orden.

Revisar el desarrollo de las ideas

Éstas son algunas maneras de mejorar tu redacción. Es posible que a veces debas agregar detalles para aclarar tus ideas. Otras veces quizás tengas que quitar o cambiar un detalle que no corresponde.

Revisa los detalles de tu borrador.

1. **Busca lugares donde mejorar tus ideas.**
2. **Agrega detalles para que tus ideas queden más claras. Cambia o quita los detalles que no apoyen tus ideas.**

¿Cuándo debo agregar un detalle?

Debes **agregar** un detalle para que una parte de tu informe sea más clara o más fácil de entender. Usa un ∧ (marca de intercalación) para mostrar dónde poner la nueva información.

¿Cuándo debo quitar un detalle?

Debes **quitar** un detalle que no corresponda a tu informe. Usa un (marca de eliminación) para mostrar lo que quitas.

¿Cuándo debo cambiar un detalle?

Debes **cambiar** una palabra si piensas que podría aclarar alguna idea. Usa un (marca de eliminación) para quitar la palabra que vas a cambiar, agrega un ∧ (marca de intercalación) y escribe la nueva palabra sobre la marca de eliminación.

La revisión en acción

Ugo revisó las ideas del comienzo de su informe agregando una nueva oración para explicar sus ideas. También quitó un detalle que no era necesario y cambió otro detalle.

Agregar

Quitar

Cambiar

Si vivieras en Mercurio, ¡celebrarías tu cumpleaños cada tres meses! ~~Este informe te contará más datos interesantes acerca del planeta Mercurio.~~ Esto es porque un año en Mercurio solamente dura unos tres meses de la Tierra. Los científicos han descubierto ~~muchos~~ datos asombrosos sobre Mercurio.

Mercurio es el planeta más cercano al Sol. Es uno de los planetas interiores de nuestro sistema solar. Se desplaza en una órbita ovalada alrededor del Sol. Su distancia más cercana al Sol es de 47 millones de millas. Su distancia más lejana es de 70 millones de millas.

Revisa la voz de tu redacción asegurándote de sonar seguro e interesado en tu tema. Quieres que tus lectores confíen en la información que recopilaste y que se sientan entusiasmados por aprender más.

¿Qué voz debo usar en mi informe de investigación?

Usa una voz segura cuando escribas un informe de investigación. El lector debe saber que la información de tu informe se basa en hechos. Es importante que no agregues tus opiniones.

Además, usa tu voz para demostrar que vale la pena aprender sobre el tema. Pasaste mucho tiempo investigando sobre tu tema, de modo que explícale al lector por qué el tema es importante e interesante.

Práctica

Decide cuáles de las siguientes oraciones tienen una voz segura:

1. Creo que el jazz es un tipo de música.
2. Las arañas tejen redes para atrapar sus presas.
3. Tal vez existen razones de por qué cae nieve.
4. George Washington fue el primer presidente de los Estados Unidos.
5. El panda gigante come grandes cantidades de bambú.

La revisión en acción

Estos son algunos de los cambios que hizo Ugo para mejorar la voz de su primer borrador. Cambió detalles que hicieron más interesante su informe. También agregó signos de puntuación para mostrar su entusiasmo por el tema y quitó una opinión.

En Mercurio no hay estaciones porque no se encuentra inclinado sobre su eje. Durante el día es ~~muy caluroso y de noche es muy frío~~ más caluroso que el horno más caliente. De noche puede ser más frío que el congelador más frío. La temperatura de Mercurio puede subir hasta los 800 grados Fahrenheit. Y en la noche puede alcanzar ¡los 300 grados bajo cero! ~~Los científicos deben usar un tipo especial de termómetro.~~

Revisa la voz de tu redacción.

1. Lee tu informe e imagina que tu público son personas que no saben mucho acerca de tu tema.
2. Revisa para que tu redacción sea más clara e interesante para el lector.
   - **Agrega** palabras para que tu redacción suene segura y objetiva.
   - **Quita** las palabras que no sean interesantes y tus opiniones.

Corregir las convenciones

Gramática

Cuando corriges la gramática, debes asegurarte de usar correctamente los elementos gramaticales, como los adverbios.

¿Cómo puedo describir las acciones?

Los **adverbios** describen a los verbos. Usa un adverbio para indicar cómo, cuándo y dónde ocurre algo.

Cómo: **Las palomitas de maíz saltan rápidamente y se revientan ruidosamente.**

Cuándo: **Marta vio hoy una película acerca de las focas. Ahora sabe todo sobre ellas.**

Dónde: **Cuando llegues aquí, te irás para adentro.**

Práctica de gramática

Con un compañero, lean las siguientes oraciones en voz alta e identifiquen los adverbios. Luego di si cada adverbio indica cómo, cuándo o dónde.

1. El bebé se arrastró velozmente por el piso.
2. El invierno llegará pronto.
3. Ella respondió correctamente todas las preguntas.
4. La pelota cayó lejos del campo de juego.
5. Él siempre cuenta la misma historia.

Revisa el uso de los adverbios. Revisa tu borrador para asegurarte de que usaste correctamente los adverbios. Si necesitas más ayuda con los adverbios, consulta las páginas 584 y 585.

¿Cómo puedo hacer que mi redacción sea fluida?

Las **palabras de transición** son palabras que permiten que tu redacción fluya sin problemas de una idea a otra. Estas palabras muestran que las ideas están relacionadas. El uso de palabras de transición a menudo puede mejorar el enfoque y la coherencia de tu redacción.

Algunas palabras de transición te permiten resumir o concluir una idea que ya comentaste.

por lo tanto	**en conclusión**	**efectivamente**
como resultado	**por último**	**en general**
finalmente	**al final**	**en conjunto**

Práctica de gramática

Con un compañero, lean en voz alta las siguientes oraciones e identifiquen las palabras de transición. Luego comenten qué información podría haber ido antes de la transición de cada oración.

1. Por lo tanto, Pablo habla español perfectamente.
2. Finalmente, mis padres me dieron un abrazo.
3. En general, fue un buen viaje.

Revisa el uso de las palabras de transición. **Revisa tu borrador para asegurarte de que usaste palabras de transición para indicar cuándo pasas de una idea a otra. Si necesitas ayuda, consulta las páginas** **501 y 502.**

Aprendizaje del lenguaje

Comenta con un compañero los diferentes significados de las palabras de transición enumeradas arriba. Por ejemplo, la frase *en conclusión* generalmente viene antes de una afirmación que dice lo que alguien ha aprendido. *Como resultado* a menudo muestra el efecto de lo que se comentó. Túrnense para usar cada palabra de transición en una oración.

Estructura de las oraciones

Cuando corriges, revisas diversos tipos de oraciones. Usar oraciones del mismo tipo o longitud puede ser aburrido para los lectores. Comprueba que el sujeto y el verbo concuerdan correctamente en tus oraciones.

¿Qué es una oración compuesta?

Una **oración compuesta** está formada por dos oraciones simples unidas por una conjunción, como *o, y* o *pero.* Debe ir una coma solamente antes de la conjunción *pero.*

Dos oraciones simples:

Josie toca la guitarra. Ella toca mejor el piano.

Una oración compuesta:

Josie toca la guitarra, pero ella toca mejor el piano.

Los verbos de las oraciones simples y compuestas deben concordar con sus sujetos.

Incorrecto: **Yo estudia cuando llego a casa y después juega.**

Correcto: **Yo estudio cuando llego a casa y después juego.**

Práctica

Combina las oraciones simples para formar oraciones compuestas. Di las oraciones compuestas en voz alta a un compañero.

1. Me gusta la camisa azul. Donald prefiere la camisa roja.
2. Chloe debe limpiar su cuarto. Ella no puede jugar.
3. Murphy juega a las atrapadas. También hace trucos.
4. Mi nombre es Salvador. Puedes llamarme Salva.

Corrige la concordancia del sujeto y el verbo. **Comprueba que el sujeto y el verbo concuerdan correctamente. Si necesitas ayuda, consulta la página 452.**

La corrección en acción

Estas son algunas correcciones que hizo Ugo en los últimos párrafos de su borrador revisado.

Se agrega un adverbio para describir mejor las acciones de los científicos.

Se corrige un verbo y se quita una coma incorrecta de una oración compuesta.

Para resumir el informe, se agrega una oración de conclusión que contiene una palabra de transición.

detenidamente

Los científicos han estudiado ^ Mercurio desde antes de que comenzara la Era Espacial. En la década de 1970, los científicos enviaron una sonda espacial llamada Mariner 10 para que orbitara Mercurio. Las cámaras que llevaba la sonda enviaron mucha información. En el año 2004, ~~fueron~~ fue lanzada otra sonda llamada Messenger, y ella enviará información a través de una computadora.

Hoy, los científicos desean resolver uno de los misterios de Mercurio. Las antiguas imágenes de radar muestran algo brillante en los cráteres de los polos norte y sur. Los científicos creen que la parte brillante

Corregir Cómo usar una rúbrica

Usa esta rúbrica mientras corriges para mejorar tu redacción. Recuerda que cuando corriges, te aseguras de que has seguido las reglas gramaticales, la estructura de las oraciones, las convenciones mecánicas y la ortografía.

Mi gramática, las convenciones mecánicas, la estructura de las oraciones y la ortografía son casi perfectas.

En mi redacción:

- Usé correctamente los adverbios en todas las oraciones.
- Usé eficazmente las palabras de transición en todos los casos.
- Usé la puntuación correcta en todas las oraciones.
- Usé la concordancia correcta del sujeto y el verbo en todas las oraciones simples y compuestas.
- Comencé todas la oraciones con letra mayúscula.
- Escribí correctamente todas las palabras.

Tengo algunos errores en la gramática, la estructura de las oraciones, las convenciones mecánicas o la ortografía.

En mi redacción:

- Usé correctamente los adverbios en casi todas las oraciones.
- Usé eficazmente las palabras de transición en casi todos los casos.
- Usé la puntuación correcta en casi todas las oraciones.
- Usé la concordancia correcta del sujeto y el verbo en casi todas las oraciones simples y compuestas.
- Comencé casi todas la oraciones con letra mayúscula.
- Escribí correctamente casi todas las palabras.

Varios errores hacen que mi informe de investigación sea difícil de leer. Debo corregirlos.

En mi redacción:

- Usé correctamente los adverbios en algunas oraciones.
- Usé eficazmente las palabras de transición en algunos casos.
- Usé la puntuación correcta en algunas oraciones.
- Usé la concordancia correcta del sujeto y el verbo en algunas oraciones simples y compuestas.
- Comencé algunas oraciones con letra mayúscula.
- Escribí correctamente algunas palabras.

Debo corregir muchos errores en mi redacción.

En mi redacción:

- No usé correctamente los adverbios en ninguna oración.
- No usé palabras de transición.
- No usé la puntuación correcta en ninguna oración.
- No usé la concordancia del sujeto y el verbo en ninguna oración.
- No comencé ninguna oración con letra mayúscula.
- Escribí mal muchas palabras.

Publicar compartir tu informe

Has trabajado mucho en tu informe. Ahora es el momento de escribir en limpio la versión final (de manera legible) y compartirla.

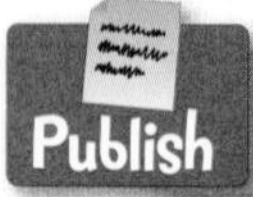

Escribe la versión final.

Usa las siguientes pautas para preparar tu informe.

Pon el número de página en la esquina superior derecha de cada página.

Centra el título y tu nombre.

Deja márgenes de una pulgada en todos los lados.

Escribe a doble espacio todas las líneas.

Deja sangría en todos los párrafos.

1" 1" 1

La exploración de Mercurio

por Ugo Garret

Si vivieras en Mercurio, ¡celebrarías tu cumpleaños cada tres meses! Esto es porque un año en Mercurio solamente dura unos tres meses de la Tierra. Los científicos han descubierto datos sorprendentes sobre Mercurio.

Mercurio es el planeta más cercano al Sol. Es uno de los planetas interiores de nuestro sistema solar. Se desplaza en una órbita ovalada alrededor del Sol. Su distancia más cercana al Sol es de 47 millones de millas. Su distancia más lejana es de 70 millones de millas.

Mercurio se parece a la Tierra en algunos aspectos, pero es diferente en otros. Es sólido como la Tierra, pero solo tiene la mitad de su tamaño. A diferencia de la Tierra, Mercurio no tiene luna. Además, no tiene una atmósfera que lo proteja. Los meteoros y los cometas siempre están chocando contra su superficie. Estos

2

o hay
e su eje.
caliente.
ás frío. La
00 grados
0 grados
te
Espacial.
ına
rbitara
viaron
la otra
mación a
los
de radar

3

Evaluar y analizar tu redacción

Después de terminar tu informe, completa cada una de las siguientes oraciones. Pensar en tu trabajo te ayudará a desarrollarte como escritor.

Pensar en tu redacción

Nombre: Ugo Garrett

Título: La exploración de Mercurio

1. La mejor parte de mi informe es...

   el último párrafo. Aún me pregunto si existe hielo en Mercurio.

2. Lo principal que aprendí acerca de escribir un informe es...

   que debo recopilar detalles atentamente y después organizarlos antes de comenzar a redactar.

3. En mi próximo informe, me gustaría investigar sobre...

   las tortugas marinas.

Dar discursos

¿Has hablado alguna vez con un amigo acerca de algo verdaderamente asombroso, como los dragones de Komodo? Este tipo de lenguaje oral se llama conversación. Dar un discurso o una charla breve es diferente. En lugar de hablar con un amigo, compartes información con un grupo y ¡eres el único que habla!

Algunos discursos son tan simples como un momento compartido en tu clase. Otros, como los informes orales, necesitan más planificación. Este capítulo te enseñará a dar discursos breves. Encontrarás sugerencias para cada paso, desde elegir un tema hasta practicar lo que dirás. Recuerda que dar discursos se hace más fácil con la práctica.

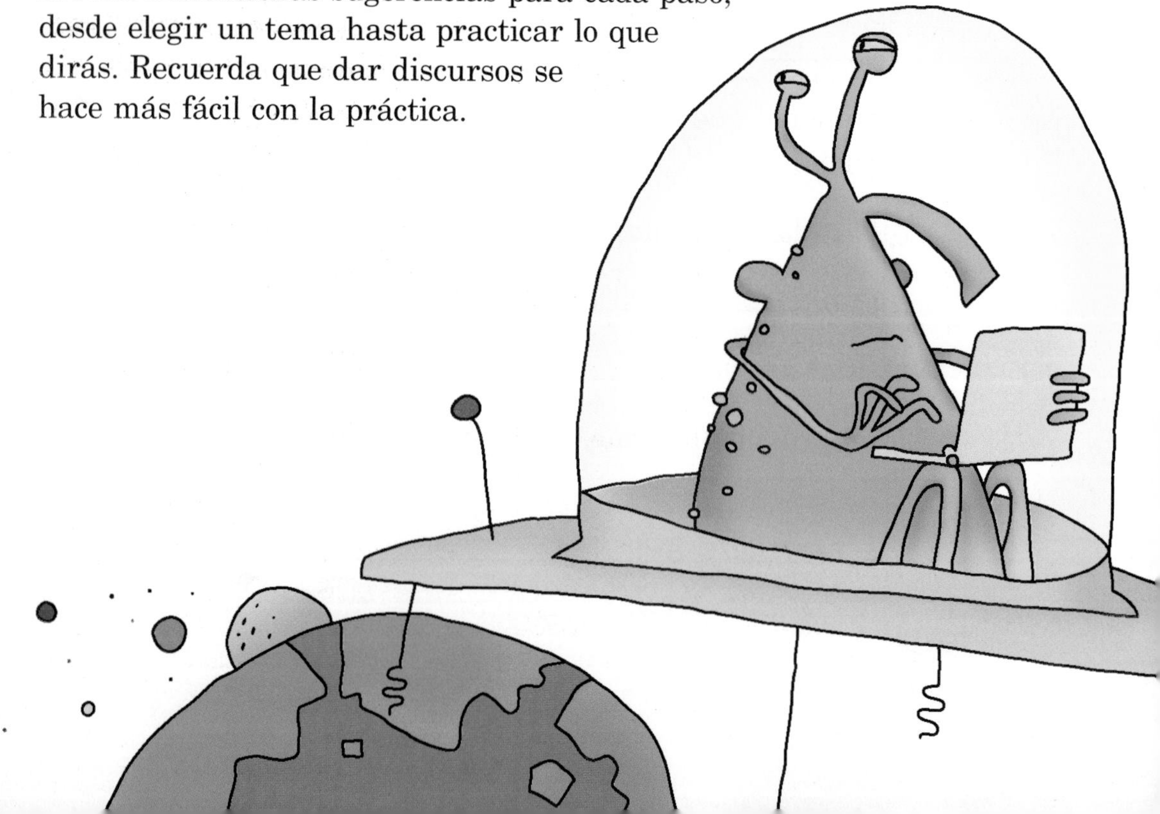

Crear un plan para tu discurso

1 Elige un tema.

Primero, haz una lluvia de ideas con un compañero sobre varios temas que te interesen de verdad y que creas le interesarán a tu público. Elige un tema de investigación. Luego escribe varias preguntas abiertas de investigación acerca del tema. Recuerda que las preguntas abiertas no pueden responderse con una palabra o frase simple y que pueden responderse de muchas formas distintas. Cada detalle del discurso debe explicar tus conclusiones acerca de las preguntas de investigación.

Ejemplos de preguntas abiertas de investigación:

- **¿En qué se diferencia Mercurio de los demás planetas?**
- **¿Cómo aprendemos acerca de Mercurio?**
- **¿Cómo ha cambiado con el tiempo lo que sabemos acerca de Mercurio?**

2 Haz un plan de investigación.

Decide qué preguntas te gustaría responder. Luego piensa en fuentes que puedas usar para aprender acerca del tema, como encuestas, enciclopedias, carteles o gráficas.

Práctica

1. Con un compañero, haz una lluvia de ideas sobre temas para la investigación.
2. Elige un tema.
3. Escribe tres preguntas abiertas acerca del tema.

TEKS 3.25B, 3.26A(ii), 3.27

Planificar tu discurso

3 Recopila fuentes acerca del tema.

Desarrollo de las ideas

Recuerda: Escribe lo que ya sabes acerca del tema.

Lee: Descubre más leyendo libros, revistas y textos de consulta, como enciclopedias. Mira páginas web y otros recursos en Internet. Toma apuntes sencillos mientras lees y mantén un registro de tus fuentes.

Haz preguntas: Habla con personas que sepan mucho acerca del tema. Haz preguntas y toma apuntes mientras escuchas.

4 Conoce tu propósito.

Habla con alguien acerca del enfoque de tu discurso antes de terminar tu investigación. Un experto puede ayudarte a revisar tu enfoque para asegurarte de que estás siendo bastante específico en tu planteamiento. Luego decide por qué quieres contarle a las personas acerca del tema. La razón para contarles se llama **propósito.** Tu propósito puede ser compartir información o convencer a las personas de hacer algo.

5 Decide lo que vas a decir.

Después debes decidir qué ideas incluirás en tu discurso. Usa estas sugerencias.

Para comenzar tu discurso...

- **di algo interesante o sorprendente para captar la atención de los oyentes y**
- **menciona el tema.**

En el desarrollo de tu discurso...

- **da detalles o hechos importantes acerca del tema y**
- **explica cómo llegaste a tus conclusiones.**

Para finalizar tu discurso...

- **recuerda a los oyentes cuál es el tema y**
- **repite una idea importante acerca de él.**

Práctica

Decide qué vas a decir en cada parte de tu discurso. Usa la información anterior como guía.

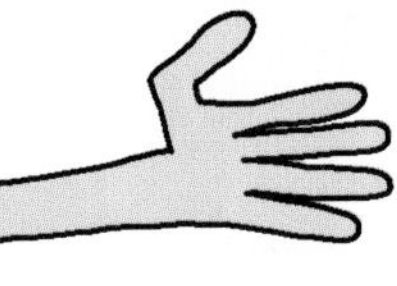

Escribir tu discurso

6 Organiza toda la información.

Para prepararte para tu discurso, escribe lo que quieres decir en una hoja de papel. Puedes escribir las ideas principales en tarjetas de apuntes o puedes escribir todo tu discurso en una hoja. (Consulta la página 356). También asegúrate de crear una página de obras citadas para que puedas compartir tus fuentes con tu público.

Tarjetas de apuntes

Escribe tu principio.

Principio 1

Los seres humanos saben del planeta Mercurio hace al menos 5,000 años. ¡Es asombroso ver cuánto hemos aprendido desde que se descubrió el planeta!

Haz una lista de las ideas importantes en más tarjetas.

Desarrollo 2

Los astrónomos descubrieron que Mercurio rota.

-En 1965 descubrieron que el planeta rota.

-Pensaban que Mercurio no rotaba.

Escribe tu conclusión.

Conclusión 3

Se sabe poco de Mercurio, ¡pero ahora sabemos mucho más que antes!

Práctica

Escribe tu discurso en tarjetas de apuntes o en una hoja. Incluye una página de obras citadas que puedas distribuir a tu público.

Dar tu discurso

7 Practica muchas veces.

Si usas tarjetas de apuntes, practica diciendo las ideas enumeradas en cada tarjeta. Hazlo una y otra vez hasta que puedas repetir todas las ideas con facilidad. Si escribiste tu discurso al pie de la letra, practica leyéndolo. Usa estas sugerencias.

- **Comienza a practicar al menos dos días antes de tu discurso.**
- **Da tu discurso frente a tus amigos o tu familia. Pídeles que hagan sugerencias.**
- **Practica frente a un espejo para ver cómo puedes mejorar.**
- **Grábate. Luego escucha tu discurso.**

8 Presenta tu discurso.

Cuando des tu discurso, ten en cuenta estas sugerencias.

- **Asegúrate de tener todos tus apuntes antes de comenzar.**
- **Coloca los carteles, gráficas u objetos en un lugar donde tu público pueda verlos con claridad.**
- **Mira a tu público a menudo mientras das tu discurso.**
- **Habla alto, lento y claro.**

Práctica

1. **Practica tu discurso usando las sugerencias anteriores como guía.**
2. **Luego presenta tu discurso a tus compañeros.**

Ejemplo de discurso

Este discurso comparte conclusiones de la investigación acerca de Mercurio.

Menciona el tema de un modo interesante.

Cada detalle te ayuda a explicar tus conclusiones.

Repite la idea más importante.

Mercurio

Los seres humanos saben del planeta Mercurio hace al menos 5,000 años. ¡Es asombroso ver cuánto hemos aprendido desde que se descubrió el planeta!

No se sabía mucho de Mercurio en la Antigüedad. Hace miles de años, un grupo de personas llamados sumerios descubrió la existencia de Mercurio. Los antiguos griegos también estudiaron Mercurio, aunque no lo llamaban así. Los romanos dieron al planeta el nombre de Mercurio en honor al veloz dios mensajero, ya que podía verse su rápido movimiento en el cielo.

En 1965, los astrónomos descubrieron que Mercurio rota, tal como lo hace la Tierra. Antes pensaban que no lo hacía. Ahora los astrónomos saben que ¡un día de Mercurio es igual a 176 días de la Tierra!

Los astrónomos descubrieron más acerca de las características físicas de Mercurio en 1975. El Mariner 10 se convirtió en la primera nave espacial en pasar cerca del planeta. Recopiló información acerca de su superficie. En 2008, la nave espacial Messenger pasó cerca de Mercurio y ¡tomó fotografías aun mejores!

Nos falta mucho por saber de Mercurio, ¡pero ahora sabemos mucho más que antes!

Crear una presentación multimedia

Las personas pueden leer un informe escrito o escuchar un discurso. Pero pueden hacer ambas cosas con una presentación multimedia. Una presentación multimedia es un informe o discurso que se ha convertido en una presentación de diapositivas por computadora. Mientras lees tu informe en voz alta, la presentación de diapositivas ilustra cada idea principal.

Prepararse Elegir las ideas importantes

Puedes convertir casi cualquier informe o discurso en una presentación multimedia.

Haz un plan y recopila detalles.

1. Elige un informe de investigación que te gustaría compartir con otras personas.
2. Después, haz una lista de las ideas más importantes de tu informe. Cada idea se mostrará en una diapositiva en tu presentación multimedia.
3. Elige fuentes visuales como mapas, cronologías y gráficas, además de fotografías, sonidos y animaciones que acompañen las palabras de tu informe. Haz una cuadrícula multimedia.

Cuadrícula multimedia

Palabras de tu informe	Fotografías o videos	Animaciones	Música o sonidos
1. Exploración de Mercurio	Foto de Mercurio tomada por la NASA		música dramática
2. En Mercurio, tu cumpleaños se celebraría cada tres meses.		globos que dan vueltas alrededor del planeta	

Desarrollar un borrador **Hacer un guión gráfico**

Usa tu cuadrícula multimedia para crear un guión gráfico.

Crea un guión gráfico.

1. **Escribe las palabras que aparecerán en la pantalla.**
2. **Haz apuntes en otros colores sobre las fotografías y los sonidos.**

La exploración de Mercurio por Ugo Garrett
Ver : foto de Mercurio
Escuchar: música

En Mercurio, tu cumpleaños se celebraría cada tres meses.
Ver: globos
Escuchar: cornetas

Mercurio es el planeta más cercano al Sol.
Ver: Mercurio en la hilera de ocho planetas
Escuchar: música

En Mercurio puede hacer desde 800 °F hasta 300 °F bajo cero.
Ver: dos termómetros cerca de Mercurio
Escuchar: sonido que se produce al freír algo, luego "brrr"

Mercurio es sólido como la Tierra, pero más pequeño.
Ver: Mercurio y la Tierra
Escuchar: música

Mercurio no tiene luna y los meteoros chocan con él.
Ver: cráteres en la Luna
Escuchar: sonidos de choque

Los científicos están estudiando a Mercurio.
Ver: foto de Messenger
Escuchar: lanzamiento de cohetes

¿Qué piensas que encontrarán?
Ver: científicos y telescopios
Escuchar: música

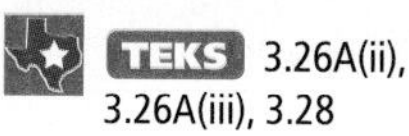

Crear las diapositivas

Usa un programa de computadora para crear tus diapositivas. Agrega fotografías y sonidos desde tu programa o en CD especiales.

Crea tus diapositivas.

1. **Busca fotografías, datos visuales y sonidos para cada diapositiva.**
2. **Diseña tus diapositivas de manera que sean fáciles de leer.**
3. **Incluye una diapositiva de obras citadas que muestre tus fuentes.**

Revisar Mejorar tu presentación

Practica cambiando las diapositivas mientras hablas. Quizás tengas que agregar, cortar o cambiar diapositivas para que tu presentación sea más clara.

Haz cambios en tu presentación.

1. **Practica dando tu presentación a familiares y amigos.**
2. **Escucha sus sugerencias para mejorarla.**

Corregir Comprobar que se respetan las convenciones

En una presentación multimedia, incluso los pequeños errores en la pantalla distraen la atención del mensaje. Por lo tanto, asegúrate de que todo esté en su lugar.

Comprueba que tu presentación respete las convenciones.

Comprueba que el texto de cada diapositiva no tenga errores de puntuación, uso de letras mayúsculas, ortografía y gramática.

Publicar Dar tu presentación

Comparte la información que aprendiste mostrando tu presentación de diapositivas a la clase.

Recuerda:

- Hablar alto y claro.
- Mantener contacto visual con tu público.
- Pasar de una diapositiva a otra a un ritmo que no sea muy rápido ni muy lento.
- Incluir una página de obras citadas como última diapositiva. (Consulta la página 332).

Publica **Presenta tu proyecto multimedia y comparte tu página de obras citadas.**

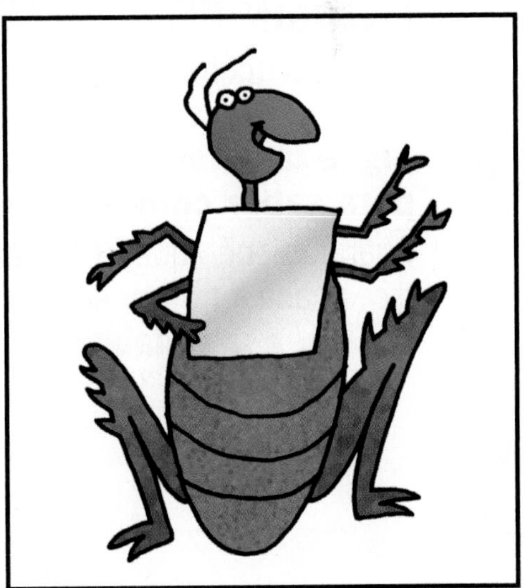

Las herramientas del lenguaje

Aprendizaje del lenguaje

Trabaja con un compañero. Lean los significados y respondan juntos las preguntas.

1. Una **estrategia** es un plan o una manera de hacer algo.
   ¿Qué estrategia usas para ganar en tu juego favorito?
2. Las **instrucciones** son los pasos que debes seguir para hacer algo o para ir a algún lugar.
   Sigue las instrucciones de un compañero para saber cómo llegar a la cafetería.
3. Cuando tienes que **deletrear** una palabra, dices cada letra por separado.
   Deletrea la palabra *esquina*.

Aprendizaje del lenguaje

Los términos *desarrollar un borrador, revisar* y *tema* son ejemplos del lenguaje de la escritura. El lenguaje de la escritura son las palabras que usamos para hablar sobre la escritura.

Los buenos escritores entienden cómo funciona el lenguaje y lo usan para compartir sus ideas. Esta sección te da las herramientas que necesitas para usar el lenguaje de la escritura.

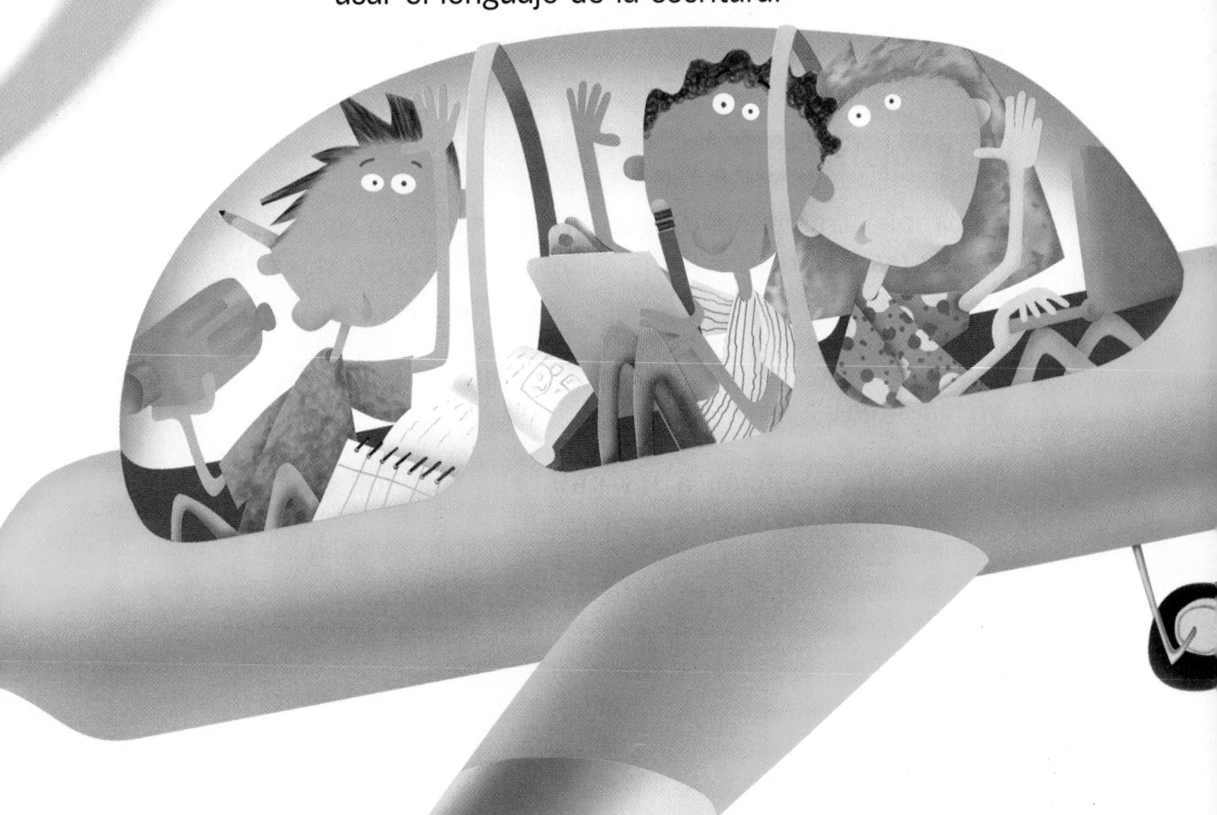

Estrategias del lenguaje

Todos los días escuchas palabras nuevas cuando las personas conversan. Intenta usar estas ideas como ayuda para comprender, recordar y usar las palabras nuevas que escuchas.

Poner atención a los patrones del lenguaje

Fíjate cómo las mismas letras se combinan para formar los mismos sonidos. Pon atención a los sonidos que se repiten en las palabras que escuchas para que digas correctamente las palabras nuevas.

Escuchas: La Sra. Guerra me invitó a comer guindas con merengue.
Puedes decir: Miguel conversa con Guillermo sobre la guitarra.

Dirígete a un compañero. Di otras dos oraciones que tengan palabras con **gue, gui** y **nv**.

Usar el lenguaje académico

Los maestros pueden usar palabras que no conoces. Para recordar las palabras nuevas, deletréalas. Luego repítelas en voz alta.

Escuchas: Hay muchas maneras de resolver el problema.
Repites: r-e-s-o-l-v-e-r, resolver.

Pon atención a las palabras nuevas. Deletrea las palabras y dilas en voz alta.

Enseñar a un amigo

Usa palabras nuevas para enseñar algo nuevo a amigos y familiares.

Escuchas: Un inventor es una persona que crea cosas nuevas.
Puedes decir: Benjamín Franklin es un inventor famoso.

Explica algo a un amigo usando una palabra nueva que hayas aprendido.

Tomar apuntes o hacer un dibujo

Recuerda las palabras nuevas escribiéndolas en un cuaderno. Haz un dibujo de la palabra y escribe su definición.

Escuchas: Un hexágono es una figura de seis lados.
Puedes escribir: Escribe la palabra *hexágono* y su significado en un cuaderno. Dibuja un hexágono.

Escribe un cuaderno de vocabulario. Cuando escuches una palabra nueva, escríbela. Incluye su definición y un dibujo.

Lenguaje del proceso de escritura

Lee cada una de las palabras. Luego lee lo que significan.

Prepararse es el primer paso del proceso de escritura. Cuando te preparas, planificas tu escritura. Eliges un tema y recopilas detalles sobre él. Piensas por qué escribes y para quién escribes. Esto te permite elegir cuál es la mejor forma de escritura.

Cuando haces el borrador, comienzas a escribir. Presentas tu tema y organizas tus ideas en párrafos.

Cuando revisas, cambias tu redacción para mejorarla. Primero, lee tu borrador y compártelo con alguien. Después haz cambios para que tus ideas sean claras y estén organizadas.

Cuando corriges, buscas los errores en la gramática, las convenciones mecánicas, la estructura de las oraciones y la ortografía, y los mejoras.

El último paso del proceso de escritura es publicar. Cuando publicas, compartes tu redacción. Escribe la versión final en limpio y preséntala a tu público.

Vocabulario: Proceso de escritura

escribe	**prepárate**	**corrige**
publica	**revisa**	**forma**

1. **Di la palabra.** Escucha mientras tu maestro lee las palabras en voz alta. Luego repite cada palabra. Fíjate que en las palabras *publica* y *corrige*, la letra *c* presenta el sonido consonántico *k*.

2. **Descubre el significado.** Haz una gráfica de tres columnas con un compañero. Escribe en la primera columna las palabras de vocabulario que conoces. Luego escribe los significados de las palabras en la segunda columna y una oración con la palabra en la tercera columna.

3. **Aprende más.** Escucha mientras tu maestro explica el significado de cada palabra. Repite el significado a un compañero. Luego agrega a la gráfica las palabras que no conoces.

4. **Demuestra tu entendimiento.** Escucha mientras tu maestro lee las siguientes preguntas. Respóndelas en tu cuaderno.
   - Cuando publicas, ¿dejas tu redacción para ti mismo o la compartes con un público?
   - ¿Qué tipos de errores buscas cuando corriges?
   - ¿Qué es lo que debes cambiar cuando corriges tu redacción?

5. **Escríbelo y muéstralo.** Agrega en tu cuaderno palabras y dibujos junto a cada palabra de vocabulario. Esto te ayudará a recordar lo que significan.

El proceso de escritura en acción

Ya aprendiste el lenguaje del proceso de escritura. ¡Ahora observa el proceso en acción! Tu maestro te mostrará cómo realizar cada paso. Luego escucha mientras tu maestro te da las instrucciones para realizar cada paso por tu cuenta. Practica la escritura usando estas preguntas.

Prepárate

1. **¿Qué es algo emocionante que te ocurrió?**
2. **¿Quién será tu público?**
3. **¿Por qué vas a escribir y qué forma de escritura usarás?**

Escribe

1. **¿Cómo organizarás tus ideas en párrafos?**
2. **¿Qué detalles incluirás sobre tu tema?**

El proceso de escritura en acción

Estas páginas de la primera unidad de tu libro muestran el proceso de escritura en acción.

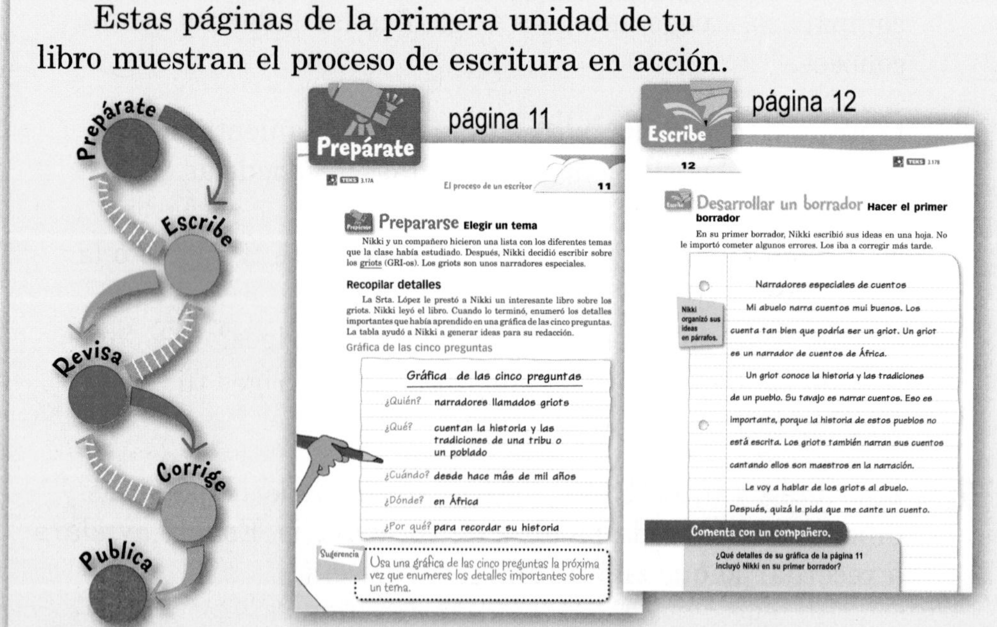

Revisa

1. ¿Elegiste palabras que tu público pueda entender?
2. ¿Hay oraciones que debas agregar o quitar?

Corrige

1. ¿Revisaste que la gramática, las convenciones mecánicas, la estructura de las oraciones y la ortografía estén correctas?
2. ¿Tienen sentido todas las oraciones?

Publica

1. ¿Está limpia tu redacción y es fácil de leer?
2. ¿La presentaste a tu público?

Turnarse y comentar

Conversa con un compañero sobre el paso que más te gusta.

Ejemplo: Me gusta el paso ________ porque____________.

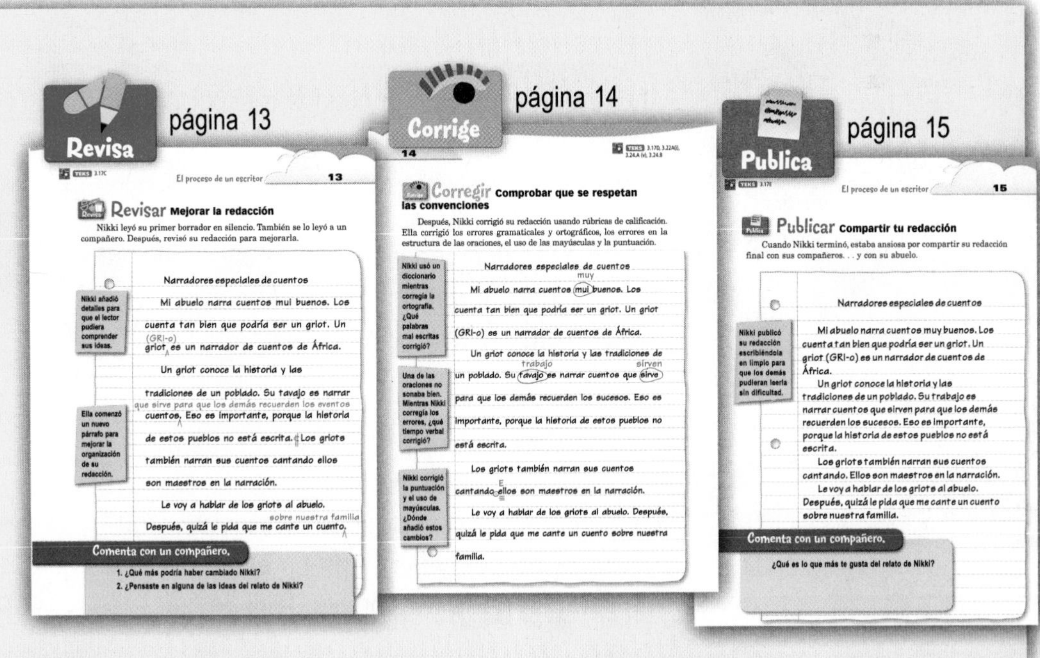

El lenguaje de las características de la escritura

Lee cada uno de estos términos. Después lee lo que significan.

y

coherencia

Escribe acerca de un tema. Todas tus ideas deben relacionarse entre sí y sólo deben referirse al tema del cual estás escribiendo.

Organización

Debes organizar tus ideas de manera que tengan sentido. Tu redacción debe ser fácil de seguir desde el principio hasta la conclusión.

Desarrollo de las ideas

Incluye detalles bien pensados e importantes para explicar muy bien tus ideas.

Tu redacción debe demostrar lo que piensas y sientes sobre tu tema. Lo que deseas es que tu público se interese o se entusiasme al leer tu redacción.

Convenciones

Las convenciones son las reglas para escribir. Comprueba que la gramática, las convenciones mecánicas, la estructura de las oraciones y la ortografía estén correctas para que tu redacción sea fácil de leer.

Vocabulario: Características de la escritura

coherencia	**convenciones**	**organización**
desarrollo	**enfoque**	**voz**

1. **Di la palabra.** Escucha mientras tu maestro lee las palabras en voz alta. Luego repite cada palabra. Fíjate que una de las palabras incluye el sonido consonántico *ll*. Di esta palabra en voz alta a un compañero.

2. **Descubre el significado.** Hojea tu libro con un compañero y busca las palabras de vocabulario en las oraciones. Usa las oraciones para determinar lo que significan las palabras. Escribe en tu cuaderno la definición que crees que tiene cada palabra.

3. **Aprende más.** Escucha mientras tu maestro explica el significado de cada palabra. Repite los significados a un compañero. Luego cambia o agrega lo necesario a las definiciones que creaste en tu cuaderno.

4. **Demuestra tu entendimiento.** Escucha mientras tu maestro lee las siguientes preguntas. Respóndelas en tu cuaderno.
   - ¿Cuántos temas tiene una redacción cuando tiene un enfoque?
   - ¿Tienes la misma voz de escritura que tu autor favorito? ¿Por qué?
   - ¿Por qué sería difícil leer una redacción que tiene errores en las convenciones?

5. **Escríbelo y muéstralo.** Agrega palabras, dibujos u oraciones junto a las definiciones de tu cuaderno para ayudarte a recordar las palabras de vocabulario.

Lenguaje de la escritura descriptiva

La escritura descriptiva usa detalles para que los lectores imaginen un tema. Esta escritura usa detalles sensoriales, como la manera en que algo se ve, se siente, qué sabor tiene, cómo huele o qué sonido tiene. Un ensayo descriptivo tiene un principio, un desarrollo y una conclusión.

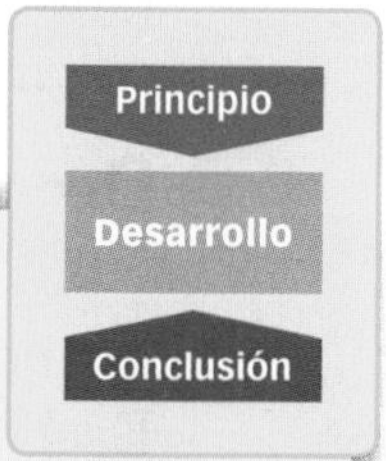

Organización de un ensayo descriptivo

Principio
Desarrollo
Conclusión

Presenta el tema.

oraciones temáticas con detalles

oraciones temáticas con detalles

Comparte un pensamiento final sobre el tema.

Turnarse y comentar

Describe tu lugar favorito a un compañero.

Mi lugar favorito es ________________.

Vocabulario: Escritura descriptiva

describir	principio	desarrollo
conclusión	párrafo	detalle

1. **Di la palabra.** Escucha mientras tu maestro lee las palabras en voz alta. Luego repite cada palabra. Una palabra tiene la combinación consonántica *cr*, como en *cruzar*. ¿Qué palabra del vocabulario tiene la combinación consonántica *cr*? Practica la pronunciación de esta palabra con un compañero.

2. **Descubre el significado.** Haz una gráfica de T con un compañero. Escribe las palabras en una columna. En la otra columna, escribe lo que crees que significa cada palabra.

3. **Aprende más.** Escucha mientras tu maestro explica el significado de cada palabra. Repite los significados a un compañero. Luego haz los cambios o agrega lo necesario a tu gráfica.

4. **Demuestra tu entendimiento.** Escucha mientras tu maestro lee las siguientes preguntas. Respóndelas en tu cuaderno.
   - ¿Compartirías un pensamiento final sobre tu tema en el principio, en el desarrollo o en la conclusión de un ensayo descriptivo?
   - ¿Qué tipos de detalles se encuentran en la escritura descriptiva?

5. **Escríbelo y muéstralo.** Agrega palabras, dibujos u oraciones a tu gráfica para recordar las palabras.

Leer el modelo descriptivo

¿Qué sabes?

A continuación, vas a leer "Mi medallón es una reliquia", un modelo de escritura descriptiva de la página 66 que trata sobre un medallón. ¿Qué sabes de los medallones? ¿Has visto un medallón alguna vez?

Desarrollar el contexto

Un medallón es un estuche pequeño que se usa en un collar. Normalmente contiene fotos.

Escuchar

Escucha a tu maestro o a un compañero mientras lee en voz alta "Mi medallón es una reliquia". Mientras escuchas, escribe los detalles que aprendes sobre el medallón. Luego comenta las siguientes preguntas con un compañero.

1. ¿Cómo es físicamente un medallón?
2. ¿Cómo describe la escritora a sus abuelos?
3. ¿Por qué es especial el medallón para la escritora?

Palabras clave de la escritura descriptiva

pequeño	**muchos**	**muy**
redondo	**oro**	**larga**
diminutas	**algunas**	**escuchar**

Observa las palabras del recuadro. Escucha mientras tu maestro las lee en voz alta y luego escríbelas en tu cuaderno. Verás estas palabras cuando leas el modelo de escritura. Fíjate que dos de estas palabras presentan el sonido consonántico *k*, pero una de las palabras se escribe con *q* y la otra se escribe con *c*. Deletrea estas palabras y dilas en voz alta a un compañero. Por ejemplo, *p-e-q-u-e-ñ-o, pequeño* y *e-s-c-u-ch-a-r, escuchar.*

Seguir la lectura

Ahora te toca leer a ti. Vuelve a la página 66. Mientras tu maestro lee en voz alta, sigue la lectura en tu libro.

66 TEKS 3.17E

Publicar Compartir tu ensayo

Después de revisar y corregir los errores, crea un borrador final de tu ensayo descriptivo. Muestra tu borrador final a otros compañeros.

Publica — Escribe el borrador final.

Sigue las instrucciones de tu maestro y escribe con mucho cuidado el borrador de la versión final.

Mi medallón es una reliquia

¿Sabes lo que es un medallón? Bueno, es un pequeño estuche que cuelga de un collar. Los medallones se abren y en su interior hay fotos. Yo tengo uno que ha estado en nuestra familia durante muchísimo tiempo. Mi abuelo se lo regaló a mi abuela antes de casarse. Muchos años después, mi abuela se lo regaló a mi mamá y ahora es mío. Mi medallón es muy especial para mí.

Muchos medallones tienen forma de corazón, pero el mío es redondo. Es de oro brillante y cuelga de una larga cadena. En la parte de afuera tiene grabadas hojas de viña y diminutas flores rosadas. Algunas viñas están lisas porque mi mamá y mi abuela las frotaban con los dedos.

Dentro de mi medallón hay fotos de mi abuela y mi abuelo de cuando eran jóvenes. La abuela era linda. Ella tenía el pelo rubio y rizado. Mi abuelo se veía muy diferente. Él tenía el pelo negro y no usaba lentes como ahora.

Yo abro y cierro mi medallón una y otra vez. Me gusta sentirlo en la mano y escuchar cuando hace clic, clic. Mamá dice que no debería abrirlo tanto. Podría echarlo a perder. Dice que debo cuidarlo mucho. Algún día le regalaré este hermoso relicario a mi hija y ella podrá disfrutarlo tanto como yo.

Después de leer

Una manera de demostrar que comprendes lo que lees es resumiéndolo. Cuando resumes, cuentas brevemente las ideas principales. Resume “Mi medallón es una reliquia” a un compañero.

Lenguaje oral: Escritura descriptiva

El público es la o las personas que te escuchan o que leen lo que escribiste. Cuando escribas o hables, elige palabras que tu público conozca y un lenguaje que los motive a escuchar más.

Lee la siguiente situación. Después elige dos de los públicos indicados al final de la página. Comenta con un compañero qué diferencias tendría tu descripción frente a cada público.

Situación

¡Es hora de almorzar! Describe lo que comes. Cuenta cómo se ve, qué sabor tiene, cómo se siente, cómo huele y qué sonido tiene.

Públicos

- **Vecino de tres años**
- **Amigo de la clase**
- **Abuelo o abuela que vive en otro estado**

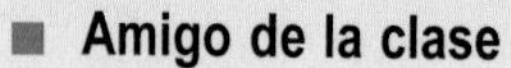

Conversar eficazmente

Puedes responder una pregunta con una respuesta corta o larga. Mientras más detalles uses, mejor te entenderá tu público.

Lee la pregunta y las respuestas siguientes. La respuesta con más detalles es la que mejor responde la pregunta.

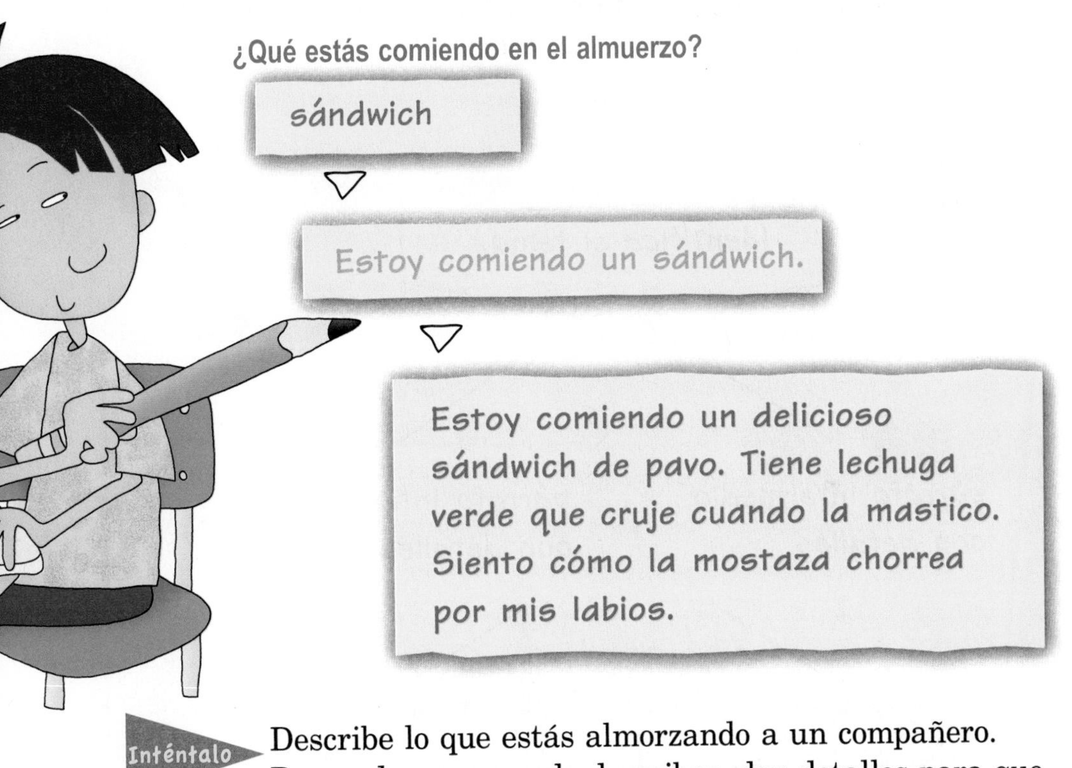

Inténtalo Describe lo que estás almorzando a un compañero. Recuerda que cuando describes, das detalles para que tu público imagine lo que estás diciendo. Pregunta a tu compañero si entendió tu descripción. De ser necesario, agrega más detalles.

Lenguaje de la escritura narrativa

La escritura narrativa cuenta una historia verdadera sobre algo que te ocurrió y cómo te sentiste al respecto. Un relato personal tiene un principio, un desarrollo y una conclusión.

Organización de un relato personal

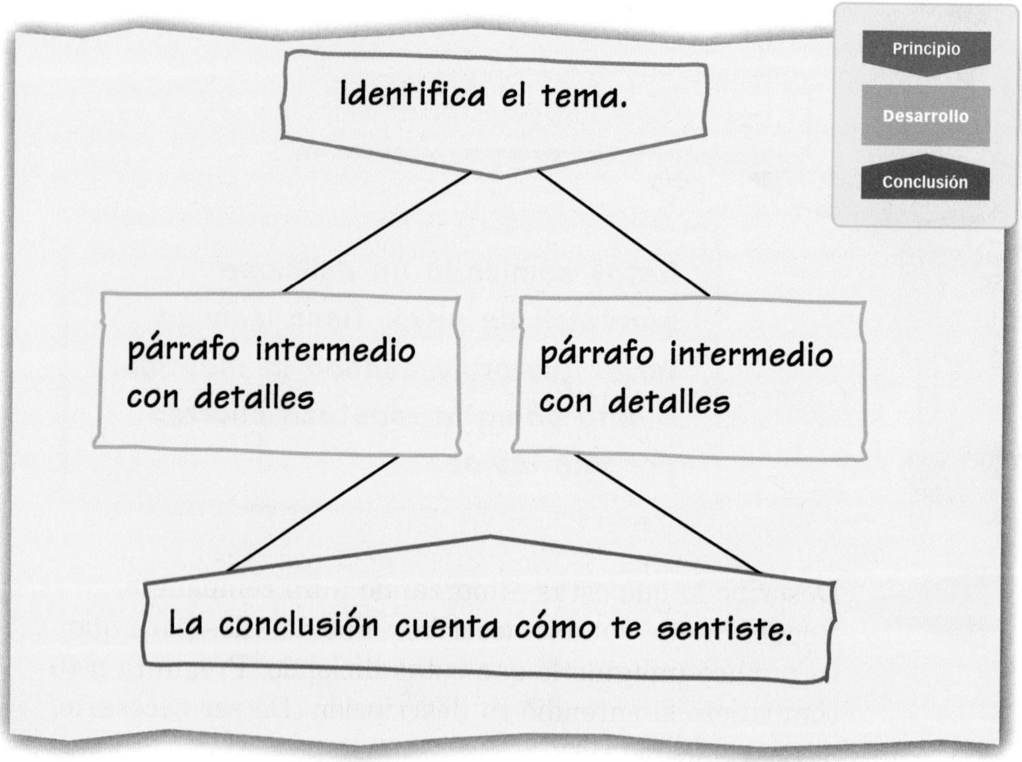

Principio

Desarrollo

Conclusión

Identifica el tema.

párrafo intermedio con detalles

párrafo intermedio con detalles

La conclusión cuenta cómo te sentiste.

Turnarse y comentar

Comparte un momento en que algo te sorprendió.

Me sorprendí cuando ____________.

Vocabulario: Escritura narrativa

narrativa	principio	experiencia
desarrollo	final	tema

1. **Di la palabra.** Escucha mientras tu maestro lee las palabras en voz alta. Luego repite cada palabra. Algunas palabras tienen el sonido *r* fuerte, como en *arroz*. ¿Qué palabras del vocabulario tienen el sonido de la *r* fuerte? Practica la pronunciación de estas palabras con un compañero.

2. **Descubre el significado.** Comenta el significado de las palabras que conoces con un compañero. En tu cuaderno, escribe una oración con cada palabra que conozcas.

3. **Aprende más.** Escucha mientras tu maestro explica el significado de cada palabra. Repite los significados a un compañero. Escribe oraciones con las palabras nuevas que aprendiste.

4. **Demuestra tu entendimiento.** Escucha mientras tu maestro lee las siguientes preguntas. Respóndelas en tu cuaderno.
   - ¿En qué parte de una narración debes identificar tu tema: en el principio, en el desarrollo o en la conclusión?
   - ¿Es una narración una historia verdadera o una historia inventada?
   - ¿Sobre qué experiencia podrías escribir en un relato personal?

5. **Escríbelo y muéstralo.** En tu cuaderno, haz dibujos o escribe palabras o definiciones para ayudarte a recordar las palabras de vocabulario.

Leer el modelo narrativo

¿Qué sabes?

A continuación, vas a leer "Emergencia de patineta 9–1–1", un modelo de escritura de relato personal de la página 104 que trata sobre un amigo simpático. ¿Te ha ayudado un amigo alguna vez? ¿Qué hizo para ayudarte?

Desarrollar el contexto

Una manga de yeso es un estuche duro que se usa para sanar un hueso roto. Evita que muevas la parte del cuerpo lastimada.

Escuchar

Escucha a tu maestro o a un compañero mientras lee en voz alta "Emergencia de patineta 9–1–1". Mientras escuchas, escribe tus pensamientos sobre la experiencia de Taylor. Luego comenta las siguientes preguntas con un compañero.

1. ¿Qué ocurrió primero, después y por último en esta narración?
2. ¿Qué quiere decir Taylor cuando dice: "Me sentía tan indefenso como un bebé"?
3. ¿De qué manera demuestra Brandon que es un buen amigo?

Palabras clave de la narración

rompí	**más**	**caí**
brazo	**ayudaré**	**sanara**
bien	**conozco**	**cuando**

Observa las palabras del recuadro. Escucha mientras tu maestro las lee en voz alta. Fíjate que las palabras *ayudaré, rompí* y *caí* llevan acento ortográfico. Deletrea estas palabras. Después escríbelas en tu cuaderno.

Seguir la lectura

Ahora te toca leer a ti. Vuelve a la página 104. Mientras tu maestro lee en voz alta, sigue la lectura en tu libro.

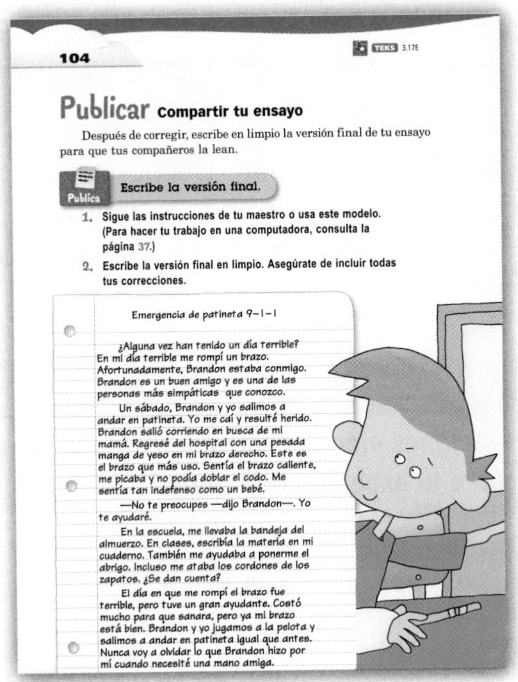

104

TEKS 3.17E

Publicar Compartir tu ensayo

Después de corregir, escribe en limpio la versión final de tu ensayo para que tus compañeros la lean.

Publica — Escribe la versión final.

1. Sigue las instrucciones de tu maestro o usa este modelo. (Para hacer tu trabajo en una computadora, consulta la página 37.)
2. Escribe la versión final en limpio. Asegúrate de incluir todas tus correcciones.

Emergencia de patineta 9-1-1

¿Alguna vez han tenido un día terrible? En mi día terrible me rompí un brazo. Afortunadamente, Brandon estaba conmigo. Brandon es un buen amigo y es una de las personas más simpáticas que conozco.

Un sábado, Brandon y yo salimos a andar en patineta. Yo me caí y resulté herido. Brandon salió corriendo en busca de mi mamá. Regresé del hospital con una pesada manga de yeso en mi brazo derecho. Este es el brazo que más uso. Sentía el brazo caliente, me picaba y no podía doblar el codo. Me sentía tan indefenso como un bebé.

—No te preocupes —dijo Brandon—. Yo te ayudaré.

En la escuela, me llevaba la bandeja del almuerzo. En clases, escribía la materia en mi cuaderno. También me ayudaba a ponerme el abrigo. Incluso me ataba los cordones de los zapatos. ¿Se dan cuenta?

El día en que me rompí el brazo fue terrible, pero tuve un gran ayudante. Costó mucho para que sanara, pero ya mi brazo está bien. Brandon y yo jugamos a la pelota y salimos a andar en patineta igual que antes. Nunca voy a olvidar lo que Brandon hizo por mí cuando necesité una mano amiga.

Después de leer

Sabes que a Brandon le gusta ser amigo de Taylor aunque el escritor nunca usa esas palabras exactas. Cuéntale a un compañero cómo lo sabes.

Lenguaje oral: Escritura narrativa

El público es la o las personas que te escuchan o que leen lo que escribiste. Cuando escribas o hables, elige palabras que tu público conozca y un lenguaje que los motive a escuchar más.

Lee la siguiente situación. Después elige dos de los públicos indicados al final de la página. Comenta con un compañero qué diferencias tendría tu narración frente a cada público.

Situación

Tu familia y tú salieron a comer a un restaurante nuevo. Ocurrieron situaciones emocionantes mientras estaban allá. Narra una historia sobre tu experiencia y cómo te sentiste.

Públicos

- **Amigo por correspondencia en otro país**
- **Maestro**
- **Dueño del restaurante**

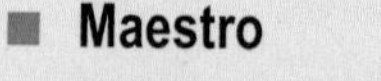

Conversar eficazmente

Puedes responder una pregunta con una respuesta corta o larga. Mientras más detalles uses, mejor te entenderá tu público.

Lee la pregunta y las respuestas siguientes. La respuesta con más detalles es la que mejor responde la pregunta.

Inténtalo Narra una historia sobre una experiencia que hayas tenido en un restaurante. Incluye detalles acerca de quiénes estaban contigo, cómo era físicamente el lugar y cómo te sentiste. Pide a tu compañero que haga preguntas sobre tu historia y respóndelas.

Lenguaje de la escritura expositiva

La escritura expositiva explica ideas o informaciones. Se escribe para enseñar, o informar, al público. Los ensayos expositivos generalmente tienen un párrafo inicial, párrafos intermedios y un párrafo final.

Organización de un ensayo expositivo

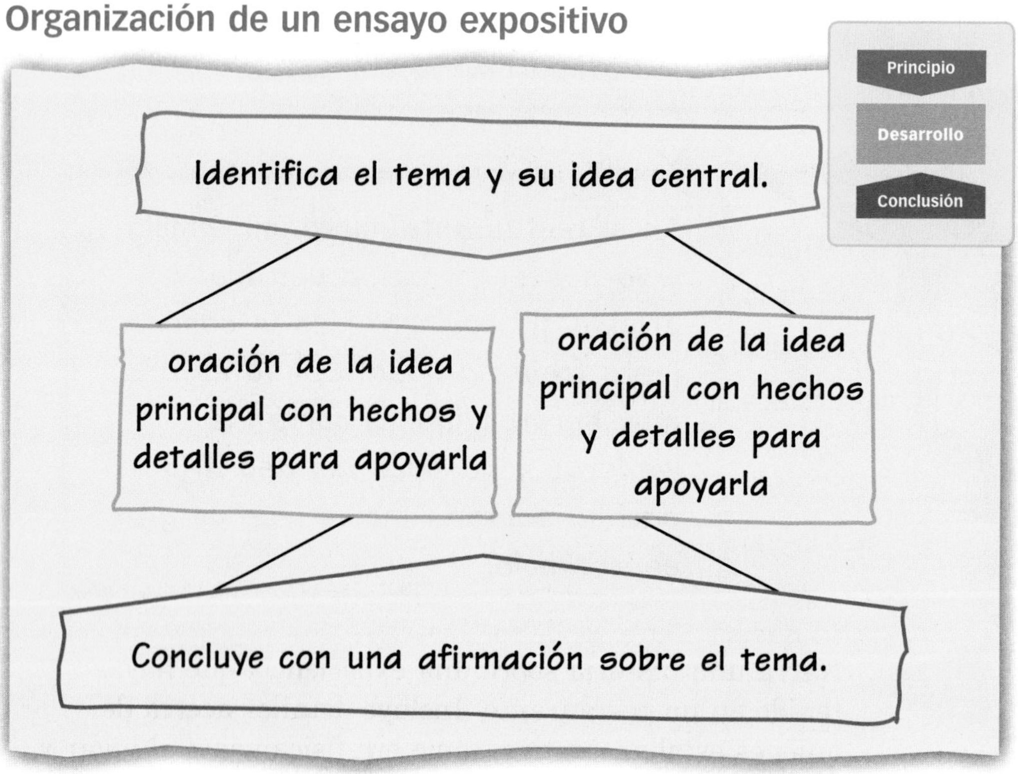

Principio

Desarrollo

Conclusión

Identifica el tema y su idea central.

oración de la idea principal con hechos y detalles para apoyarla

oración de la idea principal con hechos y detalles para apoyarla

Concluye con una afirmación sobre el tema.

Turnarse y comentar

Explica por qué disfrutas uno de tus pasatiempos.

Yo disfruto _______________ porque _______________.

Vocabulario: Escritura expositiva

informar	explicar	expositiva
idea principal	hecho	concluir

1. **Di la palabra.** Escucha mientras tu maestro lee las palabras en voz alta. Luego repite cada palabra. Una de las palabras tiene la *h* muda. La *h* no tiene sonido cuando está en una palabra. ¿Qué palabra del vocabulario tiene la *h* muda? Practica la pronunciación de estas palabras con un compañero.

2. **Descubre el significado.** Comenta con un compañero las palabras que conoces y escribe sus significados en tu cuaderno. Observa el modelo de escritura de la página 156 y busca ejemplos de las palabras que conoces.

3. **Aprende más.** Escucha mientras tu maestro explica el significado de cada palabra. Repite los significados a un compañero. Luego busca ejemplos de las palabras que no conocías en el modelo de escritura de la página 156.

4. **Demuestra tu entendimiento.** Escucha mientras tu maestro lee estas preguntas. Respóndelas en tu cuaderno.
   - ¿En qué se apoya la idea principal?
   - ¿Cuál es el propósito de un ensayo expositivo?
   - ¿Concluyes un ensayo en el principio, en el desarrollo o en la conclusión?

5. **Escríbelo y muéstralo.** Incluye dibujos, palabras u oraciones en tu cuaderno para recordar qué significa cada palabra.

Leer el modelo expositivo

¿Qué sabes?

A continuación vas a leer "¡Qué rico, una estadía nocturna!", un modelo de escritura de ensayo expositivo de la página 156 que trata sobre una estadía nocturna. ¿Has ido alguna vez a una estadía nocturna? Si has ido, ¿cómo fue? Si no has ido, ¿cómo crees que será?

Desarrollar el contexto

Piensa en la palabra *nocturna* como ayuda para entender este ensayo. Al leer esta palabra, verás que una parte de la palabra se parece a la palabra *noche*. En una estadía *nocturna*, un grupo de amigas pasa la noche en la casa de una de ellas.

Escuchar

Escucha a tu maestro o a un compañero mientras lee en voz alta "¡Qué rico, una estadía nocturna!". Mientras escuchas, trata de recordar la oración temática. Luego comenta las siguientes preguntas con un compañero.

1. ¿Qué aprendes sobre las estadías nocturnas?
2. ¿Qué aprendes sobre Gabrielle?
3. Explica por qué ella escribió "¡Qué rico, una estadía nocturna!".

Palabras clave de la escritura narrativa

toda	**a través**	**propia**
otra	**podría**	**esta**
sobre	**siguiente**	**más**

Observa las palabras del recuadro. Escucha mientras tu maestro las lee en voz alta. Verás estas palabras cuando leas el modelo de escritura. Fíjate en las cinco palabras que tienen combinaciones de consonantes. Deletrea las palabras y después escríbelas en tu cuaderno.

Seguir la lectura

Ahora te toca leer a ti. Vuelve a la página 156. Mientras tu maestro lee en voz alta, sigue la lectura en tu libro.

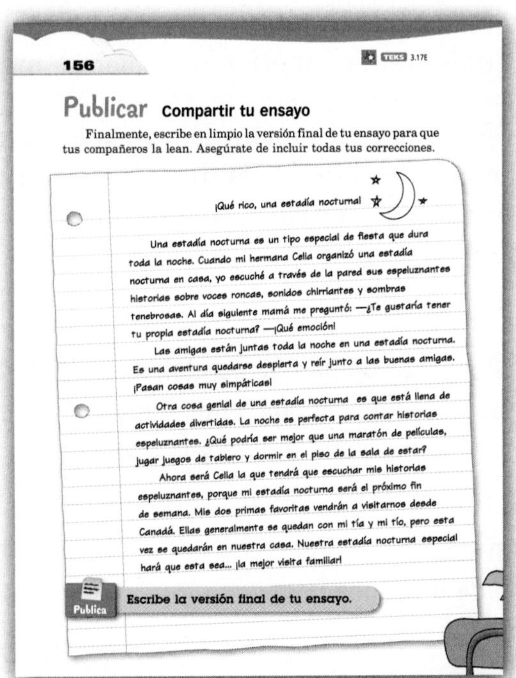

156 TEKS 3.17E

Publicar Compartir tu ensayo

Finalmente, escribe en limpio la versión final de tu ensayo para que tus compañeros la lean. Asegúrate de incluir todas tus correcciones.

¡Qué rico, una estadía nocturna!

Una estadía nocturna es un tipo especial de fiesta que dura toda la noche. Cuando mi hermana Celia organizó una estadía nocturna en casa, yo escuché a través de la pared sus espeluznantes historias sobre voces roncas, sonidos chirriantes y sombras tenebrosas. Al día siguiente mamá me preguntó: —¿Te gustaría tener tu propia estadía nocturna? —¡Qué emoción!

Las amigas están juntas toda la noche en una estadía nocturna. Es una aventura quedarse despierta y reír junto a las buenas amigas. ¡Pasan cosas muy simpáticas!

Otra cosa genial de una estadía nocturna es que está llena de actividades divertidas. La noche es perfecta para contar historias espeluznantes. ¿Qué podría ser mejor que una maratón de películas, jugar juegos de tablero y dormir en el piso de la sala de estar?

Ahora será Celia la que tendrá que escuchar mis historias espeluznantes, porque mi estadía nocturna será el próximo fin de semana. Mis dos primas favoritas vendrán a visitarnos desde Canadá. Ellas generalmente se quedan con mi tía y mi tío, pero esta vez se quedarán en nuestra casa. Nuestra estadía nocturna especial hará que esta sea... ¡la mejor visita familiar!

Publica **Escribe la versión final de tu ensayo.**

Después de leer

Demuestra que entendiste lo que leíste respondiendo las siguientes preguntas en tu cuaderno.

1. ¿Qué te indica el título acerca del ensayo?
2. ¿Crees que Gabrielle estaba celosa de su hermana Celia? ¿Por qué?

Lenguaje oral: Escritura expositiva

El público es la o las personas que te escuchan o que leen lo que escribiste. Cuando escribas o hables, elige palabras que tu público conozca y un lenguaje que los motive a escuchar más.

Lee la siguiente situación. Después elige dos de los públicos indicados al final de la página. Comenta con un compañero qué diferencias tendría tu explicación frente a cada público.

Situación

Acabas de visitar un parque estatal. Aprendiste todo acerca de cómo preservar el medio ambiente. Explica lo que las personas pueden hacer para proteger la flora y la fauna.

Públicos

- **Papá o mamá**
- **Hermano de tres años**
- **Director de la escuela**

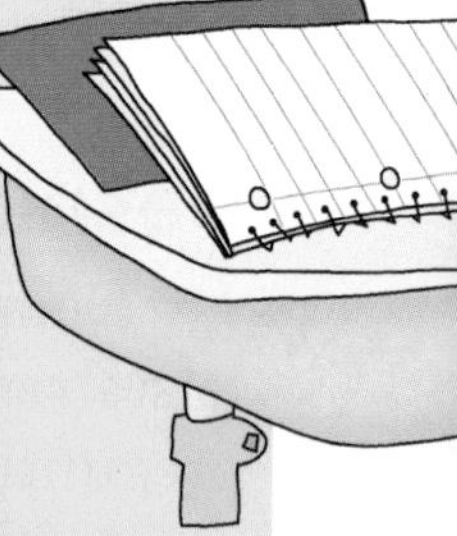

Conversar eficazmente

Puedes responder una pregunta con una respuesta corta o larga. Mientras más detalles uses, mejor te entenderá tu público.

Lee la pregunta y las respuestas siguientes. La respuesta con más detalles es la que mejor responde la pregunta.

¿Qué podemos hacer para proteger la flora y la fauna?

recoger

Recoger la basura.

Una manera de proteger la flora y la fauna es recoger la basura y echarla a un bote de basura. Si los animales comen basura, pueden enfermarse. Además, la basura puede introducirse en la tierra o el agua, y dañar las plantas y los peces.

Explica a un compañero qué pueden hacer las personas para proteger la flora y la fauna en tu comunidad. Incluye hechos y detalles que indiquen por qué es importante proteger la flora y la fauna, y cómo podemos ayudar. Pregunta a tu compañero si entendió tu explicación.

Lenguaje de la escritura persuasiva

La escritura persuasiva trata de convencer. Esto significa que el escritor intenta que su público sienta o actúe de cierta manera. La escritura persuasiva generalmente tiene un párrafo inicial, un párrafo intermedio y un párrafo final.

Organización de una carta persuasiva

Principio

Desarrollo

Conclusión

Comienza con una oración de opinión.

detalles que apoyan la postura

Indica lo que el lector debe hacer o sentir.

Turnarse y comentar

¿Dónde crees que sería un buen lugar para hacer una excursión? Persuade a un compañero para que comparta tu opinión.

Pienso que una buena excursión sería____________________.

Vocabulario: Escritura persuasiva

persuadir	convencer	público
postura	detalle	opinión

1. **Di la palabra.** Escucha mientras tu maestro lee las palabras en voz alta. Luego repite cada palabra. Practica la pronunciación de estas palabras con un compañero.

2. **Descubre el significado.** Crea con un compañero una gráfica de T. Escribe las palabras que conoces en una columna. Escribe los significados de las palabras en la otra columna.

3. **Aprende más.** Escucha mientras tu maestro explica el significado de cada palabra. Repite los significados a un compañero. Agrega las palabras que no conocías a tu gráfica de T.

4. **Demuestra tu entendimiento.** Escucha mientras tu maestro lee las siguientes preguntas. Respóndelas en tu cuaderno.
   - ¿Cuáles son dos palabras de vocabulario que tienen el mismo significado?
   - ¿Cuándo trataste de persuadir a alguien?
   - ¿Cuándo debes mencionar tu postura en una carta persuasiva: en el principio, en el desarrollo o en la conclusión?

5. **Escríbelo y muéstralo.** Agrega apuntes o dibujos en tu cuaderno para recordar las palabras de vocabulario. Puedes hacer una red de palabras para mostrar cómo se relacionan las palabras.

Leer el modelo persuasivo

¿Qué sabes?

A continuación vas a leer la carta persuasiva de Roku, un modelo de escritura persuasiva de la página 207 que trata sobre las reglas de la biblioteca de una escuela. ¿Estás de acuerdo con todas las reglas de tu escuela? ¿Por qué?

Desarrollar el contexto

Muchas bibliotecas tienen reglas acerca de la cantidad de libros que pueden retirarse cada vez. Las bibliotecas también tienen reglas sobre cuándo deben devolverse y qué ocurre cuando no se cumple el plazo. Estas reglas existen para que todos puedan compartir los recursos de la biblioteca.

Escuchar

Escucha a tu maestro o a un compañero mientras lee en voz alta la carta de Roku. Mientras escuchas, escribe los detalles que Roku incluyó para apoyar su postura. Luego comenta las siguientes preguntas con un compañero.

1. ¿Por qué Roku le escribe una carta a la Sra. Lincoln?
2. ¿Qué detalles incluyó Roku en su carta para apoyar su postura?
3. ¿Crees que Roku es convincente?

Palabras clave de la carta persuasiva

quien	leer	nueva
regla	más	solo
significa	otros	atentamente

Observa las palabras del recuadro. Escucha mientras tu maestro las lee en voz alta. Fíjate en que la letra *q* de la palabra *quien* y la letra *c* de la palabra *significa* presentan el mismo sonido consonántico *k*. Deletrea las palabras. Después escríbelas en tu cuaderno.

Seguir la lectura

Ahora te toca leer a ti. Vuelve a la página 207. Mientras tu maestro lee en voz alta, sigue la lectura en tu libro.

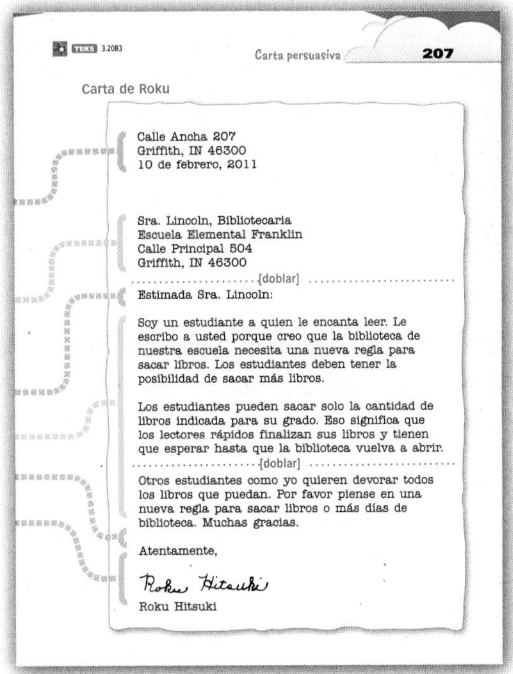
TEKS 3.20B3 Carta persuasiva 207

Carta de Roku

Calle Ancha 207
Griffith, IN 46300
10 de febrero, 2011

Sra. Lincoln, Bibliotecaria
Escuela Elemental Franklin
Calle Principal 504
Griffith, IN 46300

[doblar]

Estimada Sra. Lincoln:

Soy un estudiante a quien le encanta leer. Le escribo a usted porque creo que la biblioteca de nuestra escuela necesita una nueva regla para sacar libros. Los estudiantes deben tener la posibilidad de sacar más libros.

Los estudiantes pueden sacar solo la cantidad de libros indicada para su grado. Eso significa que los lectores rápidos finalizan sus libros y tienen que esperar hasta que la biblioteca vuelva a abrir.

[doblar]

Otros estudiantes como yo quieren devorar todos los libros que puedan. Por favor piense en una nueva regla para sacar libros o más días de biblioteca. Muchas gracias.

Atentamente,

Roku Hitsuki

Roku Hitsuki

Después de leer

Resume la carta de Roku para un compañero. Recuerda que cuando resumes, cuentas brevemente las ideas principales.

Lenguaje oral: Escritura persuasiva

El público es la o las personas que te escuchan o que leen lo que escribiste. Cuando escribas o hables, elige palabras que tu público conozca y un lenguaje que los motive a escuchar más.

Lee la siguiente situación. Después elige dos de los públicos indicados al final de la página. Comenta con un compañero qué diferencias tendrían las palabras que eliges frente a cada público.

Situación

Es un día lluvioso. No puedes salir, así que decides practicar un juego dentro de tu casa o tu salón. Persuade a alguien para que practique tu juego favorito contigo.

Públicos

- **Abuelo o abuela**
- **Amigo de la clase**
- **Vecino de cuatro años**

Conversar eficazmente

Puedes responder una pregunta con una respuesta corta o larga. Mientras más detalles uses, mejor te entenderá tu público.

Lee la pregunta y las respuestas siguientes. La respuesta con más detalles es la que mejor responde la pregunta.

¿Por qué debo practicar tu juego?

diversión

El bingo es muy divertido.

Debes jugar bingo conmigo porque podemos jugar en grupo. Así nadie se sentirá excluido. Podemos jugar todas las veces que queramos y es fácil de aprender.

Tu opinión es lo que piensas sobre algo. Persuade a un compañero de compartir tu opinión de que tu juego es el mejor para practicarlo. Asegúrate de dar razones por las que a tu compañero le gustaría el juego.

Lenguaje de las respuestas a la lectura

Una respuesta a un texto comparte pensamientos y sentimientos acerca de un libro. El propósito es ayudar al lector a decidir si le gustaría leer el libro. Este tipo de escritura tiene un principio, un desarrollo y una conclusión.

Organización de la reseña de un libro

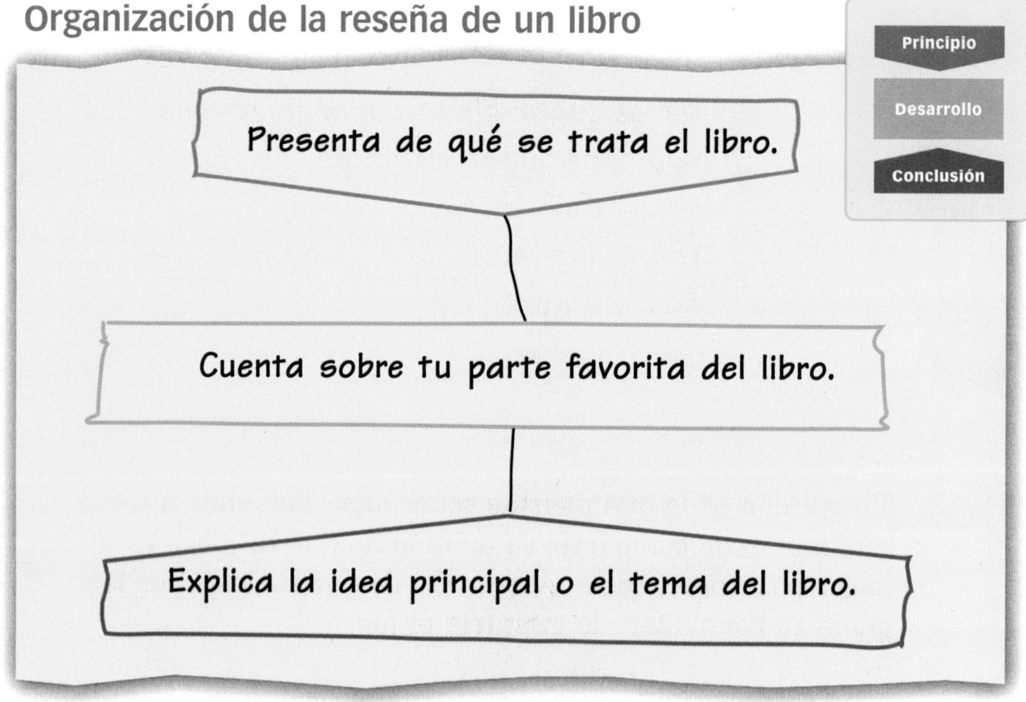

Turnarse y comentar

¿Qué libro le recomendarías a un amigo? ¿Por qué?

Yo le recomendaría _______ porque _______.

Vocabulario: Responder a los textos

respuesta	**ficción**	**no ficción**
tema	**personaje**	**texto**

1. **Di la palabra.** Escucha mientras tu maestro lee las palabras en voz alta. Luego repite cada palabra. Una palabra tiene el sonido fuerte *j*, como en *jabón* y *genio*. ¿Qué palabra del vocabulario tiene el sonido *j*? Practica la pronunciación de esta palabra con un compañero.

2. **Descubre el significado.** Trabaja con un compañero para hacer una gráfica de tres columnas. Escribe las palabras que conoces en la primera columna. Escribe los significados de las palabras en la segunda columna. Escribe un ejemplo de cada palabra en la tercera columna.

3. **Aprende más.** Escucha mientras tu maestro explica el significado de cada palabra. Repite los significados a un compañero. Luego agrega las palabras que no conocías a tu gráfica.

4. **Demuestra tu entendimiento.** Escucha mientras tu maestro lee las siguientes preguntas. Respóndelas en tu cuaderno.
   - ¿Cuáles son ejemplos de diferentes tipos de textos?
   - ¿Es más probable que encuentres un personaje en un libro de ficción o en uno de no ficción?
   - ¿Se comenta el tema en el principio, en el desarrollo o en la conclusión de la respuesta a un texto?

5. **Escríbelo y muéstralo.** En tu cuaderno, escribe una oración con cada una de las palabras. Esto te ayudará a recordar sus significados. También puedes hacer dibujos para comprender mejor las palabras.

Leer el modelo de respuesta

¿Qué sabes?

A continuación vas a leer "Sopa de piedras", un modelo de escritura de reseña de un libro en la página 242 que trata sobre el libro *Sopa de piedras*. ¿Has leído alguna vez un libro que quisieras compartir con los demás? ¿De qué se trataba?

Desarrollar el contexto

Un ingrediente es uno de los componentes o partes con que se prepara alguna comida. Los ingredientes pueden ser de distinto tipo, como una zanahoria, una taza de leche o un poco de sal.

Escuchar

Escucha a tu maestro o a un compañero mientras lee en voz alta "Sopa de piedras". Mientras escuchas, toma nota de lo que aprendiste de esta reseña de un libro. Luego comenta las siguientes preguntas con un compañero.

1. ¿De qué trata el libro *Sopa de piedras?*
2. ¿Cuál es el tema de *Sopa de piedras?*
3. ¿Qué crees que ocurre cuando terminan de preparar la sopa?

Palabras clave de la respuesta a textos

cuento	**sopa**	**hambre**
muy	**todos**	**buen**
generosos	**poca**	**mejor**

Observa las palabras del recuadro. Escucha mientras tu maestro las lee en voz alta. Fíjate en que las letras *g* y *j* tienen el mismo sonido en las palabras *generosos* y *mejor*. Deletrea las palabras y después escríbelas en tu cuaderno.

Seguir la lectura

Ahora te toca leer a ti. Vuelve a la página 242. Mientras tu maestro lee en voz alta, sigue la lectura en tu libro.

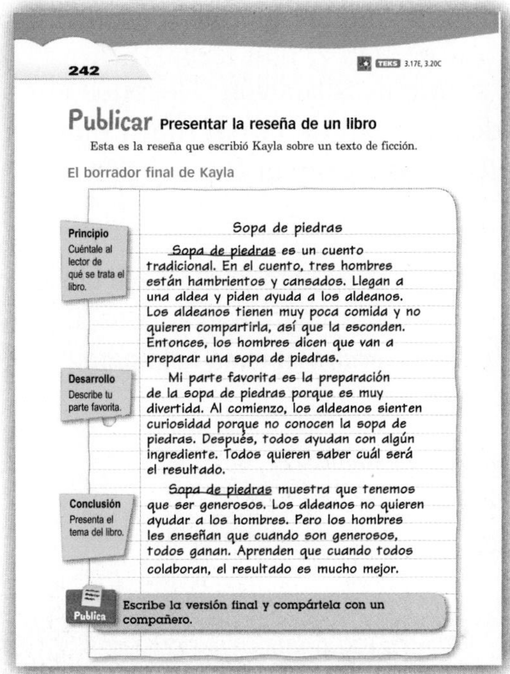
242

TEKS 3.17E, 3.20C

Publicar Presentar la reseña de un libro

Esta es la reseña que escribió Kayla sobre un texto de ficción.

El borrador final de Kayla

Principio Cuéntale al lector de qué se trata el libro.

Desarrollo Describe tu parte favorita.

Conclusión Presenta el tema del libro.

Sopa de piedras

Sopa de piedras es un cuento tradicional. En el cuento, tres hombres están hambrientos y cansados. Llegan a una aldea y piden ayuda a los aldeanos. Los aldeanos tienen muy poca comida y no quieren compartirla, así que la esconden. Entonces, los hombres dicen que van a preparar una sopa de piedras.

Mi parte favorita es la preparación de la sopa de piedras porque es muy divertida. Al comienzo, los aldeanos sienten curiosidad porque no conocen la sopa de piedras. Después, todos ayudan con algún ingrediente. Todos quieren saber cuál será el resultado.

Sopa de piedras muestra que tenemos que ser generosos. Los aldeanos no quieren ayudar a los hombres. Pero los hombres les enseñan que cuando son generosos, todos ganan. Aprenden que cuando todos colaboran, el resultado es mucho mejor.

Publica Escribe la versión final y compártela con un compañero.

Después de leer

Usa tus propias palabras para volver a contar a un compañero de qué trata la reseña del libro. Luego usa las siguientes preguntas para compartir tu opinión sobre la reseña del libro. Recuerda que una opinión son tus pensamientos o creencias sobre algo.

1. ¿Te gustó esta reseña de un libro?
2. ¿Te gustaría leer *Sopa de piedras*? ¿Por qué?

Lenguaje oral: Responder a los textos

El público es la o las personas que te escuchan o que leen lo que escribiste. Cuando escribas o hables, elige palabras que tu público conozca y un lenguaje que los motive a escuchar más.

Lee la siguiente situación. Después elige dos de los públicos indicados al final de la página. Comenta con un compañero qué diferencias tendría tu respuesta frente a cada público.

Situación

Acabas de sacar un libro nuevo de la biblioteca y piensas que es maravilloso. Quieres contárselo a todos. Cuenta de qué se trata el libro, tu parte favorita y el tema del libro.

Públicos

- **Hermano adolescente**
- **Niño de kindergarten**
- **Maestro**

Conversar eficazmente

Puedes responder una pregunta con una respuesta corta o larga. Mientras más detalles uses, mejor te entenderá tu público.

Lee la pregunta y las respuestas siguientes. La respuesta con más detalles es la que mejor responde la pregunta.

Inténtalo Elige con un compañero un libro que hayas leído en clase. Explica de qué se trata el libro y luego comparte tus opiniones sobre el libro. Comenta tus partes favoritas y el tema. Pide a tu compañero que haga preguntas sobre tu explicación y respóndelas.

Lenguaje de la escritura creativa

La escritura que expresa tu imaginación es la escritura creativa. Los cuentos, las obras de teatro y los poemas son tipos de escritura creativa. Los cuentos y las obras de teatro comparten la misma organización básica: un principio, una acción ascendente, un clímax y una conclusión.

Organización de un cuento

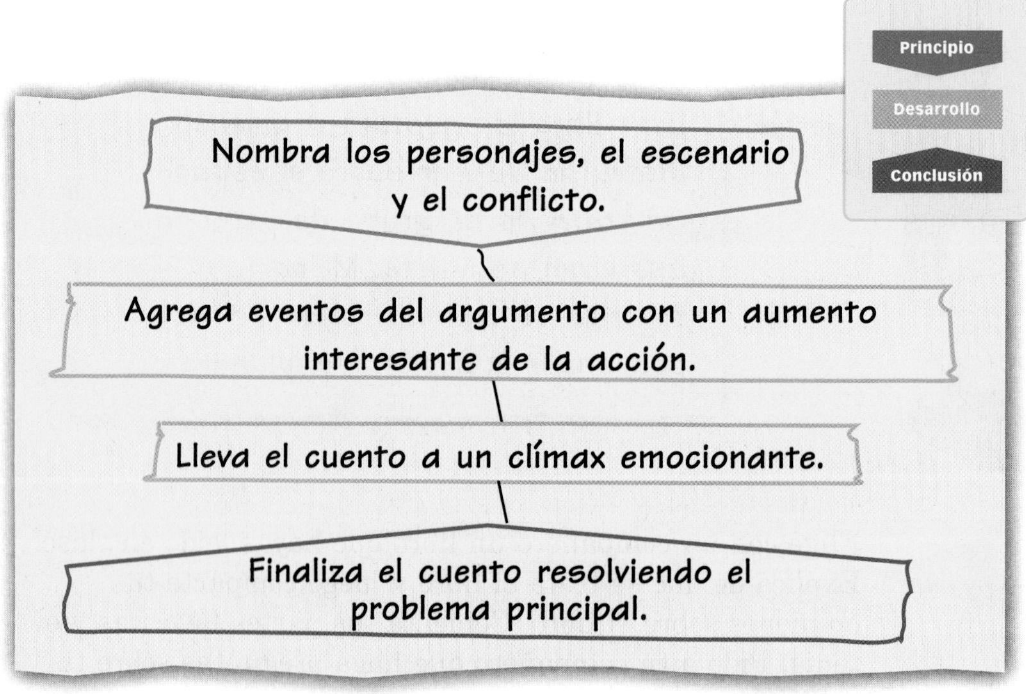

Turnarse y comentar

¿Quiénes son los personajes de tu cuento favorito?

Los personajes de mi cuento favorito son _______________.

Vocabulario: Escritura creativa

imaginativo	**diálogos**	**rima**
personajes	**escenario**	**argumento**

1. **Di la palabra.** Escucha mientras tu maestro lee las palabras en voz alta. Luego repite cada palabra. Una de las palabras tiene el sonido *r* fuerte, como en *rana*. ¿Qué palabra de vocabulario tiene el sonido *r* fuerte? Practica la pronunciación de estas palabras con un compañero.

2. **Descubre el significado.** Haz una gráfica de T con un compañero. Escribe todas las palabras de vocabulario en una columna. En la otra columna escribe lo que crees que significan. Comparte tus ideas con tu compañero.

3. **Aprende más.** Escucha mientras tu maestro explica el significado de cada palabra. Repite esos significados a un compañero. Luego trabaja con tu compañero para cambiar o agregar ideas a la gráfica.

4. **Demuestra tu entendimiento.** Escucha mientras tu maestro lee las siguientes preguntas. Respóndelas en tu cuaderno.
   - ¿Cuáles son tres palabras que riman?
   - ¿Pueden los diálogos ser imaginativos? ¿Por qué?
   - ¿De qué manera podría afectar el escenario de un cuento a su argumento?

5. **Escríbelo y muéstralo.** Agrega palabras o dibujos a tu cuaderno para recordar lo que significa cada palabra.

Leer el modelo creativo

¿Qué sabes?

A continuación vas a leer "Navegar en un sueño de papel", un cuento imaginativo en las páginas 266 y 267 que trata sobre hacer un viaje en un barco de papel. ¿Alguna vez has hecho un barco un papel? ¿Hacia dónde te gustaría navegar en un barco de papel?

Desarrollar el contexto

En este cuento, Rosa se siente sola porque su mejor amiga se ha ido lejos. Ella navega en un bote de papel hasta el Golfo de México para ver a su amiga. El Golfo de México es la gran masa de agua que se ubica al sur de Texas.

Escuchar

Escucha mientras tu maestro o un compañero lee en voz alta "Navegar en un sueño de papel". Mientras escuchas, toma apuntes sobre los eventos que ocurren. Luego comenta las siguientes preguntas con un compañero.

1. ¿Quiénes son los personajes de este cuento?
2. ¿De qué manera Rosa hace que el argumento de su cuento sea emocionante?
3. ¿Qué ocurre al final del cuento?

Palabras clave de la escritura creativa

nunca	**pronto**	**saqué**
salir	**asombroso**	**sucedió**
pasé	**navegando**	**volando**

Mira las palabras del recuadro. Escucha mientras tu maestro las lee en voz alta. Observa que las palabras *pasé, saqué* y *sucedió* llevan acento ortográfico al final de cada palabra. El acento te ayuda a pronunciar las palabras. Luego escribe una oración con uno de estos verbos.

Seguir la lectura

Ahora es tu turno de leer. Pasa a las páginas 266 y 267. Mientras tu maestro lee en voz alta, sigue la lectura en tu libro.

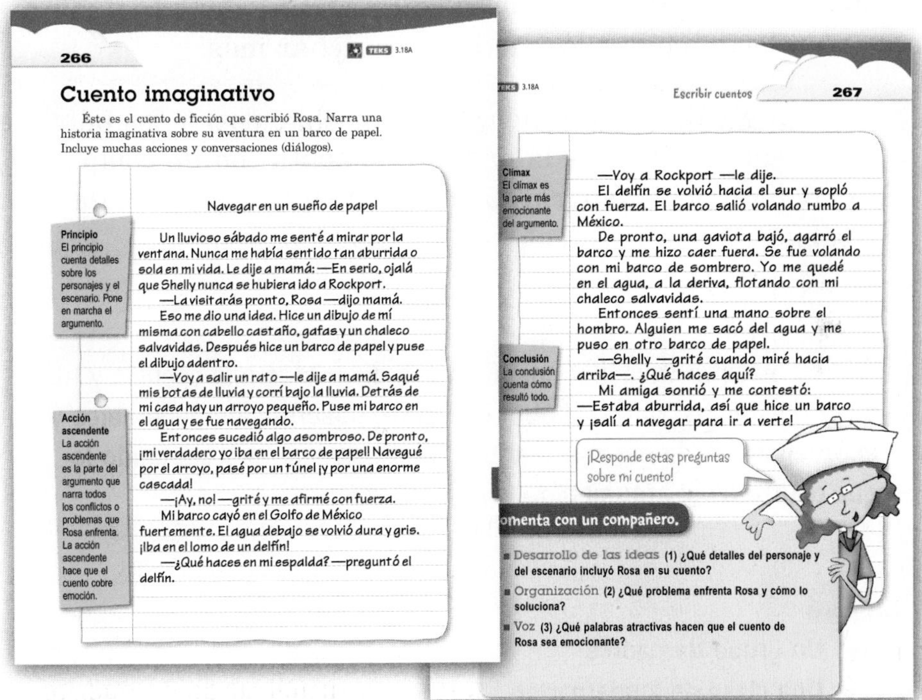

266 TEKS 3.18A

Cuento imaginativo

Éste es el cuento de ficción que escribió Rosa. Narra una historia imaginativa sobre su aventura en un barco de papel. Incluye muchas acciones y conversaciones (diálogos).

Navegar en un sueño de papel

Principio El principio cuenta detalles sobre los personajes y el escenario. Pone en marcha el argumento.

Un lluvioso sábado me senté a mirar por la ventana. Nunca me había sentido tan aburrida o sola en mi vida. Le dije a mamá: —En serio, ojalá que Shelly nunca se hubiera ido a Rockport.

—La visitarás pronto, Rosa —dijo mamá.

Eso me dio una idea. Hice un dibujo de mí misma con cabello castaño, gafas y un chaleco salvavidas. Después hice un barco de papel y puse el dibujo adentro.

—Voy a salir un rato —le dije a mamá. Saqué mis botas de lluvia y corrí bajo la lluvia. Detrás de mi casa hay un arroyo pequeño. Puse mi barco en el agua y se fue navegando.

Acción ascendente La acción ascendente es la parte del argumento que narra todos los conflictos o problemas que Rosa enfrenta. La acción ascendente hace que el cuento cobre emoción.

Entonces sucedió algo asombroso. De pronto, ¡mi verdadero yo iba en el barco de papel! Navegué por el arroyo, pasé por un túnel ¡y por una enorme cascada!

—¡Ay, no! —grité y me afirmé con fuerza.

Mi barco cayó en el Golfo de México fuertemente. El agua debajo se volvió dura y gris. ¡Iba en el lomo de un delfín!

—¿Qué haces en mi espalda? —preguntó el delfín.

TEKS 3.18A Escribir cuentos 267

Clímax El clímax es la parte más emocionante del argumento.

—Voy a Rockport —le dije.

El delfín se volvió hacia el sur y sopló con fuerza. El barco salió volando rumbo a México.

De pronto, una gaviota bajó, agarró el barco y me hizo caer fuera. Se fue volando con mi barco de sombrero. Yo me quedé en el agua, a la deriva, flotando con mi chaleco salvavidas.

Entonces sentí una mano sobre el hombro. Alguien me sacó del agua y me puso en otro barco de papel.

Conclusión La conclusión cuenta cómo resultó todo.

—Shelly —grité cuando miré hacia arriba—. ¿Qué haces aquí?

Mi amiga sonrió y me contestó: —Estaba aburrida, así que hice un barco y ¡salí a navegar para ir a verte!

omenta con un compañero.

- Desarrollo de las ideas (1) ¿Qué detalles del personaje y del escenario incluyó Rosa en su cuento?
- Organización (2) ¿Qué problema enfrenta Rosa y cómo lo soluciona?
- Voz (3) ¿Qué palabras atractivas hacen que el cuento de Rosa sea emocionante?

Después de leer

Puedes demostrar que entendiste lo que leíste al volver a contar el cuento. Vuelve a contar "Navegar en un sueño de papel" a un compañero con tus propias palabras. Luego escucha el recuento de tu compañero.

Lenguaje oral: Escritura creativa

El público es la o las personas que te escuchan o que leen lo que escribiste. Cuando escribas o hables, elige palabras que tu público conozca y un lenguaje que los motive a escuchar más.

Lee la siguiente situación. Después elige dos de los públicos indicados al final de la página. Comenta con un compañero qué diferencias tendría tu obra de teatro frente a cada público.

Situación

Tu maestro trajo algunos disfraces divertidos a la escuela y tu clase decidió escribir una obra de teatro. Describe los personajes y el escenario de la obra de teatro. Luego narra la obra contando lo que ocurre en el argumento.

Públicos

- **Un grupo de padres**
- **Una clase de kindergarten**
- **Estudiantes de escuela secundaria**

Conversar eficazmente

Puedes responder a una pregunta con una respuesta corta o larga. Mientras más detalles uses, mejor te entenderá tu público.

Lee la pregunta y las respuestas siguientes. La respuesta con más detalles es la que mejor responde la pregunta.

¿Qué ocurre en la obra de teatro?

circo

Los animales se van del circo.

Un día, los animales del circo estaban conversando. Decidieron que ya no querían estar en el circo. Un payaso los escuchó hablar y decidió irse con ellos. Él dijo: —Este podría ser el comienzo de una gran aventura.

Narrar significa contar lo que sucede. Cuenta a un compañero lo que sucede en tu obra de teatro. Asegúrate de contar quiénes son los personajes y dónde tiene lugar el escenario. Comparte ideas acerca de cómo podría finalizar la obra. Pide a tu compañero que haga preguntas sobre tu obra de teatro y respóndelas.

Lenguaje de la escritura de investigación

La escritura de investigación comenta lo que aprendiste acerca de algún tema que te interesa. Su propósito es dar información. La escritura de investigación tiene un párrafo inicial, párrafos intermedios y un párrafo final.

Principio

Desarrollo

Conclusión

Organización de un informe de investigación

Presenta el tema.

párrafo de apoyo que responde una pregunta de investigación	párrafo de apoyo que responde una pregunta de investigación	párrafo de apoyo que responde una pregunta de investigación

Comparte un pensamiento final acerca del tema.

Turnarse y comentar

¿Sobre qué deseas aprender? ¿Por qué?

Deseo aprender sobre ______________ porque ______________.

Vocabulario: Escritura de investigación

fuente	**investigar**	**parafrasear**
esquema	**obras citadas**	**discurso**

1. **Di la palabra.** Escucha mientras tu maestro lee las palabras en voz alta. Luego repite cada palabra. Una palabra tiene diptongo, una combinación de dos vocales en una sola sílaba. ¿Qué palabra de vocabulario tiene diptongo? Practica la pronunciación de esta palabra con un compañero.

2. **Descubre el significado.** Trabaja con un compañero para escribir oraciones que muestren cómo se relacionan las palabras de vocabulario que conoces. Por ejemplo: *Anota las fuentes que usas en las obras citadas.*

3. **Aprende más.** Escucha mientras tu maestro explica el significado de cada palabra. Repite esos significados a un compañero. Escribe oraciones que muestren cómo se relacionan las palabras que no conocías con las demás palabras de vocabulario.

4. **Demuestra tu entendimiento.** Escucha mientras tu maestro lee las siguientes preguntas. Respóndelas en tu cuaderno.
   - ¿Por qué es importante parafrasear?
   - ¿Cuáles son ejemplos de tipos de fuentes?
   - ¿Cuál de los siguientes elementos te ayuda a organizar tus ideas: un esquema o una obra citada?

5. **Escríbelo y muéstralo.** Agrega ejemplos, oraciones y dibujos a tu cuaderno para entender y recordar mejor las palabras de vocabulario.

Leer el modelo de investigación

¿Qué sabes?

A continuación vas a leer "Exploración de Mercurio", un modelo de escritura de un informe de investigación en las páginas 309 y 310 que trata sobre el planeta Mercurio. ¿Qué sabes acerca del planeta Mercurio? ¿Qué más te gustaría saber sobre Mercurio?

Desarrollar el contexto

Mercurio es el planeta más cercano al sol. Es muy pequeño y rocoso. Se mueve muy rápidamente en comparación con los demás planetas de nuestro sistema solar.

Escuchar

Escucha mientras tu maestro o un compañero lee en voz alta "Exploración de Mercurio". Mientras escuchas, escribe los datos interesantes. Luego comenta las siguientes preguntas con un compañero.

1. ¿De qué manera el escritor compara y contrasta la Tierra y Mercurio?
2. ¿Por qué este informe de investigación se llama "Exploración de Mercurio"?
3. Según tu opinión, ¿qué es lo más interesante de este informe?

Palabras clave de la investigación

celebrarías	sobre	alrededor
cercana	parece	muchos
noche	subir	sabemos

Mira las palabras del recuadro. Escucha mientras tu maestro las lee en voz alta. Observa que la letra *c* de las palabras *celebrarías* y *parece* tiene el sonido *s*. Practica la escritura de las palabras en tu cuaderno.

Seguir la lectura

Ahora es tu turno de leer. Pasa a las páginas 309 y 310. Mientras tu maestro lee en voz alta, sigue la lectura en tu libro.

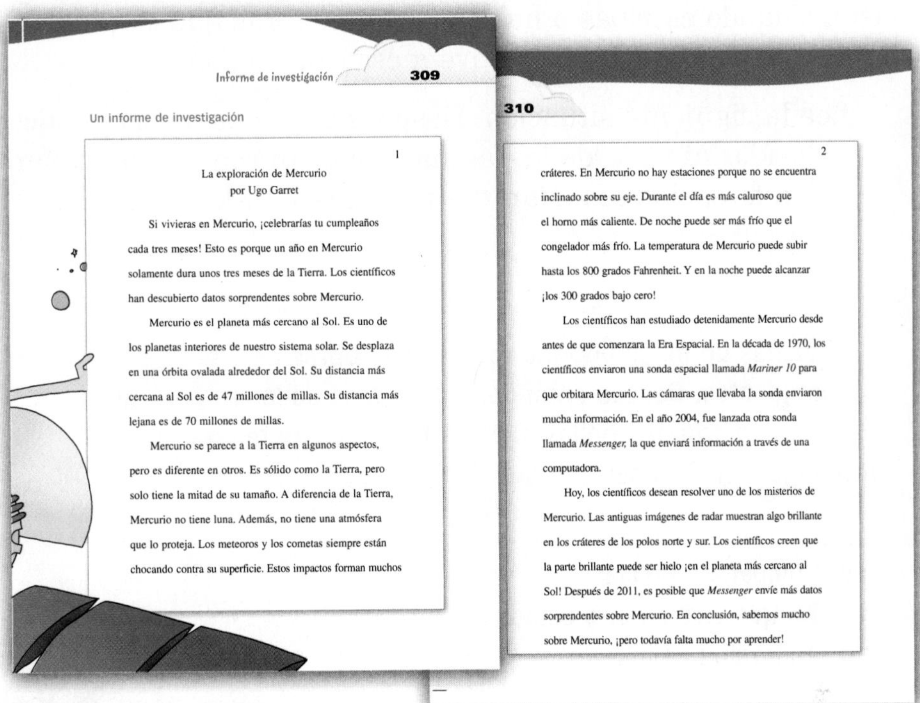

Informe de investigación 309

Un informe de investigación

1

La exploración de Mercurio
por Ugo Garret

Si vivieras en Mercurio, ¡celebrarías tu cumpleaños cada tres meses! Esto es porque un año en Mercurio solamente dura unos tres meses de la Tierra. Los científicos han descubierto datos sorprendentes sobre Mercurio.

Mercurio es el planeta más cercano al Sol. Es uno de los planetas interiores de nuestro sistema solar. Se desplaza en una órbita ovalada alrededor del Sol. Su distancia más cercana al Sol es de 47 millones de millas. Su distancia más lejana es de 70 millones de millas.

Mercurio se parece a la Tierra en algunos aspectos, pero es diferente en otros. Es sólido como la Tierra, pero solo tiene la mitad de su tamaño. A diferencia de la Tierra, Mercurio no tiene luna. Además, no tiene una atmósfera que lo proteja. Los meteoros y los cometas siempre están chocando contra su superficie. Estos impactos forman muchos

310

2

cráteres. En Mercurio no hay estaciones porque no se encuentra inclinado sobre su eje. Durante el día es más caluroso que el horno más caliente. De noche puede ser más frío que el congelador más frío. La temperatura de Mercurio puede subir hasta los 800 grados Fahrenheit. Y en la noche puede alcanzar ¡los 300 grados bajo cero!

Los científicos han estudiado detenidamente Mercurio desde antes de que comenzara la Era Espacial. En la década de 1970, los científicos enviaron una sonda espacial llamada *Mariner 10* para que orbitara Mercurio. Las cámaras que llevaba la sonda enviaron mucha información. En el año 2004, fue lanzada otra sonda llamada *Messenger*, la que enviará información a través de una computadora.

Hoy, los científicos desean resolver uno de los misterios de Mercurio. Las antiguas imágenes de radar muestran algo brillante en los cráteres de los polos norte y sur. Los científicos creen que la parte brillante puede ser hielo ¡en el planeta más cercano al Sol! Después de 2011, es posible que *Messenger* envíe más datos sorprendentes sobre Mercurio. En conclusión, sabemos mucho sobre Mercurio, ¡pero todavía falta mucho por aprender!

Después de leer

Responde las siguientes preguntas en tu cuaderno. No vas a encontrar las respuestas detalladas por escrito en el informe. Usa lo que sabes y lo que leíste para responder las preguntas. Luego comparte tus ideas con un compañero.

1. ¿Qué nos diría el descubrimiento de hielo en Mercurio acerca del planeta?
2. ¿Podrían los seres humanos vivir en Mercurio? ¿Por qué?

Lenguaje oral: Escritura de investigación

El público es la o las personas que te escuchan o que leen lo que escribiste. Cuando escribas o hables, elige palabras que tu público conozca y un lenguaje que los motive a escuchar más.

Lee la siguiente situación. Después elige dos de los públicos indicados al final de la página. Comenta con un compañero qué diferencias tendrían tus palabras y tu lenguaje frente a cada público.

Situación

Visitas un museo donde ves muchas obras de arte sorprendentes. Deseas aprender más acerca de las formas en que se crea arte. Recopilas algunas fuentes para realizar una investigación. Comparte lo que aprendiste.

Públicos

- **Compañero de clase**
- **Tía que vive en otro estado**
- **Primo de tres años**

Conversar eficazmente

Puedes responder a una pregunta con una respuesta corta o larga. Mientras más detalles uses, mejor te entenderá tu público.

Lee la pregunta y las respuestas siguientes. La respuesta con más detalles es la que mejor responde la pregunta.

Inténtalo ¿Qué has aprendido sobre arte en libros, Internet o la clase? Elige un tipo de arte que hayas creado o sobre el que sepas algo. Describe a un compañero cómo es ese arte y cómo lo creas. Pregúntale si entendió tu descripción. Si es necesario, agrega más detalles.

Usar materiales de consulta

¿Qué debes hacer para saber lo que significa una palabra o cómo se escribe correctamente una palabra? ¿Qué debes hacer si quieres aprender nuevas palabras?

Un diccionario y un diccionario de sinónimos y antónimos son dos recursos que puedes usar para que tu escritura sea mejor. Si sabes cómo usarlos, ¡estás en camino a mejorar tu escritura!

Cómo usar un diccionario

Usa un **diccionario** para buscar palabras nuevas. Las palabras de un diccionario están enumeradas en orden alfabético. El diccionario te presenta el significado de cada palabra, entre otras cosas.

- **Palabras guía:** Estas son las palabras que se encuentran en la parte superior de la página. Te indican la primera y la última entrada que aparece en la página.
- **Etimología:** La etimología es el origen de una palabra, es decir, de qué idioma proviene. También puede incluir una reseña sobre la historia de la palabra.
- **Significado:** Algunas palabras tienen sólo un significado. Otras palabras tienen varios significados.
- **Ortografía y letras mayúsculas:** El diccionario te muestra la ortografía correcta de una palabra. También muestra si una palabra debe escribirse o no con mayúscula.
- **Género:** Esta parte te dirá si un sustantivo es masculino *(m.)* o femenino *(n.)*.
- **Sinónimos:** Para algunas palabras, el diccionario enumera otras palabras que significan lo mismo.
- **Elementos gramaticales:** El diccionario te indica si una palabra es un *sustantivo*, un *verbo*, un *adjetivo* u otro elemento gramatical.
- **Región:** La región indica el lugar (país o continente) en que se usa la palabra. Por ejemplo, la abreviatura *Am.* significa generalmente que la palabra en español proviene de la región de Estados Unidos (América).

Pregúntale a un compañero cómo se busca una palabra en el diccionario. Sigue las instrucciones de tu compañero.

Página de diccionario

Palabras guía → **pantalón** ➤ **pialar**

pantalón *(m.), sustantivo* Prenda de vestir que se ajusta a la cintura y llega generalmente hasta el pie, cubriendo cada pierna separadamente.

Etimología →

Etimología

pantalón

La palabra *pantalón* proviene del francés *pantalon* y éste del nombre Pantaleone, un personaje de una comedia italiana del siglo XVII.

Significado →

pasa *(f.), sustantivo* Una uva seca que es comestible.

Ortografía y las letras mayúsculas → **Patagonia** *(f.), sustantivo* Región del extremo sur del país de Argentina. *La Patagonia está en América del Sur.*

Género →

perfil *(m.), sustantivo* **1.** Postura en que sólo se ve uno de los lados del cuerpo: *Pude ver su perfil a lo lejos.* **2.** Rasgos que caracterizan a una persona o cosa: *El perfil de alguien exitoso comienza con el trabajo.* **3.** Diseño especial de una cosa para que cumpla cierta función.

Sinónimos

Sinónimos → **perfil, silueta, contorno**

Isabel quiere dibujar el *perfil* de su amiga. ▶ Pude ver su *silueta* a través de la ventana. ▶ Hay cremas para el *contorno* de los ojos.

Elemento gramatical →

perpetuo, a *adjetivo,* **1.** Que puede durar y permanecer para siempre. **2.** Se dice de los cargos o puestos que no necesitan ser reelectos.

Región →

pialar *verbo (Am.)* Tirar el lazo a un animal. *Hay que pialar los novillos.*

Cómo usar un diccionario de sinónimos y antónimos

Un **diccionario de sinónimos y antónimos** es un libro que enumera palabras y sus sinónimos. Los sinónimos son palabras con significados parecidos. Este tipo de diccionario también enumera los antónimos de algunas palabras. Los antónimos son palabras que significan lo opuesto. Puedes usar un diccionario de sinónimos y antónimos para encontrar la palabra adecuada y así darle variedad a tu escritura. El siguiente ejemplo de entrada de un diccionario de sinónimos y antónimos te da otras opciones para la palabra *pequeño.*

Palabra	Sinónimos	Antónimos
pequeño	chico, diminuto, insignificante, reducido, corto	grande, enorme, gigantesco

Cómo usar un atlas

Un **atlas** es una colección de mapas. Un atlas puede incluir símbolos, gráficos y tablas. Siempre debes verificar la clave para aprender más sobre el mapa que estás mirando.

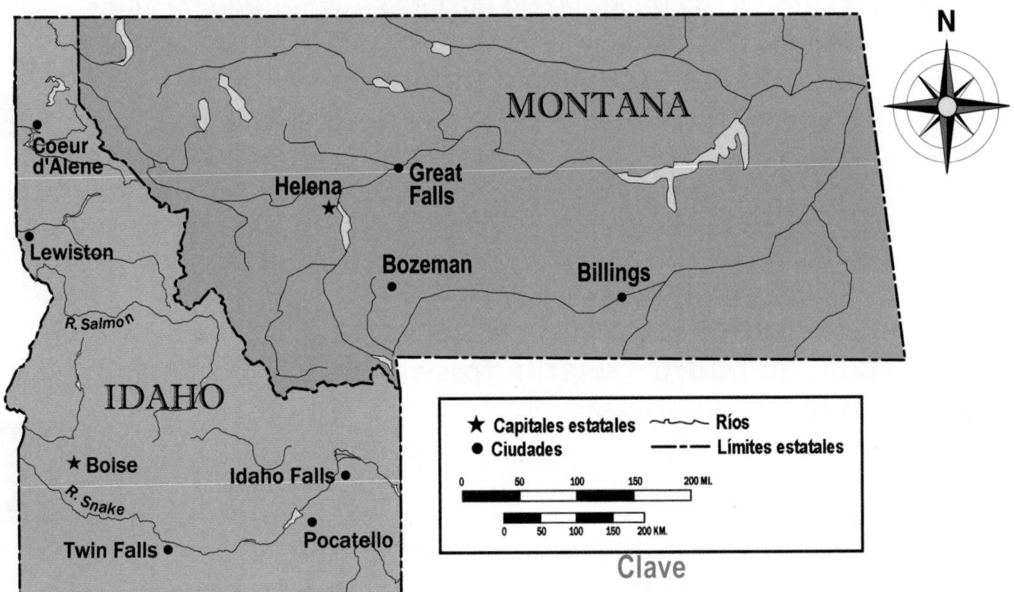

Clave

Gramática básica y redacción

A continuación

- **Cómo trabajar con las palabras**
- **Cómo escribir oraciones**
- **Cómo construir párrafos**

Aprendizaje del lenguaje

Trabaja con un compañero. Lean los significados y respondan juntos las preguntas.

1. Una **oración** es un grupo de palabras que forman una idea completa.
   ¿Qué oración escuchas a menudo?
2. Una **sílaba** es una o más letras de una palabra que se pronuncian juntas.
   ¿Cuántas sílabas tiene la palabra *párrafo*?
3. **En otras palabras** significa decir lo mismo pero de una manera diferente.
   ¿Cuándo podrías usar la frase "en otras palabras"?

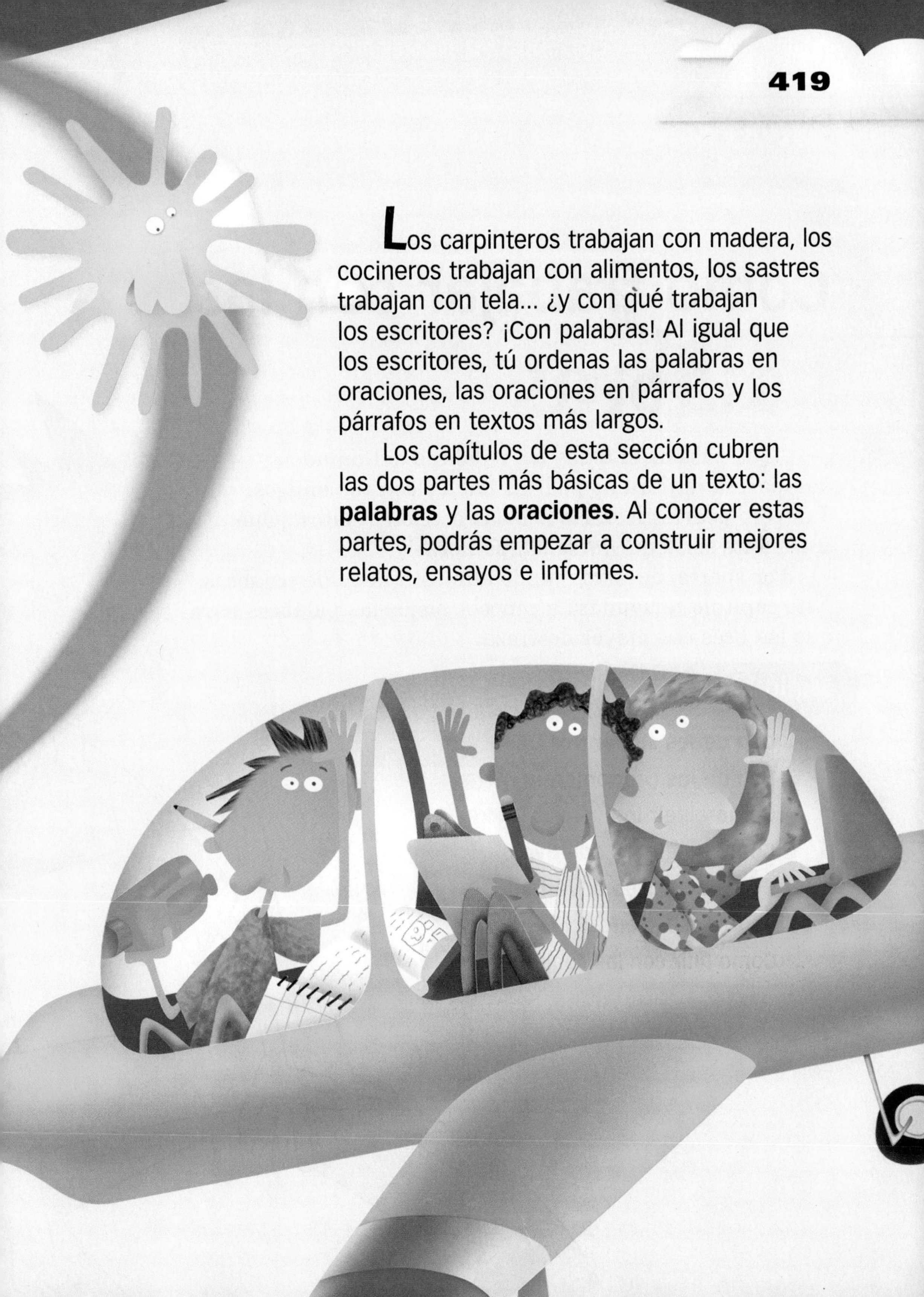

Los carpinteros trabajan con madera, los cocineros trabajan con alimentos, los sastres trabajan con tela... ¿y con qué trabajan los escritores? ¡Con palabras! Al igual que los escritores, tú ordenas las palabras en oraciones, las oraciones en párrafos y los párrafos en textos más largos.

Los capítulos de esta sección cubren las dos partes más básicas de un texto: las **palabras** y las **oraciones**. Al conocer estas partes, podrás empezar a construir mejores relatos, ensayos e informes.

Cómo trabajar con las palabras

¿Qué pasaría si todas las palabras del mundo desaparecieran? Ya no podrías hablar con tus amigos. Tampoco podrías leer. No podrías escribir relatos. ¡Qué frustrante sería quedarse sin palabras!

Por suerte, nuestro mundo aún está lleno de palabras. Este capítulo te ayudará a conocer mejor las palabras para que las uses con mayor destreza.

Minitabla de contenidos

Uso de los sustantivos

Los **sustantivos** nombran personas, lugares o cosas. Los **sustantivos comunes** nombran personas, lugares o cosas en general. Se escriben con minúscula. Los **sustantivos propios** nombran personas, lugares o cosas específicas. Se escriben con mayúscula inicial.

	Sustantivos comunes	Sustantivos propios
Persona	niña, presidente	Sonia, George Washington
Lugar	ciudad, teatro	San Antonio, Lincoln Center
Cosa	caballo, lago, principios	Seabiscuit, lago Michigan, la Libertad, la Paz

Escribe con mayúscula inicial solo el nombre del lugar geográfico, como en lago **M**ichigan o río **C**olorado.

Práctica de gramática

Escribe en una hoja dos sustantivos propios para cada uno de los siguientes sustantivos comunes. Luego habla con un compañero usando un sustantivo común y un sustantivo propio en una oración.

Ejemplo: persona Sra. James, Dr. Smith

1. edificio
2. país
3. carro
4. pueblo

Los sustantivos singulares y plurales

Los **sustantivos singulares** nombran una persona, lugar, cosa o idea. Los **sustantivos plurales** nombran más de una persona, lugar, cosa o idea.

Agrega *-s* para formar el plural de los sustantivos terminados en vocal. Agrega *-es* para formar el plural de los sustantivos terminados en consonante. Si un sustantivo termina en *z*, cambia la *z* por *-c* y luego agrega *-es*.

Hay varias reglas para los sustantivos que terminan en *á, í, ó* o *ú*. Generalmente se agrega *-s* o *-es*. Consulta la tabla para ver los ejemplos.

Sustantivos singulares	Sustantivos plurales
estrella, vaso, carne	estrellas, vasos, carnes
tren, autobús, árbol	trenes, autobuses, árboles
luz, pez, avestruz	luces, peces, avestruces
sofá, colibrí, dominó, bambú	sofás, colibríes (o colibrís), dominós, bambúes (o bambús)

Para formar el plural de algunos días de la semana, sólo debes agregar el artículo plural. Por ejemplo, **el lunes** se convierte en **los lunes**.

Práctica de gramática

Escribe el plural de cada uno de los siguientes sustantivos. Luego habla con un compañero usando los sustantivos plurales en oraciones. Identifica los sustantivos singulares que uses mientras hablas.

Ejemplo: playa

Las playas estaban repletas.

1. vaca
2. zorro
3. color
4. lápiz
5. martes
6. menú

Los sustantivos masculinos y femeninos

Los **sustantivos masculinos** nombran personas o animales de género masculino. Los **sustantivos femeninos** nombran personas o animales de género femenino. Los sustantivos que nombran cosas también pueden ser masculinos o femeninos como **martillo** (masculino) y **lluvia** (femenino).

Sustantivos masculinos	
Persona	amigo, jefe
Animal	lobo, león

Sustantivos femeninos	
Persona	amiga, jefa
Animal	loba, leona

Si hay un artículo antes del sustantivo, te puede ayudar a determinar el género de un sustantivo, como **la rosa** (femenino), **el carro** (masculino) o **un problema** (masculino).

Práctica de gramática

Escribe junto a cada oración si el sustantivo subrayado es masculino o femenino. Si el sustantivo es masculino, dile a tu compañero una oración con otro sustantivo masculino. Si es femenino, dile a tu compañero una oración con otro sustantivo femenino.

Ejemplo: El elefante empuja un árbol.
masculino

1. La princesa toca muy bien la guitarra.
2. El zorro persigue a un ratón de campo.
3. El capitán del barco conversa con los pasajeros.
4. La lámpara necesita baterías nuevas.

¿Cómo puedo usar los sustantivos para mejorar mi redacción?

Puedes mejorar tu redacción usando sustantivos específicos. Un **sustantivo específico** nombra una persona, lugar o cosa particular. Puedes usar un sustantivo común o propio. Al usar sustantivos específicos, tu redacción será más interesante que si usas solo sustantivos generales.

	Sustantivos generales	Sustantivos específicos
Persona	artista	malabarista, Selena
Lugar	estadio	estadio de béisbol, Wrigley Field
Cosa	casa celebración	mansión, la Casa Blanca cumpleaños, cumpleaños de Lincoln

Práctica de gramática

Escribe en una hoja los números del 1 al 8. Para cada uno de los siguientes sustantivos generales, escribe un sustantivo específico. Luego usa al menos tres sustantivos específicos para contarle a un compañero sobre un lugar que hayas visitado.

Ejemplo: carro *convertible*

1. libro
2. pan
3. montaña
4. ciudad
5. canción
6. calle
7. lugar
8. carro

Escribe en tu hoja algunas oraciones sobre tu comida favorita. Usa al menos cuatro sustantivos específicos en tus oraciones y luego subráyalos.

Uso de los pronombres

Un **pronombre** es una palabra que toma el lugar de un sustantivo. Los **pronombres personales** son los pronombres más comunes. Algunos pronombres personales se usan como sujetos: *yo, tú, usted, él, ella, nosotros, nosotras, ustedes, ellos, ellas.* Otros se usan como complementos: *me, te, se, le, lo, la, nos, les, los, las.*

- Un **sujeto-pronombre** se usa como sujeto de una oración.

  Ella ató una cinta alrededor del árbol grande.

  Ellos llamaron a un periodista.

- Un **pronombre de complemento** va antes o después de un verbo de acción. Cuando va después, forma una sola palabra con el verbo.

  Suki me lanzó la pelota. (antes del verbo)

  Cánta nos una canción. (después del verbo)

Algunos pronombres de complemento también pueden ser artículos en una oración, así que es importante entender la función de cada palabra en las oraciones.

Práctica de gramática

Escribe en una hoja los números del 1 al 4. Escribe el pronombre de cada una de las siguientes oraciones y di si es un sujeto-pronombre (SP) o un pronombre de complemento (PC). Luego conversa con un compañero sobre tu fruta favorita usando sujeto-pronombres y pronombres de complemento.

Ejemplo: Yo adoro las manzanas. Yo, SP

1. Nosotros recogimos manzanas durante el otoño.
2. Muchas personas las usan como bocadillos.
3. Ella prefiere las manzanas rojas.
4. Dame esa manzana.

Los pronombres posesivos

Los pronombres posesivos indican posesión. Pueden ser singulares o plurales. (Los pronombres posesivos actúan como adjetivos cuando van antes del sustantivo.)

Billy encontró mi sombrero rojo.

El sombrero rojo es mío.

Sí, ese es nuestro proyecto de arte.

Ese proyecto de arte es nuestro.

Pronombres posesivos singulares	Pronombres posesivos plurales
mi, mío, mía, tu, tuyo, tuya, su, suyo, suya, nuestro, nuestra	mis, míos, mías, tus, tuyos, tuyas, sus, suyos suyas, nuestros, nuestras

Revisa siempre para asegurarte de usar el pronombre posesivo singular o plural correcto.

Práctica de gramática

Escribe en una hoja los números del 1 al 8. Sáltate una o dos líneas entre cada número. Luego escribe una oración para cada uno de los pronombres posesivos de abajo. Elige tres pronombres posesivos para usarlos mientras hablas de tu familia con un compañero.

Ejemplo: su
Los Smith mantienen su carro limpio.

1. mi
2. tuya
3. míos
4. sus
5. nuestros
6. suyas
7. tu
8. suyo

¿Cómo puedo usar los pronombres correctamente?

Se puede verificar la concordancia del pronombre y el antecedente. El **antecedente** de un pronombre es el sustantivo al que se refiere. Si el antecedente es singular, el pronombre debe ser singular. Si usas un pronombre posesivo, ese pronombre debe concordar con el objeto poseído.

antecedente pronombre

El perro no está. Él rompió la correa.

(El pronombre *Él* y el antecedente *perro* están en singular.)

antecedente pronombre

Los libros de biología son suyos.

(El pronombre *suyos* y el antecedente *libros* están en plural.)

Práctica de gramática

Elige del paréntesis el pronombre correcto para completar cada oración. Además escribe el sustantivo al que se refiere (antecedente o cosa poseída). Luego conversa sobre algo divertido que hiciste con tu familia. Usa un pronombre posesivo y la correcta concordancia del pronombre y el antecedente.

Ejemplo:

María y *(su, sus)* amigas querían ir a practicar esquí acuático.

sus, amigas

1. María no se fue temprano; primero *(ella, ellas)* terminó sus tareas.
2. El hermano mayor de María dijo que *(él, ellos)* llevaría a María.
3. Cuando María y su hermano se subieron al carro, *(ella, ellos)* hablaron del esquí acuático.
4. El hermano de María y *(su, sus)* mejor amigo esquían a menudo.

Los pronombres plurales

Los **pronombres plurales** se refieren a más de una persona o cosa. Algunos pronombres plurales se usan como sujeto-pronombres. Otros pronombres plurales se usan como pronombres de complemento. Es importante saber cuándo usar cada tipo de pronombre.

Sujeto-pronombres plurales	Pronombres plurales de complemento
nosotros, nosotras, ustedes, ellos, ellas	nos, los, las, les, se

- Cuando usas los pronombres *nosotros, nosotras* y *nos*, también estás incluido tú.
- Cuando usas el pronombre *ustedes*, estás escribiendo sobre el público.
- Cuando usas los pronombres *ellos, ellas* y *se*, estás escribiendo sobre otras personas.

Práctica de gramática

Vuelve a escribir estas oraciones. Reemplaza las palabras subrayadas por el pronombre plural correcto *(nosotros, ellos, ellas, los)*. Luego usa dos pronombres plurales para contarle a un compañero una película que hayas visto.

Ejemplo: Andy y yo fuimos con la abuela al circo.
Nosotros fuimos con la abuela al circo.

1. Andy y yo comimos una caja de palomitas.
2. Los niños se sentaron en la primera fila.
3. Un payaso me ofreció unos globos y yo acepté los globos.
4. La abuela, Andy y yo le dimos las gracias al payaso.
5. Después el payaso trajo unas flores para la abuela y María.

Cómo elegir los verbos

El **verbo** es uno de los elementos gramaticales y generalmente dice lo que sucede. Es la palabra principal del predicado. Hay tres tipos de verbos: **verbos de acción**, **verbos auxiliares** y **verbos copulativos.**

Los verbos de acción

Los **verbos de acción** dicen lo que hace el sujeto. Si usas verbos de acción específicos, será más divertido leer tus oraciones.

Verbos de acción generales	Verbos de acción específicos
caminaba	saltaba, paseaba, brincaba
habla	chismorrea, cotorrea, susurra
cayó	tropezó, desplomó, resbaló
buscan	investigan, husmean, rastrean

Práctica de gramática

Vuelve a escribir estas oraciones. Reemplaza el verbo general subrayado por uno más específico de la lista de "Verbos de acción específicos". Luego inventa oraciones usando dos de los verbos de acción específicos y díselas a un compañero.

Ejemplo: El chihuahua caminaba alrededor de la pista.
El chihuahua brincaba alrededor de la pista.

1. El niño caminaba feliz por la acera.
2. ¡Mi loro habla todo el día!
3. Papá se cayó mientras patinaba.
4. Los sabuesos buscan la presa.

Los verbos copulativos

Los **verbos copulativos** enlazan, o unen, un sujeto con un sustantivo o con un adjetivo del predicado.

Ella es la mejor estudiante de matemáticas. (El verbo copulativo *es* enlaza el sujeto *Ella* con el sustantivo *estudiante*).

Algunos verbos copulativos
soy, eres, es, somos, son, estoy, estás, está, estamos, están, encontrarse, hacerse, parecer, quedarse, sentirse, sonar, volverse

Nota Para saber si una palabra se usa como verbo copulativo o verbo de acción, cambia el verbo a una de las formas de *ser* o *estar*. Si la oración aún tiene sentido, el verbo es copulativo.

El alpinista se encuentra cansado. (El alpinista está cansado aún tiene sentido, así que *se encuentra* es un verbo copulativo en esta oración).

El alpinista se encuentra con un problema. (El alpinista está con un problema no tiene sentido, así que *se encuentra* es un verbo de acción en esta oración).

Práctica de gramática

Escribe en una hoja los números del 1 al 3. Escribe la forma verbal de cada oración y escribe una "A" si es un verbo de acción y una "C" si es un verbo copulativo. Luego dile a un compañero una oración con un verbo copulativo.

Ejemplo: Pablo parecía muy emocionado.
parecía, C

1. Un rayo cayó sobre el árbol grande de nuestro patio.
2. Él estaba feliz con el regalo.
3. Su escuela es muy grande.

Los verbos auxiliares

Los **verbos auxiliares** van antes del verbo principal. Estos verbos adicionales ayudan a *mostrar el tiempo* o a *indicar una acción.* Algunas oraciones pueden tener más de un verbo auxiliar.

Verbos auxiliares comunes

he	tengo	puedo	deben	ser
has	tienes	puedes	debo	estar
ha	tiene	puede	debes	
hemos	tenemos	podemos	debe	
han	tienen	pueden	debemos	
		pudo	debió	

La Srta. Daniels ha organizado un campeonato de fútbol. (*Ha* es el verbo auxiliar y *organizado* es el verbo principal).

Nuestro equipo debió haber ganado el campeonato. (*Debió* y *haber* son verbos auxiliares, y *ganado* es el verbo principal).

Práctica de gramática

Copia estas oraciones en una hoja. Luego encierra en un círculo los verbos auxiliares y subraya dos veces los verbos principales. (Una de las oraciones tiene más de un verbo auxiliar). Luego cuéntale a un compañero sobre una vez que jugaste algún deporte. Usa al menos un verbo auxiliar.

Ejemplo: Cada clase puede inscribir uno o dos equipos.

Cada clase puede inscribir uno o dos equipos.

1. Nuestro equipo pudo ganar el primer juego.
2. Nosotros hemos anotado tres goles durante el primer tiempo.
3. Mis amigos también deben haber ganado su juego.
4. Su equipo puede vencer a cualquier equipo.

¿Cómo puedo mostrar el tiempo en mi redacción?

Puedes mostrar el tiempo usando los tiempos verbales apropiados. El **tiempo** de un verbo indica cuándo la acción tiene lugar. El tiempo de un verbo puede estar en **presente**, **pasado** o **futuro**.

- Los **verbos en tiempo presente** indican una acción que ocurre ahora.

  Yo nado en el lago todos los días.

  Mi bicicleta suena mucho.

- Los **verbos en tiempo pasado (perfecto e imperfecto)** indican una acción que ocurrió y que está terminada.

  La semana pasada, yo nadé en la piscina.

  Mi bicicleta sonaba ayer.

Los verbos como *nadar* siempre mantienen su raíz: *nado, nadas, nada, nadamos, nadan*. Estos verbos se llaman **verbos regulares**. Otros verbos, como *sonar*, cambian su raíz: *sueno, suenas, suena, sonamos, suenan*. Estos tipos de verbos se llaman **verbos irregulares**. (Consulta la página 576).

Práctica de gramática

Escribe en una hoja los números del 1 al 4. Escribe el verbo de cada oración. Luego escribe “PR” si es un verbo en presente y “PA” si es un verbo en pasado. Luego usa tiempos en pasado y en presente para hablar con un compañero.

Ejemplo: Mía tía Alicia me habla sobre mi familia.

habla, PR

1. Mi mamá y mi tía jugaban al fútbol.
2. Ellas viajaron a muchos campeonatos.
3. Mi abuela aún guarda los trofeos.
4. Ahora conozco algo más sobre la vida de mamá.

- Los **verbos en tiempo futuro** indican una acción que tendrá lugar en un tiempo posterior, es decir, en el futuro.

  Yo nadaré en el lago el próximo año.

  Mi bicicleta sonará hasta que la repare.

Para formar el futuro de un verbo, sólo tienes que agregar al infinitivo las terminaciones **-é, -ás,-á, -emos** y **-án: viviré, vivirás, vivirá, viviremos, vivirán.**

Práctica de gramática

Escribe en una hoja los números del 1 al 4. Vuelve a escribir las oraciones, pero cambia los verbos en tiempo presente subrayados por verbos en tiempo futuro. Subraya el nuevo verbo. Luego usa el tiempo futuro para contarle a un compañero lo que harás más tarde hoy.

Ejemplo: Nosotros viajamos en tren.

Nosotros viajaremos en tren.

1. El tren ruge a través de la ciudad.
2. Veo edificios altos y casas pequeñas.
3. El paisaje cambia continuamente.
4. Juni me acompaña.

Aprendizaje del lenguaje Dile a un compañero oraciones sobre montar en bicicleta.

1. Di una oración con un verbo en tiempo presente.
2. Di una oración con un verbo en tiempo pasado.
3. Di una oración con un verbo en tiempo futuro.

¿Cómo puedo usar los verbos correctamente?

Puedes revisar con mucho cuidado la concordancia del sujeto y el verbo. Todos los verbos deben concordar en número con sus sujetos. Si el sujeto de una oración está en singular, el verbo debe estar en singular.

Freddi escala con el club de montaña.

(El sujeto *Freddi* y el verbo *escala* están en singular.)

Muchos estudiantes escalan con el club de montaña.

(El sujeto *estudiantes* y el verbo *escalan* están en plural).

Freddi y Jeff van juntos a escalar. (El sujeto *Freddi y Jeff* y el verbo *van* están en plural).

Nota Los verbos en singular que concuerdan con los pronombres *él* y *ella* siempre terminan en vocal. Los verbos en plural que concuerdan con los pronombres *ellos* y *ellas* siempre terminan en consonante.

Práctica de gramática

Escribe en una hoja los números del 1 al 4. En cada oración, escribe el verbo entre paréntesis que concuerda con el sujeto. Luego escribe "S" si el sujeto y el verbo están en singular y "P" si están en plural. Luego cuéntale a un compañero sobre una excursión a la que fuiste. Usa correctamente la concordancia del sujeto y el verbo.

Ejemplo: Los buenos zapatos *(hace, hacen)* más fácil la escalada.
hacen, P

1. Nuestro jefe *(planifica, planifican)* una escalada para el sábado.
2. Los estudiantes *(necesita, necesitan)* permiso de sus padres para ir.
3. El autobús *(parte, parten)* a las 8:00 a.m.
4. Los padres y los maestros *(prepara, preparan)* bocadillos para nosotros.

Cómo elegir los adjetivos

Los **adjetivos** son palabras que describen a los sustantivos. Los adjetivos responden cuatro preguntas sobre los sustantivos: *¿de qué tipo?*, *¿cuánto?*, *¿cuántos?* y *¿cuál?*

¿De qué tipo?	perro grande, bandera mexicana, pájaros amarillos
¿Cuánto?	muchas personas, más agua, menos nieve
¿Cuántos?	tres pasos, dos preguntas, una canasta
¿Cuál?	ese libro, esta canción, aquellos gansos

Las palabras **un, una, unos, unas** y **el, la, los, las, lo** son adjetivos especiales y se llaman artículos.

Práctica de gramática

En una hoja, escribe los adjetivos de cada oración, pero sin escribir los artículos. (El número entre paréntesis te indica cuántos adjetivos debes encontrar). Luego usa adjetivos para describir tu comunidad a un compañero.

Ejemplo: Un desierto es una región calurosa y despoblada. *(2)*
calurosa despoblada

1. Los desiertos tienen una gran variedad de plantas espinosas. *(2)*
2. Muchos desiertos están en climas cálidos. *(2)*
3. Los desiertos africanos son el hogar de muchos pastores que usan túnicas largas. *(3)*
4. Las dunas arenosas tienen muchas formas y se producen por los vientos altos. *(3)*

¿Cómo puedo usar los adjetivos correctamente?

Puedes revisar la forma de los adjetivos que usas. Los adjetivos tienen tres formas: adjetivos *positivos* (se usan para describir una cosa), formas *comparativas* (se usan para comparar dos cosas) y formas *superlativas* (se usan para comparar tres cosas o más).

Cómo formar los adjetivos comparativos y superlativos

Agrega las palabras *más* (o *menos*) antes del adjetivo positivo para formar el comparativo. Agrega las palabras *el más* (o *el menos*) antes del adjetivo positivo para formar el superlativo.

Positivo: Nuestro perro es pequeño.
Comparativo: Nuestro perro es más pequeño que tu perro.
Superlativo: Nuestro perro es el más pequeño del vecindario.

El adjetivo superlativo absoluto

El adjetivo superlativo también se puede formar agregando la palabra *muy* antes del adjetivo positivo. Este se llama **superlativo absoluto**. Otra manera de formar el superlativo absoluto es agregando la terminación *-ísimo* al final del adjetivo.

Positivo: Nuestro perro es pequeño.
Absoluto: Nuestro perro es muy pequeño.
Absoluto: Nuestro perro es pequeñísimo.

Práctica de gramática

Escribe las formas superlativas y comparativas de cada uno de los siguientes adjetivos. Luego usa adjetivos comparativos y superlativos para conversar con un compañero en qué se diferencia el día de hoy con el de ayer.

Ejemplo: verde más verde, el más verde, muy verde

1. limpio **2.** agradable **3.** pálido **4.** viejo **5.** miedoso

Cómo elegir los adverbios

Las palabras que describen a los verbos se llaman **adverbios**.

Lori cantó suavemente durante el concierto.
(El adverbio *suavemente* describe cómo *cantó* Lori).

Marcus toca fuertemente su guitarra.
(El adverbio *fuertemente* describe cómo Marcus *toca* su guitarra).

Los tipos de adverbios

- Los **adverbios de tiempo** indican *cuándo* o *con qué frecuencia*.

  El club de las cometas se reunió ayer.
  (El adverbio *ayer* indica *cuándo* se reunió el club).

  El Sr. Lineros siempre llega a la hora.
  (El adverbio *siempre* indica *con qué frecuencia* él llega a la hora).

- Los **adverbios de lugar** indican *dónde* ocurre algo.

  Tuvimos nuestra reunión afuera.
  (El adverbio *afuera* indica *dónde* tuvo lugar la reunión).

- Los **adverbios de modo** indican *cómo* se realiza algo.

  Andy trabajó cuidadosamente en su cometa.
  (El adverbio *cuidadosamente* indica *cómo* trabajó Andy).

Práctica de gramática

1. Escribe dos oraciones usando adverbios que indiquen cuándo o con qué frecuencia se realiza una acción.
2. Escribe dos oraciones usando adverbios que indiquen dónde se realiza una acción.
3. Conversa con un compañero usando adverbios que indiquen cómo se realiza una acción.

¿Cómo puedo usar los adverbios para mejorar mi redacción?

Puedes usar adverbios para que tu redacción sea más específica. Los adverbios harán que tus oraciones sean más claras e interesantes. En el siguiente ejemplo, fíjate en la manera como los adverbios específicos hacen que las oraciones sean más claras e interesantes.

Maggie atrapó la rana debajo de la cubeta.

Maggie atrapó calmadamente la rana debajo de la cubeta.

Maggie atrapó cuidadosamente la rana debajo de la cubeta.

A veces el adverbio puede ir separado del verbo.

Ella habló con su príncipe suavemente.

Práctica de gramática

Vuelve a escribir cada oración agregando uno de los siguientes adverbios. Luego usa dos de los adverbios para explicar a un compañero cómo practicar un juego.

lentamente	**fácilmente**	**cortésmente**
pobremente	**calmadamente**	**rápidamente**

Ejemplo: Meg caminaba por la acera con una pelota.

Meg caminaba lentamente por la acera con una pelota.

1. Ella había jugado ayer.
2. Más adelante, su hermano la esperaba con los brazos cruzados.
3. Él le preguntó si quería jugar un juego.
4. Él anotó dos puntos.
5. Meg hizo las tres canastas siguientes.

Uso de las preposiciones

Las **preposiciones** son palabras que generalmente indican la posición o el lugar de los sustantivos. Las **frases preposicionales** comienzan con una preposición y terminan con el sustantivo o pronombre más cercano.

Preposiciones comunes							
a	con	de	en	hacia	para	según	sobre
bajo	contra	desde	entre	hasta	por	sin	tras

La bicicleta está en el patio y necesita una llanta nueva.
(La frase preposicional *en el patio* comienza con la preposición *en*).

Nos escondimos entre unas ramas.
(La frase preposicional *entre unas ramas* comienza con la preposición *entre*).

Práctica de gramática

En una hoja, identifica la frase preposicional de cada oración. Luego usa frases preposicionales para describirle a un compañero el lugar donde vives.

Ejemplo:
El Sr. Cosford tiene varios trencitos en su sótano.
en su sótano

1. Él siempre juega con sus trenes.
2. Una parte de ese juego incluye un pueblo chiquito.
3. Otra parte incluye un gran puente sobre un río.
4. Ahora él está instalando una vía hacia otro pueblo.
5. El Sr. Cosford tiene sus trenes desde niño.

Cómo unir con las conjunciones

Las **conjunciones** unen palabras o grupos de palabras. Las **conjunciones coordinantes** como *y*, *pero*, *así que* y *o* se usan para unir palabras, frases y oraciones sencillas. Si después de *o* viene una palabra que empieza con *o*, cambia la *o* por la *u* (plata *u* oro).

Conjunciones coordinantes				
y	**pero**	**o (u)**	**así que**	**porque**

Cómo unir una serie de palabras

En el zoológico vimos elefantes, focas y tigres.

Cómo unir dos frases

Los leones comen en la mañana o en la noche.

Cómo unir dos oraciones sencillas

Una abeja picó a Sally, pero no hizo ningún escándalo.

Práctica de gramática

En una hoja, escribe estas oraciones. Primero, encierra en un círculo la conjunción de cada oración. Luego subraya palabras, frases u oraciones sencillas que une esa conjunción. Finalmente, usa conjunciones para hablar con un compañero sobre los animales.

Ejemplo:

¿En nuestro estado se encuentran los osos pardos o los osos negros?

¿En nuestro estado se encuentran los osos pardos (o) los osos negros?

1. Es divertido ver las focas y las nutrias.
2. Los búfalos tienen una cabeza enorme, pero el resto del cuerpo parece pequeño.
3. Los hipopótamos descansan en el río o en el pasto de la ribera.

¿Cómo puedo usar las conjunciones en mi redacción?

Puedes usar las conjunciones para combinar tus ideas. Por ejemplo, usa las conjunciones coordinantes *y*, *pero* y *o* para combinar dos oraciones sencillas y formar una oración compuesta. Una **oración compuesta** son dos oraciones sencillas unidas por una conjunción coordinante. (Antes de *pero* se escribe una coma). Cuando revises, verifica que usaste correctamente las oraciones simples y compuestas. Si tienes muchas oraciones sencillas, combina algunas para formar oraciones compuestas.

Dos oraciones sencillas

Jack fue a la tienda. Sam se quedó en casa.

Una oración compuesta

Jack fue a la tienda, pero Sam se quedó en casa.

Práctica de gramática

En una hoja, combina cada grupo de oraciones sencillas para formar una oración compuesta. (Usa la conjunción coordinante que está entre paréntesis). Pide a un compañero que te diga dos oraciones sencillas. Combínalas para formar una oración compuesta y luego intercambien roles.

Ejemplo:

El Sr. Snyder hizo sonar el silbato. Comenzó la práctica. *(y)*

El Sr. Snyder hizo sonar el silbato y comenzó la práctica.

1. La mayoría practicó bateo. Dos jugadores practicaron lanzamientos. *(pero)*
2. Después, algunos jugadores corrían juntos. Otros jugadores atrapaban las pelotas. *(y)*
3. Al terminar la práctica, podíamos jugar un partido. Podíamos tener un concurso de bateo. *(o)*

Cómo escribir oraciones

¿Tiene sentido "Yo las espinacas"? No, falta algo. ¿Suena mejor "Yo adoro las espinacas"? Debería sonar mejor (aunque a ti no te gusten las espinacas). En el segundo ejemplo se presenta una idea completa.

Un grupo de palabras que encierra una idea completa se llama **oración**. Cuando hablas con otra persona, usas oraciones. También las usas cuando escribes, y las lees en tus cuentos y libros favoritos. En otras palabras, usas las oraciones en todo momento.

En esta sección encontrarás lo que necesitas saber sobre las oraciones.

Minitabla de contenidos

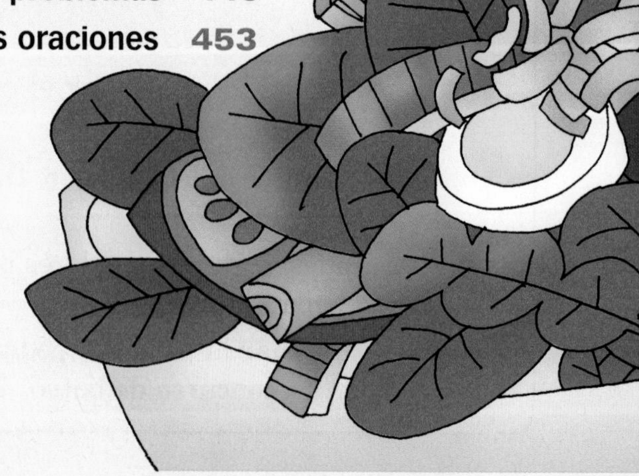

Cómo escribir oraciones completas

¿Cómo puedo escribir oraciones claras?

Puedes escribir oraciones claras si te aseguras de que cada oración exprese una idea completa. Una oración comienza con letra mayúscula y termina con un punto o se escribe entre signos de interrogación o de exclamación.

viajan	los camiones	la	por	autopista

El anterior grupo de palabras no tiene sentido. Pero estas palabras pueden ordenarse para formar una oración que sí exprese una idea completa.

Los camiones	viajan	por	la	autopista.

Práctica de gramática

En una hoja, ordena cada grupo de palabras para que sea una oración clara. Recuerda empezar tus oraciones con mayúscula y usar la puntuación apropiada.

Ejemplo: alimentos nuestros de lugares muchos provienen
Nuestros alimentos provienen de muchos lugares.

1. Florida nuestras de provienen naranjas
2. papas provienen algunas Idaho de
3. lagos y océanos puedes peces en encontrar
4. cultivan muchas granjas en verduras se inmensas

Aprendizaje del lenguaje **Escribe al menos cinco oraciones sobre tu comida favorita. Recuerda usar correctamente las mayúsculas y la puntuación. Luego habla con un compañero sobre las comidas. Usa oraciones completas.**

Los sujetos completos

Los dos partes principales de una oración son el sujeto y el predicado. El **sujeto** es la parte de la oración que indica de quién o de qué habla la oración. El **sujeto completo** son todas las palabras que se necesitan para indicar *quién* o *qué*.

Ronnie anotó un gol.
(*Ronnie* es el sujeto completo).

Muchos fanáticos animaban ruidosamente a su equipo.
(*Muchos fanáticos* es el sujeto completo).

El nuevo jugador del equipo anotó el punto extra.
(*El nuevo jugador del equipo* es el sujeto completo).

El sujeto generalmente va al principio de la oración.

Práctica de gramática

Escribe estas oraciones en una hoja. Subraya el sujeto completo de cada oración. Luego habla con un compañero sobre tu deporte favorito. Pídele que identifique los sujetos completos de tus oraciones.

Ejemplo:

La multitud observaba el partido de fútbol bajo la lluvia.

<u>La multitud</u> observaba el partido de fútbol bajo la lluvia.

1. Una banda se presentó en el partido.
2. Los uniformes de nuestro equipo eran rojos y blancos.
3. Mi jugador favorito es el portero.
4. Los defensores bloquearon el balón.

Los predicados completos

El **predicado** de una oración dice algo sobre el sujeto. El **predicado completo** incluye el verbo y todas las palabras que describen al verbo y completan su significado.

María celebraba.
(*Celebraba* es el predicado completo).

Nosotros comimos trozos fríos de sandía.
(*Comimos trozos fríos de sandía* es el predicado completo).

Su fiesta fue muy divertida.
(*Fue muy divertida* es el predicado completo).

El predicado completo contiene el verbo y todas las palabras que lo describen o que lo completan.

Práctica de gramática

Escribe estas oraciones en una hoja. Subraya el predicado completo de cada oración. Luego habla con un compañero sobre una fiesta. Pídele que identifique los predicados completos de tus oraciones.

Ejemplo:

María estaba emocionada con su fiesta.

María estaba emocionada con su fiesta.

1. Sus amigos llegaron al mediodía.
2. Ellas jugaron a las escondidas.
3. La hermana mayor de María organizó muchos juegos más.

El núcleo del sujeto y el núcleo del predicado

El **núcleo del sujeto** es el sujeto sin las palabras que lo describen. El **núcleo del predicado** es el verbo sin las palabras que lo modifican.

Nuestra maestra de arte dibuja caricaturas divertidas.
(*Nuestra maestra de arte* es el sujeto completo y *maestra* es el núcleo del sujeto).

Nuestro maestro de coro canta muy bien.
(*Canta muy bien* es el predicado completo y *canta* es el núcleo del predicado, o verbo).

Práctica

Copia en una hoja las oraciones 1 a 4. Subraya una vez el núcleo del sujeto y dos veces el núcleo del predicado en cada oración. Luego conversa con un compañero sobre alguna actividad especial de tu escuela. Pídele que identifique el núcleo del sujeto y el núcleo del predicado de tus oraciones.

Ejemplo:

Nuestra maestra anunció la fecha de nuestra exposición de arte.

Nuestra maestra anunció la fecha de nuestra exposición de arte.

1. Los padres recibieron las invitaciones.
2. Mamá marcó la fecha en el calendario.
3. Nosotros hicimos ilustraciones durante semanas.
4. Todos los estudiantes estaban listos para el gran día.

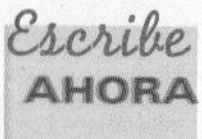

Escribe tres oraciones sobre un programa especial de tu escuela. Luego subraya una vez el núcleo del sujeto y dos veces el núcleo del predicado.

Los sujetos y los predicados compuestos

Un **sujeto compuesto** tiene dos o más núcleos del sujeto. Un **predicado compuesto** tiene dos o más núcleos del predicado.

Los leones y los tigres no se parecen.
(Las palabras *leones* y *tigres* forman el sujeto compuesto).

Los tigres se mueven con rapidez y atacan con fuerza.
(Las palabras *se mueven* y *atacan* forman el predicado compuesto).

Los sujetos y predicados compuestos generalmente se unen por las palabras *y*, *pero* u *o*.

Práctica

Copia en una hoja las oraciones 1 a 3. Subraya una vez el núcleo del sujeto y dos veces el núcleo del predicado. (Fíjate si hay sujetos o predicados compuestos). Luego conversa con un compañero sobre un animal que te guste usando al menos un sujeto compuesto y un predicado compuesto.

Ejemplo:

Los leones y los tigres son enormes.

Los leones y los tigres son enormes.

1. Algunos tigres miden hasta diez pies de largo y pesan 500 libras.
2. Los tigres comen venados, jabalíes e incluso ganado.
3. Los leones y los tigres en libertad viven unos quince años.

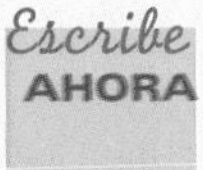

Escribe tres oraciones sobre un animal que te parezca interesante. Trata de usar un sujeto compuesto o un predicado compuesto en al menos una de tus oraciones.

Uso de las letras mayúsculas y puntuación

Todas las oraciones deben empezar con una letra mayúscula. Una oración que dice algo se llama **afirmación**. Debe terminar con un punto. Una oración que pregunta algo se llama **pregunta**. Se escribe entre signos de interrogación.

Afirmaciones

Las palomitas de maíz son un bocadillo popular.
Las palomitas tienen una historia interesante.

Preguntas

¿Por qué te gustan las palomitas de maíz?
¿Cómo se hacen?

Práctica

Escribe en una hoja las oraciones 1 a 5. Comienza cada oración con letra mayúscula y usa el punto o los signos de interrogación.

Ejemplo:

los indígenas norteamericanos hacían palomitas de maíz hace mucho tiempo

Los indígenas norteamericanos hacían palomitas de maíz hace mucho tiempo.

1. ellos comían palomitas de maíz y las usaban como collares
2. dónde se cultiva el maíz
3. por qué las palomitas de maíz revientan
4. el calor hace que los granos revienten

Cómo corregir oraciones con problemas

¿Cómo puedo escribir oraciones correctas?

Puedes aprender a evitar los fragmentos y otros errores en las oraciones. Un **fragmento de oración** es un grupo de palabras que parece una oración, pero no lo es. Le falta el sujeto, el verbo o ambos.

Fragmento	Oración
Mi yoyó suavemente. (Falta el verbo).	Mi yoyó gira suavemente. (Se agregó un verbo).
Primero en China. (Falta el sujeto y el verbo).	Los yoyós aparecieron primero en China. (Se agregó un sujeto y un verbo).
De las Filipinas. (Falta el sujeto y el verbo).	Los yoyós modernos provienen de las Filipinas. (Se agregó un sujeto y un verbo).

Práctica

Escribe en una hoja los números del 1 al 4. Escribe "O" si es una oración completa y "F" si es un fragmento. Vuelve a escribir cada fragmento de manera que sea una oración completa.

Ejemplo:

Uno de los juguetes más antiguos.

F, El yoyó es uno de los juguetes más antiguos.

1. Las muñecas son tan antiguas como los yoyós.
2. Hechas de arcilla.
3. Los yoyós de la India parecían cajitas.
4. Los yoyós en diversas formas y tamaños.

Escribe cinco oraciones sobre tu juguete favorito. Asegúrate de que cada oración tiene sujeto y predicado.

Oraciones seguidas

Las **oraciones seguidas** son dos oraciones que van juntas. Para corregir este problema, agrega un punto y una letra mayúscula entre las dos oraciones.

Oraciones seguidas

Sarah y yo fuimos a la escuela en bicicleta nosotros salimos de casa a las 7:30. (Dos oraciones juntas).

Corrección

Sarah y yo fuimos a la escuela en bicicleta. Nosotros salimos de casa a las 7:30. (Se agrega un punto al final de la primera oración. La segunda oración comienza con una N mayúscula).

Práctica

Vuelve a escribir estas oraciones seguidas en una hoja. Agrega un punto y una letra mayúscula entre las dos oraciones.

Ejemplo:

Casi todo el camino era plano nosotros solo tuvimos que subir una colina grande.

Casi todo el camino era plano. Nosotros solo tuvimos que subir una colina grande.

1. La bicicleta de Sarah es roja mi bicicleta es amarilla.
2. Nosotros tomamos un atajo por el parque me gustó pasar por allí.
3. Sarah siempre se va en bicicleta a la escuela yo me voy en bicicleta por primera vez.
4. Conversamos durante todo el camino el viaje se me hizo muy corto.
5. Dejamos las bicicletas en el estacionamiento yo me aseguré de poner mi candado.

Oraciones enredadas

Una **oración enredada** es la que no termina nunca. Un escritor puede usar la conjunción coordinante *y* demasiadas veces en una oración enredada. Para corregir este problema, el escritor puede quitar la *y* donde pueda hacerlo. Luego puede agregar letras mayúsculas, comas (si se necesitan) y otros signos de puntuación para formar nuevas oraciones.

Cuando escribas, verifica para asegurarte de usar oraciones sencillas y compuestas. Combina dos oraciones sencillas con una conjunción coordinante para formar una sola oración compuesta.

Oración enredada

Josie y yo fuimos a nuestra reunión de niñas exploradoras y aprendimos a hacer collares de cuentas y cada una de nosotras hizo uno y también planificamos nuestro campamento de verano. (La palabra *y* se usó demasiado).

Corrección

Josie y yo fuimos a nuestra reunión de niñas exploradoras. Aprendimos a hacer collares de cuentas y cada una de nosotras hizo uno. También planificamos nuestro campamento de verano. (La palabra *y* se quitó en dos lugares. Luego se agregaron letras mayúsculas y puntos para formar tres oraciones).

Práctica

En una hoja, revisa esta oración enredada y forma oraciones sencillas y compuestas. (Tendrás que quitar la palabra "y" dos o tres veces. Además, usa las letras mayúsculas y los puntos correctamente).

En los días de lluvia, no salimos al patio en el recreo y todos tenemos que hacer cosas en el salón y nosotros practicamos juegos de tablero y también construimos cosas con juegos de construcción.

La concordancia del sujeto y el verbo

El sujeto y el verbo deben concordar en una oración. Si el sujeto está en singular, el verbo también debe estar en singular. Si el sujeto está en plural, el verbo también debe estar en plural.

Oraciones con el sujeto y el verbo en singular

La Srta. Peterson escribe cuentos divertidos.

Ella nos lee sus cuentos.

Oraciones con el sujeto y el verbo en plural

Mis hermanas mayores escriben muchos apuntes.

Ellas hablan por teléfono también.

Recuerda que singular significa **uno** y plural significa **más de uno**.

Práctica

Escribe en una hoja los números del 1 al 4. En cada oración, elige el verbo del paréntesis que concuerda con el sujeto. Escríbelo en tu hoja. Luego habla con un compañero sobre un deporte que hayas jugado. Asegúrate de usar correctamente la concordancia del sujeto y el verbo.

Ejemplo: El Sr. Hayes *(juegan, juega)* al béisbol con nosotros.
juega

1. El Sr. Hayes *(batean, batea)* muy bien.
2. Travis generalmente *(golpean, golpea)* la pelota en el aire.
3. Sam y Mike *(ayudan, ayuda)* a los otros jugadores.
4. Mis amigos *(corren, corre)* rápidamente de una base a otra.

Escribe tres oraciones sobre uno de tus juegos favoritos. El sujeto y el verbo deben concordar en todas tus oraciones.

Cómo mejorar el estilo de las oraciones

¿Cómo puedo escribir mejores oraciones?

Hay cuatro maneras de mejorar las oraciones.

1. **Combina oraciones sencillas.**
2. **Usa oraciones compuestas.**
3. **Usa diferentes tipos de oraciones.**
4. **Sigue los modelos de oraciones que usaron otros autores.**

Cuando revises tu redacción, usa correctamente las oraciones sencillas y compuestas. Al usar oraciones cortas y largas y diferentes tipos de oraciones, tu redacción mejorará.

Oraciones básicas

Mis amigos y yo fuimos a jugar a los bolos. Fuimos el sábado. En los primeros cinco lanzamientos mi resultado fue de veintiséis. Tenía que mejorar. No cometí errores. Conseguí un semipleno. Mi resultado fue de setenta.

Oraciones mejoradas

El sábado en la mañana, mis amigos y yo fuimos a jugar a los bolos. Mi resultado sólo era de veintiséis. Entonces empecé a mejorar. No cometí muchos errores y conseguí un semipleno. Uno de mis amigos estaba muy orgulloso de mí. En el último juego, ¡mi resultado fue de setenta!

Conversa con un compañero sobre algo que te gusta hacer. Usa cuatro o cinco oraciones sencillas y compuestas.

Combinar oraciones usando palabras clave o palabras en una serie

Puedes combinar oraciones cortas usando una **palabra clave** o una **serie de palabras**. Cuando escribas una serie de palabras, agrega coma entre los elementos, excepto antes de la palabra *y*.

Oraciones cortas

La mariposa se posó en mi mano. Era una mariposa monarca.

Oraciones combinadas usando una palabra clave

La mariposa monarca se posó en mi mano.

Oraciones cortas

Las monarcas tienen hermosas alas negras. Ellas también tienen alas blancas y anaranjadas.

Oraciones combinadas usando palabras en una serie

Las monarcas tienen hermosas alas negras, blancas y anaranjadas.

Práctica

En una hoja, combina cada grupo de oraciones cortas.

Ejemplo:

Las alas de las mariposas tienen escamas. Las escamas son brillantes.

Las alas de las mariposas tienen escamas brillantes.

1. Las mariposas viven en los bosques tropicales. Ellas también viven en los bosques y en el campo.
2. La mayoría de las mariposas tienen cuerpos delgados. Sus cuerpos no tienen pelos.
3. El cuerpo de una mariposa tiene una cabeza. También tiene tórax y abdomen.
4. Las mariposas tienen dos antenas. Las antenas son finas.

Combinar oraciones usando sujetos y predicados compuestos

Puedes combinar dos oraciones formando un **sujeto compuesto** o un **predicado compuesto**.

Oraciones cortas

Stuart habla francés. Olivia habla francés.

Oraciones combinadas usando un sujeto compuesto

Stuart y Olivia hablan francés.

Quizás tengas que cambiar un verbo en singular por un verbo en plural para formar un sujeto compuesto.

Oraciones cortas

Anna toca el clarinete. Ella canta en el coro.

Oraciones combinadas usando un predicado compuesto

Anna toca el clarinete y canta en el coro.

Práctica

Combina cada par de oraciones. Usa un sujeto compuesto o un predicado compuesto para formar una nueva oración.

Ejemplo:

Julia está en la clase de gimnasia. Missy también está en la clase de gimnasia.

Julia y Missy están en la clase de gimnasia.

1. Kyle nada los lunes. Él juega al fútbol los martes.
2. Ruby lee muchos libros. Sheri también lee muchos libros.
3. Luke lee libros de caricaturas. Él dibuja superhéroes.
4. Erin se inscribió en un club de computación. Su hermano también se inscribió.

Usar oraciones compuestas

Una **oración compuesta** son dos o más oraciones sencillas unidas por una conjunción (*y*, *pero*, *o*). Antes de *pero* va una coma. Cuando revises tu redacción, usa correctamente las oraciones sencillas y compuestas, y asegúrate de que el sujeto y el verbo concuerdan en número.

Dos oraciones

La mayoría de las arañas tejen redes. Ellas usan las redes para atrapar su alimento.

Una sola oración compuesta

La mayoría de las arañas tejen redes y usan las redes para atrapar su alimento.

Práctica

Combina cada par de oraciones formando una oración compuesta. (Usa la conjunción del paréntesis.) Luego conversa con un compañero sobre un insecto. Usa oraciones compuestas. Asegúrate de usar correctamente la concordancia del sujeto y el verbo.

Ejemplo:

Algunas arañas viven en las casas. Muchas otras arañas viven afuera. *(pero)*

Algunas arañas viven en las casas, pero muchas otras arañas viven afuera.

1. Muchas personas llaman insectos a las arañas. Los científicos las llaman arácnidos. *(pero)*
2. Las arañas no pueden masticar su alimento. Ellas sólo pueden tomar líquidos. *(y)*
3. Las arañas pueden dejarse caer de su tela. Ellas pueden colgar de un hilo de seda en el aire. *(o)*
4. Las arañas saltadoras tienen piernas cortas. Ellas saltan lejos. *(pero)*

Usar diferentes tipos de oraciones

Puedes hacer que tu redacción sea variada usando **diferentes tipos de oraciones**.

- Las oraciones **afirmativas** hacen una afirmación.

  Mercurio es el planeta más cercano al Sol.

- Las oraciones **interrogativas** hacen una pregunta directa

  ¿Qué otros planetas puedes nombrar?

- Las oraciones **imperativas** dan una orden.

  Nombra el planeta más grande.

- Las oraciones **admirativas** expresan una emoción fuerte o una sorpresa.

  ¡Júpiter tiene más de sesenta lunas!

Práctica

En una hoja, junto a cada oración escribe "AF" si es afirmativa, "INT" si es interrogativa, "IMP" si es imperativa y "AD" si es admirativa. Agrega los signos de puntuación correctos en cada oración.

Ejemplo:

Sabías que Mercurio es el planeta más cercano al Sol

INT, ¿ ?

1. Qué increíble es el sistema solar
2. Los científicos siguen estudiando los planetas
3. Qué información nueva podrán encontrar
4. Las personas usan telescopios para observar los planetas
5. Nombra los planetas por favor

Dile a un compañero al menos cinco oraciones sobre el sistema solar. Incluye los cuatro tipos de oraciones.

Seguir los modelos de oraciones

Puedes mejorar tu redacción siguiendo los patrones de oraciones que escribieron autores profesionales. Este tipo de práctica se llama **seguir los modelos de oraciones**.

Pautas para seguir modelos

1. Busca una oración que realmente te guste.
2. Decide sobre qué vas a escribir con tus propias palabras.
3. Forma tu oración parte por parte para seguir el patrón del autor.

Cómo un estudiante siguió un modelo

A Anthony le gusta mucho *La Sirenita* de Hans Christian Andersen. Anthony decidió seguir el modelo de dos oraciones de ese autor.

Fíjate en cómo se parecen las oraciones de Hans Christian Andersen y las oraciones de Anthony.

1. La Sirenita, levantando los brazos al cielo, lloró por primera vez.

   El señor, sacándose el sombrero de prisa, saludó con gran cortesía.

2. ¡Pero recuerda que el mundo de arriba no es el nuestro, sólo podemos admirarlo!

   ¡Pero piensa que el tenis no es tan difícil, sólo tienes que practicar más!

Práctica

Escribe tu propia oración siguiendo el modelo de una de las oraciones anteriores de Hans Christian Andersen.

Estudiar los modelos de oraciones

Estas son algunas oraciones que puedes usar como modelos.

- "Una tarde, mientras el sol se ponía al atardecer, surgió de entre los arbustos una bandada de grandes y hermosas aves".
  —de *El patito feo,* por Hans Christian Andersen

- "Un león dormía tranquilamente, cuando un ratón empezó a juguetear encima de su cuerpo".
  —de *El león y el ratón,* por Esopo

- "El burro, por ser el más grande, fue a asomarse a la ventana".
  —de *Los músicos de Bremen,* por los hermanos Grimm

- "Cuando el gigante salió de la estancia, el niño tomó la cajita prodigiosa y se la guardó".
  —de *Las habichuelas mágicas,* un cuento de hadas tradicional

Práctica

Elige tres de las oraciones anteriores como modelos. Usa las "Pautas para seguir modelos" de la página 458 como ayuda para escribir tus propias oraciones.

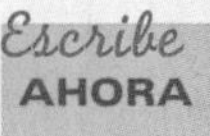

Deja espacio en tu cuaderno para escribir una lista de oraciones especiales de los libros que más te gustan. Usa esas oraciones como modelos para escribir tus propias oraciones.

Cómo construir párrafos

Podrías contarle a alguien por qué es difícil vivir con tu hermano menor. También podrías escribir un párrafo acerca de eso. Un **párrafo** está formado por varias oraciones, todas relacionadas con el mismo tema.

Los párrafos tienen tres partes principales. La primera parte es la **oración temática**. La segunda parte incluye las **oraciones de apoyo** del párrafo, o el desarrollo. La última parte es la **oración final**.

Las partes de un párrafo

1. La **oración temática** dice de qué trata el párrafo.
2. Las **oraciones de apoyo** son las que aportan detalles sobre el tema.
3. El párrafo concluye con una **oración final**.

Las partes de un párrafo

Roy, mi hermano menor

1 Vivir con mi hermano menor Roy puede
resultar difícil. En primer lugar, Roy siempre me
copia. Si me tomo un vaso de leche, él también
quiere uno. Además no se quiere ir a dormir
2 hasta que lo haga yo. Le dice a mi mamá que
siempre me quedo despierto hasta tarde. Lo
más importante es que siempre quiere jugar
con mis amigos. Trata de jugar básquetbol con
nosotros, pero es demasiado bajo.
3 Trato de entender a Roy, pero no siempre es
fácil.

Comenta con un compañero.

- **Organización** (1) ¿Qué palabras se usan para ordenar las razones?
- **Desarrollo de las ideas** (2) ¿Cuál es el tema de este párrafo? ¿Cuáles son las tres razones que da Marcus para explicar el tema?
- **Voz** (3) ¿De qué manera demuestra Marcus que está interesado en el tema?

Escribir buenas oraciones temáticas

Una buena oración temática hace dos cosas: (1) Menciona el tema y (2) establece la idea principal (o enfoque) del tema.

Tema	Idea principal (o enfoque)
Vivir con mi hermano menor Roy	puede resultar difícil.
Nuestro vecindario	necesita mejores aceras.
Mi equipo de béisbol	ganó el partido del campeonato.

Oraciones temáticas especiales

Números ■ En una oración temática se puede usar un número para indicar de qué tratará el párrafo.

Tema	Idea principal (o enfoque)
Mi gato Henry	se esconde en tres lugares diferentes.

Listas ■ En una oración temática se pueden enumerar las cosas que cubrirá el párrafo.

Tema	Idea principal (o enfoque)
La prueba de condición física	incluye carrera, salto y lanzamiento.

Práctica

Elige la mejor idea principal (o enfoque) para el siguiente tema.

Tema	Idea principal (o enfoque)
Nuestra escuela	1. tiene cientos de estudiantes. 2. es de ladrillo. 3. necesita nuevos juegos para el patio de recreo.

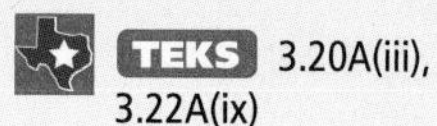

Escribir oraciones finales

La oración final debe ser como un regalo: algo que le guste al lector. Estas son tres maneras de escribir oraciones finales.

1 **Recuerda al lector tu idea principal.**

Oración temática:

Vivir con mi hermano menor Roy puede resultar difícil.

Oración final:

Seguiré intentando entender a Roy, pero no siempre es fácil.

2 **Presenta una reflexión final acerca del tema.**

Oración temática:

La prueba de condición física incluye carrera, salto y lanzamiento.

Oración final:

La prueba de condición física es divertida y ni siquiera tengo que estudiar para darla.

3 **Convence al lector acerca de tu opinión.**

Oración temática:

Nuestro vecindario necesita mejores aceras.

Oración final:

Con mejores aceras nuestro vecindario será más seguro para todos.

El párrafo concluye con una buena oración final. Es una oración de conclusión acerca de lo que hablaste en tu redacción. Conviene que uses palabras o frases de transición al principio de tu oración, como *por último* o *en conclusión*.

Cómo usar los detalles

Las oraciones del **cuerpo**, o **desarrollo** de un párrafo, incluyen detalles. Los **detalles** son palabras e ideas específicas que se relacionan con algún tema. Las razones, los hechos y las explicaciones sencillas son detalles.

Razón: Una razón *responde la pregunta* ¿por qué?

Oración temática Vivir con mi hermano menor Roy puede resultar difícil.

Razón En primer lugar, Roy siempre me copia.

Hecho: Un hecho *agrega información*.

Oración temática El verano pasado, mi equipo de béisbol ganó el partido del campeonato.

Hecho Vencimos a los Cardenales, 2 a 1.

Práctica

Elige dos hechos que digan algo más sobre esta oración temática.

Oración temática: Mi gato Henry se esconde en diferentes lugares.

Hechos: Henry tiene pelaje negro y bigotes largos.
Su principal escondite es debajo de mi cama.
Los gatos son animales curiosos.
Henry también se acurruca en el armario de mi hermana.

Otros detalles

La mayoría de los párrafos también incluyen ejemplos y explicaciones que le dan al lector aun más información acerca del tema.

Ejemplo: Un ejemplo *muestra algo.*

Oración temática Vivir con mi hermano menor Roy puede resultar difícil.

Razón En primer lugar, Roy siempre me copia.

Ejemplo Si me tomo un vaso de leche, él también quiere uno.

Explicación: Una explicación *hace más clara una idea.*

Oración temática El verano pasado, mi equipo de béisbol ganó el partido del campeonato.

Hecho Vencimos a los Cardenales, 2 a 1.

Explicación Anotamos las dos carreras en la última entrada.

Práctica

Escribe esta oración temática. Agrega una explicación para que la oración temática sea más clara.

Oración temática: Yo preparé panecillos con papá.

Organizar párrafos

Las oraciones de un párrafo deben estar organizadas para que el lector pueda seguir las ideas. Estas son tres maneras de organizar tus párrafos.

Orden cronológico...

Al usar orden cronológico, presentas los detalles en el orden en que ocurrieron. Puedes usar palabras como *primero*, *después* y *luego* para organizar tus ideas. También puedes usar palabras como *finalmente* y *por último* para mostrar una conclusión.

Orden de ubicación...

Con el orden de ubicación, describes algún tema desde un punto a otro, como de arriba abajo. Usa palabras y frases como *en la parte superior, por los costados* y *en la parte inferior* para poder organizar tus ideas de esta manera.

Orden de importancia...

Con el orden de importancia, presentas el detalle más importante al principio o al final. Puedes usar palabras y frases como *en primer lugar, además* y *lo más importante* para organizar tus ideas de esta manera.

Práctica

¿Qué tipo de organización usarías para escribir acerca de cada uno de estos temas? (Puede haber más de una respuesta).

- describir una mascota
- hacer un muñeco de nieve
- hornear galletas
- por qué el recreo debería ser más largo

Mi abuelo cuida mucho su jardín. Primero, recorre todas las hileras sacando la maleza. Después, recoge los vegetales que están listos para comerlos. Parece que siempre encuentra algo que se debe recoger. Luego siembra nuevas semillas en los espacios abiertos. Finalmente, riega todo.

La colina McKinley se alza imponente sobre nuestro vecindario. En la parte superior de la colina hay muchos robles. Mis amigos y yo a veces nos subimos a los árboles. Existen senderos empinados que van por los costados de la colina. Bajamos por estos senderos montados sobre pedazos viejos de cartón. En la parte inferior de la colina, hicimos un diamante de béisbol donde jugamos todo el verano.

Vivir con mi hermano menor Roy puede resultar difícil. En primer lugar, Roy siempre me copia. Si me tomo un vaso de leche, él también quiere uno. Además, no se quiere ir a dormir hasta que lo haga yo. Le dice a mi mamá que siempre me quedo despierto hasta tarde. Lo más importante es que siempre quiere jugar con mis amigos. Trata de jugar básquetbol con nosotros, pero es demasiado bajo. Trato de entender a Roy, pero no siempre es fácil.

Práctica

Cuéntale a un compañero cómo se juega un juego que tú conoces. Usa palabras de transición de orden cronológico e incluye una palabra de transición que muestre una conclusión.

Pautas para escribir

Las pautas de estas dos páginas te ayudarán a escribir buenos párrafos.

Prepararse

Elegir un tema

- **Elige un tema que te interese.**
- **Asegúrate de que el tema sea del tamaño adecuado.**

Demasiado grande:	*La temporada completa de béisbol de nuestro equipo*
Demasiado pequeño:	*Un turno al bate*
Adecuado:	*Nuestro partido del campeonato*

Reunir detalles

- **Reúne una gran cantidad de detalles.**

En los párrafos **narrativos** o en los párrafos de los cuentos, responde las preguntas *¿quién? ¿qué? ¿dónde?* y *¿cuándo?*

En los párrafos **descriptivos**, reúne *imágenes, sonidos, olores* y *sabores.*

En los párrafos **expositivos** (que se basan en hechos), recopila *hechos* y *ejemplos* importantes.

En los párrafos **persuasivos**, enumera las *razones* que explican tu opinión.

- **Usa organizadores gráficos.**

Elige un diagrama, una cronología, una gráfica de detalles sensoriales, una gráfica de las cinco preguntas o un mapa del cuento para organizar los detalles. (Consulta las páginas **482 a 488** para ver ejemplos de organizadores).

Desarrollar un borrador

Crear el primer borrador

- Escribe una oración temática que exprese la idea principal (o enfoque) de tu párrafo.
- Explica el tema en las oraciones de apoyo o intermedias.
- Termina con una oración que concluya el párrafo.

Revisar Mejorar el párrafo

- Incluye en tu párrafo una oración temática, el desarrollo y una oración final.
- Incluye detalles y hechos suficientes acerca del tema.
- Ordena tus oraciones de la mejor manera posible.
- Usa las mejores palabras para explicar tu tema al público.

Corregir Comprobar que se respetan las convenciones

- Comienza cada oración con letra mayúscula.
- Escribe cada oración con el o los signos de puntuación correspondientes.
- Deja sangría en la primera línea del párrafo.
- Escribe las palabras correctamente.

Práctica

1. Escribe un párrafo sobre tu pasatiempo preferido para que lo lea algún amigo.
2. Incluye dos razones que expliquen por qué ese es tu pasatiempo.

Marcar párrafos

Si realmente te gusta una idea para hacer un relato, puedes seguir escribiendo hasta poner todos tus pensamientos por escrito. Al final, puede que tengas un texto largo que se deba dividir en párrafos. Si sucede eso, usa la siguiente idea.

Marcar, preguntar, leer y encontrar

Sigue estos pasos para separar en párrafos tus relatos y ensayos.

1. **Marca la primera oración con un signo de párrafo.¶**
2. **Pregúntate cuál es la idea principal del texto.**
3. **Lee hasta encontrar una nueva idea principal.**

1. **Marca esa oración con un signo de párrafo.¶**
2. **Pregúntate cuál es la idea principal de esa parte.**
3. **Lee hasta encontrar otra idea principal.**

Respuesta a un libro (sin párrafos)

¡A cultivar!

Vuelve a cultivarlo, un libro escrito por Elizabeth Macleod, nos enseña cómo cultivar plantas a partir de frutas y verduras. Este libro explica cómo cultivar plantas usando frijoles, papas y cacahuates. Creo que nunca había pensado en todas las plantas que producen los alimentos que como. No sabía que las papas y los cacahuates crecen bajo tierra. Este libro también explica por qué las frutas y verduras son buenas para ti, además de hermosas. Encontrarás muchas sorpresas alimenticias en este libro.

Seguir los pasos

Al separarlo en párrafos, haces que tu texto sea coherente y más fácil de leer. Fíjate en cómo el modelo se puede dividir en párrafos siguiendo los pasos de **Marcar, preguntar, leer y encontrar**.

1 **Marca la primera oración con un signo de párrafo.¶**

Vuelve a cultivarlo, un libro escrito por Elizabeth Macleod, nos enseña cómo cultivar plantas a partir de frutas y verduras.

2 **Pregúntate cuál es la idea principal del texto.**

La idea principal es la idea de la cual trata el libro.

3 **Lee hasta encontrar una nueva idea.**

1 **Marca esa oración con un signo de párrafo.¶**

Creo que nunca había pensado en todas las plantas que producen los alimentos que como. No sabía que las papas y los cacahuates crecen bajo tierra.

2 **Pregúntate cuál es la idea principal de esa parte.**

La idea principal es lo que piensa el escritor.

3 **Lee hasta encontrar una nueva idea.**

1 **Marca con un signo de párrafo.**

Este libro explica por qué las frutas y verduras son buenas para ti, además de hermosas. Encontrarás muchas sorpresas alimenticias en este libro.

2 **Pregúntate cuál es la idea principal.**

Esa idea explica sobre qué más trata el libro.

¡A cultivar!

Vuelve a cultivarlo, un libro escrito por Elizabeth Macleod, nos enseña cómo cultivar plantas a partir de frutas y verduras. Este libro explica cómo cultivar plantas usando frijoles, papas y cacahuates.

Creo que nunca había pensado en todas las plantas que producen los alimentos que como. No sabía que las papas y los cacahuates crecen bajo tierra.

Este libro también explica por qué las frutas y verduras son buenas para ti, además de hermosas. Encontrarás muchas sorpresas alimenticias en este libro.

Prepararse para las pruebas

En una prueba, te pueden pedir que escribas un párrafo que resuma una selección. Un **resumen** incluye solamente las ideas más importantes de la lectura.

Sugerencias para la redacción

Antes de escribir...

- Lee la selección al menos dos veces.
- Usa un organizador gráfico para planificar tu párrafo y tomar apuntes.

Mientras escribes...

- Comienza con una oración temática.
- Escribe la información con tus propias palabras.
- Piensa en el público que leerá tu texto.

Después de escribir...

- Asegúrate de que tus ideas son coherentes y están bien organizadas.

Selección

Los caballos pequeños llevan la delantera

Los caballos miniatura son animales excelentes para guiar a los ciegos. Tienen el tamaño de los grandes perros guía. Por lo general miden sólo entre 20 y 34 pulgadas en la parte más alta de su lomo.

Se pueden entrenar los caballos miniatura para que se queden quietos. Son muy buenos trabajadores y no les molestan los ruidos. Los caballos tienen los ojos en los costados de la cabeza. Esto les permite ver en casi todas las direcciones. Los caballos también pueden ver muy bien de noche.

Los caballos son buenos guías porque parecen saber cuándo hay un peligro cerca. Ellos buscan espontáneamente una manera segura de llegar a otro sitio.

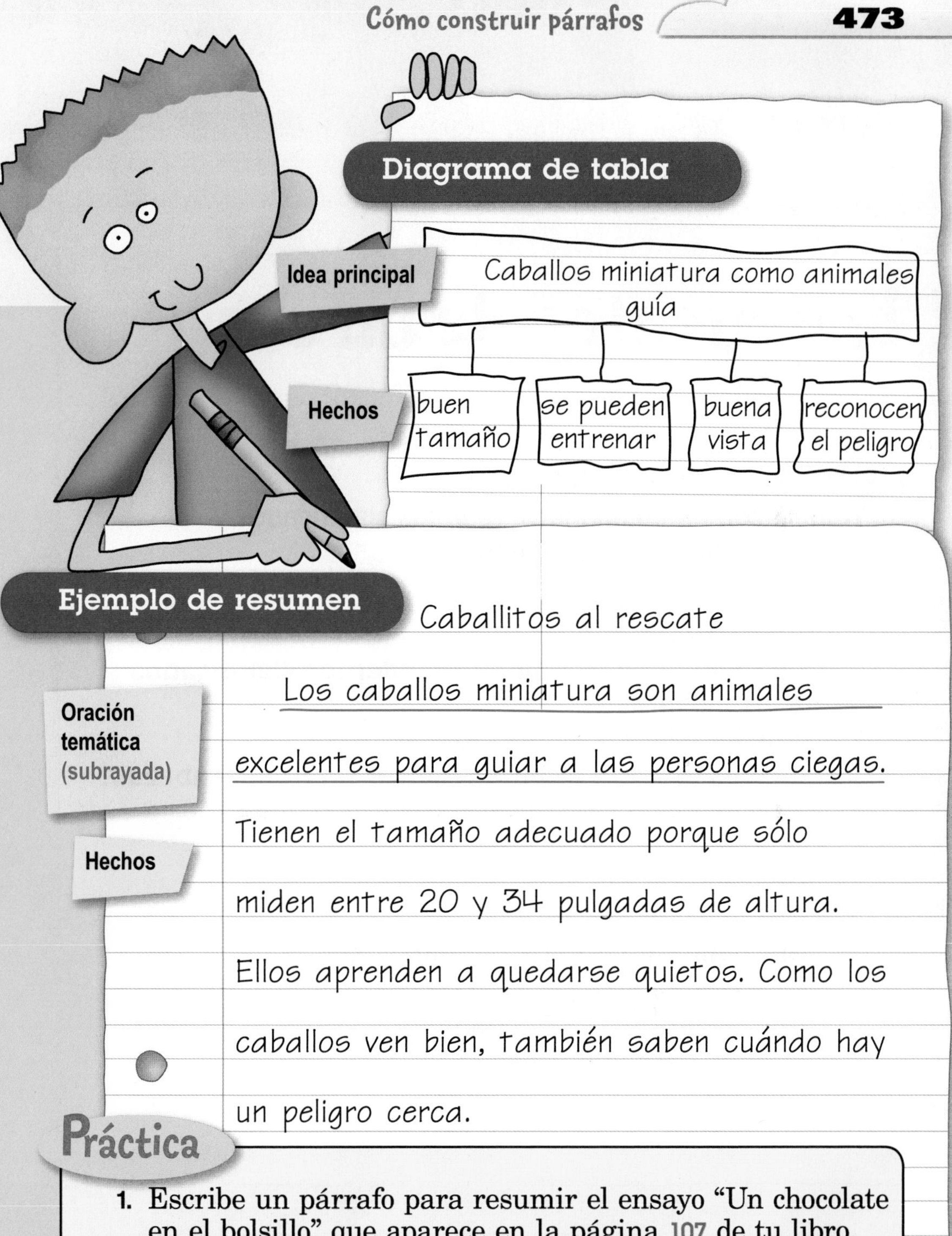

Práctica

1. Escribe un párrafo para resumir el ensayo “Un chocolate en el bolsillo” que aparece en la página 107 de tu libro.
2. Usa las sugerencias y el ejemplo de estas dos páginas como guía.

Las fuentes de un escritor

Aprendizaje del lenguaje

Trabaja con un compañero. Lean los significados y respondan juntos las preguntas.

1. Una **fuente** es algo que se puede usar como ayuda para **buscar información.**
   ¿Qué fuente se usa para aprender los significados de las palabras?
2. Un **proceso** es una serie de acciones.
   ¿Cuál es el proceso para resolver un rompecabezas?
3. Una **señal** es un sonido, una imagen o un mensaje que te indica que hagas algo.
   ¿Qué señal conoces?
4. Un **error** es una equivocación.
   ¿Has cometido un error alguna vez?
5. Si algo **resulta práctico**, es útil.
   ¿Qué resulta práctico cuando estudias para una prueba?

Escribir es divertido, pero a veces es difícil comenzar. El primer paso es buscar un tema para escribir. Con frecuencia, los mejores temas son aquellos que ya conoces.

Este capítulo te ayudará para que comiences a escribir. También encontrarás algunas maneras de ordenar tus ideas y de llevarlas al papel. Recuerda que la buena redacción es como caminar: das un paso a la vez.

¿Cómo puedo encontrar un buen tema para escribir?

Lleva contigo un cuaderno de escritor.

Usa un cuaderno para registrar las ideas que se te ocurran para escribir. Después úsalas en tus tareas de escritura. Estas son algunas maneras de reunir ideas.

Nota: Cuando veas o escuches una buena idea para abordar un tema, ¡escríbela!

Inténtalo: Busca un letrero, una pancarta o algún folleto que encuentres interesante. Escribe sobre su significado y por qué te gusta. Trata de escribir una historia con tus ideas.

1 Mantén los ojos abiertos.

¡A veces es el tema el que te encuentra a ti! Por ejemplo, podrías ver un letrero sobre una mascota perdida. ¿Por qué se fue la mascota? ¿Quién pegó el letrero? ¿Hace cuánto tiempo está el letrero ahí? Escribe en tu cuaderno las ideas que se te ocurran acerca de lo que ves.

2 Haz una lista de tus mejores, tus peores y tus favoritos.

A continuación aparecen algunas ideas para que comiences. Revisa tu lista cuando necesites una idea para escribir.

Mejores	Peores	Favoritos
Mi mejor día	Mi peor materia	Mi animal favorito
Mi mejor materia	Mi peor error	Mi lugar favorito
Mi mejor amigo	La tarea que menos me gusta	Mi música favorita

3 Lee mucho.

Lee libros y revistas. Lee acerca de temas sobre los que nunca has leído, como los viajes espaciales, la crianza de conejos o la Guerra Civil. Escribe las ideas en tu cuaderno a medida que lees.

4 Trata de hacer distintas actividades.

Practica juegos nuevos. Únete a clubes nuevos. Ayuda a las personas de tu vecindario. Mientras más actividades hagas, más temas tendrás para escribir.

5 Escribe con frecuencia.

En un diario, o en tu cuaderno de escritor, escribe sobre lo que veas, lo que escuches y lo que hagas.

6 Completa inicios de oraciones.

Completa algunos de estos inicios de oraciones de todas las maneras que puedas.

Me pregunto cómo...

Acabo de aprender...

Todos deberían...

Así es cómo...

Tengo miedo a...

Espero que nuestra escuela...

Un lugar que me gusta...

Recuerdo...

Cuando sea grande...

Ojalá pudiera...

¿Dónde puedo encontrar más ideas para escribir?

Mira una lista de temas.

Puedes mirar una lista de elementos básicos de la vida para que se te ocurran ideas sobre un tema.

amigos	**animales**	**arte**	**clima**
comida	**comunidad**	**deportes**	**ejercicio**
escuela	**familia**	**libros**	**medio ambiente**
música	**pasatiempos**	**salud**	**trabajos**

Así se usa la lista de los "elementos básicos de la vida":

1. Elige uno de los temas de la lista.
2. Relaciona el tema con tu tarea de escritura.
3. Haz una lista de temas posibles.

Mi tema son los logotipos.

Mi tarea:

Escribe un ensayo expositivo acerca de un logotipo que veas en tu comunidad.

Podrías escribir sobre...

- el logotipo que lleva mi vecino en su chaqueta
- el símbolo de una ambulancia
- el logotipo de mi escuela

Elige un logotipo de tu comunidad. Investiga qué significa y escribe lo que piensas sobre él.

Piensa en temas para cada forma, o género, de escritura.

Escritura descriptiva

Personas: alguien de tu familia, un amigo, el conductor del autobús, el médico o el veterinario de tu familia, un maestro, una cuidadora de niños

Lugares: la consulta del dentista, un lugar para acampar, un lugar ruidoso, un bosque, una tienda del vecindario, tu salón de clases

Cosas: una hoja que cae de un árbol, la lluvia en el techo, un objeto muy antiguo, un regalo especial

Escritura narrativa

Cuenta acerca de... la primera vez que te subiste a una montaña rusa, quedar sorprendido por algo, aprender a hacer algo, jugar con un amigo, ayudar a alguien

Escritura expositiva

Explica cómo... cuidar una mascota, hacer una marioneta, armar una tienda, practicar tu juego de tablero favorito, hacer panqueques

Explica diferentes tipos de... camiones, caballos, aviones, rocas, tormentas, bailes, patinetas, árboles

Explica el significado de... la familia, el trabajo en equipo, la valentía, el amor, el miedo, la amistad

Explica por qué... te gusta o no te gusta el lugar donde vives, te gusta cierta materia de la escuela, debes ser ordenado

Escritura persuasiva

Convence al lector sobre la importancia de... dormir lo suficiente, tocar un instrumento, tener recreos, tener una mascota de la clase, tener momentos de silencio

TEKS 3.17A, 3.26A(i), 3.26A(ii)

¿Cómo puedo empezar a informarme sobre un tema?

Empieza a pensar.

Para comenzar, debes empezar a pensar en tu tema. Estas son algunas maneras de hacerlo.

Hacer una lista Escribe tu tema en la parte de arriba de una hoja. Luego comienza una lista de ideas sobre ese tema.

La gran ventisca
-dos pies de nieve
-aullido del viento
-enormes acumulaciones de nieve
-carros enterrados
-caminos cerrados

Diagrama (Red) Escribe tu tema en el centro de una hoja y enciérralo en un círculo. Después escribe ideas relacionadas a su alrededor. ¡Escribe todas las ideas que puedas!

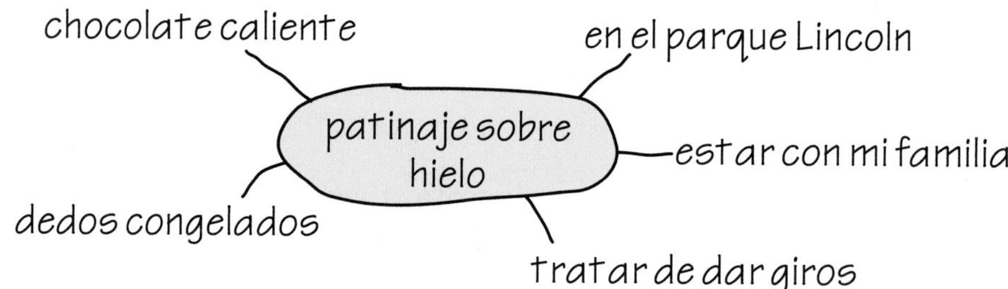

Recopila información.

Una vez que tengas tu tema, reúne información sobre cada idea relacionada con él. Puedes usar libros, revistas y fuentes de Internet. ¡Hasta puedes entrevistar a un experto en el tema! Los expertos pueden ser excelentes fuentes de información.

Elige algún tema que te interese. Usa una fuente de Internet como ayuda para que se te ocurran ideas sobre ese tema. Después entrevista a un experto que sepa sobre tu tema. ¡De esta manera se te ocurrirán aun más ideas para escribir!

¿Cómo puedo escribir buenas oraciones temáticas?

Primero revisa el propósito.

Tu oración temática debe coincidir con el propósito del párrafo: *describir, compartir un relato, explicar* o *persuadir.*

Recuerda: Una oración temática tiene dos funciones: (1) identifica el tema y (2) indica lo que piensas decir sobre el tema (el *enfoque*).

Describir

Los párrafos descriptivos describen un tema. Esta es la oración temática de un párrafo descriptivo.

Nuestro perro (tema) parece un trapeador viejo (enfoque).

Compartir un relato

Los párrafos narrativos comparten un relato. Esta es la oración temática de un párrafo narrativo.

¡Nadé en aguas profundas (tema) por primera vez (enfoque)!

Explicar

Los párrafos expositivos explican un tema o hablan sobre él. Esta es la oración temática de un párrafo expositivo.

Puedes hacer un muñeco de nieve (tema) en cuatro pasos (enfoque).

Persuadir

Los párrafos persuasivos dan una opinión. Esta es la oración temática de un párrafo persuasivo.

El recreo de la tarde (tema) debería ser más largo (enfoque).

¿Qué organizadores gráficos debo usar?

Usa un diagrama de Venn para comparar temas.

Los organizadores gráficos pueden ayudarte con ideas para tu redacción. Usa un **diagrama de Venn** para mostrar en qué se parecen dos temas y en qué se diferencian. Comienza dibujando dos círculos entrelazados como los del ejemplo de abajo.

En el área 1, escribe detalles sobre uno de los temas.

En el área 2, escribe detalles sobre el otro tema.

En el área 3, escribe detalles que sean verdaderos para ambos temas.

Ejemplo de un diagrama de Venn

Área 1

Caimán
- hocico ancho
- muy oscuro
- anida en plantas
- se encuentra en el Suroeste de los Estados Unidos

Área 3

- reptil grande
- carnívoro
- nocturno

Área 2

Cocodrilo
- hocico angosto
- de color marrón aceitunado
- pone huevos en el lodo
- se encuentra en el sur de Florida

Haz una cronología para ordenar los eventos.

Usa una **cronología** para ordenar los eventos o acciones tal como ocurrieron en un relato. También puedes usar una cronología para enumerar los pasos de un proceso.

Ejemplo de una cronología

Tema: Conocer a mi tío

- Salí de la escuela temprano, justo después del almuerzo.
- Mamá nos llevó al aeropuerto.
- Compramos palomitas de maíz.
- Vimos llegar a los aviones.
- Esperamos a que mi tío de Texas bajara del avión.
- Le di un gran abrazo.

Usa un mapa del cuento para hacer un plan.

Usa un **mapa del cuento** para planificar tu próximo relato o historia. Completa solamente las ideas principales y los eventos. (No tienes que contarlo todo).

Ejemplo de un mapa del cuento

Título: Y la pelota salió del estadio

Personaje principal: Billie, un beisbolista

Otros personajes: el entrenador de Billie
su abuela

Escenario: Un campo de béisbol

Conflicto (Problema): Billie tenía miedo de salir ponchado.

Argumento: (¿Qué ocurre?)

1. Su equipo sale a batear y Billie se pone nervioso.
2. Él recuerda el consejo de su entrenador.
3. Billie anota un jonrón.

Conclusión: Billie le cuenta a su abuela sobre su jonrón.

Dibuja un mapa para recordar los eventos de tu vida.

Puedes usar un mapa de vida como ayuda para recordar y elegir alguna experiencia sobre la que desees escribir. Comienza con el día en que naciste y agrega eventos hasta llegar al presente.

Ejemplo de un mapa de vida

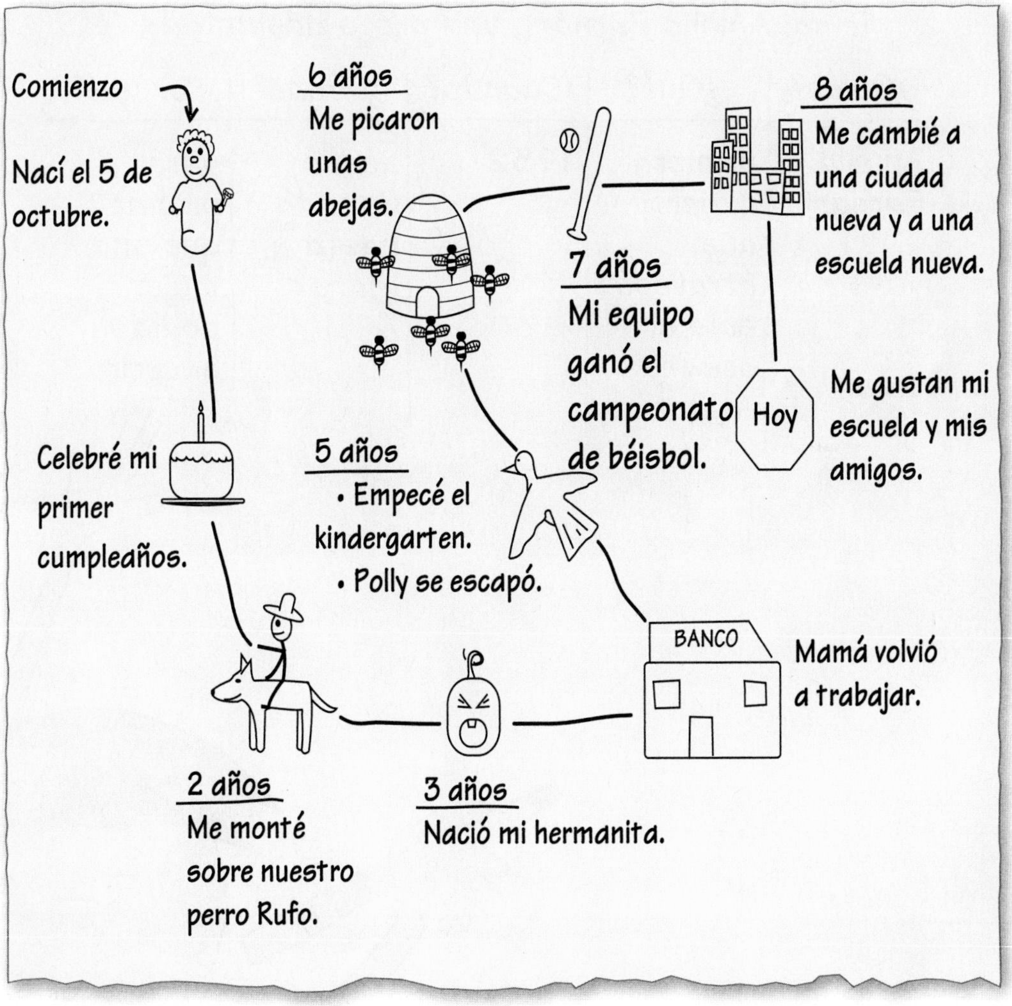

Comienzo

Nací el 5 de octubre.

Celebré mi primer cumpleaños.

2 años
Me monté sobre nuestro perro Rufo.

3 años
Nació mi hermanita.

BANCO

Mamá volvió a trabajar.

5 años
- Empecé el kindergarten.
- Polly se escapó.

6 años
Me picaron unas abejas.

7 años
Mi equipo ganó el campeonato de béisbol.

8 años
Me cambié a una ciudad nueva y a una escuela nueva.

Hoy

Me gustan mi escuela y mis amigos.

Haz una gráfica de las cinco preguntas para enumerar ideas.

Usa una **gráfica de las cinco preguntas** para enumerar la información importante que necesitas para escribir un ensayo o un informe. Trata de responder cada una de las cinco preguntas.

Ejemplo de una gráfica de las cinco preguntas

Tema: Amelia Earhart, una piloto adelantada

¿Quién?	¿Qué?	¿Cuándo?	¿Dónde?	¿Por qué?
Amelia Earhart	primera mujer que atravesó sola el océano Atlántico	1932	desde Canadá hasta Irlanda	para probar que una mujer podía hacerlo

Haz una gráfica sensorial para encontrar detalles.

Usa una **gráfica sensorial** para organizar los detalles de una descripción. Haz una lista de detalles para cada uno de los cinco sentidos.

Ejemplo de una gráfica sensorial

Tema: Mi fiesta campestre

Vista	Oído	Olfato	Gusto	Tacto
grandes pedazos de sandía	personas que conversan	palomitas de maíz	galletas dulces	camisa nueva y suave
mesas del parque llenas de comida	cornetas de fiesta	cocinar pollo	papitas crujientes	mesas pegajosas
globos rojos y amarillos	niños que ríen y gritan	humo de la parrilla	pepinillos ácidos	panecillos calentitos

Haz un esquema para organizar detalles.

Una manera de organizar la información para un informe o una charla breve es hacer un esquema del tema. Cada idea principal y sus detalles formarán un párrafo.

Ejemplo de un esquema del tema

Escribe el tema en la parte de arriba.

Usa números romanos para las ideas principales.

Usa letras mayúsculas para los detalles de apoyo.

Mi sábado

I. Mañana (idea principal)
   A. Dibujos animados
   B. Desayuno (detalles)
   C. Básquetbol
II. Tarde (idea principal)
   A. Almuerzo
   B. Limpiar el cuarto (detalles)
   C. Ir a la casa de Natalie
III. Noche (idea principal)
   A. Cena
   B. Platos (detalles)
   C. Ver un video

¿Cómo puedo organizar una carta amistosa?

Usa las cinco partes de una carta amistosa.

Las cartas amistosas tienen cinco partes: el *encabezado,* el *saludo,* el *cuerpo,* la *despedida* y la *firma.*

1 El **encabezado** incluye tu dirección y la fecha.

2 El **saludo** se escribe con mayúscula y después se ponen dos puntos.

3 El **cuerpo** es la parte principal de la carta.

4 La primera palabra de la **despedida** se escribe con mayúscula. La despedida va seguida de una coma.

5 Escribe tu **firma** debajo de la despedida.

1 Av. Alameda 6988
El Paso, Texas 79915
17 de agosto de 2011

2 Querida Miranda:

¡Vaya, han pasado dos semanas desde que nos visitaste! Fue muy divertido verte a ti y a tu familia.

Seguro que estuviste feliz de estar aquí en Texas, cuando llovía tanto en California. ¡Qué bien lo pasamos! 3

Ayer visité mi nueva escuela. Tenemos juegos nuevos en el patio de recreo. Escríbeme y cuéntame todo sobre tu escuela.

4 Hablamos pronto,
5 Andrés

Inténtalo Escribe una carta amistosa en la que uses el mejor lenguaje de acuerdo con tu propósito y con tu público. Incluye las cinco partes de una carta.

¿Cómo puedo encontrar la voz de escritura adecuada?

Presta atención a tu propósito y a tu público.

Tu voz de escritura será adecuada si piensas en por qué escribes y en quién leerá tu redacción. Asegúrate de que el público esté interesado en tu tema y pueda entender lo que dices.

Voz descriptiva

Una manera de mejorar tu voz descriptiva es mostrarle al lector lo que ocurre.

- **Contar:** El escritor simplemente cuenta algo sobre un personaje.

Muriel siempre pasea por el parque.

- **Mostrar:** El autor Esopo describe la acción de un personaje de *El ratoncito de la ciudad y el ratoncito del campo.*

El ratón tenía una salud de hierro. Por las mañanas, paseaba y corría entre los árboles, y por las tardes se tumbaba a la sombra de algún árbol para descansar o simplemente para respirar aire puro.

Voz narrativa

Tu voz narrativa sonará natural y real si escribes como si le contaras tu relato a un amigo. Fíjate en lo natural que suenan las palabras de Esopo cuando cuenta lo que sucede.

Un día, su primo ratoncito que vivía en la ciudad vino a visitarlo. "¡Sería una visita extraordinaria!", pensaba el ratoncito del campo. Así que el ratoncito del campo lo invitó a comer una rica sopita de vegetales. Pero al ratoncito de la ciudad, acostumbrado a comer comidas más refinadas, no le gustó. ¡Pobre ratoncito del campo!

Voz expositiva

Tu voz expositiva funcionará bien si usas detalles específicos para explicar el tema, como en el siguiente ejemplo. Fíjate que las oraciones dan detalles que ayudan al lector a entender el tema.

A medida que la planta crecía, se doblaba como una serpiente por el laberinto de cartón para alcanzar la luz, en un proceso llamado fototropismo. Algunas partes de la planta, como el tallo, se doblaron hacia la fuente de luz, mientras que otras partes crecieron lejos de esta.

Voz persuasiva

Tu voz persuasiva funcionará si usas buenas razones para convencer al lector de estar de acuerdo contigo. Recuerda elegir los temas y el lenguaje que correspondan a tu propósito y a tu público.

- **No convincente:**

  Es divertido ver cómo juega al béisbol el tío Mark.

- **Convincente:**

  Cada vez que el tío Mark se levanta a batear, la multitud se enloquece. En su último partido, anotó un jonrón. Además, sacó a dos hombres en segunda base. Sus compañeros de equipo dicen que él es el mejor jugador de la liga.

¿Qué formas de escritura puedo usar?

Usa estas formas de escritura.

Es muy importante encontrar la forma correcta, o género, para tu redacción. Cuando elijas una forma, piensa en para quién escribes (tu público) y en por qué escribes (tu propósito).

Retrato Texto en que se describe a un personaje específico de un cuento.

Escritura descriptiva Texto en que se usan detalles para ayudar al lector a imaginar claramente a una cierta persona, un lugar, una cosa o una idea. (Consulta las páginas **42 a 67**).

Escritura expositiva Texto en que se presenta información, como una explicación o instrucciones. (Consulta las páginas **120 a 173**).

Poema de verso libre Un poema de verso libre puede ser corto o largo. Puede rimar, pero no necesariamente. ¡Tú puedes elegir!

Ficción histórica Relato inventado basado en un suceso real de la historia, en que los hechos se mezclan con la ficción.

Escritura narrativa Texto en que se relata una experiencia personal, una serie de eventos o un cuento. (Consulta las páginas **68 a 119**).

Escritura persuasiva Texto en que se anima al lector a pensar o sentir de cierta manera y que lo motiva a actuar. (Consulta las páginas **174 a 223**).

Cuento exagerado Cuento gracioso sobre un personaje que puede hacer cosas imposibles.

¿Cómo puedo aprender palabras nuevas?

Lleva contigo un cuaderno de palabras nuevas.

Crea un cuaderno especial para las palabras nuevas que veas o escuches. Escribe el significado y una oración con cada palabra nueva.

Mi cuaderno de vocabulario

Palabra	Significado	Oración
pájaro	animal con plumas que pone huevos	El pájaro voló por el aire y aterrizó en su nido.
microscopio	instrumento que se usa para ver objetos muy pequeños	La mamá de Carla usa un microscopio para estudiar la contaminación del agua.

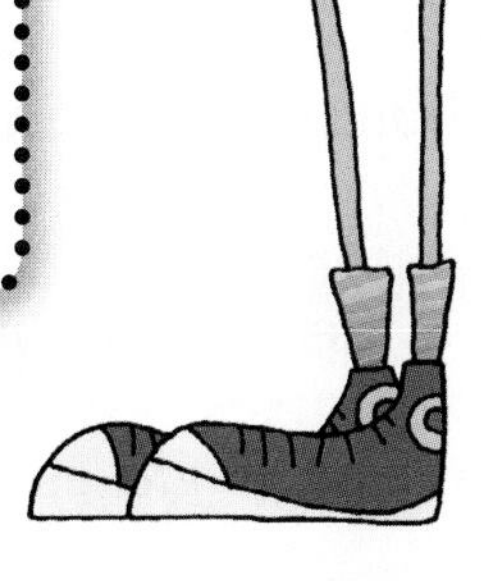

Nota **¡Lee, lee y lee!** La mejor manera de aprender palabras nuevas es leer mucho.

Usa el contexto de una palabra.

El "contexto" significa las palabras que rodean a una palabra. Mirar el contexto puede ayudarte a comprender su significado. Trata de usar las siguientes pistas como ayuda. Las palabras y frases clave están subrayadas.

- Lee la oración en que está la palabra. Lee también las oraciones que están antes y después de esa palabra para buscar pistas de su significado.

  > Observábamos desde la orilla de la pradera. El **cernícalo** descendió en picada desde el aire hasta el pasto. Salió volando con un ratón.

  (Un *cernícalo* es un halcón pequeño).

- Busca sinónimos (palabras con el mismo significado).

  > El **aroma** de la planta de aspecto raro me recordó el perfume inconfundible de un zorrillo.

  (*Aroma* significa lo mismo que *perfume*).

- Busca antónimos (palabras con el significado opuesto).

  > El meteorólogo dijo que el cielo estaría **cubierto**, pero estuvo completamente claro.

  (*Cubierto significa* "nublado". La palabra *pero* es una pista de que "claro" significa lo opuesto de *cubierto*).

- Busca una definición de la palabra.

  > Escarbé en el montón de rocas en busca de una **geoda**, una roca con cristales en el centro.

  (Una *geoda* es una roca hueca con cristales en su interior).

Usa un diccionario de sinónimos.

Usa un **diccionario de sinónimos** para encontrar la palabra adecuada para tu oración. Un diccionario de sinónimos y antónimos es un libro de sinónimos, o palabras que significan casi lo mismo. Por ejemplo, si buscas la palabra *andar* en este tipo de diccionario, puedes encontrar *pasear, trotar* y *caminar.*

Buscar la palabra correcta

Digamos que usas un diccionario de sinónimos para encontrar la palabra precisa para *hablar* en la siguiente oración.

Cassie y sus amigas ________ sobre la fiesta de disfraces.

Busca la palabra *hablar* en el diccionario de sinónimos.

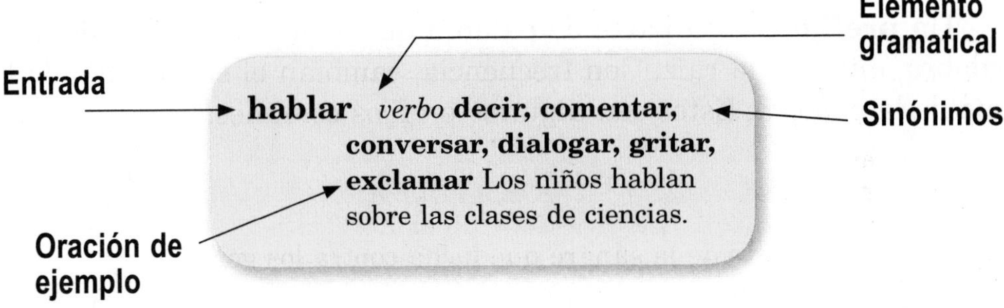

Elegir la palabra correcta

Revisa la lista de sinónimos. Elige la palabra que funciona mejor en tu oración. En el ejemplo, la mejor palabra parece ser *conversar.*

Cassie y sus amigas conversan sobre la fiesta de disfraces.

¿Cómo puedo saber qué significa una palabra nueva?

Divide la palabra en partes.

Puedes comprender el significado de palabras nuevas al conocer las tres partes básicas de las palabras: prefijos, raíces y sufijos.

interestatal

1. Prefijo: **inter** significa *entre*
2. Raíz: **estat** significa *estado*
3. Sufijo: **al** significa *relacionado con*

Algo es *interestatal* si se trata de algo que ocurre entre varios estados.

Aprende los prefijos.

Un **prefijo** es una parte de palabra que está al comienzo de la palabra, *antes* de la raíz. Con frecuencia, cambian el significado de la raíz de la palabra. Estos son algunos prefijos comunes.

anti- *[contra]*

anticuerpo (parte de la sangre que lucha contra los gérmenes)

bi- *[dos]*

bicicleta (vehículo de dos ruedas)

des- *[no]*

desconfiar (no confiar)

ex- *[fuera, más allá]*

extender (hacer que ocupe más espacio que antes)

hiper- *[superioridad, exceso]*

hipermercado (mercado muy grande)

multi- *[muchos]*

multicolor (que tiene muchos colores)

pre- *[antes]*

prever (ver con anterioridad)

re- *[de nuevo]*

rebotar (botar de nuevo)

sub- *[bajo]*

submarino (nave que viaja bajo el agua)

trans- *[al otro lado, a través de]*

transatlántico (buque que cruza el Atlántico u otro mar grande)

Estudia los sufijos.

Un **sufijo** es una parte de palabra que está al final de la palabra, *después* de la raíz. Con frecuencia, cambian el significado de la raíz de la palabra. Estos son algunos sufijos comunes.

-ario *[que guarda algo]*

campanario (lugar donde se guarda la campana)

-ble *[que puede ser, que es capaz]*

combustible (que se puede quemar)

-ción *[acción y efecto]*

producción (acción y efecto de producir)

-dor, -dora *[que realiza una acción]*

ganadora (que gana)

-dad, -edad, -idad *[estado de ser algo]*

felicidad (estado de ser feliz)

-ero *[lugar donde se guarda algo]*

azucarero (recipiente donde se guarda el azúcar)

-ista *[profesión u oficio]*

pianista (persona que toca el piano)

-ito *[diminutivo]*

gatito (gato pequeño)

-logía *[estudio de, ciencia]*

biología (estudio de los seres vivos)

-mente *[de cierta manera]*

completamente (de manera completa)

-or, -ora *[que hace algo]*

lector (que lee)

-oso, -osa *[abundancia]*

aceitoso (que tiene aceite)

-s, -es *[plural, más de uno]*

árboles (más de un árbol)

-teca *[lugar donde se guarda algo]*

biblioteca (lugar donde se guardan libros)

-voro, -vora *[que come]*

carnívoro (que come carne)

Recuerda las raíces de las palabras.

La **raíz** es la parte principal de una palabra. Te permite entender el significado de la palabra. Estas son algunas raíces comunes.

audi *[escuchar]*

auditorio (lugar para escuchar música, conferencias, etc.)

bio *[vida]*

biografía (texto sobre la vida de una persona)

cicl, ciclo *[rueda, circular]*

bicicleta (vehículo de dos ruedas)

ciclón (viento circular)

crono *[tiempo]*

cronológico (orden temporal en que ocurrieron las cosas)

dent, donto *[diente]*

dentista (persona que trata los dientes)

odontología (estudio de los dientes)

dermo *[piel]*

dermatología (estudio de la piel)

fono *[sonido]*

teléfono (sonido lejano)

foto *[luz]*

fotografía (imagen formada por la luz)

geo *[tierra]*

geología (ciencia que describe la tierra)

habit *[vivir]*

habitar (vivir en, morar)

metro *[medir]*

termómetro (instrumento que mide la temperatura)

port *[llevar]*

portátil (fácil de llevar)

scopio *[ver]*

otoscopio (instrumento que sirve para ver el interior del oído)

tele *[lejos]*

telescopio (instrumento que sirve para ver cosas muy lejanas)

zoo *[animal]*

zoología (estudio de los animales)

¿Cómo puedo hacer que mis oraciones sean fáciles de seguir?

Usa transiciones.

Las **transiciones** son palabras que ayudan al lector a seguir tus ideas. Cada transición es señal de que viene una nueva idea importante. La última transición concluye el párrafo. En el siguiente párrafo, se usan cuatro transiciones.

Una mariposa vive una vida increíble. ***Primero,*** comienza siendo un pequeño huevo. ***Segundo,*** del huevo sale una larva. Generalmente, las larvas de mariposa se llaman orugas. ***Tercero,*** cuando una oruga termina de crecer, se convierte en una crisálida. La crisálida a menudo se forma dentro de un capullo. ***Finalmente,*** cuando la crisálida termina de cambiar, nace una mariposa adulta.

Algunas transiciones te ayudan a mostrar el tiempo.

Usa estas transiciones de orden temporal para explicar los pasos de un proceso. (Observa el párrafo anterior).

primero	**segundo**	**tercero**	**luego**	**último**
entonces	**ahora**	**pronto**	**más tarde**	**finalmente**
hoy	**ayer**	**mañana**	**antes**	**después**

Estos **grupos** de transiciones funcionan bien cuando mostramos el tiempo. Usa uno de estos grupos para contarle a un compañero sobre una aventura que tuviste. Asegúrate de usar una transición para mostrar cuándo termina tu historia.

primero	ayer	ahora	antes	primero
segundo	hoy	pronto	durante	luego
tercero	mañana	más tarde	después	finalmente

Algunas transiciones te ayudan a mostrar la ubicación.

Usa estas transiciones para describir a una persona, un lugar o una cosa.

a la derecha	**a la distancia**	**a la izquierda**	**abajo**	**afuera**
al lado	**arriba**	**atrás**	**bajo**	**cerca**
cercano a	**debajo**	**delante**	**dentro**	**detrás**
encima	**entre**	**fuera**	**lejos**	**sobre**

Estos **grupos** de transiciones funcionan bien en las descripciones.

delante	encima	sobre	encima
al lado	junto a	bajo	debajo
a la distancia	detrás	abajo	cerca

Algunas transiciones te ayudan a mostrar más información.

Usa estas transiciones para escribir sobre un tema en un ensayo o un informe.

de nuevo	**otro**	**además**	**también**	**después**
mismo	**aparte de**	**junto con**	**distinto**	**finalmente**
por ejemplo				

Estos **grupos** de transiciones funcionan bien para agregar información.

por ejemplo	después	otro	además
junto con	finalmente	también	asimismo

¿Cómo puedo hacer que mi redacción se vea mejor?

Agrega gráficas a tu redacción.

¿Te sientes confundido cuando lees sobre números? Las gráficas pueden mostrar de qué manera se relacionan los números entre sí. Coloca gráficas en tu redacción para ayudar al lector a entender la información. Asegúrate de que la gráfica que creas es útil para tu público. A continuación aparece un ejemplo de gráfica de barras.

En una **gráfica de barras** se usan barras para comparar dos o más cosas. La siguiente gráfica de barras compara el número de chaquetas de distinto color que hay en un salón de clases.

Una gráfica de barras

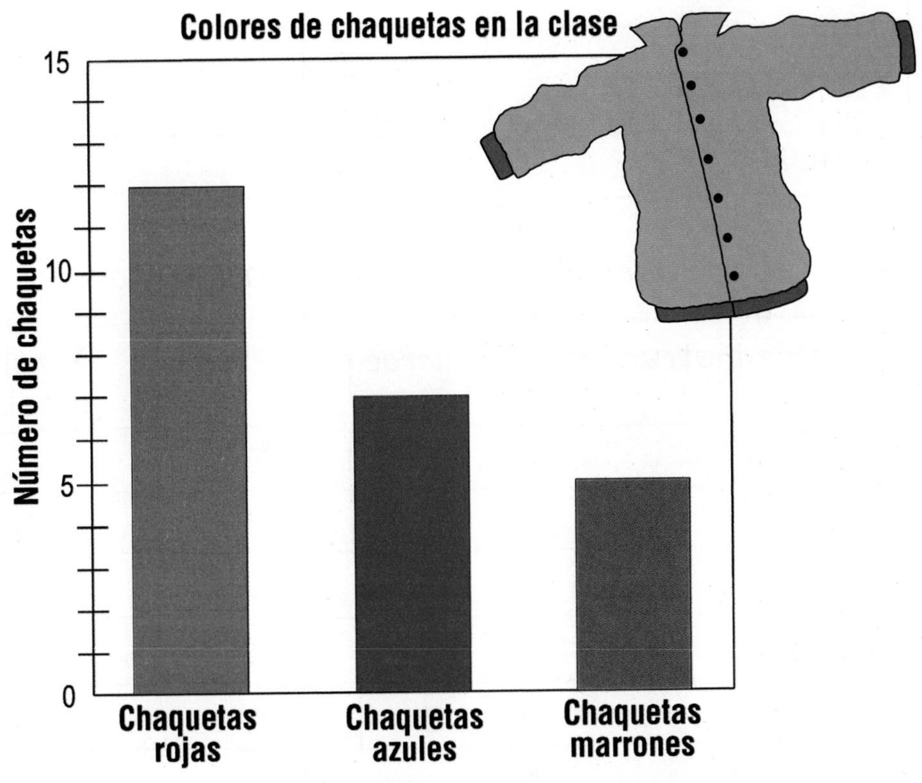

Haz tablas para presentar información.

Una **tabla** es una gráfica que tiene dos partes básicas: las *filas* (que son horizontales) y las *columnas* (que son verticales). Si presentas una tabla para que tu público la observe, ellos podrán entenderte mejor. Estos son dos ejemplos.

Horario de las clases especiales

	10 a.m.	11 a.m.	1 p.m.	2 p.m.
Lunes	Arte			
Martes		Educación física	Música	
Miércoles	Biblioteca			
Jueves		Educación física		Música
Viernes		Arte		

Maestros que tocan instrumentos

Tipo de instrumento	Mujeres	Hombres	Total de músicos
Guitarra	2	5	7
Piano	5	3	8
Flauta	3	0	3
Trompeta	3	3	6
Violín	3	2	5

Marcas editoriales y de corrección

Puedes usar las siguientes marcas para mostrar los cambios que necesita tu texto. Tus maestros también pueden usar estas marcas para señalar los errores de tu texto.

Marca	Significado	Ejemplo	Ejemplo corregido
≡	Escribir con mayúscula.	La abeja haragana es un cuento escrito por Horacio quiroga.	La abeja haragana es un cuento escrito por Horacio Quiroga.
/	Escribir con minúscula.	Esta era una Abeja muy floja.	Esta era una abeja muy floja.
⊙	Agregar un punto.	A ella no le gustaba trabajar	A ella no le gustaba trabajar.
℘	Quitar algo.	Sus hermanas se le enojaron con ella.	Sus hermanas se enojaron con ella.
∧	Insertar una palabra o una letra.	Tenía que ser menos haragana.	Tenía que ser menos haragana.
— ∧	Insertar un guión largo (o raya).	Me gusta este cuento —le dije a papá.	—Me gusta este cuento —le dije a papá.
’ “ ” ∨ ∨ ∨	Insertar comillas.	Es una maravilla, pensé yo.	“Es una maravilla”, pensé yo.
, ¿ ? ∧ ∧ ∧ ! ¡ ∧ ∧	Insertar signos de puntuación.	Esta abeja voló se perdió y sufrió.	Esta abeja voló, se perdió y sufrió.
sp.	Corregir el error ortográfico.	La abeja aprrendió una lección.	La abeja aprendió una lección.
¶	Comenzar un párrafo nuevo.	Ella demostró ingenio. Una vez encontró . . .	Ella demostró ingenio. Una vez encontró . . .

Guía del corrector

A continuación

- **Cómo corregir las convenciones mecánicas**
- **Cómo mejorar la ortografía**
- **Cómo usar la palabra correcta**
- **Cómo comprender las oraciones**
- **Cómo usar los elementos gramaticales**

Aprendizaje del lenguaje

Trabaja con un compañero. Lean los significados y respondan juntos las preguntas.

1. Un **mandato** es una orden o una instrucción para hacer algo.
   Cuenta una ocasión en que diste un mandato.
2. El **lenguaje** es la manera en que las personas se comunican o conversan unas con otras.
   ¿Qué lenguajes conoces?
3. Un **corrector** es una persona que corrige los textos para ver que se respeten las convenciones mecánicas, la ortografía y la gramática.
   ¿Cuándo has sido un corrector?
4. Cuando tienes que **mostrar** algo, lo das a conocer.
   ¿Es una buena idea mostrar a alguien sus errores? ¿Por qué?

Cómo corregir las convenciones mecánicas

El punto

Se escribe un **punto** al final de una oración. El punto tiene también otros usos importantes.

Has usado puntos por muchos años.

Al final de una oración	Escribe un punto al final de una oración que hace una afirmación. Claudia va en bicicleta a la escuela. (afirmación) También escribe un punto al final de un mandato. Asegúrate de guardar tu bicicleta. (mandato)
Después de una inicial	Escribe un punto después de la inicial del nombre de una persona. A. A. Milne Mary E. Lyons
Después de una abreviatura	Escribe un punto después de una abreviatura que acorta una palabra. (Consulta la página 538). Srta. Sra. Sr. Dr. Dra. a.m. p.m.
Para separar dólares y centavos	Escribe un punto para separar dólares y centavos. Cuesta $2.50 ir a la feria. Tengo $6.31 en mi alcancía.

Los signos de interrogación

Los **signos de interrogación** se escriben al comienzo y al final de una pregunta directa.

Al comienzo y al final de una pregunta

¿Quién le puso salsa picante a mi taco?

¿Podré volver a sentir los sabores?

¿Dónde está mi salsa suave?

Los signos de exclamación

Los **signos de exclamación** se usan para expresar un sentimiento intenso. Se escriben al comienzo y al final de una palabra, una frase o una oración.

Para expresar un sentimiento intenso

¡Asombroso!
(palabra)

¡Feliz cumpleaños!
(frase)

¡Hay un caimán!
(oración)

No uses muchos signos de exclamación cuando escribas. Pierden su valor cuando se usan demasiado.

Práctica

La puntuación

Escribe un punto o signos de interrogación o de exclamación en cada oración.

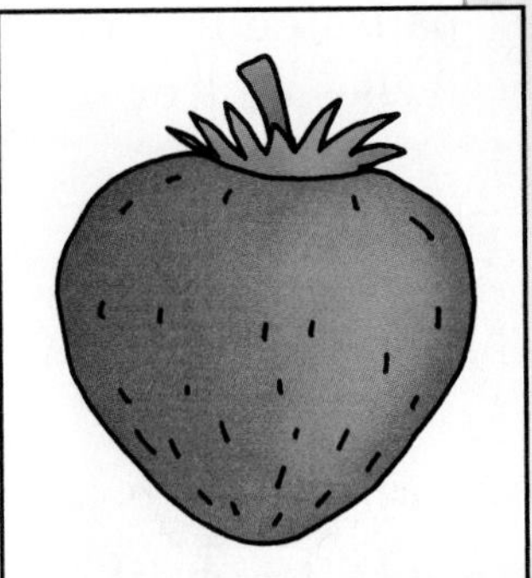

Ejemplo: ¿Qué frutas te gustan?

1. Las frutas son una comida saludable
2. Las fresas contienen vitamina C
3. Cómo es la cáscara de las nectarinas
4. Brasil produce la mayor cantidad de naranjas en el mundo
5. Se cultivan más de doscientos tipos diferentes de frambuesas
6. Vaya, alguna vez los colonos usaron las sandías como cantimploras
7. La mayoría de los arándanos rojos se consumen durante el Día de Acción de Gracias y la Navidad
8. Qué otros datos interesantes sobre las frutas conoces

Aprendizaje del lenguaje **Escribe una pregunta sobre una fruta. Responde la pregunta. Luego dile dos oraciones sobre las frutas a un compañero. Una de las oraciones debe ser una pregunta y la otra debe mostrar un sentimiento intenso.**

La coma

Las **comas** le indican al lector dónde descansar o hacer una pausa en una oración. Las comas hacen que tus textos sean más fáciles de leer.

A Raúl le gustan los pasteles, pero solo si los hornea su abuela.

Entre los elementos de una serie

Escribe una coma entre las palabras o frases que forman una serie, menos antes de la *y*. (Una serie es una lista de tres o más cosas.)

Mamá compró tomates, lechugas y papas. (palabras)

Shawn bebe jugo de naranja por las mañanas, leche después de la escuela y agua durante la cena. (frases)

Al escribir una carta

Escribe una coma después de la despedida en todas las cartas.

Sinceramente, (despedida)

Sally

Para escribir números correctos

Escribe una coma en los números de cuatro o más dígitos.

¡Nuestra escuela recolectó 22,000 latas de refresco!

El carro usado de mi hermano cuesta $1,500.

Práctica de gramática

La coma 1

- La coma en una serie

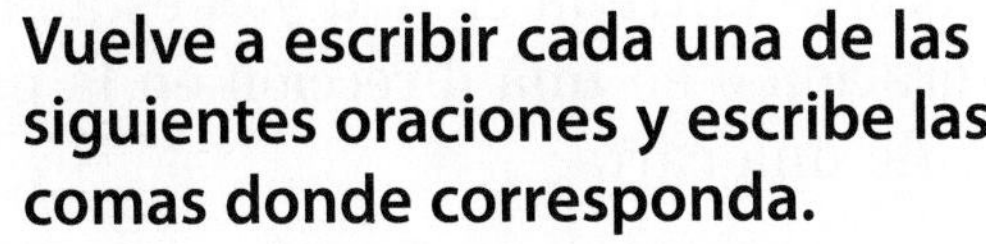

Vuelve a escribir cada una de las siguientes oraciones y escribe las comas donde corresponda.

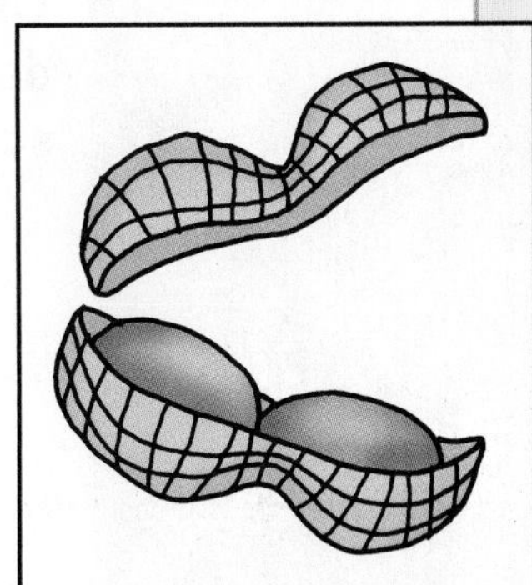

Ejemplo: Aprendo sobre alimentos salud y estado físico en la escuela.

Aprendo sobre alimentos, salud y estado físico en la escuela.

1. No te hace bien comer muchos dulces papas fritas y pasteles.
2. Evita comer muchos dulces grasas y aceites.
3. Debes comer al menos tres porciones de leche descremada yogur y queso al día.
4. La carne los huevos y las frutas secas contienen hierro y muchos otros nutrientes.
5. Come muchas verduras y frutas (como uvas manzanas y piñas).
6. Más o menos la mitad del pan los cereales y las pastas que comes se deben preparar con granos integrales.

Paso siguiente: Escribe una oración que incluya una serie de verduras.

La coma...

Entre la ciudad y el estado

Usa una coma entre la ciudad y el estado dentro de una oración o en una dirección en la parte superior de una carta.

Él se mudó a El Paso, Texas.
(oración)

En las direcciones

Diamante 7, Santo Domingo
Hannibal, MO 63401
(direcciones)

No uses coma entre el estado y el código postal.

En las interjecciones

Usa una coma después de una interjección cuando escribas un diálogo.

—¡Ay, me picó una abeja!

Las interjecciones son palabras que expresan sorpresa.

En oraciones compuestas

Usa una coma antes de *pero* y *ya que* cuando escribas una oración compuesta. Recuerda que las oraciones compuestas se forman con dos oraciones sencillas unidas por *y*, *o*, *pero*, *así que* y *ya que*.

Generalmente yo alimento a Lirón, ¡pero nunca limpio su caja de arena!

Práctica de gramática

La coma 2

- En oraciones compuestas

Vuelve a escribir estas oraciones y escribe una coma donde sea necesario.

Ejemplo: Ya había visto ese carro pero tuve que volver a mirarlo.

Ya había visto ese carro, pero tuve que volver a mirarlo.

1. Era un carro normal pero sus luces delanteras parecían ojos.
2. ¿Este carro se reía de mí o sólo estaba sonriendo?
3. No podía creer lo que veía así que me restregué los ojos para asegurarme de que veía bien.
4. Volví a mirar el carro ¡y seguía con esa sonrisa boba!
5. Seguramente estaba soñando ya que nunca más volví a ver un carro “sonriendo”.

Paso siguiente: Escribe una oración compuesta sobre una vez en que tus ojos te engañaron. ¡No olvides cuándo usar coma!

La coma...

Para dirigirse a una persona

Usa una coma para separar el nombre de una persona cuando te diriges a ella. Si el nombre va en el medio de la oración, usa una coma antes y después del nombre.

Al principio de la oración

Paula, ¿viste eso?

Al final de la oración

¿Viste eso, Paula?

En el medio de la oración

No entiendo, Paula, cómo no viste el meteoro.

Después de una palabra o un grupo de palabras introductorias

Una palabra que demuestra sorpresa

Usa una coma para separar una interjección. Una interjección es una palabra que demuestra sorpresa.

¡Vaya, qué lejos bateaste la pelota!

Un grupo de palabras

Usa una coma para separar un grupo de palabras que va antes de la parte principal de una oración.

Como mamá tuvo que trabajar hasta tarde, se perdió el juego.

Práctica de gramática

La coma 3

- Para dirigirse a una persona
- Después de palabras introductorias

 **Escribe la palabra o grupo de palabras que debe ir seguido de una coma en cada oración. También escribe la coma.**

Ejemplo: ¡Ay qué grande se ve esa rana!

Ay,

1. Jamal ¿la alcanzaste a ver?
2. Antes de dejarla libre pesémosla.
3. Cristi a ver si puedes agarrarla.
4. Si me quedo aquí la rana no podrá escapar.
5. ¡Uy se está arrancando!
6. Al saltar en el estanque la rana nos salpicó a todos.
7. Quizás podamos atraparla otro día amigos.

Paso siguiente: Escribe una oración sobre una experiencia con un animal salvaje. Incluye un grupo de palabras introductorias y usa la coma correctamente.

Las contracciones

Una **contracción** es una palabra formada por dos palabras, como *al* y *del*.

Las contracciones *al* y *del*

La contracción *al*

La contracción *al* está formada por las palabras *a* y *el*. La palabra *a* es una preposición y la palabra *el* es un artículo.

¿A qué hora vas **al** estadio?

Consulta el glosario que está **al** final del libro.

La contracción *del*

La contracción *del* está formada por las palabras *de* y *el*. La palabra *de* es una preposición y la palabra *el* es un artículo.

Esta es la hora **del** almuerzo.

Las cucharas y los tenedores están en la alacena **del** comedor.

Práctica

Las contracciones

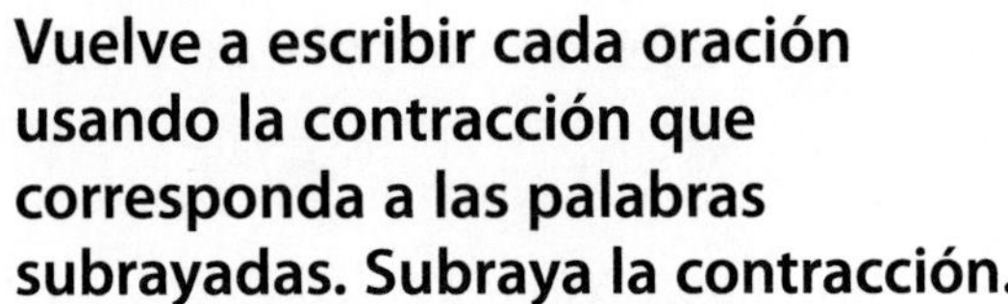

Vuelve a escribir cada oración usando la contracción que corresponda a las palabras subrayadas. Subraya la contracción.

Ejemplo: Saqué los lápices de el estuche.

Saqué los lápices del estuche.

1. Tuve que hacer un mapa de el centro de la ciudad.
2. Mamá me llevó a el centro en carro.
3. Primero vimos el edificio de el alcalde.
4. Ese edificio está justo a el lado de un centro comercial.
5. Las tiendas de el centro comercial estaban repletas.
6. El estadio de el equipo de fútbol está lejos de mi casa.
7. El edificio de el correo está frente a la plaza.
8. Fuimos a el hospital por la calle Principal.
9. A el finalizar la tarde, mamá ya estaba muy cansada.

Paso siguiente: Escribe dos oraciones sobre alguna tarea. Usa una contracción diferente en cada oración.

Uso del guión largo (raya) en el diálogo

El guión largo (raya) se usa para mostrar las palabras exactas que dicen los personajes de cuentos y novelas. El guión de diálogo separa las palabras de los personajes de las palabras del narrador.

—¡Eres un león muy valiente! —dijo Dorothy.

(Las palabras del personaje son *¡Eres un león muy valiente!* Las palabras del narrador son *dijo Dorothy*.)

Uso de los dos puntos en el diálogo

Usa dos puntos antes de las palabras de los personajes de una narración. Las palabras de los personajes van con un guión largo (raya).

Entonces pregunté: —¿Qué es eso?
Y papá dijo: —Es solo un montón de trapos.
Yo pregunté: —¿Los trapos tienen la nariz rosada?
Y papá dijo sorprendido después de mirar bien el gallinero: —¡Es una zarigüeya!

Consulta la página 524 para más información sobre los dos puntos.

La coma y el punto con el guión largo

Usa una coma después de las palabras del narrador si el personaje sigue hablando.

—Tengo que comer —dijo la mamá—, antes de que los chicos lleguen a casa.

La misma regla se aplica a los puntos.

—Tengo que comer ahora —dijo la mamá—. Vamos al cine esta noche.

Uso de coma en el diálogo

Usa una coma para separar el nombre de la persona a quien se dirige un personaje de una narración.

—Papá, ¿qué tipo de animal es la zarigüeya?
—Hijo, la zarigüeya es un marsupial.

Práctica de gramática

Uso del guión largo (raya) en el diálogo

Escribe estas oraciones en una hoja aparte. Agrega la puntuación correcta donde se necesite.

Ejemplo: Mamá, ¿otra vez sopa? pregunté con desagrado.
—Mamá, ¿otra vez sopa? —pregunté con desagrado.

1. Hace una semana que no tomamos sopa respondió mamá.
2. A mí me parece que fue ayer insistí lo recuerdo muy bien.
3. Pero la de ayer fue sopa de letras hija aclaró mamá.
4. Sigue siendo sopa de todas formas reclamé.
5. Además, esta no es sopa, es caldo dijo mamá mirándome de reojo.
6. ¿Y acaso los caldos no son sopas? pregunté molesta.
7. Tal vez respondió ella Es la sopa de tu abuelita.
8. Me di por vencida: Está bien mamá. Tiene razón.

Paso siguiente: Escribe un diálogo de unas seis líneas sin usar el guión largo. Luego intercambia hojas con un compañero y agrega los guiones que faltan en sus oraciones.

Las comillas

Las **comillas** se usan para marcar títulos. También, se usan en las citas directas y en los pensamientos. En inglés, las comillas se usan para el diálogo, pero en español las comillas no se usan así. Las comillas siempre van en pares. Un par va antes de las palabras citadas y el otro par va después, de este modo:

"Tengo un sueño" es un discurso muy famoso.

Para marcar títulos

Escribe comillas para marcar los títulos de canciones, poemas y cuentos cortos.

"Esta tierra es tu tierra" es una gran canción.

La Srta. Barros leyó un poema llamado "Dame la mano".

Luis lee un cuento que se llama "El sastrecillo valiente".

Subraya o usa la cursiva para escribir los títulos de libros, revistas y películas. (Consulta la página 522.)

En las citas directas y los pensamientos

Escribe comillas antes y después de las citas directas. Las comillas no se usan en el diálogo. También se usan comillas en los pensamientos.

En la página 20 del libro leí esta oración: "Los perros son mascotas asombrosas".

"Al mal tiempo, buena cara" es lo que siempre repite la tía Ana.

"Me siento orgulloso", pensé, al ganar la carrera.

En casi todos los casos, las comas y los puntos se escriben después de las comillas.

Práctica de gramática

Las comillas

- Comillas para marcar títulos

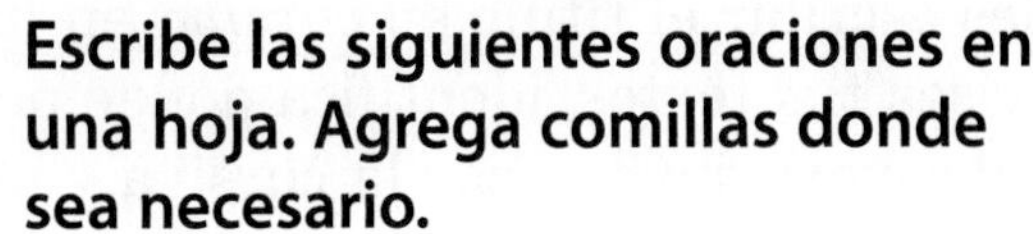

Escribe las siguientes oraciones en una hoja. Agrega comillas donde sea necesario.

Ejemplo: ¿Te sabes la canción Tengo una muñeca?
¿Te sabes la canción "Tengo una muñeca"?

1. Sí, pero prefiero la canción La mochila azul.
2. Mi poema preferido es Abuelita.
3. En la escuela voy a recitar A mi mamita, de Germán Berdiales.
4. ¿Sabías que Canción de la hormiga en realidad es un poema?
5. También es un poema Canción del pescador, de María Elena Walsh.
6. ¿Has leído el cuento El soldadito de plomo?
7. No, ahora estoy leyendo el cuento Mediopollito.

Paso siguiente: Escribe una oración que incluya un poema o una canción sin usar las comillas (como las anteriores). Después intercambien hojas con un compañero y agreguen las comillas a sus oraciones.

Subrayar y usar la cursiva

El **subrayado** se usa para marcar los títulos de libros, obras de teatro, películas, programas de televisión y revistas. Si usas una computadora, puedes escribir el título en *cursiva* en lugar de subrayarlos. Cuando revises tus textos, identifica dónde nombras fuentes. Asegúrate de subrayarlas o de usar la cursiva.

En títulos

Subrayado: Corazón

o

Cursiva: *Corazón* (un libro)

Fantasía o *Fantasía* (una película)

Plaza Sésamo o *Plaza Sésamo* (un programa de televisión)

Iguana o *Iguana* (una revista)

Usa comillas (“ ”) para escribir los títulos de poemas, canciones y cuentos cortos. (Consulta la página 520).

En nombres de aeronaves y barcos

Usa el subrayado (o la cursiva) para marcar los nombres de aeronaves y barcos.

Pinta, Santa María, Niña o *Pinta, Santa María, Niña* (barcos de Colón)

Apolo o *Apolo* (nave espacial)

Práctica de gramática

Subrayar y usar la cursiva

- En títulos

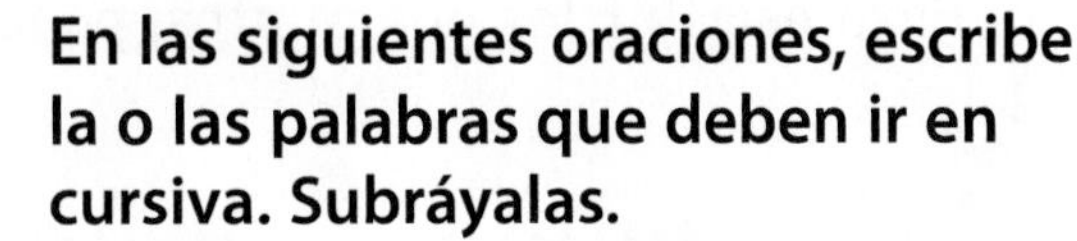

En las siguientes oraciones, escribe la o las palabras que deben ir en cursiva. Subráyalas.

Ejemplo: En la película Babe, todos los animales podían hablar.
Babe

1. La abuela me regaló Oliver Twist, un libro sobre unos huérfanos.
2. Recibo la revista National Geographic una vez al mes.
3. Tay ve un programa de televisión que se llama A leer con Diego.
4. Tiff está leyendo el libro Cuentos de la selva.
5. A mi papá le gusta ver Cazadores de mitos, un programa de televisión.
6. El gigante de hierro es una película de dibujos animados sobre un robot.
7. Me gusta leer los chistes en la revista Contacto.

Paso siguiente: Escribe una oración sobre un libro que hayas leído hace poco. Subraya el título.

Los dos puntos

Los **dos puntos** se usan en cuatro casos especiales: para mostrar la hora, para presentar una lista, después del saludo en una carta y en el diálogo. Para escribir los dos puntos, pones un punto encima del otro (:).

Entre los números para escribir la hora

Escribe dos puntos entre las partes de un número que muestra la hora.

En mi escuela, las clases comienzan a las 7:45 a.m.
Nos vemos en el patio a las 3:30.

Para presentar una lista

Escribe dos puntos para presentar una lista.

No me gusta hacer estas cosas: ir de compras, hacer los deberes, acostarme temprano.
Estas son mis comidas favoritas: pizza, espagueti y panqueques.

Al presentar una lista, los dos puntos se escriben después de palabras como *los siguientes* o *estas cosas*.

En una carta

Escribe dos puntos después del saludo en una carta.

Querida Srta. Yolen: Estimada editora:
Querida abuela: Querido Ernesto:

En el diálogo

Escribe dos puntos antes del guión largo (raya).

La maestra dijo: —Abran el libro en la página 34.
Andrea exclamó: —¡Vamos a jugar en la plaza!

Consulta la página 518 para más información sobre el diálogo.

Práctica

Los dos puntos

■ Para presentar una lista

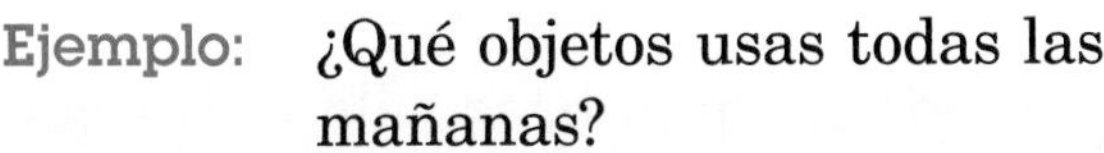

Responde cada una de las preguntas con una oración completa que incluya una lista de tres o más elementos. Usa dos puntos para presentar tus listas.

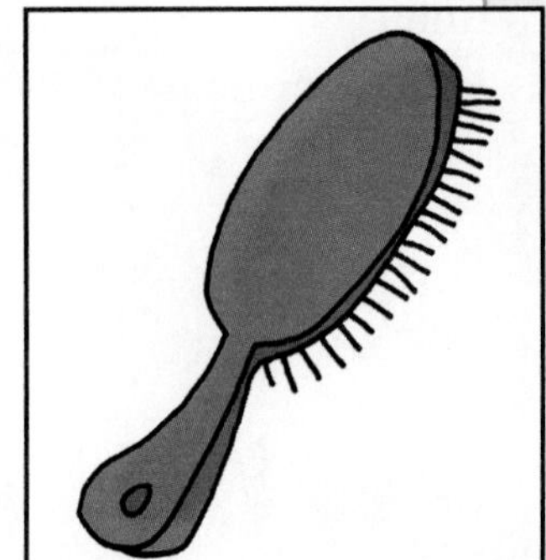

Ejemplo: ¿Qué objetos usas todas las mañanas?

Todas las mañanas uso estos objetos: un cepillo de pelo, un cepillo de dientes y protector de labios.

1. ¿Cuáles son algunos nombres de perro divertidos?
2. ¿Cuáles son tres cosas que te agradan de ti?
3. ¿Qué haces en tu tiempo libre?
4. ¿Qué colores puedes ver en un arco iris?
5. ¿Qué deberes suelen pedirte que hagas?
6. ¿Cuáles son tus tres comidas favoritas?
7. ¿Cuáles son los nombres de algunos de tus amigos?

Paso siguiente: Escribe una pregunta que se pueda responder con una lista. Intercambia hojas con un compañero. Después responde su pregunta con una oración completa que tenga dos puntos.

El guión

El **guión** se usa para dividir palabras. Los guiones pueden resultar prácticos cuando no tienes más espacio al final de una línea.

Para dividir una palabra

A los halcones les gusta mucho comer ratones, salta-
montes e incluso culebras. Un halcón puede ver a un ratón a una milla desde el cielo.

Divide las palabras sólo entre las sílabas. (La palabra *sal-ta-mon-tes* puede dividirse en tres lugares).

Los paréntesis

Los **paréntesis** se usan para agregar información. Los paréntesis siempre van en pares.

Para agregar información

El mapa (consulta la figura 2) te ayudará a entender el sendero.

Cuando encuentres información importante, escribe sólo las ideas principales. (Esto se conoce como tomar apuntes).

Práctica de gramática

El guión

Divide en sílabas las siguientes palabras usando guiones.

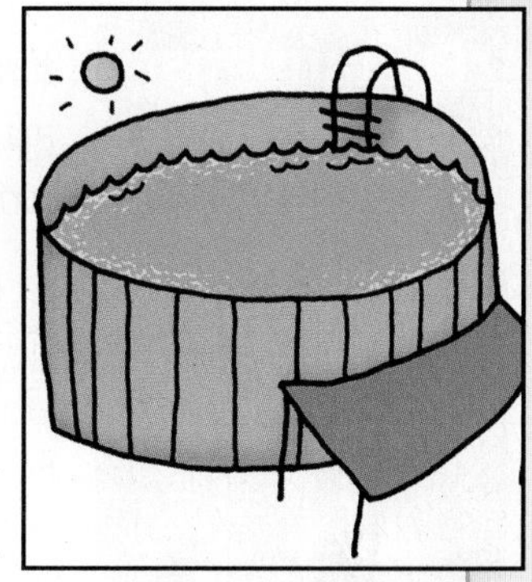

Ejemplo: nadar
na-dar

1. casi
2. pregunta
3. algunos
4. persona
5. antes
6. lápiz
7. circo
8. ocurrir
9. submarino
10. prepare
11. desayuno
12. invierno
13. insecto
14. monstruo

Paso siguiente: Escribe dos oraciones sobre la última vez que fuiste a nadar. De ser necesario, usa un guión para dividir una palabra al final de una línea.

Uso de las letras mayúsculas

Sustantivos propios

Escribe con mayúscula inicial todos los sustantivos propios. Un sustantivo propio nombra una persona, lugar o cosa específica.

¿Sabes quién es Rosa Parks?
(sustantivo propio de persona)

¿Dónde queda el río Mississippi?
(sustantivo propio de lugar)

¿Has visitado la Estatua de la Libertad?
(sustantivo propio de cosa)

Títulos oficiales

Generalmente, escribe con mayúscula inicial los títulos oficiales cuando no van con el nombre de la persona.

El Presidente habló con los ciudadanos.

La Alcaldesa organizó el desfile.

A veces se escriben con mayúscula algunos títulos con el nombre de la persona, como Rey Juan Carlos I.

Práctica

Uso de las letras mayúsculas 1

- Sustantivos propios

En cada oración, escribe la o las palabras que deben ir con mayúscula inicial.

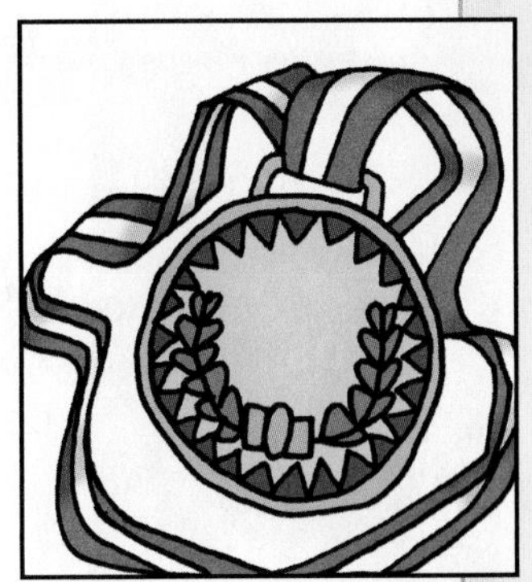

Ejemplo: La tenista rusa yelena dementieva ganó la medalla de oro.
Yelena Dementieva

1. Los primeros Juegos Olímpicos se realizaron en atenas, grecia.

2. Devon sabe qué idioma hablan en francia.

3. Una vez viajó a parís.

4. Mi amiga gabi pasará el verano en kansas con su tía tanya.

5. El autor de las novelas de Sherlock Holmes es arthur conan doyle.

6. La casa blanca en Washington, D.C., está rodeada por una cerca negra de hierro.

7. El presidente partirá a europa la próxima semana.

Paso siguiente: Escribe una oración sobre una persona famosa. No olvides usar correctamente las mayúsculas.

Uso de las letras mayúsculas...

Abreviaturas

Escribe con mayúscula las abreviaturas de títulos de personas y de organizaciones.

Sr. (señor) Dr. (doctor)

ATP (Asociación de Tenistas Profesionales)

Títulos

Escribe con mayúscula inicial la primera palabra de un título.

"Tengo una muñeca" (canción)

La bella y la bestia (película)

Primera palabra

Escribe con mayúscula inicial la primera palabra de todas las oraciones.

Es emocionante el primer día de escuela.

Escribe con mayúscula inicial la primera palabra de una cita.

El Sr. Alonso dijo: "Bienvenidos a mi clase".

Días feriados

Escribe con mayúscula inicial los días feriados.

Día de la Independencia Día de los Veteranos
Año Nuevo Cuatro de Julio

Los días de la semana y los meses del año se escriben con minúscula, como *lunes* y *enero*.

Práctica de gramática

Uso de las letras mayúsculas 2

- Primera palabra
- Días feriados

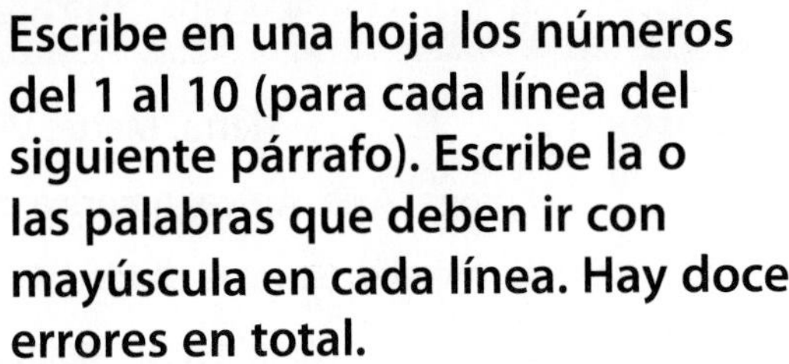

Escribe en una hoja los números del 1 al 10 (para cada línea del siguiente párrafo). Escribe la o las palabras que deben ir con mayúscula en cada línea. Hay doce errores en total.

Los

1 los cumpleaños de nuestra familia

2 están en diferentes épocas del año. el cumpleaños

3 de mi hermana margy fue el martes 12 de octubre

4 pasado. Yo tengo que esperar hasta el 26 de

5 noviembre, el día de acción de gracias. el cumpleaños

6 de papá fue el sábado 5 de junio. ¡estaba

7 feliz! el día de mamá fue el 18 de febrero,

8 que cayó en el día de los presidentes. margy

9 le regaló un dibujo de washington. ¡yo le

10 regalé un dibujo de lincoln!

Paso siguiente: Escribe una oración que incluya un día feriado. Agrega el día y el mes en que ese feriado cae este año.

Escribe con mayúscula inicial el nombre de los lugares geográficos (como *océano Pacífico* y *monte Vesubio*) y el nombre de los lugares específicos (como las ciudades y los países). Además, escribe con mayúscula inicial las épocas y eventos históricos, como *Edad Media* y *Primera Guerra Mundial*.

Mayúscula en nombres y lugares geográficos

Planetas y cuerpos celestes . . . . **Tierra, Marte, Vía Láctea**
Continentes . . . . **Europa, Asia, África, América del Norte**
Países . . . . **Canadá, México, Estados Unidos de América**
Estados . . . . **Texas, Ohio, Washington, Maine, Indiana**
Provincias . . . . **Durango, Sonora, Quebec**
Ciudades . . . . **Bogotá, Houston, La Paz**
Masas de agua . . . . **lago Michigan, río Colorado, océano Atlántico**
Accidentes geográficos . . . . **montañas Rocosas, monte Everest**
Áreas públicas . . . . **Biblioteca Nacional, Parque Nacional Yellowstone**
Calles, caminos y carreteras . . . . **calle Sol, avenida Colón, Ruta Panamericana**
Edificios . . . . **torre Willis, torres Petronas**

Con mayúscula — Sin mayúscula

4 de **Julio** (día feriado) . . . . . . **julio, agosto, septiembre** (meses del año)
el **Presidente** . . . . el **presidente** Roosevelt
el **Sur** (punto cardinal) . . . . el **sur** del continente
planeta **Tierra** . . . . la **tierra** del jardín
la **Guerra Civil** (de los Estados Unidos) . . . . en una **guerra civil**
la **Constitución** (de los Estados Unidos) . . . . una **constitución**

Práctica de gramática

Uso de las letras mayúsculas 3

- Nombres y lugares geográficos
- Épocas históricas

Escribe la o las palabras de cada oración que deben ir con mayúscula.

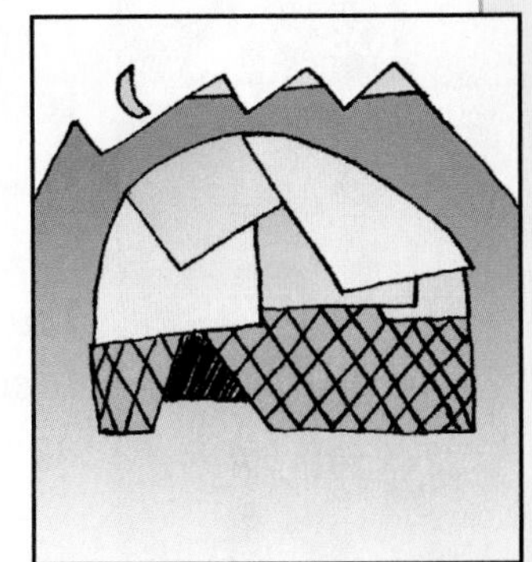

Ejemplo: Algunos habitantes de asia viven en tiendas llamadas *yurtas*.
Asia

1. El planeta venus es el que se parece más a la tierra.
2. Visitamos el arco gateway en st. louis, missouri.
3. El río nilo pasa por egipto.
4. La mayoría de las montañas más altas del mundo están en la cordillera del himalaya.
5. El lago más profundo del planeta es el lago baikal en rusia.
6. La era espacial comenzó en la década de 1950.

Paso siguiente: Escribe una oración que contenga un dato sorprendente sobre un lugar geográfico. Escribe otra oración en que nombres una época histórica.

Plurales

La mayoría de los sustantivos

El plural de la mayoría de los sustantivos se forma agregando *-s* si termina en vocal y *-es* si termina en consonante.

globo ➜ globos canal ➜ canales

Sustantivos terminados en *-z*

Para formar el plural de los sustantivos que terminan en *-z*, primero cambia la *z* por *c* y luego agrega *-es*.

nuez ➜ nueces vez ➜ veces
actriz ➜ actrices nariz ➜ narices

Sustantivos terminados en *-í, -ú*

Para formar el plural de los sustantivos que terminan en *-í* o *-ú*, agrega *-es* o *-s*.

esquí ➜ esquíes (esquís) bisturí ➜ bisturíes (bisturís)
menú ➜ menúes (menús) bambú ➜ bambúes (bambús)

Sustantivos especiales

Para decir el plural de los días *lunes*, *martes*, *miércoles*, *jueves* y *viernes*, solo debes anteponer el artículo plural *los*.

el lunes ➜ los lunes el viernes ➜ los viernes

Lo mismo ocurre con palabras como *crisis* y *ciempiés*.

la crisis ➜ las crisis el ciempiés ➜ los ciempiés

Práctica de gramática

Plurales

■ Sustantivos terminados en *-z*

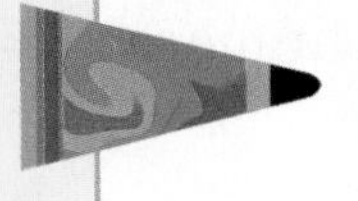

Escribe en una hoja los números del 1 al 15. Escribe el plural de cada sustantivo.

 lombriz

1. voz
2. paz
3. pez
4. cruz
5. juez
6. raíz
7. lápiz
8. tapiz
9. perdiz
10. cicatriz
11. avestruz
12. codorniz
13. antifaz
14. capataz
15. emperatriz

Paso siguiente: Escribe dos oraciones. Incluye en cada oración una de las palabras de arriba.

Los números

Escribir números

Los números del uno al veintinueve se escriben en palabras, al igual que las decenas; los números sobre 31 se escriben con cifras.

dos dieciséis cuarenta 45 365 5,280

Excepción: Cuando se comparan números, ambos deben escribirse en el mismo estilo.

Los estudiantes del coro son entre 25 y 35.

Números muy grandes

Si los números son muy grandes, puedes usar una combinación de números y palabras.

18 millones 2.5 billones

Al principio de la oración

Nunca comiences una oración con un número. En lugar de escribir: *76 estudiantes viven cerca de la escuela,* escribe:

Hay 76 estudiantes que viven cerca de la escuela.

Solamente números

Escribe las cifras de todos los números en las siguientes formas:

dinero $1.50
decimales 98.6
porcentajes . . . . 50 por ciento
páginas . . . . páginas 12 a 21
capítulos . . . . capítulo 5
direcciones . . . . calle Cumbres 701
fechas . . . . 6 de junio
horas . . . . 3:30 p.m.
estadísticas . . . . un resultado de 5 a 2

Los números

Si el número de una oración está escrito correctamente, escribe "Bien". Si no lo está, escríbelo correctamente.

Ejemplo: Hay unos cuarenta y dos pimentones en la cesta.
42

1. 14 estudiantes de tercero y cuarto grado faltaron hoy.
2. ¿Por qué hay solo 15 crayolas en esta caja?
3. Mi abuelo tiene 59 años de edad.
4. Kendrick hizo 10 dibujos de su perro.
5. Los Hensen viajaron doscientas veinte millas para visitar a sus familiares.
6. Iván puede comerse ¡9 cerezas de una sola vez!
7. Anoche leí cuarenta páginas de mi libro.
8. México tiene 31 estados.
9. Hay 28 carros en el estacionamiento.

Paso siguiente: Haz un dibujo para ilustrar una de las oraciones anteriores.

Las abreviaturas

Abreviaturas comunes

Una abreviatura es la forma corta de una palabra o frase. Muchas abreviaturas comienzan con letra mayúscula y terminan con un punto.

Sra. Sr. Dr. Dra. a.m. p.m. av.

Días de la semana

lun.	(lunes)	vie.	(viernes)
mar.	(martes)	sáb.	(sábado)
mié.	(miércoles)	dom.	(domingo)
jue.	(jueves)		

Meses del año

ene.	(enero)	jul.	(julio)
feb.	(febrero)	ago.	(agosto)
mar.	(marzo)	sep.	(septiembre)
abr.	(abril)	oct.	(octubre)
my.	(mayo)	nov.	(noviembre)
jun.	(junio)	dic.	(diciembre)

Siglas

Las siglas son palabras formadas por las iniciales de una frase. Las iniciales se pueden decir por separado.

OEA (**O**rganización de **E**stados **A**mericanos)

CD (del inglés: ***c**ompact **d**isc*)

TV (televisión)

Acrónimos

Un acrónimo es un tipo de sigla, pero que se dice como una sola palabra.

radar (del inglés: ***ra**dio **d**etecting **a**nd **r**anging*)

ovni (**o**bjeto **v**olador **n**o **i**dentificado)

Las abreviaturas 1

- Abreviaturas comunes

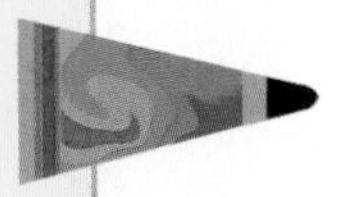

Escribe la abreviatura que corresponde a la palabra subrayada en cada oración.

Ejemplo: Hoy es martes, 1 de julio.
mar.

1. Tengo una cita con mi dentista, la doctora Miller.
2. Mi última cita con ella fue en febrero.
3. Su oficina está en la avenida Principal.
4. Mi vecino el señor Link trabaja en el mismo edificio.
5. Él no irá a trabajar mañana viernes.
6. Su esposa la señora Bety está muy enferma.
7. Ella tiene que ir a ver al doctor Pérez.

Paso siguiente: Pregunta a un compañero en qué mes es su cumpleaños. Dile cuál es la abreviatura de ese mes. Luego intercambien roles.

Abreviaturas de los estados

Alabama	AL	Kentucky	KY	North Dakota	ND
Alaska	AK	Louisiana	LA	Ohio	OH
Arizona	AZ	Maine	ME	Oklahoma	OK
Arkansas	AR	Maryland	MD	Oregon	OR
California	CA	Massachusetts	MA	Pennsylvania	PA
Colorado	CO	Michigan	MI	Rhode Island	RI
Connecticut	CT	Minnesota	MN	South Carolina	SC
Delaware	DE	Mississippi	MS	South Dakota	SD
District of Columbia	DC	Missouri	MO	Tennessee	TN
Florida	FL	Montana	MT	Texas	TX
Georgia	GA	Nebraska	NE	Utah	UT
Hawaii	HI	Nevada	NV	Vermont	VT
Idaho	ID	New Hampshire	NH	Virginia	VA
Illinois	IL	New Jersey	NJ	Washington	WA
Indiana	IN	New Mexico	NM	West Virginia	WV
Iowa	IA	New York	NY	Wisconsin	WI
Kansas	KS	North Carolina	NC	Wyoming	WY

Usa estas abreviaturas de los estados cuando escribas la dirección en el sobre de una carta.

Abreviaturas comunes en español

atentamente	atte.	descuento	dto.	presidente	Pdte.
avenida	av.	ejemplo	ej.	presidenta	Pdta.
centímetro	cm	kilogramo	kg	república	Rep.
director	Dir.	kilómetro	km	siguiente	sig.
directora	Dir.ª	número	N.º	teléfono	tel.
departamento	dpto.	página	pág.	usted	Ud.

Las abreviaturas N, S, E y O se utilizan en la rosa de los vientos.

Las abreviaturas 2

Abreviaturas de los estados

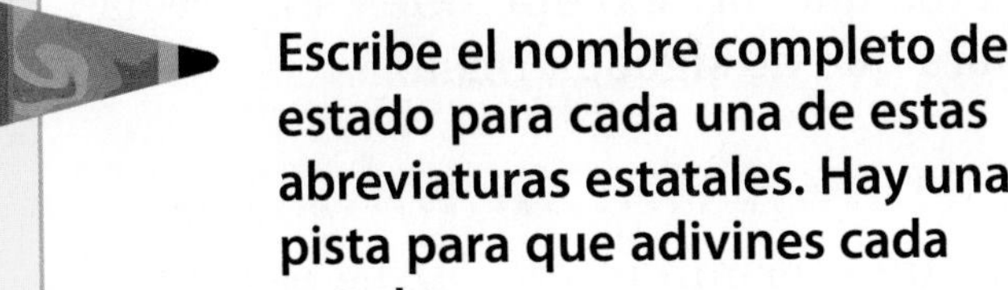

Escribe el nombre completo del estado para cada una de estas abreviaturas estatales. Hay una pista para que adivines cada estado.

Ejemplo: ME (faros)
Maine

1. HI (islas)
2. RI (el estado más pequeño)
3. MS (río largo)
4. CA (Hollywood)
5. FL (huracanes)
6. TX (vaqueros)
7. NM (no viejo)
8. AK (el estado más grande)
9. SD (monte Rushmore)
10. NY (rascacielos)
11. CO (montañas Rocosas)
12. KY (criaderos de caballos)
13. ID (papas)
14. MI (gran lago)

Paso siguiente: Escribe un breve párrafo sobre un estado que hayas visitado o que te gustaría visitar.

Cómo mejorar la ortografía

Si aprendes algunas reglas básicas de ortografía, podrás escribir muchas palabras. Pero recuerda que hay **excepciones** a las reglas. (Una excepción es una palabra que no sigue la regla).

Verbos terminados en *–bir*

Los verbos que terminan en *-bir* se escriben con *b,* como *escribir* y *subir.*

escribir ➜ escribo, escribí

subir ➜ subo, subí

Las excepciones son los verbos *hervir, servir* y *vivir*.

Verbos terminados en *-cer*

Los verbos que terminan en *-cer* se escriben con *c*, como *nacer* y *hacer*.

nacer ➜ naces, nacimos

hacer ➜ hice, hicimos

Las excepciones son los verbos *ser, toser* y *coser* (ropa).

Verbos terminados en *-ger, -gir*

Los verbos que terminan en *-ger* o *-gir* se escriben con *g*, como *proteger* y *elegir*.

proteger ➜ protege, protegen

elegir ➜ elige, eligen

Las excepciones son los verbos *tejer* y *crujir*.

Palabras terminadas en *–anza*

Las palabras que terminan en *-anza* se escriben con *z*.

confianza, enseñanza, esperanza, tardanza

Las excepciones a las palabras terminadas en *-anza* son:

descansa, mansa, gansa

Palabras de ortografía

Estas palabras están organizadas en orden alfabético. En la columna de la letra "A", las palabras *anguila* y *anillo* comienzan con *an*. En estas dos palabras, debes fijarte en la tercera letra para ver cuál es el orden alfabético. En el caso de *águila* y *agüita*, debes fijarte en la quinta letra.

A

abril
aéreo
ágil
águila
agüita
ahí
ahínco
ahora
aire
allá
almohada
ambos
anguila
anillo
aquel
aquí
arado
aroma
avenida
avión
ayer

B

bahía
balcón
balde
bambú
banco
barrio
barro
batir
biblioteca
boca
bonito
borrar
búho
burro

C

cámara
camión
campana
cara
caramelo
caro
carreta
carro
cebra
cena
centena
cereal
cero
cerro
cielo
cien
cinta
cobre
columpio
cometa
comida
coro
correr

D
deber
decena
dejar
delicia
derecha
derrite
desagüe
deshielo
diagrama
diploma
doblar
dorado
doy

E
elegir
elogio
emigrante
empate
envase
enviar
equipaje
esquí
evento

F
fábula
fácil
famoso
fantástico
favor
febrero
feria
fijar
flauta
florero
folleto
fotografía
futuro

G
gemelo
género
genio
gentil
gigante
gitano
globo
gorila
gorrión
gramo
grillo
guinda
guiño
guiso

H
haber
hablar
hebra
herradura
horizonte

I
iglú
imagen
imán
impar
intento
invento
invitar
izquierda

J
jalea
jefe
jinete
jirafa
juguete

K
kilo
kiwi
koala

L
lámpara
laurel
lavar
lazo
lejos
lengüeta
letra
leve
ley
libro
limpio
líquido
lirio
llamada
llano
lleno
llave
lograr

M
macarrón
maceta
maestro
magia
manilla
manzana
máquina
margen
marino
marrón
martillo
materia
mexicano
México
mirada
moreno
motivo
mueble
múltiple

N
nacer
narrar
natural
neblina
nevado
noticia
noveno
nublado
nuevo

Ñ
ñeque
ñoqui

Práctica

Ortografía 1

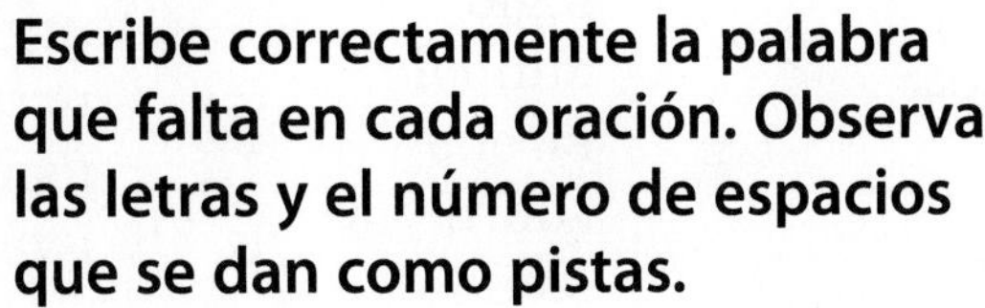

Escribe correctamente la palabra que falta en cada oración. Observa las letras y el número de espacios que se dan como pistas.

Ejemplo: El g __ __ __ __ __ canta ópera y canciones populares.
grillo.

1. Un animal de cuello muy largo que vive en África es la j __ __ __ __ __.

2. Ayer compré un __ __ __ o de manzanas en el mercado.

3. Mi prima recibió un d __ __ __ __ m __ por su esfuerzo.

4. Mi hermano __ e __ __ __ o tiene los mismos gustos que yo.

5. El dos es par y el cinco es i __ __ __ r.

6. Mi vecino es m __ __ i __ a __ __ porque nació en México.

7. Tengo una cámara porque me gusta la __ o __ __ g__ __ __ __ a.

Paso siguiente: Escribe una oración sobre una canción que te guste. Usa una palabra de la página **544** en tu oración.

O
oblea
obra
océano
ocurrir
ogro
oleaje
olla
orquesta
ovalado

P
página
palabra
para
paragüero
parra
pequeño
pero
perro
pingüino
plato
pollo
práctica
pregunta
primo
prueba
pueblo
puro

Q
que
queso
quien
quince

R
radio
raíz
rama
raqueta
ratón
raya
regla
reja
rey
roble
roca
rojo
rosa
ruido

S
salida
salón
saltar
semana
semilla
sentido
señal
señora
siete
siglo
símbolo
sirena
sobre
sonido
sorpresa
sueño
sujeto
suma

T
tabla
tacones
también
tampoco
tarea
tarjeta
tarro
teatro
tecla
tejano
tejer
tejido
tigre
tijeras
títere
torre
tortilla
turrón

U
ungüento
único
urgente
urraca
usado
uvas

V
válido
vapor
vela
venado
vida
vinagre
vocal
voy
vuelta

Y
yate
yema

Z
zapato
zumbido
zurdo

Práctica

Ortografía 2

Escribe correctamente la palabra que está mal escrita en cada grupo de palabras.

Ejemplo: **a)** pingüino, **b)** queso, **c)** sorpreza
sorpresa

1. **a)** semiya, **b)** zanco, **c)** vocal
2. **a)** también, **b)** romero, **c)** zuma
3. **a)** pueblo, **b)** rrojo, **c)** urgente
4. **a)** unguento, **b)** quince, **c)** página
5. **a)** voi, **b)** raya, **c)** zurdo
6. **a)** sentido, **b)** raketa, **c)** usar
7. **a)** tampoco, **b)** sorpresa, **c)** rovle
8. **a)** pregunta, **b)** ceñora, **c)** raíz
9. **a)** zapallo, **b)** venado, **c)** ofisio
10. **a)** tegido, **b)** señal, **c)** vapor

Paso siguiente: Escribe cinco palabras de la página **546** que te resulten difíciles de escribir correctamente.

Cómo usar la palabra correcta

Esta sección incluye algunos patrones ortográficos comunes en español. Por ejemplo, un mismo sonido se puede representar por diferentes letras, como el sonido /b/, que está representado por las letras *b* y *v*.

Juan encendió una vela para iluminar su cuarto.

El gatito le dio un beso a su perrito.

Puedes consultar estas páginas si tienes dudas sobre algunos patrones ortográficos.

roca catarro	El sonido fuerte /r/ se deletrea con *r* o *rr*. Pablo se sentó sobre la **roca** frente al mar. Me abrigué para evitar un **catarro**.
para loro	El sonido suave /r/ se deletrea con *r*, y no con *rr*. Ana busca un libro **para** leer. Mamá nos compró un **loro** que habla.
ahora almohada	La *h* es muda. **Ahora** voy a salir a jugar. Carlos prefiere dormir sin **almohada**.
banquete quitasol	Las sílabas *que* y *qui* contienen el sonido /k/. El vecino nos invitó a un **banquete**. Claudia lleva un **quitasol** en los días soleados.

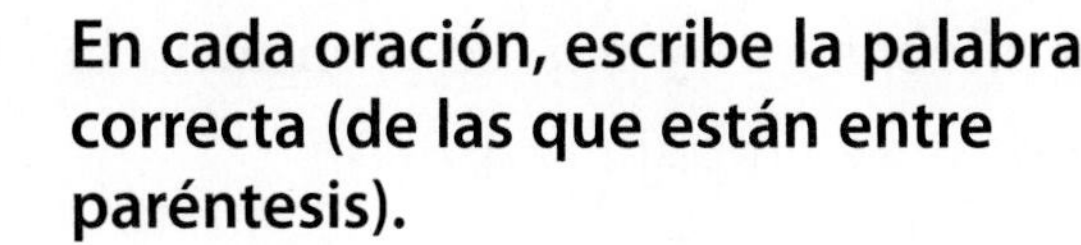

Práctica de ortografía

Cómo usar la palabra correcta 1

Patrones ortográficos

En cada oración, escribe la palabra correcta (de las que están entre paréntesis).

Ejemplo: Los osos descansan junto a la *(roca, rroca).*
roca

1. Los osos duermen sin *(almoada, almohada).*

2. Su gruesa piel los protege de los *(cataros, catarros).*

3. Serena y su tía compraron semillas *(parra, para)* el huerto.

4. Ellas ven un *(lorro, loro).*

5. Serena usa un *(quitasol, qitasol)* para protegerse del sol.

6. Después se darán un rico *(banquete, banqete).*

Aprendizaje del lenguaje: **Usa dos palabras de ortografía para escribir una oración sobre diferentes tipos de comida. Luego usa otras dos palabras para decirle a un compañero algo sobre la naturaleza.**

merengue
conseguimos

Las sílabas *gue* y *gui* contienen el sonido /g/.

El **merengue** es un baile muy divertido.

Nosotros **conseguimos** un regalo.

---

cigüeña
agüita

En las sílabas *güe* y *güi*, se pronuncia la *u*.

La **cigüeña** es un pájaro grande.

Agüita es el diminutivo de *agua*.

---

amarillo
desayuno

Cuando la *y* comienza una sílaba, tiene el mismo sonido que la *ll*.

El sol es **amarillo**.

Mi **desayuno** ideal debe tener frutas.

---

girasol
cojín

La *g* tiene el sonido /j/ cuando va antes de las vocales *e, i*.

El **girasol** es una flor grande y bonita.

Me senté sobre el **cojín** anaranjado.

---

cantante
querida
kilogramo

La *c* (antes de las vocales *a, o, u*), la *q*, y la *k* tienen el sonido /k/.

El **cantante** agradeció los aplausos.

Mi **querida** prima me visitará este verano.

Un **kilogramo** equivale a mil gramos.

---

almacén
setenta
azúcar

La *c* (antes de *e, i*), la *s*, la *z* tienen el sonido /s/.

Manuel compró pan en el **almacén**.

Cincuenta más veinte es igual a **setenta**.

Me gusta la leche con un poco de **azúcar**.

Texas
tejado

La *x* (en palabras como *Texas, México* y *Oaxaca*) y la *j* tienen el sonido /j/.

El tío Ismael vive en **Texas**.

Las palabras **tejado** y techo son sinónimos.

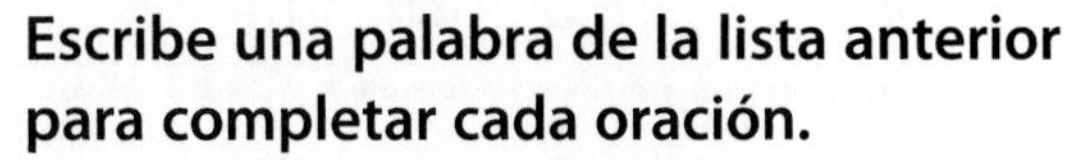
Práctica de ortografía

Cómo usar la palabra correcta 2

Patrones ortográficos

Escribe una palabra de la lista anterior para completar cada oración.

Ejemplo: Esta flor es de color ______ .
amarillo

1. Nosotros _____ algunas flores para la abuela.

2. La flor favorita de la abuela es el ______.

3. Nuestra ______ abuela es muy cariñosa conmigo.

4. Nos prepara un ______ delicioso.

5. Todas las tardes, se sienta en su ______.

6. Cuando joven, la abuela vivía en ______.

7. Ella era una ______ famosa.

Aprendizaje del lenguaje **Escribe dos oraciones sobre la música, con las palabras *merengue* y *conseguir.* Después usa las palabras *cigüeña* y *agüita* para decir dos oraciones a un compañero.**

TEKS 3.24A(v), 3.24A(vi), 3.24B, 3.24C, 3.24D

estoy idea	Cuando una palabra termina en *y*, la *y* tiene el mismo sonido que la *i*. **Estoy** muy contento de verte. ¿A quién se le ocurre una buena **idea**?
bonito veinte	La *b* y la *v* tienen el mismo sonido. ¡Qué **bonito** es tu vestido nuevo! Dos veces diez es igual a **veinte**.
invento cambiar tiempo	En estos ejemplos, la *n* va antes de la *v*, y la *m* va antes de la *b* y la *p*. Mi **invento** favorito es la computadora. Quiero **cambiar** mi bicicleta por una nueva. El **tiempo** dice cuánto duran las cosas.
brillar blancos	En las combinaciones de consonantes *br* y *bl*, los sonidos se combinan: /br/ /bl/. Las estrellas **brillan** en la noche. Los dientes son **blancos**.
globos grande	En las combinaciones de consonantes *gl* y *gr*, los sonidos se combinan: /gl/ /gr/. Me gustan los **globos** de colores. El elefante es el animal terrestre más **grande**.
capaz capaces	Para formar los plurales de palabras que terminan con *z*, tienes que reemplazar la *z* con *c* antes de agregar *-es*. Mario es **capaz** de nombrar todas los estados. Mis amigos son **capaces** de correr muy rápido.
a-bra-zo ár-bol	Las sílabas abiertas terminan en vocal. Las sílabas cerradas terminan en consonante. **Abrazo** tiene tres sílabas abiertas: **a-bra-zo**. **Árbol** tiene dos sílabas cerradas: **ár-bol**.

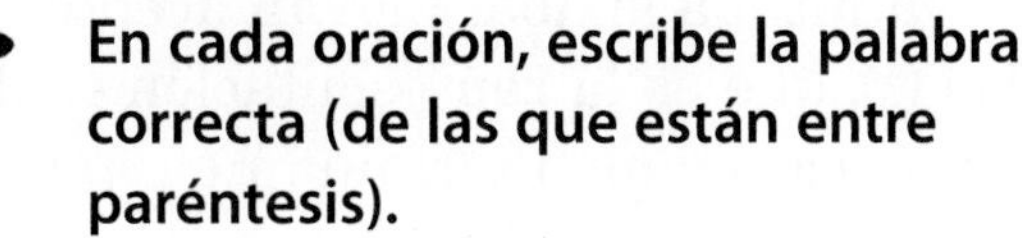

Cómo usar la palabra correcta 3

Patrones ortográficos

En cada oración, escribe la palabra correcta (de las que están entre paréntesis).

Ejemplo: Los relojes sirven para medir el *(tienpo, tiempo).*
tiempo

1. Los relojes son un *(inbento, invento)* genial.

2. *(Estoi, Estoy)* feliz porque me regalaron un reloj.

3. Mi reloj es muy *(bonito, vonito).*

4. Tiene una correa azul con adornos *(blancos, vlancos).*

5. Somos *(capazes, capaces)* de decir la hora.

6. Ahora faltan *(veinte, beinte)* minutos para las dos.

Aprendizaje del lenguaje **Divide todas las palabras de la página 552 en sílabas. Indica cuáles sílabas son sílabas abiertas y cuáles son sílabas cerradas.**

TEKS 3.24E(i), 3.24E(ii), 3.24F, 3.24G

balón jugar	El silabeo te ayuda a deletrear. Por ejemplo, las palabras *agudas* tienen el acento prosódico, es decir, la sílaba que se pronuncia con mayor fuerza, en la última sílaba. Llevan acento ortográfico (´), que es la representación gráfica del acento prosódico, cuando terminan en *n, s* o vocal. **Balón** y pelota son sinónimos. Me gusta **jugar** con mis amigos.
hábil partido	Las palabras *graves* tienen el acento prosódico en la penúltima sílaba. Llevan acento ortográfico cuando no terminan en *n, s* ni vocal. Pedro es **hábil** para sumar y restar. Ayer jugamos un **partido** de fútbol con mis amigos.
círculo gráfica	Las palabras *esdrújulas* tienen el acento prosódico en la antepenúltima sílaba. Siempre llevan acento ortográfico. Marcela dibujó un **círculo** con un compás. Haré una **gráfica** con los datos de la tabla.
juego pausa	Un *diptongo* es la secuencia de dos vocales que se dicen en la misma sílaba. Las palabras con diptongo siguen las reglas de las palabras agudas, graves y esdrújulas. ¿Cuáles son las reglas de este **juego**? Hagamos una **pausa** después de almorzar.
tío reúnen	Un *hiato* es la secuencia de dos vocales que se dicen en sílabas distintas. Una de las vocales es abierta y la otra es cerrada. La vocal cerrada lleva acento ortográfico. Mi **tío** es el hermano de mamá. En Navidad, se **reúnen** todos en mi casa.

Práctica de ortografía

Cómo usar la palabra correcta 4

Patrones ortográficos

En cada oración, escribe la palabra correcta (de las que están entre paréntesis).

Ejemplo: Me gusta mucho *(jugár, jugar)* al básquetbol.
jugar

1. Casi siempre el *(balón, balon)* es anaranjado.
2. Hay un *(círculo, circulo)* en el centro de la cancha.
3. Esta tarde jugaremos un *(partido, partído)*.
4. Todos dicen que soy un jugador *(habil, hábil)*.
5. Este *(juego, juégo)* será muy especial.
6. Todos mis amigos se *(reúnen, reunen)* hoy.
7. Todos jugaremos sin *(páusa, pausa)*.

Aprendizaje del lenguaje **Escribe una oración sobre un deporte que te guste. Usa una de las palabras de la lista. Luego usa una de las palabras para contarle a un compañero sobre una actividad que realizas con tus amigos.**

¿dónde? ¿cómo? ¿cuál?	Hay palabras que se utilizan para formar preguntas. Estas palabras llevan acento ortográfico. **¿Dónde** está mi muñeca?. **¿Cómo** se escribe avión? **¿Cuál** es tu materia favorita?
¡qué! ¡quién! ¡cómo!	Hay palabras que se utilizan para expresar exclamaciones. Estas palabras llevan acento ortográfico. **¡Qué** buena idea tuviste! **¡Quién** pudiera cantar! **¡Cómo** me gustaría saber nadar!
se sé	Algunas palabras de una sílaba se pueden escribir con acento ortográfico o sin él, según cuál sea su significado o función. Este acento se conoce como acento diacrítico. Marta **se** miró en el espejo. (No lleva acento diacrítico cuando es un pronombre). Yo **sé** cual es la respuesta. (Lleva acento diacrítico cuando es una forma del verbo *saber* o *ser*.)
el él	**El** gato maúlla fuertemente. (No lleva acento diacrítico cuando es un artículo). **Él** es mi mejor amigo. (Lleva acento diacrítico cuando es un pronombre).
mas más	Elena vino, **mas** llegó tarde. (No lleva acento diacrítico cuando significa *pero*). Andrea salta **más** alto que Sofía. (Lleva acento diacrítico cuando es un adverbio de cantidad.)

Práctica de ortografía

Cómo usar la palabra correcta 5

- Patrones ortográficos

En cada oración, escribe la palabra correcta (de las que están entre paréntesis).

Ejemplo: ¿Hacia *(dónde, donde)* lleva ese camino?
dónde

1. ¿*(Como, Cómo)* sabremos qué dirección elegir?
2. Y ahora *(el, él)* carro necesita gasolina.
3. ¡*(Quien, Quién)* lo diría! Ya nos perdimos.
4. ¡*(Como, Cómo)* pudimos perdernos!
5. ¿*(Cual, Cuál)* crees que sea el camino?
6. Ahora ya *(sé, se)* qué camino elegir.

Aprendizaje del lenguaje **Escribe una oración acerca de un viaje. Usa una palabra de la lista. Después usa una de las palabras para contarle a un compañero sobre una vez en que visitaste un lugar nuevo.**

TEKS 3.24J

corrí salió	Los verbos en *pretérito* llevan acento ortográfico cuando son palabras agudas terminadas en vocal. Ayer **corrí** por el parque. Juan **salió** de vacaciones.
tenía vivías subían	Los verbos en *imperfecto* llevan acento ortográfico cuando tienen un hiato. El acento ortográfico va en la vocal cerrada. El año pasado **tenía** otro cuaderno. Tú **vivías** en Arizona. Los vecinos siempre **subían** por la escalera.
caminaría leerías gustaría	Los verbos en *condicional* llevan acento ortográfico en la vocal cerrada del hiato. Quizás yo **caminaría** hasta tu casa. ¿**Leerías** mis poemas? Al abuelo le **gustaría** conocer China.
leeré vendrás esperarán	Los verbos en *futuro* llevan acento ortográfico cuando son palabras agudas terminadas en vocal, *n* o *s*. Mañana **leeré** el cuento de mi hermana. Tú **vendrás** de paseo. Ellos **esperarán** a la abuela en el aeropuerto.

Práctica de ortografía

Cómo usar la palabra correcta 6

Patrones ortográficos

En cada oración, escribe la palabra correcta (de las que están entre paréntesis).

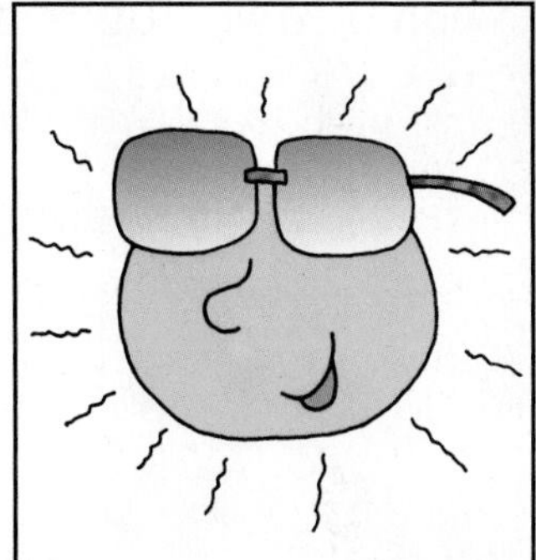

Ejemplo: Esta mañana el sol *(salió, salio)* a las siete.
salió

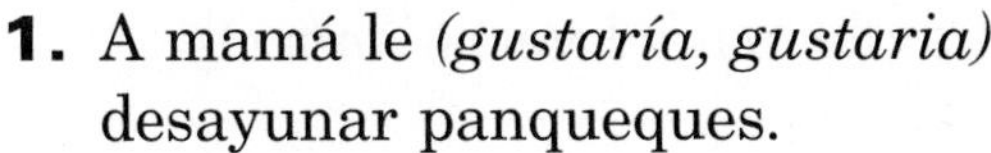

1. A mamá le *(gustaría, gustaria)* desayunar panqueques.

2. Ahora *(tomare, tomaré)* el autobús de la escuela.

3. Si fuera más temprano, *(caminaría, caminaria)* a la escuela.

4. El año pasado tu *(vivías, vivias)* más lejos.

5. Y yo *(tenia, tenía)* que esperarte.

6. Mis compañeros me *(esperaran, esperarán)* en la escuela.

Aprendizaje del lenguaje **Escribe una oración acerca de tus tareas escolares. Usa la palabra *leeré*. Después explica a un compañero lo que pudiste hacer ayer camino a la escuela. Usa la palabra *corrí*.**

Los homófonos

Los **homófonos** son palabras que suenan igual pero que se escriben de diferente manera y tienen diferentes significados, como *casa* (lugar donde vivimos) y *caza* (del verbo cazar).

Los mayas vivieron en la península de Yucatán, en México.

La gimnasta usaba mallas de distinto color.

ay, hay	Cuando algo te duele dices **¡ay!** Hoy **hay** una exposición de arte. (*Hay* es una forma del verbo *haber*).
bienes, vienes	Mis **bienes** son mis juguetes. (Los *bienes* son las cosas que una persona posee). ¿Cuando **vienes** a mi casa?
echo, hecho	Nunca **echo** los papeles al suelo. Aún no he **hecho** la tarea. (*Echo* es una forma del verbo *echar*. *Hecho* es una forma del verbo *hacer*).
sumo, zumo	Yo **sumo** bien los números grandes. Me gusta el **zumo** de limón. (*Sumo* es una forma del verbo *sumar*. *Zumo* es el líquido de las frutas).
ves, vez	Si **ves** esa película, dime cómo es. Una **vez** estuve en Puerto Rico. (*Ves* es una forma del verbo *ver*. *Vez* significa una ocasión en la que se hace algo).

Práctica de ortografía

Cómo usar la palabra correcta 7

Homófonos

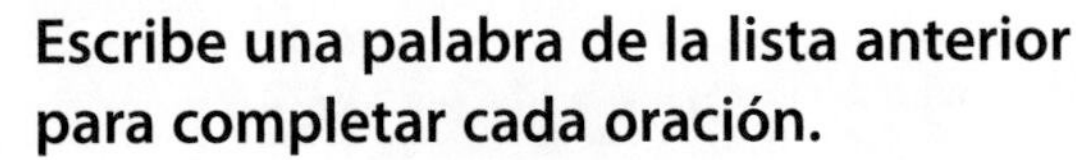

Escribe una palabra de la lista anterior para completar cada oración.

Ejemplo: En verano ___hay___ vacaciones.

1. Esta ______ iré de vacaciones a Florida.
2. ¿Qué te parece si ______ conmigo?
3. No olvides llevar tus ______ más pequeños.
4. Yo ______ primero mis juguetes a la maleta.
5. ¡______!, casi se me olvida el libro que me regaló la abuela.
6. Mamá prepara ______ de naranja para el viaje.
7. He ______ muchos viajes con mi familia.

Aprendizaje del lenguaje **Escribe dos oraciones sobre las vacaciones. Usa correctamente las palabras *echo* y *hecho*. Luego conversa con un compañero sobre tu lugar favorito. Usa las palabras *hay* y *vez*.**

Cómo comprender las oraciones

Las partes de la oración

Núcleo del sujeto

El sujeto identifica a alguien o algo. Con frecuencia, el sujeto hace algo. El **núcleo del sujeto completo** es la palabra principal del sujeto completo.

Mi hermana mayor lanzó el globo.
(*Hermana* es el núcleo del sujeto).

Mi mejor amigo atrapó el globo.
(*Amigo* es el núcleo del sujeto).

Sujeto completo

El **sujeto completo** es la palabra principal junto con las demás palabras que la describen.

Mi hermana mayor lanzó el globo
(*Mi hermana mayor* es el sujeto completo).

El enorme globo está lleno de agua.
(*El enorme globo* es el sujeto completo).

Sujeto compuesto

Un **sujeto compuesto** está formado por dos o más núcleos unidos por *y* u *o*.

Mi hermana mayor y mi mejor amigo jugaron con el globo.
(*Hermana* y *amigo* forman el sujeto compuesto).

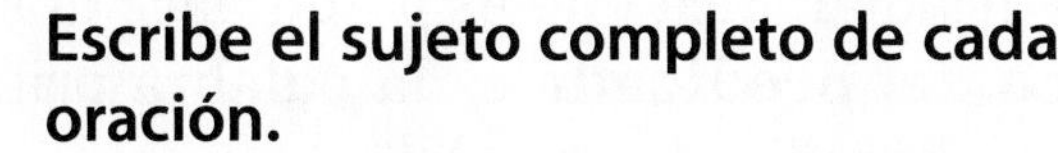

Práctica de gramática

Las partes de la oración 1

Sujeto completo y núcleo del sujeto

Escribe el sujeto completo de cada oración.

Ejemplo Theodor Seuss Geisel fue un famoso escritor de libros para niños.
Theodor Seuss Geisel

1. La mayoría lo conoce simplemente como Dr. Seuss.

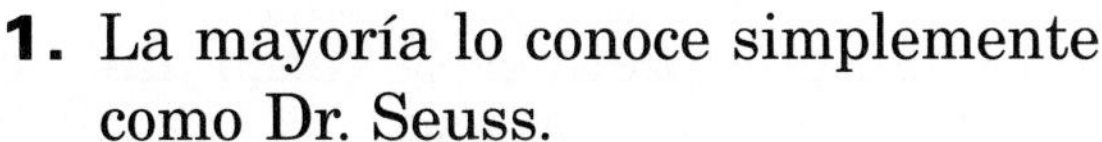

2. Extrañas criaturas de lugares fantásticos están en sus libros.

3. Los personajes de *Huevos verdes con jamón* son muy divertidos.

4. Un hermano y una hermana aburridos se divierten con *El gato garabato*.

5. Uno de los libros del Dr. Seuss trata de unos peces cómicos.

6. El Dr. Seuss ¡les enseñó a leer a tus padres!

Aprendizaje del lenguaje **En las respuestas que escribiste, encierra en un círculo el núcleo del sujeto. (Hay un sujeto compuesto, así que debes encerrar dos palabras en un círculo). Después habla con un compañero sobre tu escritor favorito. Pídele que identifique los sujetos completos de tus oraciones.**

Las partes de la oración...

Núcleo del predicado (verbo)

El predicado indica qué es o qué hace el sujeto. El **núcleo del predicado** es la palabra principal, o verbo, del predicado completo.

Rocky es el perro más rápido de la cuadra.
(*Es* es el núcleo del predicado).

Rocky corre más rápido que los demás perros.
(*Corre* es el núcleo del predicado).

Predicado completo

El **predicado completo** es el verbo junto con las demás palabras que lo describen y lo completan.

Rocky es el perro más rápido de la cuadra.
(*Es el perro más rápido de la cuadra* es el predicado completo).

Rocky corre más rápido que los demás perros.
(*Corre más rápido que los demás perros* es el predicado completo).

Predicado compuesto

Un **predicado compuesto** está formado por dos o más núcleos (verbos) unidos por *y* u *o*.

Rocky corre rápido y ladra fuerte.
(*Corre* y *ladra* forman el predicado compuesto).

Práctica de gramática

Las partes de la oración 2

■ Predicado completo y núcleo del predicado

Para cada una de las oraciones siguientes, escribe el predicado completo.

Ejemplo: Los conejos son mamíferos de orejas largas y cola corta.
son mamíferos de orejas largas y cola corta.

1. Estos animales son ciegos y pelados cuando nacen.
2. Los conejos saltan y corren rápido con sus poderosas patas traseras.
3. Ellos pueden escapar de zorros, tejones y aves de presa.
4. Los conejos son muy activos en la noche.
5. Los conejos comen muchas plantas diferentes.
6. Muchos jardineros luchan contra las plagas de conejos.

Aprendizaje del lenguaje En las respuestas que escribiste, encierra en un círculo el núcleo del predicado. (Hay un predicado compuesto, así que debes encerrar dos palabras en un círculo). Después conversa con un compañero sobre tu animal favorito. Pídele que identifique los predicados completos que digas.

Cómo usar los elementos gramaticales

Todas las palabras de nuestro idioma se clasifican en ocho grupos. Estos grupos de palabras se conocen como **elementos gramaticales**.

Los sustantivos

Los **sustantivos** nombran a una persona, un lugar, una cosa o una idea.

compañero Texas botella alegría

Tipos de sustantivos

Sustantivos comunes

Los **sustantivos comunes** nombran a cualquier persona, lugar, cosa o idea.

niña	edificio	equipo	día
perro	casa	ventana	flor
niño	parque	acera	lago

Sustantivos propios

Los **sustantivos propios** nombran a una persona, lugar, cosa o idea específica. Los sustantivos propios se escriben con mayúscula.

Ana	El Álamo
los Bravos de Atlanta	González
Houston	California
Día de Acción de Gracias	Gran Cañón

Práctica de gramática

Los sustantivos 1

Los sustantivos comunes y los sustantivos propios

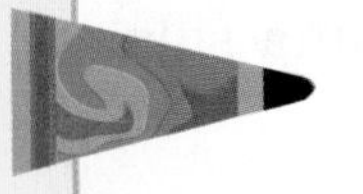

Escribe un sustantivo común y un sustantivo propio de cada oración.

Ejemplo: La moneda de 25 centavos especial para New Jersey apareció en 1999.
moneda New Jersey

1. Una imagen de George Washington aparece en ella.

2. Un gran roble aparece en la moneda de 25 centavos de Connecticut.

3. Georgia tiene un durazno en su moneda.

4. ¿Sabes en qué moneda de 25 centavos aparece la Estatua de la Libertad?

5. Maine, el estado donde nació mi mamá, tiene un faro en su moneda de 25 centavos.

Aprendizaje del lenguaje **Escribe una oración sobre un estado. Incluye el nombre del estado en tu oración. Después dile a un compañero dos oraciones sobre el estado en que vives. Usa sustantivos comunes y sustantivos propios en tus oraciones.**

Los sustantivos...

Sustantivos singulares

Los **sustantivos singulares** nombran a una sola persona, lugar, cosa o idea.

niño ciudad computadora tiempo

Sustantivos plurales

Los **sustantivos plurales** nombran a más de una persona, lugar, cosa o idea.

niños ciudades computadoras tiempos

Sustantivos masculinos

Los **sustantivos masculinos** nombran a personas o animales de género masculino. Algunos sustantivos que nombran cosas también pueden ser masculinos.

actor gallo libro color

Sustantivos femeninos

Los **sustantivos femeninos** nombran a personas o animales de género femenino. Algunos sustantivos que nombran cosas también pueden ser femeninos.

actriz gallina lámpara verdad

Singular	Plural	Masculino	Femenino
una persona	más de una persona	género masculino	género femenino
maestro	maestros	conejo	coneja

Práctica de gramática

Los sustantivos 2

Sustantivos singulares y sustantivos plurales

Dobla tu hoja por la mitad. Escribe "singular" a la izquierda y "plural" a la derecha. Escribe los sustantivos del siguiente párrafo en la columna correcta, de esta manera:

Singular	Plural
vikingo	naves

Los vikingos se hicieron famosos por sus barcos. Sus embarcaciones tenían una cabeza de dragón tallada en la proa. Unas velas coloridas y diez remos ayudaban a mover el barco de madera. Unos escudos pintados decoraban sus costados. ¡Qué hermosos deben haber sido!

Aprendizaje del lenguaje **Escribe una o dos oraciones sobre un barco que hayas visto. Subraya los sustantivos singulares y encierra en un círculo los sustantivos plurales. Después dile a un compañero qué sentirías al estar en un barco. Usa sustantivos singulares y plurales.**

Los pronombres

Los **pronombres** son palabras que toman el lugar de un sustantivo.

Karl se subió a la cerca.

Él se lastimó el brazo.

(El pronombre *él* reemplaza al sustantivo *Karl*).

Los rascacielos son muy altos.

Ellos miden más de 500 pies de altura.

(El pronombre *ellos* reemplaza al sustantivo *rascacielos*).

Tipos de pronombres

Pronombres personales comunes

Pronombres singulares	Pronombres plurales
yo, me, mi, mío, mía, mí	nosotros, nosotras,
tú, te, tu, tuyo, tuya, ti	nos, nuestros, nuestras
usted, él, ella, su, suyo,	tus, tuyos, tuyas
suya, nuestro, nuestra	ustedes, ellos, ellas,
se, lo, le, la	sus, suyos, suyas
	se, los, les, las

Pronombres posesivos

Los **pronombres posesivos** muestran pertenencia.

Mi escritorio estaba desordenado.
(El escritorio que me pertenece).

Kendra dejó su almuerzo sobre la mesa.
(El almuerzo de Kendra).

Karl y Antonio guardaron sus libros.
(Los libros de Karl y Antonio).

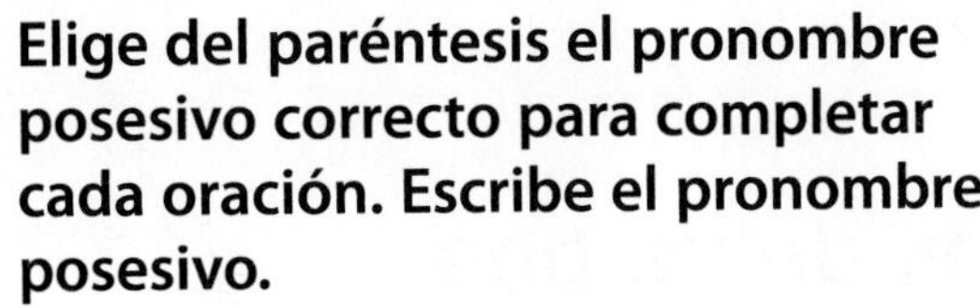

Práctica de gramática

Los pronombres

Los pronombres posesivos

Elige del paréntesis el pronombre posesivo correcto para completar cada oración. Escribe el pronombre posesivo.

Ejemplo: Lina lanzó *(su, sus)* pelota bien lejos.

su

1. Entonces tú trajiste *(tu, tus)* balón.

2. *(Mi, Mis)* balón rebota más que el tuyo.

3. Marina y yo tocaremos *(nuestras, nuestros)* flautas.

4. Creo que esta es la flauta *(mía, mío)*.

5. Maestro Gómez, ¿es *(suya, suyas)* esta guitarra?

Aprendizaje del lenguaje **Escribe una oración sobre un instrumento musical. Usa dos pronombres posesivos. Luego dile una oración a un compañero en la que uses el pronombre posesivo *nuestro* o *nuestra*.**

Los verbos

Los **verbos** indican acción o unen dos ideas en una oración.

El mono come un plátano.

Yo soy feliz.

Tipos de verbos

Verbos de acción

Los **verbos de acción** indican lo que hace el sujeto.

Lola come muchas zanahorias.

Todd saltó como un canguro.

Verbos copulativos

Los **verbos copulativos** unen el sujeto con una palabra del predicado. Un verbo copulativo dice algo *sobre* el sujeto.

Mi maestra es amable.
(El verbo *es* une *maestra* con *amable*).

Mi amigos están felices en la escuela.
(El verbo *están* une *amigos* con *felices*).

Verbos copulativos comunes: ser, estar, encontrarse, hacerse, parecer, quedarse, sentirse

Verbos auxiliares

Los **verbos auxiliares** van antes del verbo principal y ayudan a expresar cuándo ocurre una acción.

Paty ha llamado dos veces.
(*Ha* ayuda al verbo de acción principal *llamado*).

Paty puede ser la reina en nuestra obra de teatro.
(*Puede* ayuda al verbo copulativo *ser*).

Verbos auxiliares comunes: haber, tener, poder, deber, ser, estar

Práctica de gramática

Los verbos 1

- Verbos de acción, verbos copulativos y auxiliares

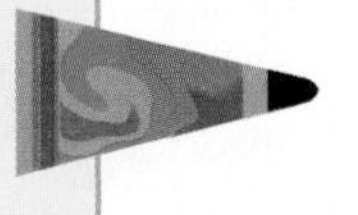

Escribe si el verbo subrayado en cada oración es "copulativo", "de acción" o "auxiliar".

Ejemplo: El nombre de mi gato es Tigre.
copulativo

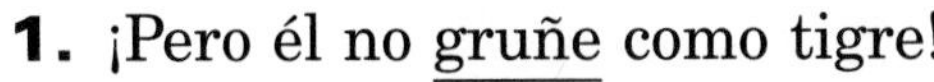

1. ¡Pero él no gruñe como tigre!

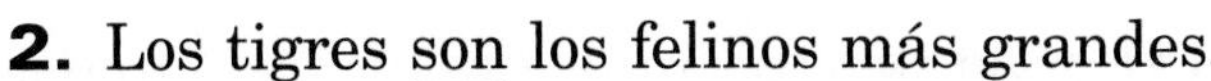

2. Los tigres son los felinos más grandes.
3. Un tigre puede pesar más de 700 libras.
4. Los cachorros de tigre se quedan dos años con sus madres.
5. Los pantanos, los bosques y las selvas son sus hábitats.
6. En 2004, menos de 5,000 tigres estaban vivos.
7. Todos debemos ayudar para que no desaparezcan.

Aprendizaje del lenguaje **Escribe una oración sobre otro felino. Usa un verbo de acción interesante. Después dile a un compañero una oración sobre el mismo felino en la que uses un verbo copulativo.**

Los verbos...

Los tiempos de los verbos

El **tiempo** de un verbo indica cuándo sucede una acción. Se muestra a través de la terminación de la palabra en los verbos regulares (cant*a*, cant*é*, cant*arás*). En los irregulares, la raíz o la terminación cambia en los diferentes tiempos (voy, fui, iré).

Verbos en tiempo presente	El **tiempo presente** significa que la acción está ocurriendo ahora o que ocurre habitualmente. Jackie toca el violín en la orquesta de la escuela. El violín cabe en el estuche.
Verbos en tiempo pasado	El **tiempo pasado** indica una acción que ocurrió en el pasado **(perfecto)** o que ocurría en el pasado **(imperfecto).** Manuel tocó la flauta ayer. Antes tocaba el violín. La flauta sonó muy bien.
Verbos en tiempo futuro	El **tiempo futuro** significa que la acción ocurrirá más adelante, o en el futuro. Jackie tocará en el cumpleaños mañana. Nosotros podremos ir a la fiesta.  Nota: Algunos verbos auxiliares describen el tiempo en que ocurre la acción con más detalle. El verbo haber es un verbo auxiliar. Jackie ha tocado el violín durante un año. Di a tu compañero una oración con el verbo auxiliar haber.

Práctica de gramática

Los verbos 2

- Tiempos simples

Identifica el tiempo del verbo subrayado en cada oración. Escribe "presente", "pasado (perfecto o imperfecto)" o "futuro".

Ejemplo: El inspector Sawyer busca pistas.
presente

1. El año pasado resolvió muchos casos.

2. Él se jubilará el próximo año.

3. Pasará su tiempo cuidando el jardín y pescando.

4. El inspector Sawyer vive en la casa de al lado.

5. El año pasado tenía un departamento lejos de aquí.

6. Ayer trabajó hasta tarde en un nuevo caso.

Aprendizaje del lenguaje Escribe una oración acerca de un vecino. Pide a un compañero que identifique el tiempo del verbo en tu oración. Después cuéntale sobre tu vecino y usa verbos en tiempo presente, pasado (perfecto o imperfecto) y futuro.

TEKS 3.22A(i)

Los verbos...

Las formas de los verbos

Los sujetos y los verbos trabajan juntos en las oraciones. Usa la forma correcta del verbo para que concuerde con el sujeto.

Verbos en singular

Usa un **verbo en singular** cuando el sujeto esté en singular. (*Singular* significa “uno”).

Kayla come almendras.
(*Come* es un verbo en singular).

Los verbos para los pronombres *él* y *ella* siempre terminan en vocal.

Verbos en plural

Usa un **verbo en plural** cuando el sujeto esté en plural. (*Plural* significa “más de uno”.)

Las demás niñas recogen castañas.
(*Recogen* es un verbo en plural).

Los verbos para los pronombres *ellos* y *ellas* siempre terminan en consonante *n*.

Verbos regulares e irregulares

Muchos verbos de nuestro idioma son **verbos regulares**. Los verbos regulares, como *nadar*, siempre mantienen su raíz: *nado*, *nadas*, *nada*, *nadamos*, *nadan*.

Yo salto. Ayer yo salté.

Él corre. Él ha corrido.

Otros verbos son **verbos irregulares**. Los verbos irregulares, como sonar, cambian su raíz: *sueno*, *suenas*, *suena*, *sonamos*, *suenan*.

Yo juego. Ella dijo. Ellos duermen.

Práctica de gramática

Los verbos 3

- Verbos en singular y en plural

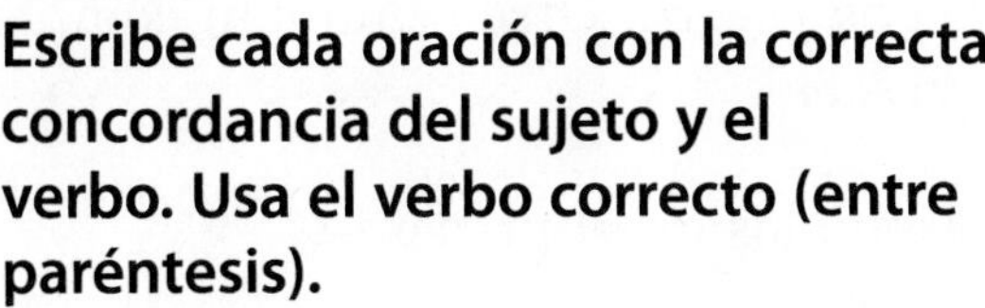
Escribe cada oración con la correcta concordancia del sujeto y el verbo. Usa el verbo correcto (entre paréntesis).

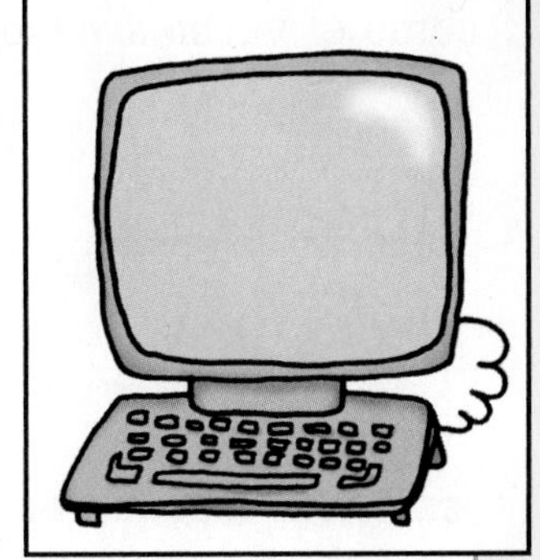

Ejemplo: Mi familia (*tienen, tiene*) una computadora nueva.
Mi familia tiene una computadora nueva.

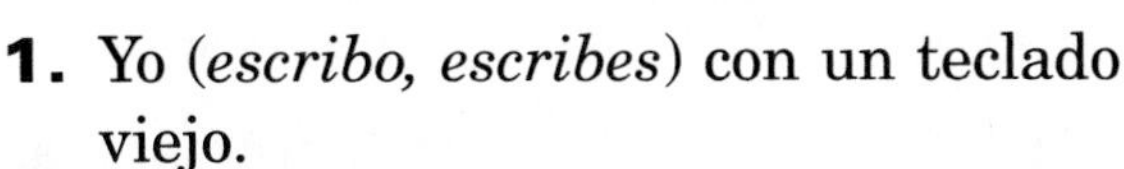
1. Yo (*escribo, escribes*) con un teclado viejo.
2. Las teclas (*se pegan, se pega*).
3. Mi hermana (*escriben, escribe*) rápido con el teclado nuevo.
4. La computadora nueva (*funcionan, funciona*) mucho más rápido que la vieja.
5. Su memoria (*almacenan, almacena*) más información.
6. Mis padres la (*usan, usa*) con más frecuencia que la computadora vieja.
7. A veces, ellos me (*preguntan, pregunta*) ¡si puedo ayudarlos!

Aprendizaje del lenguaje **Escribe una oración sobre el uso de las computadoras. Después dile a un compañero qué es lo que más te gusta de las computadoras. Asegúrate de que los verbos concuerden con los sujetos.**

Los verbos irregulares comunes

Los verbos irregulares son los que, al conjugarse, cambian en la raíz o terminación. Algunos verbos cambian solo un poco, como el verbo *jugar* (*juego, juegas, juega*). Otros cambian completamente, como el verbo *ser* (*soy, eres, es*).

Ejemplos en el presente

almorzar (almuerzo)	despertar (despierto)	jugar (juego)
calentar (caliento)	empezar (empiezo)	mostrar (muestro)
cerrar (cierro)	encontrar (encuentro)	nevar (nieva)
comenzar (comienzo)	ir (voy)	pensar (pienso)
decir (digo)	nevar (nieva)	querer (quiero)
hacer (hago)	ser (soy)	recordar (recuerdo)
salir (salgo)	sonar (suena)	regar (riega)
servir (sirvo)	venir (vengo)	tener (tengo)

Ejemplos en el pasado

ir (iba, fue)	decir (dije)	caber (cupe)
salir (salí)	hacer (hice)	dormir (durmió)
ser (era, fue)	poder (pude)	obtener (obtuve)
traer (traje)	poner (puse)	pedir (pidió)
venir (vine)	querer (quise)	saber (supe)
ver (veía, vi)	tener (tuve)	traducir (tradujo)

Ejemplos en el futuro

tener (tendré)	decir (diré)	hacer (haré)
venir (vendré)	poner (pondrá)	salir (saldré)

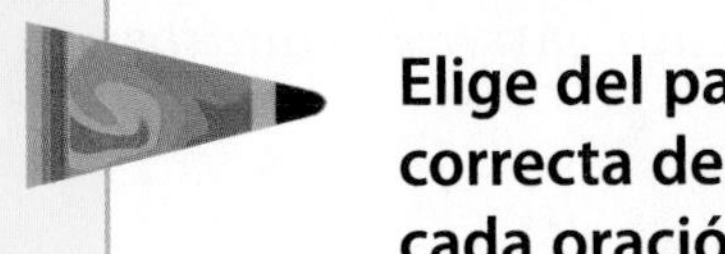

Práctica de gramática

Los verbos 4

■ Verbos irregulares

Elige del paréntesis la forma correcta del verbo para completar cada oración. Escribe la forma correcta en la línea.

Ejemplo: Yo sirvo panqueques para el desayuno. (*servo, sirvo*)

1. Laura ______ fresas en su cereal. (*ponerá, pondrá*)

2. Me gusta salir a jugar en trineo cuando ______. (*neva, nieva*)

3. La maestra nos ______ una canción en francés. (*tradujo, traducío*)

4. Mi hermano mayor ______ el jardín dos veces por semana. (*riega, rega*)

Aprendizaje del lenguaje **Escribe dos oraciones con estos verbos en presente: *oler* y *corregir*. Luego dile a un compañero una oración con el verbo *saber* en pasado y en futuro.**

Los adjetivos

Un **adjetivo** es una palabra que describe a un sustantivo o a un pronombre. Los adjetivos indican *qué tipo* (calificativos), *cuántos* (numerales) o *cuáles* (artículos).

Algunos perros tienen la cara tierna.
(En español, los adjetivos van antes o después del sustantivo que describen).

El pelo de mi perro es suave.
(Un adjetivo puede ir después de un verbo copulativo como *ser* o *estar*).

Tipos de adjetivos

Artículos	Los artículos *el, la, los, las, lo* y *un, una, unos, unas* son adjetivos. Los artículos *el, la, un* y *una* son artículos singulares. Los artículos *los, las, unos* y *unas* son artículos plurales.
Calificativos	Los adjetivos calificativos indican una cualidad del sustantivo al que describen. Mamá prefiere los perros cariñosos y limpios.
Concordancia del sustantivo con el adjetivo	Los adjetivos deben tener el mismo género (masculino o femenino) y el mismo número (singular o plural) que los sustantivos a los que describen. Los galgos son rápidos. (El sustantivo *galgos* es masculino plural; el adjetivo *rápidos* también es masculino plural). Mi perrita pequeña vive dentro de la casa. (El sustantivo *perrita* es femenino singular; el adjetivo *pequeña* también es femenino singular).

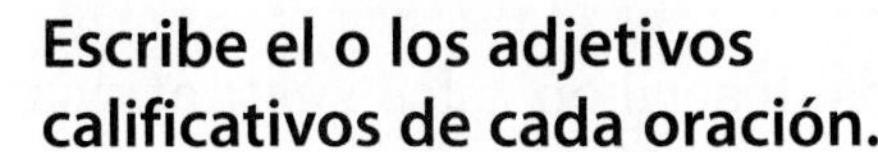

Práctica de gramática

Los adjetivos 1

Adjetivos calificativos; concordancia del sustantivo con el adjetivo

Escribe el o los adjetivos calificativos de cada oración.

Ejemplo: El pobre muñeco de nieve se está derritiendo.
pobre

1. Hoy es un día caluroso.
2. El muñeco debería sacarse la bufanda gruesa.
3. Los muñecos de nieve no son felices en Texas.
4. Su vida sería perfecta en la lejana Alaska.
5. Alaska es un lugar solitario y frío.
6. Allí este muñeco triste podría tener una larga vida.

Aprendizaje del lenguaje Elige dos adjetivos singulares que encontraste en las oraciones y escríbelos en plural junto con sus sustantivos. Luego conversa con un compañero sobre tu estación favorita. Usa adjetivos calificativos.

Los adjetivos...

Las formas de los adjetivos

Adjetivos positivos	Los adjetivos describen a los sustantivos. Este perrito tiene la cara pequeña.
Adjetivos comparativos	Los adjetivos pueden comparar dos sustantivos. El bulldog es más pequeño que el dálmata. Los caniches son menos fuertes que los bulldogs. Un caniche es tan tierno como un pastor alemán.
Adjetivos superlativos	Los adjetivos pueden comparar tres o más cosas. El chihuahua es el más pequeño de los perros que conozco. El terrier es muy cariñoso. Los chihuahuas son pequeñísimos.
Adjetivos demostrativos	Los adjetivos demostrativos señalan la distancia en relación a la persona que habla. Este labrador es mío. (cerca) Tu perro fue a buscar esa pelota. (lejos) Aquellos perros pequineses son divertidos. (más lejos)

Práctica de gramática

Los adjetivos 2

- Adjetivos comparativos y superlativos

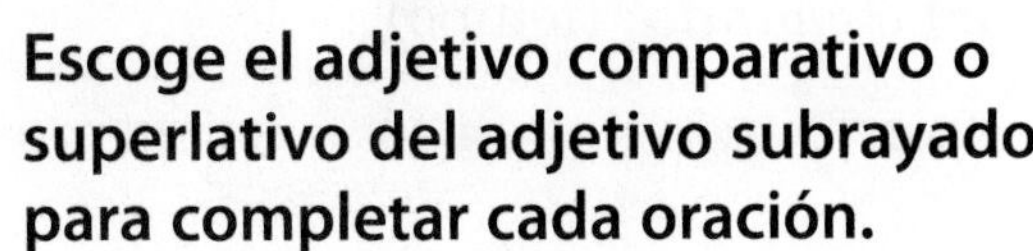

Escoge el adjetivo comparativo o superlativo del adjetivo subrayado para completar cada oración.

Ejemplo: El camión de reparto es grande, pero el camión de la basura es más grande. *(más grande, el más grande)*

1. El camión de la basura es más grande que una camioneta. Los camiones mineros son _______ del mundo. (*muy grandes, los más grandes*)

2. Aunque todos los camiones son poderosos, los camiones mineros son _______ que la mayoría de los camiones. (*más poderosos, los más poderosos*)

3. Los camiones mineros hacen un trabajo importante, pero el trabajo de los carros de bomberos y de las ambulancias es _______ de todos. (*más importante, el más importante*)

4. Las ambulancias son rápidas. Los carros de bomberos son _______ como las ambulancias. (*más rápidos, tan rápidos*)

Aprendizaje del lenguaje **Escribe una o dos oraciones para comparar los carros con los camiones. Usa un adjetivo comparativo o superlativo en cada oración. Luego comenta con un compañero las diferencias entre el segundo y el tercer grado. Usa adjetivos comparativos y superlativos.**

Los adverbios

Los **adverbios** son palabras que describen a los verbos. Indican *cómo* (modo), *dónde* (lugar) o *cuándo* (tiempo).

La temperatura del desierto baja rápidamente mientras el sol se esconde.

Los animales del desierto cazan después de que se oculta el sol.

Tipos de adverbios

Adverbios de modo (cómo)

Los adverbios generalmente indican *cómo* ocurre algo.

En el desierto el sol brilla fuertemente.

La víbora cornuda se mueve silenciosamente.

Adverbios de lugar (dónde)

Algunos adverbios indican *dónde* ocurre algo.

Una científica está trabajando cerca.

Ella se queda afuera durante un buen tiempo.

Adverbios de tiempo (cuándo)

Algunos adverbios indican *cuándo* o *qué tan a menudo* ocurre una acción.

Un grupo de científicos exploró el desierto ayer.

Las dunas de arena nunca permanecen iguales.

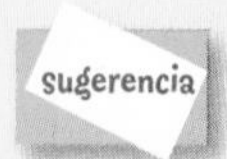

Muchos adverbios terminan en *-mente*, pero no todos. Las palabras como *no, bien, nunca, muy* y *siempre* son adverbios comunes.

Práctica de gramática

Los adverbios

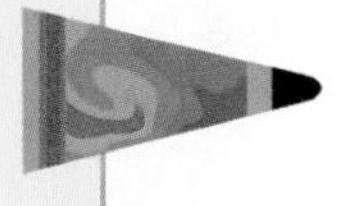

Escribe el adverbio que está en cada oración. La pista entre paréntesis te ayudará a encontrar el adverbio.

Ejemplo: Alvin dijo suavemente:
—Tengo un secreto. *(¿Cómo?)*
suavemente

1. Después preguntó: —¿Quieres escucharlo? *(¿Cuándo?)*
2. —Pero ahora me tengo que ir —dijo Cedric. *(¿Cuándo?)*
3. —¿Te vas lejos? —preguntó Alvin. *(¿Dónde?)*
4. —Un poco, pero volveré pronto —respondió Cedric mientras salía. *(¿Cuándo?)*
5. Alvin observó que su hermano mayor se iba rápidamente. *(¿Cómo?)*
6. Cedric llamó a Alvin y le dijo: —¡Dime tu secreto mañana, Al! *(¿Cuándo?)*
7. —¿Quieres que te espere aquí? —dijo Alvin. *(¿Dónde?)*

Aprendizaje del lenguaje **Escribe una oración sobre un secreto. Usa un adverbio y subráyalo. Luego conversa con un compañero sobre un misterio usando adverbios.**

Las preposiciones

Una **preposición** es una palabra con que empieza una frase preposicional.

Todd se durmió entre las frazadas. (*Entre* es una preposición.)

Teddy durmió en un sillón. (*En* es una preposición.)

Frases preposicionales

Una **frase preposicional** comienza con una preposición y termina con un sustantivo o un pronombre.

Teddy duerme de lado.

Todd tiene un animal de peluche y siempre duerme con él.

Preposiciones comunes

a	de	hacia	según
ante	desde	hasta	sin
bajo	durante	para	sobre
con	en	por	tras
contra	entre		

Práctica de gramática

Las preposiciones

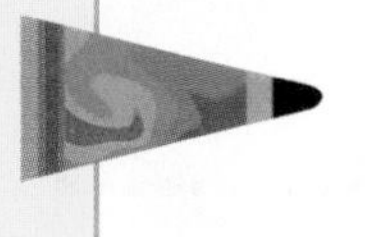

Escribe la o las frases preposicionales de cada oración. Encierra en un círculo la preposición.

Ejemplo: La llama de la vela se agitaba con el aire.
de la vela, con el aire

1. Era 1889 y Pau leía un viejo libro a la luz de las velas.
2. La luz formaba extrañas sombras en el techo.
3. Su gato se escondió tras las cortinas.
4. Una araña trepó por la pared hasta su red.
5. Durante unos segundos, Pau se metió entre las sábanas.
6. Repentinamente, alguien llamó a la puerta.
7. —Duérmete ya —dijo su papá desde el pasillo.
8. Cuando Pau apagó la llama, el humo se escurrió hacia la ventana abierta.

Aprendizaje del lenguaje **Escribe dos oraciones sobre lo que se siente estar a solas y en silencio en una habitación. Cuenta tus preposiciones. Luego conversa con un compañero sobre lo que harías si vivieras en el siglo XIX. Pídele que cuente tus preposiciones.**

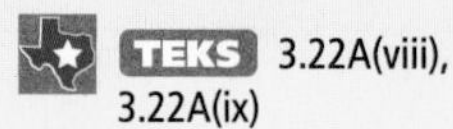

Las conjunciones

Las conjunciones unen palabras o grupos de palabras.

Conjunciones coordinantes

Las siguientes son las conjunciones más comunes. Se llaman **conjunciones coordinantes**.

y pero o porque así que aunque

¿Qué prefieres: patineta o bicicleta?
(La conjunción *o* une dos palabras.)

Maya escribió un poema y una carta.
(La conjunción *y* une dos frases.)

Todos comimos temprano, pero igual perdimos el autobús.
(La conjunción *pero* une dos oraciones sencillas.)

Otras conjunciones

Otras conjunciones unen ideas de maneras específicas. Estas son algunas de esas conjunciones.

para que es decir cuando ya que sino

Me gusta andar en patineta cuando hace calor.

Las transiciones

Las palabras o frases de **transición** permiten que las ideas fluyan mejor.

Transiciones

Las palabras de transición de orden temporal indican el orden de los eventos. Otras transiciones el principio de una conclusión.

Hoy, vamos a leer. Al final, me sentiré feliz.

Práctica de gramática

Las conjunciones

Escribe una conjunción coordinante *(y, pero, o, porque, así que, aunque)* para completar cada oración.

Ejemplo: El sistema solar está formado por ocho planetas y el Sol.

1. ¿Es Mercurio _____ Venus el planeta más pequeño?
2. Tal vez alguna vez hubo agua en Marte, _____ ya no la hay.
3. Algunos planetas se llaman planetas rocosos _____ están formados por rocas y metales.
4. Los planetas gaseosos se mueven rápidamente _____ tienen muchas lunas.
5. Júpiter tiene anillos, _____ esos anillos no son más visibles que los de Saturno.
6. Neptuno se ve azul, _____ los romanos lo llamaron Neptuno en recuerdo del dios del mar.

Aprendizaje del lenguaje **Escribe una oración en que compares dos planetas. Usa una conjunción coordinante. Luego usa conjunciones coordinantes para conversar con un compañero sobre tu planeta favorito.**

TEKS 3.22A

Guía rápida: Elementos gramaticales

Sustantivos Palabras que nombran una persona, un lugar, una cosa o una idea **(Anna, parque, patineta, diversión)**

Pronombres Palabras que toman el lugar de un sustantivo **(yo, mi, tú, se, ellas, nuestros, sus)**

Verbos Palabras que indican acción o que unen ideas **(correr, saltar, ser, estar)**

Adjetivos Palabras que describen a los sustantivos o a los pronombres **(viejo, hermoso, cinco, la, divertido)**

Adverbios Palabras que describen a los verbos **(gentilmente, fácilmente, siempre, cerca)**

Preposiciones Palabras con que empiezan las frases preposicionales **(a, en, hacia, por, sin)**

Conjunciones Palabras que unen palabras o grupos de palabras **(y, o, pero, cuando, porque)**

Transiciones Palabras que relacionan ideas de oraciones o párrafos distintos **(después, luego, primero, finalmente)**

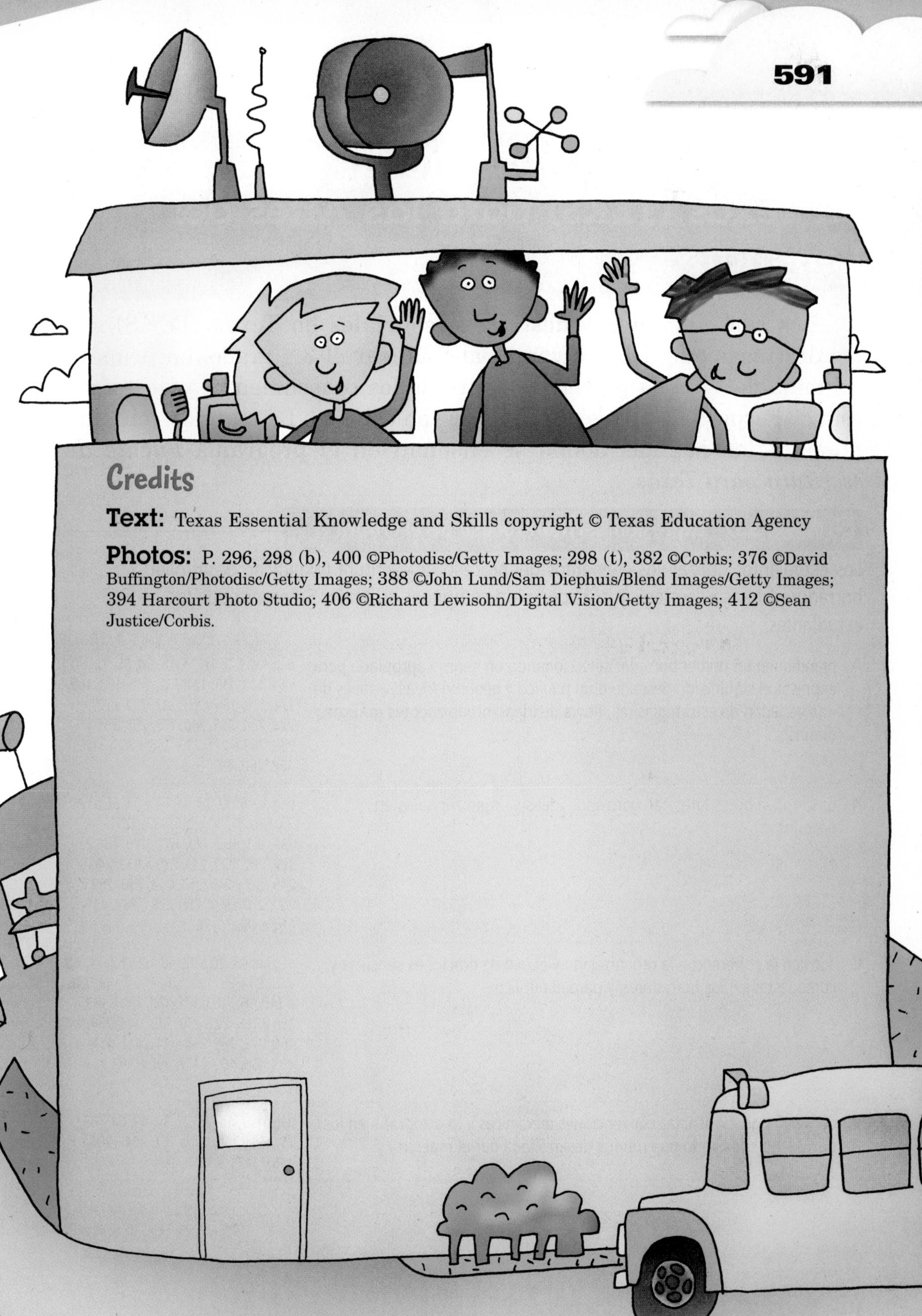

Credits

Text: Texas Essential Knowledge and Skills copyright © Texas Education Agency

Photos: P. 296, 298 (b), 400 ©Photodisc/Getty Images; 298 (t), 382 ©Corbis; 376 ©David Buffington/Photodisc/Getty Images; 388 ©John Lund/Sam Diephuis/Blend Images/Getty Images; 394 Harcourt Photo Studio; 406 ©Richard Lewisohn/Digital Vision/Getty Images; 412 ©Sean Justice/Corbis.

Conocimientos y destrezas esenciales en Texas (TEKS) para las Artes del Lenguaje

Los conocimientos y destrezas esenciales en Texas (TEKS) son las destrezas que debes dominar al finalizar el 3.er grado. La primera columna de la tabla presenta la lista de los conocimientos y destrezas esenciales para las Artes del Lenguaje en español. La segunda columna muestra las páginas donde se enseñan en el programa *Fuente de escritura para Texas*.

TEKS 3.17 Expresión escrita/Proceso de escritura

Los estudiantes utilizan los elementos del proceso de escritura (planificar, desarrollar borradores, revisar, corregir y publicar) para componer un texto. Se espera que los estudiantes:

A	planifiquen un primer borrador seleccionando un género apropiado para expresar el significado deseado a un público y generen ideas a través de una variedad de estrategias (ej., lluvia de ideas, organizadores gráficos y diarios);	páginas 3, 6, 11, 23, 46, 54, 55, 72, 80 y 81, 108, 115, 124, 132, 160, 163, 169, 172, 178, 186 y 187, 212, 219, 222, 228, 234, 235, 246, 252, 253, 258 y 259, 268 a 271, 280, 286 a 289, 312, 468, 480, 492
B	desarrollen borradores categorizando ideas y organizándolas en párrafos;	páginas 6, 12, 23, 47, 52 y 53, 56 a 61, 73, 82 a 87, 109, 116, 123, 125, 134, 139, 161, 163, 170, 178 y 179, 188 y 189, 220, 229, 233, 235 a 239, 244 y 245, 247 y 248, 253, 254, 256, 259 y 260, 270 a 272, 280 y 281, 283, 469, 482 a 488
C	corrijan la coherencia, la organización y el uso de oraciones sencillas y compuestas en los borradores, y para el público;	páginas 13, 20 a 22, 48, 62 y 63, 74, 88 a 91, 94 y 95, 109, 126, 140 a 143, 146 a 148, 161, 163, 171, 177, 190 a 193, 196 a 198, 221, 230, 240, 248, 254, 260, 273, 285, 334 a 341, 441, 451, 453, 456, 469 a 472, 490 a 492
D	corrijan la gramática, las convenciones mecánicas y la ortografía en los borradores utilizando una rúbrica desarrollada por el maestro; y	páginas 7, 14, 25, 27, 30, 49, 64 y 65, 75, 154 y 155, 161 a 181, 204 y 205, 346 y 347

*Páginas del *Libro del estudiante*
*Páginas del Libro de destrezas
*Páginas de la Guía de ortografía

E publiquen las redacciones para un público específico. — páginas 7, 15, 34 a 37, 66, 104, 156, 206, 242, 249, 255, 261, 348, 503

TEKS 3.18 Escritura/Textos literarios

Los estudiantes escriben textos literarios para expresar sus ideas y sentimientos sobre personas, eventos e ideas reales o imaginarias. Se espera que los estudiantes:

A escriban cuentos imaginativos que desarrollen el clímax de un argumento y contengan detalles acerca de los personajes y el escenario; y — páginas 265 a 273, 276 y 277

B escriban poemas que expresen detalles sensoriales utilizando las convenciones de la poesía (ej., el ritmo, la métrica, los patrones de los versos). — páginas 278 y 279, 281 y 282, 284, 286 a 289

TEKS 3.19 Escritura

Los estudiantes escriben acerca de sus propias experiencias. Se espera que los estudiantes escriban acerca de experiencias importantes y personales. — páginas 70 a 73, 77 a 79, 82 a 87, 115 y 116

TEKS 3.20 Escritura/Textos expositivos e instructivos

Los estudiantes escriben textos expositivos e instructivos o textos relacionados con empleos para comunicar ideas e información a públicos específicos con propósitos específicos. Se espera que los estudiantes:

A creen composiciones breves que:
- (i) establezcan una idea central en una oración temática;
- (ii) incluyan oraciones secundarias que apoyen con datos sencillos, detalles y explicaciones; y
- (iii) contengan una oración de conclusión;

páginas 122 y 123, 125, 126, 131, 133 a 139, 142 a 145, 159, 161, 163 a 168, 171, 237, 254 y 255, 257, 462 a 465, 469, 472, 481

B escriban cartas que utilicen el lenguaje apropiado para el público y el propósito (ej., una nota de agradecimiento a un amigo) y que utilicen las convenciones apropiadas (ej., fecha, saludo, despedida); y — páginas 166, 167, 184 y 185, 188 a 191, 206 y 207, 489

C escriban respuestas a textos literarios o expositivos que demuestren entendimiento del texto. — páginas 226 a 229, 232 a 239, 242, 244 y 245, 247 a 251, 254, 256, 257, 259 y 260

*Páginas del *Libro del estudiante*
*Páginas del Libro de destrezas
*Páginas de la Guía de ortografía

TEKS 3.21 Escritura/Textos persuasivos

Los estudiantes escriben textos persuasivos para influenciar las actitudes o acciones de un público específico, sobre temas específicos. Se espera que los estudiantes escriban ensayos persuasivos para públicos apropiados que establezcan una postura y utilicen detalles que la apoyen.

páginas 176 a 178, 180, 182, 184, 188 y 189, 194, 195, 211, 213, 215 a 218, 221 y 222

TEKS 3.22 Convenciones del lenguaje oral y escrito/Convenciones

Los estudiantes entienden la función y el uso de las convenciones del lenguaje académico al hablar y escribir. Los estudiantes continúan aplicando los estándares previos con mayor complejidad. Se espera que los estudiantes:

A utilicen y entiendan la función de los siguientes elementos gramaticales en el contexto de la lectura, la escritura y la oratoria:

- (i) los verbos regulares e irregulares (los tiempos pasado, presente, futuro y perfecto del modo indicativo);
- (ii) los sustantivos (singulares/ plurales, comunes/propios);
- (iii) los adjetivos (ej., calificativos: dorado, rectangular; demostrativos: este, ese, aquel);
- (iv) los artículos (ej., un, una, lo, la, el, los, las);
- (v) los adverbios (ej., tiempo: luego, antes; modo: cuidadosamente);
- (vi) las preposiciones y frases preposicionales;
- (vii) los pronombres posesivos (ej., su, sus, mi, mis, suyo);
- (viii) las conjunciones coordinantes (ej., y, o, pero); y
- (ix) las palabras de transición que indiquen tiempo y orden y las transiciones que indiquen una conclusión (ej., finalmente, por último);

páginas 14, 64, 90 y 91, 99 a 101, 144 y 145, 148, 150, 153, 161, 164 y 165, 200, 201, 204, 205, 342 y 343, 345, 421 a 424, 426, 427, 432 y 433, 435 a 441, 451, 463, 466 y 467, 501, 534 y 535, 566 a 590

páginas 15, 16, 21, 22, 41, 42, 51, 53, 54, 117 a 122, 131, 132, 137 a 144, 147, 148, 150 a 154, 156 a 166

B utilicen el sujeto completo y el predicado completo en una oración;

páginas 98, 231, 444 y 445, 562 a 565

páginas 77 a 82, 84, 93 a 96

C utilicen oraciones completas, tanto sencillas como compuestas; y

páginas 202 a 205, 241, 344 y 345, 456

páginas 89 a 92, 145, 146

D identifiquen, lean y escriban abreviaturas (ej., Ave., Dra., Atte.).

páginas 507, 530, 538 a 541

páginas 56 a 58

*Páginas del *Libro del estudiante*

*Páginas del Libro de destrezas

*Páginas de la Guía de ortografía

TEKS 3.23 Convenciones del lenguaje oral y escrito/Caligrafía, uso de letras mayúsculas y signos de puntuación

Los estudiantes escriben de manera legible y usan correctamente las letras mayúsculas y los signos de puntuación en sus composiciones. Se espera que los estudiantes:

A escriban de manera legible en letra cursiva utilizando espaciado entre las palabras de la oración; — páginas 327, 331, 332, 348

B utilicen el uso de letras mayúsculas para: — páginas 166, 167, 206, 331, 528 a 530, 532, 533; páginas 43, 46 y 48
- (i) nombres y lugares geográficos;
- (ii) épocas históricas; y
- (iii) títulos oficiales de personas;

C reconozcan y utilicen los signos de puntuación, incluyendo las comas; y — páginas 65, 152 y 153, 241, 454, 507 a 515; páginas 3 a 22

D utilicen las convenciones mecánicas correctamente, incluyendo "sangrías" en los párrafos. — páginas 36, 37, 49, 127, 142, 143, 181, 231

TEKS 3.24 Convenciones del lenguaje oral y escrito/Ortografía

Los estudiantes deletrean correctamente. Se espera que los estudiantes:

A deletreen palabras correctamente, con mayor precisión, utilizando las reglas ortográficas, incluyendo: — páginas 14, 49, 64 y 65, 75, 101, 153, 203, 548 a 553; páginas 2 a 11, 22 a 31, 42 a 51
- (i) las palabras que contengan sílabas fuertes con /r/ y se deletreen con "r" o "rr", como en las palabras ratón y carro;
- (ii) las palabras que contengan sílabas suaves con /r/ y se deletreen con "r" y siempre entre vocales, como en las palabras pero y perro;
- (iii) las palabras que contengan sílabas con la "h" muda (ej., ahora, almohada);
- (iv) las palabras que contengan las sílabas que-, qui-, como en queso y quito; gue-, gui-, como en guiso y juguete; y güe-, güi-, como en paragüero y agüita;
- (v) las palabras que tengan el mismo sonido representado por diferentes letras (ej., "r" y "rr", como en ratón y perro; "ll" y "y", como en llave y yate; "g" y "j", como en gigante y jirafa; "c", "k" y "q", como en casa, kilo y quince; "c", "s" y "z", como en cereal, semilla y zapato; "j" y "x", como en cojín y México; "i" e "y", como en imán y doy; "b" y "v", como en burro y vela); y
- (vi) las palabras que utilicen "n" antes de "v" (ej., invitación), "m" antes de "b" (ej., cambiar) y "m" antes de "p" (ej., comprar);

*Páginas del *Libro del estudiante*
*Páginas del Libro de destrezas
*Páginas de la Guía de ortografía

B	deletreen, con mayor precisión, palabras que contengan combinaciones de consonantes (ej., bra/bra-zo-, glo/glo-bo-);	páginas 14, 203, 552 y 553 páginas 12 y 13, 32 y 33, 52 y 53
C	deletreen, con mayor precisión, los plurales de palabras que terminen con "z" y reemplacen la "z" con "c" antes de agregar -es (ej., capaz, capaces, raíz, raíces);	páginas 422, 534 y 535, 552 y 553 páginas 14 y 15, 34 y 35, 54 y 55
D	deletreen utilizando el conocimiento de los sonidos silábicos, las partes de las palabras, la división de sílabas y el silabeo;	páginas 101, 552 y 553 páginas 2 a 7, 22 a 27, 42 a 47
E	escriban, con mayor precisión, el uso de los acentos, incluyendo: (i) las palabras que tengan acento prosódico u ortográfico en la última sílaba (palabras agudas) (ej., feliz, canción); y (ii) las palabras que tengan acento prosódico u ortográfico en la penúltima sílaba (palabras graves) (ej., casa, árbol);	páginas 554 y 555 páginas 16 y 17, 36 y 37, 56 y 57
F	se familiaricen con palabras que tengan un acento ortográfico en la antepenúltima sílaba (palabras esdrújulas) (ej., último, cómico, mecánico);	páginas 49, 101, 554 y 555 páginas 16 y 17, 36 y 37, 56 y 57
G	se familiaricen con el concepto de hiatos y diptongos y las implicaciones para los acentos ortográficos (ej., le-er, rí-o; quie-ro, vio);	páginas 64, 554 y 555 páginas 20 y 21, 40 y 41, 60 y 61
H	pongan los acentos, con mayor precisión, en las palabras más comunes que se utilicen para formar preguntas y expresar exclamaciones (ej., cuál, dónde, cómo);	páginas 127, 556 y 557 páginas 18 y 19, 38 y 39, 58 y 59
I	distingan el significado o la función de una palabra basada en el acento diacrítico (ej., se/sé, el/él, mas/más);	páginas 181, 203, 556 y 557 páginas 20 y 21, 40 y 41, 60 y 61
J	pongan acentos apropiadamente al conjugar los verbos en los tiempos pretérito, imperfecto, perfecto, condicional y futuro (ej., corrió, jugó, tenía, gustaría, vendrá); y	páginas 99, 153, 558 y 559 páginas 18 y 19, 38 y 39, 58 y 59
K	utilicen fuentes impresas y electrónicas para encontrar y verificar la ortografía correcta.	páginas 12 y 13, 32 y 33, 52 y 53

TEKS 3.25 Investigación/Plan de investigación

Los estudiantes formulan preguntas abiertas de una determinada investigación y desarrollan un plan para responderlas. Se espera que los estudiantes:

A	generen temas de investigación sobre intereses personales o al tener una lluvia de ideas con otros, escojan un tema y formulen preguntas abiertas acerca del tema principal de investigación; y	páginas 292, 306 a 308, 312 y 313, 318, 351

*Páginas del *Libro del estudiante*
*Páginas del Libro de destrezas
*Páginas de la Guía de ortografía

B generen un plan de investigación para recopilar información relevante (ej., encuestas, entrevistas, enciclopedias) acerca de la pregunta de investigación principal. — páginas 292, 314, 351 y 352, 358

TEKS 3.26 Investigación/Recopilación de fuentes

Los estudiantes determinan, localizan y exploran todas las fuentes relevantes para responder a una pregunta de investigación y sistemáticamente registran la información recopilada. Se espera que los estudiantes:

A sigan el plan de investigación para recopilar información de varias fuentes informativas, tanto orales como escritas, incluyendo: — páginas 159, 160, 292, 294, 297 a 300, 304 a 306, 315 a 319, 352, 358, 360, 480

- (i) las encuestas iniciadas por el estudiante, las inspecciones actualizadas o llevadas a cabo en su sitio y las entrevistas;
- (ii) los datos de expertos, los textos de consulta y las investigaciones a través del Internet; y
- (iii) las fuentes visuales de información (ej., mapas, cronologías, gráficas) donde sean apropiadas;

B utilicen las técnicas de examinar la lectura rápidamente o de escanear para identificar datos al revisar las características del texto (ej., letra resaltada en negritas, leyendas o pie de fotos, palabras claves, letra cursiva); — páginas 247, 252, 292, 298 a 300, 303, 315 y 316

C tomen apuntes sencillos y clasifiquen las pruebas en sus respectivas categorías o en un organizador; — páginas 392, 300, 302 a 305, 307, 317, 320, 359

D identifiquen el autor, el título, la editorial y la fecha de publicación de las fuentes de información; — páginas 292, 296, 299, 301, 332

E distingan entre el parafraseo y el plagio e identifiquen la importancia de citar fuentes de información que sean válidas y fidedignas; — páginas 292, 295, 301 y 303, 314, 320, 328

TEKS 3.27 Investigación/Síntesis de la información

Los estudiantes clarifican preguntas de investigación y evalúan y sintetizan la información recopilada. Se espera que los estudiantes mejoren el enfoque de la investigación como resultado de consultar fuentes fidedignas (ej., bibliotecarios y expertos del tema). — páginas 293, 322, 352

*Páginas del *Libro del estudiante*
*Páginas del Libro de destrezas
*Páginas de la Guía de ortografía

TEKS 3.28 Investigación/Organización y presentación de ideas

Los estudiantes organizan y presentan sus ideas y su información de acuerdo al propósito de la investigación y de su público. Se espera que los estudiantes lleguen a conclusiones a través de una explicación breve y utilicen apuntes para crear una página de obras citadas, incluyendo el autor, el título, la editorial y la fecha de publicación de cada fuente de información citada.

páginas 293, 301, 304 y 305, 323 y 324, 328, 332 y 333, 354, 356, 360 y 361

Índice

Este índice te servirá para buscar información específica en este libro. Los recuadros coloreados contienen información que usarás frecuentemente.

A

B

C

D

G

H

I

J

L

S